财经法治

本书系上海市海华永泰（长沙）律师事务所破产与清算应用研究中心研究成果
由湖南工业大学法学重点学科建设项目资助出版

破产管理人实务操作指引

GUIDANCE FOR PRACTICE OF TRUSTEE IN BANKRUPTCY

第二版

孙创前／主编

法律出版社
LAW PRESS·CHINA

撰　稿　人

孙创前　庰　媛　宁　波　曾　昕　匡　颖
吴　贝　丁赣南　周媞娟　杨端祥　蒋林志

序

企业破产对市场经济健康运行而言,应是一种必要的保障性机制。随着我国社会主义市场经济运行机制的不断完善,企业破产案件日渐增多,包括律师事务所在内的相关机构将会越来越多地参与企业破产案件的处理工作中。

相对于传统的诉讼业务而言,律师所从事的企业破产管理业务涉及的知识面更广、专业化程度更高,欲扎根企业破产业务的法律人有必要提炼其在实践中获得的感知和体会,与同人分享,以使相关律师从中受益,达到相互交流、提升行业整体水准的目的。因此,当孙创前律师将他率领的团队所编写的《破产管理人实务操作指引》书稿送至我案头时,我迫不及待地进行了认真阅读。本书不仅体现了他们的责任担当,更生动地诠释了他们具有的良好职业素养和扎实理论功底,对从事企业破产管理业务的律师有较大参考价值。我为我们湖南省能有这样的优秀律师团队而感到自豪。

本书从实务操作的视角,以破产法理论为指导,结合作者多年从事企业破产管理工作的实务经验,对企业破产管理工作的全部业务流程、各个环节的具体操作步骤进行了全面介绍。从专业角度来看,全书既有一定理论深度,阐明了破产法的基本原理;又有实务经验,介绍了业务操作技巧,理论与实践紧密结合。对于初涉企业破产管理实务工作的律师而言,阅读本书,就像在请教一位具有丰富企业破产管理实务经验的老师,可以随时为你在实务中碰到的困惑指点迷津。

本书主要撰稿人为孙创前律师,系湖南省律师协会监事,是一位法学理论功底深厚,且善于总结业务领域工作经验的法律工作者。相信其专业的学术素养能为同行律师提供有益的启迪和帮助。在本书出版之际,希望创前律师不忘初心,继续前行,在提升自身业务水平的同时,将经验智慧分享给更多律师。

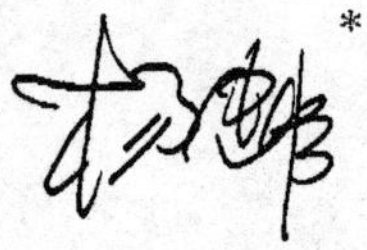 *

* 湖南省律师协会监事长、长沙市律师协会会长。

再版自序

本书出版后在1年时间内就印刷了4次，这是我编撰本书之初没有预想到的。在我参加的几次以破产法为主题的论坛会议期间，有多位实务界同人向我提及本书，认为本书契合了当前律师担任破产管理人实务工作的需求，对律师做好破产管理人实务工作有很好的指导作用。2018年3月最高人民法院公布了《全国法院破产审判工作会议纪要》。《全国法院破产审判工作会议纪要》指出，"管理人是破产程序的主要推动者和破产事务的具体执行者。管理人的能力和素质不仅影响破产审判工作的质量，还关系破产企业的命运与未来发展。要加快完善管理人制度，大力提升管理人职业素养和执业能力，强化对管理人的履职保障和有效监督，为改善企业经营、优化产业结构提供有力制度保障"。针对破产管理人的制度现状，《全国法院破产审判工作会议纪要》提出了十个方面的制度完善建议。在一定意义上来说，《全国法院破产审判工作会议纪要》的公布，不仅对破产审判工作提出了更高要求，更对破产管理人的工作提出了更高要求；或者说，《全国法院破产审判工作会议纪要》有关破产管理人制度完善的内容，不仅是对律师事务所等社会中介服务机构担任破产管理人，承办破产事务工作的一种肯定，同时更是一种鞭策。因此，当法律出版社决定对本书进行再版时，我十分高兴，虽然我正率领团队忙于备受社会各界瞩目的湖南新一佳公司破产案件的管理人工作,但仍对上一版进行了修订工作。

本书的改版修订历时半年,主要以贯彻《全国法院破产审判工作会议纪要》的精神为指导,对书中的相关内容进行了完善,增加了一些最新的规范性文件和典型案例材料。鉴于本书初版时仅对破产清算实务的操作性问题进行了阐述,未涉及破产重整的实务操作问题,因此,本书再版时增加了第七章“破产重整实务”,对破产重整实务操作问题进行了阐述。

破产管理人实务工作对多数律师而言,是一项全新的业务领域,很多理论性问题仍处于争论性阶段,难以有明确性定论;很多制度性问题(如预重整)处于尚待完善中,需要进一步明确。承蒙同人抬爱,本书虽已得到实务界认可,但笔者深知,由于知识结构和实务工作视野的限制,书中的诸多观点和见解多为一家之言,只是笔者个人的理解,难免有不当之处,恳请读者朋友和实务界同人批评指正。

作为旨在以破产管理业务作为专注领域的律师,我已到中年,与“80后”、正在成长的“90后”律师同人可以投入的时间和精力相比,不得不发出“岁月不饶人”的感慨。面对破产管理这一全新的业务领域,我知道还有很多知识需要学习,还有很多事需要我们去做,我们自信可以做,且应该将之做好。本书修订完稿后,我将充分利用实务工作之余的时间,撰写本书的姊妹篇——《破产管理人实务工作手册》一书,将自己更多的实务工作心得与同人分享并共勉。最后,衷心期待破产管理人实务工作能够为我国经济发展助力!

是为序。

2018年11月

目　录

扫码看一线债权人会议现场视频，直观剖析破产管理流程

第一章　破产管理人基本理论

债务人被法院裁定进入破产程序后,行为能力受到限制,不再具有管理自己财产和处置相关事务的资格,需要专门机构来管理债务人的财产和处置相关事务,以避免债务人对其财产进行不当处分而损害债权人的利益,根据破产法规定而设置的管理债务人财产和处置相关事务的专门机构即为破产管理人。

第一节　破产管理人制度发展

一、破产管理人历史渊源

破产管理人制度的历史渊源可以追溯至古罗马法。在古罗马时期,简单商品经济较发达,因经济交往而发生的债权债务关系较频繁,不可避免地会出现债务人不能清偿债务的情况。按照当时的法律规定,当债权人向债务人追讨债务而债务人没有财产或者财产不足时,债权人可以将债务人的人身自由、名誉甚至生命作为执行对象,就债务人而言,当自己不能清偿债务时,就可能被流放、拘押、充作奴隶甚至被杀死。债权人针对债务人为实现自己的债权而采取的“私力救济”方式显然是十分残酷的,由此导致大量无法偿还债务的债务人遗弃财产而逃亡的情形。最初,针对逃亡债务人所遗弃的财产,通常是按照“先占”原则,由个别债权人占有,其他债权人的债权因此得不到清偿。鉴于债权人针对债务人人身进行债权追讨的残忍性和非人道性,公元前326年,罗马参议院颁布了《帕特利亚法案》,禁止将欠债的平民处死或者变卖为奴隶,债务清偿由此由针对债务人人身的执行而转化为针对财产的执行。公元前118年,大法官鲁体乌斯·鲁夫斯创设了“财产趸卖”程序。依据这一程序,当债务人无力清偿债务而债权人有两名或者两名以上时,无论是经有执行名义的债权人申请,还是由债务人作出将自己所有财产供所有债权人分配的委付意思表示时,由法官发出对债务人的财产进行接管的财产管理命令,授权占有债权人占有债务人的全部或者部分财产,作为实现债权的担保。对债务人全部财产的占有称为“财产占取”,对债务人单项财产实行的占有称为“授权占有”。法官依据债权人的申请发布公告,并任命一名保佐人管理被占有的财产。其他债权人根据公告可以参与管理债务人的全部财产并获得分配,保佐人可以对债务人的单项财产实行零星拍卖,直至清偿全部债务。债务人财产被宣告交债权人占有30日后,如果债务人无法清偿自己的全部债务,则债权人可以推举一位财产托管人,充当拍卖财产的特别负责人,其主要职责在于负责编制拍卖计划,清点资不抵债的债务人的全部财产、债权和债务状况,列举拍卖条件,并具体组织对债务人的全部财产实行“一揽子”拍卖。① 从法律特征上分析,法官发布的管财命令相当于破产程序中的破产宣告,财产管理人则相当于破产程序中的管理人,这一程序因而被视为破产管理人制度的萌芽。

中世纪,意大利北部的一些城市由于商业空前发展,注释法学派学者吸收罗马法相关内容,引进选任财产管理人,负责变卖债务人财产而将之分配于全体债权人的制度,形成了与现代破产程序制度较为接近的制度。1667年6月2日,法国公布了《里昂破产律》,这是世界上第一部成文的破产法。1807年法国颁布了《法国商法典》,对破产制度设有专门规定,是当时一部较为完整的破产法典,对以后各国破产立法产生了深远的影响。

二、破产管理人制度演化

晚清以前,我国的商品经济并不发达,在债务偿还上奉行“父债子还”的观念,没有破产方面的立法,当然也就没有破产管理人的概念。清朝末年,晚清政

① 参见黄风:《罗马私法导论》,中国政法大学出版社2003年版,第60页。

府试图引进西方法律制度，于 1906 年制定了《破产律》，但这一法律于 1907 年被废止了。1915 年北京法律调查会馆拟定破产律草案，但未正式公布施行。1934 年国民政府颁布《商人债务清理暂行条例》，并于 1935 年公布并施行。国民政府颁布的这一破产法，仅对破产财产管理作了一般性规定，而未对管理人制度进行设计，所以此时仍不存在破产管理人制度。

中华人民共和国成立后相当长的一段历史时期内，由于采用计划经济体制，所以我国并不存在企业破产问题，当然也就没有破产管理人制度。党的十一届三中全会以后，我国经济制度逐步由计划经济转向市场经济，企业因亏损而丧失债务清偿能力的情形也就不可避免，由于当时还不存在破产法律制度，所以对此问题只能由政府采用行政手段进行债务清理（偿）。在市场经济体制下，企业不能清偿债务乃是一个经济问题，而不是行政问题，因此，由政府出面采用行政手段加以解决显然与市场经济相悖，不但不能促进反而还阻碍了经济发展。为遵循市场经济规律，保护债权人的合法权益，1984 年部分全国人大代表在第六届全国人大第二次会议上提出了制定《中华人民共和国企业破产法》（以下简称《企业破产法》）的提案。同年年底，国务院成立企业破产法起草小组，并于 1985 年正式开始调研和起草工作。深圳市作为全国经济特区，市场经济发育程度早于全国，对破产制度的需求当然也就早于全国。1986 年广东省第六届人民代表大会常务委员会第二十三次会议通过了《深圳经济特区涉外公司破产条例》，这是我国第一部地方性破产法规。1986 年 12 月 2 日，第六届全国人大常委会第十八次会议通过了仅适用于全民所有制企业的《中华人民共和国企业破产法（试行）》［以下简称《企业破产法（试行）》］，并于 1988 年正式实施。由于《企业破产法（试行）》仅适用于全民所有制企业，不能规范其他非全民所有制企业的破产问题，而其他企业同样存在破产问题也需要法律规范，因此，1991 年 4 月 9 日，第七届全国人大常委会第四次会议通过了包含有“企业法人破产还债程序”的《中华人民共和国民事诉讼法》（以下简称《民事诉讼法》），将破产法的适用范围扩大到非全民所有制企业。1993 年 5 月 13 日，广东省颁布《广东省公司破产条例》。同年 12 月 29 日，《中华人民共和国公司法》（以下简称《公司法》）颁布。1995 年 5 月 10 日，《中华人民共和国商业银行法》（以下简称《商业银行法》）颁布，对全民所有制以外的其他公司和商业银行的破产进行了具体规定。此后，最高人民法院相继颁布了《关于贯彻执行〈中华人民共和国企业破产法（试行）〉若干问题的意见》《关于适用〈中华人民共和国民事诉讼法〉若干问题的意见》和《关于审理企业破产案件若干问题的规定》,我国破产法律制度逐步得以完善。2006 年 8 月 27 日,现行《企业破产法》于第十届全国人大常委会第二十三次会议审议通过,并自 2007 年 6 月 1 日起开始施行。嗣后 2007 年 4 月 12 日,最高人民法院相继颁布了《关于审理企业破产案件指定管理人的规定》《关于审理企业破产案件确定管理人报酬的规定》等相关规定,破产管理人制度得以进一步完善。2018 年 3 月 4 日,最高人民法院印发《全国法院破产审判工作会议纪要》,就管理人队伍结构、管理人跨区执业、管理人分级、管理人的竞争选定、管理人和法院职能的合理划分、管理人职责的落实、如何发挥管理人报酬激励及约束作用、非管理人的费用负担、破产费用的综合保障机制、管理人协会等十个方面的制度完善提出了原则性意见。

延伸阅读:相关规定

《全国法院破产审判工作会议纪要》之三:管理人制度的完善

管理人是破产程序的主要推动者和破产事务的具体执行者。管理人的能力和素质不仅影响破产审判工作的质量,还关系到破产企业的命运与未来发展。要加快完善管理人制度,大力提升管理人职业素养和执业能力,强化对管理人的履职保障和有效监督,为改善企业经营、优化产业结构提供有力制度保障。

4. 完善管理人队伍结构。人民法院要指导编入管理人名册的中介机构采取适当方式吸收具有专业技术知识、企业经营能力的人员充实到管理人队伍中来,促进管理人队伍内在结构更加合理,充分发挥和提升管理人在企业病因诊断、资源整合等方面的重要作用。

5. 探索管理人跨区域执业。除从本地名册选择管理人外,各地法院还可以探索从外省、市管理人名册中选任管理人,确保重大破产案件能够遴选出最佳管理人。两家以上具备资质的中介机构请求联合担任同一破产案件管理人的,人民法院经审查符合自愿协商、优势互补、权责一致要求且确有必要的,可以准许。

6. 实行管理人分级管理。高级人民法院或者自行编制管理人名册的中级人民法院可以综合考虑管理人的专业水准、工作经验、执业操守、工作绩效、勤勉程度等因素,合理确定管理人等级,对管理人实行分级管理、定期考评。对债务人财产数量不多、债权债务关系简单的破产案件，可以在相应等级的管理人中采取轮候、抽签、摇号等随机方式指定管理人。

7. 建立竞争选定管理人工作机制。破产案件中可以引入竞争机制选任管理人，提升破产管理质量。上市公司破产案件、在本地有重大影响的破产案件或者债权债务关系复杂，涉及债权人、职工以及利害关系人人数较多的破产案件，在指定管理人时，一般应当通过竞争方式依法选定。

8. 合理划分法院和管理人的职能范围。人民法院应当支持和保障管理人依法履行职责，不得代替管理人作出本应由管理人自己作出的决定。管理人应当依法管理和处分债务人财产，审慎决定债务人内部管理事务，不得将自己的职责全部或者部分转让给他人。

9. 进一步落实管理人职责。在债务人自行管理的重整程序中，人民法院要督促管理人制订监督债务人的具体制度。在重整计划规定的监督期内，管理人应当代表债务人参加监督期开始前已经启动而尚未终结的诉讼、仲裁活动。重整程序、和解程序转入破产清算程序后，管理人应当按照破产清算程序继续履行管理人职责。

10. 发挥管理人报酬的激励和约束作用。人民法院可以根据破产案件的不同情况确定管理人报酬的支付方式，发挥管理人报酬在激励、约束管理人勤勉履职方面的积极作用。管理人报酬原则上应当根据破产案件审理进度和管理人履职情况分期支付。案情简单、耗时较短的破产案件，可以在破产程序终结后一次性向管理人支付报酬。

11. 管理人聘用其他人员费用负担的规制。管理人经人民法院许可聘用企业经营管理人员，或者管理人确有必要聘请其他社会中介机构或人员处理重大诉讼、仲裁、执行或审计等专业性较强工作，如所需费用需要列入破产费用的，应当经债权人会议同意。

12. 推动建立破产费用的综合保障制度。各地法院要积极争取财政部门支持，或采取从其他破产案件管理人报酬中提取一定比例等方式，推动设立破产费用保障资金，建立破产费用保障长效机制，解决因债务人财产不足以支付破产费用而影响破产程序启动的问题。

13. 支持和引导成立管理人协会。人民法院应当支持、引导、推动本辖区范围内管理人名册中的社会中介机构、个人成立管理人协会，加强对管理人的管理和约束，维护管理人的合法权益，逐步形成规范、稳定和自律的行业组织，确保管理人队伍既充满活力又规范有序发展。

第二节　破产管理人概念界定

一、破产管理人的语词

“破产管理人”，在不同的国家或者地区有不同的称谓。《美国破产法》称为“破产托管人”“临时管财人”“政府破产托管人”；《英国破产法》称为“官方管理人”“受托人”“清理人”;《法国破产法》称为“司法管理人”和“受托清理人”;《德国支付不能法》称为“支付不能管理人”;《日本破产法》称为“破产管财人”;我国台湾地区“破产法”则称为“破产管理人”。对于负责破产企业财产管理工作的专门机构,我国《企业破产法(试行)》和《民事诉讼法》并未采用管理人的概念,《企业破产法(试行)》采用了“清算组”的称谓,《民事诉讼法》采用了“清算组织”的称谓,《深圳经济特区涉外公司破产条例》则采用了“清算委员会”的称谓。“清算”作为破产法中的概念,源于企业法。从清算原因上区分,企业清算有破产清算和非破产清算之分。企业破产清算和非破产清算虽然同为清算,但却存在较大差异。企业“清算”并不一定因破产而发生,企业因破产而清算仅仅是企业清算的一种,对于破产企业而言,管理人不仅需要履行清算的职能,还需要履行非清算职能。

企业破产申请被人民法院受理后,至破产宣告时为止的这一段时间内,由于债务人并不是破产企业,所以从理论上来说,其并未完全丧失对自己财产的管理与处分权,只是受到一定限制,但仍然可以进行必要活动。因此,破产管理人在债务人被宣告破产前与债务人的关系和在债务人被宣告破产后与债务人的关系应当不同,破产管理人在债务人被宣告破产前仅仅是临时管理人。但遗憾的是,我国现行《企业破产法》并未对二者进行严格区分。此外,从逻辑上分析,在人民法院受理破产案件后至破产管理人成立时为止的这一段时间内,还存在一个债务人的财产由谁负责管理的问题。对此,《最高人民法院关于审理企业破产案件若干问题的规定》(法释〔2002〕23号)设立“企业监管组”制度。企业监管组的作用在于人民法院受理了企业破产案件后至破产清算组成立前,由原企业主管部门、股东会议代表、企业原管理人员、主要债权人或者会计师、律师等专业人士组成,在原企业管理层不再管理企业的情况下接管破产企业。企业监管组类似于《英国破产法》中的官方接管人,主要职责与破产管理人大致相同,消除了企业在清算组成立前财产无人负责管理的状态,有利于保护债权人的利益。在通常情形下,企业监管组一般直接转化为清算组。

从清算组的组成人员来看,最初的清算组成员多由企业上级主管部门和各级行政部门人等非专业人士组成,后来逐渐演变为由专业的会计师、评估师和律师等专业人士组成。清算组成员由会计师等专业人士组成,既有利于保证破产清算的公正性,也有利于提高工作效率。清算组具有较为浓厚的行政色彩,适应了社会主义有计划的商品经济发展和经济体制改革的需要,承担了具有较强政治使命的国有资产保护和企业职工安置的职能。从法律性质上来说,清算组并不是真正的破产管理人而仅仅是“类破产管理人”。相对于破产管理人而言,清算组具有如下几点不足:第一,清算组以行政色彩较浓的《企业破产法(试行)》为制度依靠,难以适应社会主义市场经济条件下企业破产的实际需要;第二,清算组与债权人会议、破产企业和人民法院之间的法律关系尚不明确,不利于开展破产管理清算工作;第三,清算组组成人员欠缺必要的专业知识,难以胜任破产管理清算专业性工作的需要;第四,清算组组成人员来自政府主管部门,没有脱离本职岗位工作,承担的是纯义务性工作,主动工作的积极性难以保障。

鉴于《企业破产法(试行)》具有较为浓厚的行政色彩而难以适应市场经济体制下企业破产程序的实际需要,2006年第十届全国人大常委会第二十三次会议通过了《企业破产法》,对“管理人”予以专章规定。破产管理人制度的确立使我国破产法律制度更加完善,对于推进破产程序的顺利进行,强化破产财产管理,平衡债权人和债务人之间的权利义务关系有着十分重要的意义。

二、破产管理人的含义

破产管理人,是指依照破产法的规定,在人民法院受理破产申请时由人民法院指定并在人民法院及相关主体的监督下,于破产程序中专门负责管理债务人财产,处理相关事务,履行法定职责的专门机构。我国《企业破产法》称之为“管理人”,而未加“破产”前置语。“管理人”和“破产管理人”的差异在于,破产程序启动并不必然意味着企业将进入破产程序,其也有可能进入和解程序或者重整程序。和解管理人、重整管理人与破产管理人似乎为三个并列的概念。其实,在破产法理或者实务中,“破产”是个需要进行广义、狭义区分的概念,广义的“破产”包括狭义的“破产”、和解与重整。因此,在使用“破产”这一概念时尤其需要注意其含义差别。可见,破产管理人和管理人这两个概念含义的区分,实际上是由“破产”这一概念含义差异所导致的。从保护债务人的角度而言,应当对“破产管理人”和“管理人”两个概念进行严格区分,但在理论研究或者通常称谓上必要性不大。

破产清算组在《企业破产法(试行)》和《企业破产法》中具有不同含义。《企业破产法(试行)》中的清算组与破产管理人的主要区别如下:第一,性质不同。

清算组具有很强的行政色彩,工作使命首要考虑的是保障国有资产不流失以及如何安置企业职工,具有较强的政治使命和社会角色。破产管理人具有中介服务性,工作使命首要考虑的是债权人的公平受偿,具有极强的经济性。第二,人员不同。清算组成员由相应主管部门指定,依据相应主管部门的决策开展工作。破产管理人由社会中介服务机构担任,人员主要为相应专业人士,按照专业技能要求开展工作。第三,地位不同。清算组虽然可以自己的名义从事民事活动,但法律并未对清算组与债务人、债权人会议、人民法院之间的关系作出明确界定。破产管理人作为中介服务机构,由人民法院指定依法承担管理人的职责,接受债权人会议(委员会)的监督,与人民法院、债权人之间关系非常明确。

《企业破产法》中的清算组与破产管理人的主要区别在于清算组是破产管理人的一种类型,即破产管理人既可以由社会中介机构担任,也可以由清算组担任。一般而言,由清算组担任管理人的破产企业多是政策性较强的企业,而由社会中介机构担任破产管理人的破产企业多是不具有较强政策性的一般企业。

公司可以因破产而进入清算程序,也可以因其他非破产原因而进入清算程序。公司因破产原因而进行清算的,由破产管理人承担清算工作,公司因非破产原因而进行清算的,由清算组承担清算工作。破产管理人与公司清算组的关联性主要表现在:第一,业务性质相同。就清算业务性质而言,破产管理人实施的清算与公司清算组实施的清算相同,需要同样的专业知识技能,因此,二者对于组成人员的专业性要求具有同一性。第二,二者具有衔接性。公司清算过程中发现具备破产原因的,就应当申请进入破产程序,非破产清算因此而转化为破产清算。公司清算组成人员符合相关法律法规规定,可以担任破产管理人的,人民法院可以直接指定公司清算组为破产管理人。破产管理人与公司清算组的区别主要表现在以下几个方面:第一,利益关联性不同。由于公司非因破产而清算通常不会影响公司债权人利益,故对清算组成员与公司利益关联性未有严格要求,与公司利益具有很强关联性的公司股东、董事等人员都可以成为清算组成员。而公司破产清算由于通常会涉及公司债权人债权受偿是否公平,因此对破产管理人成员与公司及相关利益主体的利益关联性有严格要求,一般要求由非利益相关者担任。第二,产生方式不同。公司清算组成员依据公司章程或者由公司股东(大)会决议产生,强制清算则由人民法院依据利害关系人申请选派产生。破产管理人则由人民法院指定,并接受债权人会议的监督,债务人无权干涉。第三,代表对象不同。公司清算组在清算过程中以公司代表人的身份,并以维护公司利益为宗旨而对外活动。破产管理人并不是破产企业(债务人)的代表,也不仅以维护债务人利益为宗旨而对外活动。第四,职权不同。破产管理人的职权内容较多,超过了公司清算组的职权。

《企业破产法》采大陆法系立法例,未规定临时破产管理人制度。临时管理人制度主要存在于英美法系国家和地区。有学者认为,我国将来对《企业破产法》作进一步修订时,应当引进英美法系国家的临时破产管理人制度。因为根据《最高人民法院关于审理企业破产案件指定管理人的规定》第20条的规定,"人民法院一般应当按照管理人名册所列名单采取轮候、抽签、摇号等随机方式公开指定管理人"。由此可见,指定管理人往往需要经过一定程序和时间才能完成,因此,在破产申请受理后的一段时间内,债务人财产会处于一种无人管理的状态。[①]

三、破产管理人的特征

破产管理人作为破产程序中的重要主体,具有不同于债务人、债权人会议以及人民法院等主体的属性。

1. 独立性

破产管理人的独立性,是指破产管理人在法律地位上不从属于其他任何主体,具有独立的主体地位。破产管理人的独立性主要表现在如下几个方面:第一,身份的独立性。破产管理人的身份独立性是指破产管理人作为破产程序中的重要主体,在身份关系上不从属于任何其他主体,既独立于债务人和债权人,又独立于人民法院,不以其他任何主体的名义,而是以自己的名义对外开展活动。第二,意思的独立性。破产管理人意思的独立性,是指破产管理人在履行职责的过程中,既不根据债务人或者债权人的要求,也不按照人民法院的指令行事,而是按照法定职责,在履行职责的过程中独立作出意思表示。第三,责任的独立性。破产管理人责任的独立性,是指破产管理人在履行职责的过程中,因未尽到应尽义务而导致他人损害的,应当依法承担赔偿责任或者承担相应的行政甚至刑事责任。第四,报酬的独立性。破产管理人报酬的独立性,是指破产管理

① 参见张磊:《论我国破产管理人制度之完善———以临时管理人制度为视角》,载《暨南学报》(哲学社会科学版)2012年第8期。

人作为独立中介机构,对自己所提供的服务有独立的报酬请求权。

2. 中立性

破产管理人的中立性由其独立性所决定,是指破产管理人在履行职责过程中,与其他主体之间没有直接的利益关系,其不是为了某一类主体履行职责,而是为了整个破产程序的顺利进行而从事破产管理工作。中立性要求破产管理人在履行职责过程中,应当恪守客观中立的立场,坚持利益回避原则,不与某一特定主体产生不正当利益关系。

3. 专业性

破产管理人的专业性,是指破产管理人必须以自己的专业技能履行相应职责。破产管理人在破产程序中所从事的工作具有很强的专业性,履行破产管理职责的人员必须具备相应的专业知识。为保证破产管理工作的顺利进行,各国法律一般对破产管理人的任职资格进行了规定,要求破产管理工作人员必须具备法律、会计、金融和管理等方面的知识。《企业破产法》明确规定破产管理人由律师事务所、会计师事务所和破产清算事务所等社会中介服务机构担任,这实际上隐含了破产管理人必须具备相应专业知识的要求。《全国法院破产审判工作会议纪要》指出:"人民法院要指导编入管理人名册的中介机构采取适当方式吸收具有专业技术知识、企业经营能力的人员充实到管理人队伍中来,促进管理人队伍内在结构更加合理,充分发挥和提升管理人在企业病因诊断、资源整合等方面的重要作用。"由此可见,《全国法院破产审判工作会议纪要》对破产管理人的专业性提出了更高要求。

4. 法定性

破产管理人的法定性,是指破产管理人作为破产程序的重要参与主体由法律明确规定,其所履行的职责也由法律明确规定。破产管理人虽然由人民法院指定,但对于人民法院来说,指定破产管理人乃是履行职能的一项职责,人民法院在是否指定破产管理人上没有自由裁量权,而必须依法指定。破产管理人所履行的职责并非来自人民法院的安排,也并非来自破产管理人与债务人、债权人的协议,而是来自法律的规定,是法定职责,而非约定职责。

5. 临时性

破产管理人的临时性,是指破产管理人作为破产程序的参与主体是临时组建的,随着破产管理职责履行完毕而终结。

四、破产管理人的类型

破产管理人可以依据不同的标准区分为不同类型。一是根据破产管理人身份的不同,可以分为自然人破产管理人和非自然人破产管理人。《企业破产法》第 24 条规定,管理人可以由有关部门、机构的人员组成的清算组或者依法设立的律师事务所、会计师事务所、破产清算事务所等社会中介机构担任。人民法院根据债务人的实际情况,可以在征询有关社会中介机构的意见后,指定该机构具备相关专业知识并取得执业资格的人员担任管理人。个人担任管理人的,应当参加执业责任保险。自然人担任破产管理人的,必须具备相应的专业知识,并取得执业资格。非自然人担任破产管理人的,可以分为由清算组担任的破产管理人和由中介机构担任的破产管理人。二是根据破产管理人产生的方式不同,可以分为直接指定的破产管理人、随机产生的破产管理人、竞聘产生的破产管理人以及受推荐产生的破产管理人。关于破产管理人的产生方式,《最高人民法院关于审理企业破产案件指定管理人的规定》第 18 条、第 21 条、第 22 条分别作出了相应规定。三是根据破产管理人性质的不同,可以分为破产清算管理人、破产重整管理人和破产和解管理人。四是根据破产管理人构成的不同,可以分为联合破产管理人和非联合破产管理人。联合破产管理人是指由两家或者两家以上的社会中介服务机构联合组成破产管理人。《全国法院破产审判工作会议纪要》指出,“两家以上具备资质的中介机构请求联合担任同一破产案件管理人的,人民法院经审查符合自愿协商、优势互补、权责一致要求且确有必要的,可以准许”。

第三节　破产管理人法律地位

一、破产管理人法律地位概说

破产管理人的法律地位,是指破产管理人与其他主体相互之间的关系。破产管理人作为破产程序的重要参与主体,就其工作性质来说,在破产程序中居于核心地位,破产法律关系中的利益主体的利益实现都依赖于破产管理人。对于破产管理人在破产法律关系中处于一种什么样的法律地位问题,理论上有多种不同观点。德国关于破产管理人法律地位的理论学说,共有五种观点,即破产人代理说、破产债权人代理说、职务说、机关说和中性说。日本关于破产管理人法律地位的理论学说分为代理说和职务说两类。其中,代理说又可进一步分为破产人代理说、破产债权人代理说、破产人及破产债权人代理说、私人代表及国家机关说和破产财团代理说。职务说又可以分为国家执行机关之公务说和国家事务受托之私人说。

二、破产管理人代理说①

代理说以民法上的代理理论为基础,认为破产管理人在破产程序中以法定代理人身份行使职权。代理说的理论依据在于破产程序为清偿程序,属于非诉程序,主要解决债务人和债权人之间私人债务的清偿问题,本质上是一种私权,因此形成的关系当然为私法关系,相当于民法上的民事代理,破产管理人为代理人,代表被代理人的利益,以被代理人的名义参与破产程序,履行职责。代理说认为破产管理人为代理人,但对于代理"谁"即被代理人是"谁",有以下四种不同的主张。

(一)债权人代理说

债权人代理说认为,破产管理人为债权人的代理人。因为债权人基于债务人被宣告破产而取得了对债务人财产的管理权利,并由破产管理人代理行使。破产管理人基于代理人的身份,为全体债权人的利益而行使职权。

破产债权人代理说又可以进一步分为各破产债权人的共同代理人说和全体债权人的法定代理人说两种观点。各破产债权人的共同代理人说认为,人民法院是受理破产案件后,全体破产债权人分别取得了以破产财产为标的的破产质权,每个破产债权人都有行使该质权的权利,法律规定全体债权人的权利由破产管理人代为行使。破产管理人对破产财产的管理处分乃是基于法律规定而行使各个破产债权人的权能,各个破产债权人相互之间并没有共同关系。全体破产债权人代理人说认为,破产管理人是全体破产债权人的代理人,因为人民法院受理破产案件后,每个债权人就失去了针对破产财产采取个别行动的权利,而只能以整体的方式针对破产财产采取行动,破产管理人根据法律规定管理破产财产并不是为了个别破产债权人的利益而是为了全体债权人的利益。

(二)债务人代理说

债务人代理说认为,破产管理人为债务人的代理人。债务人基于破产宣告

---

① 参见叶军:《破产管理人制度理论和实务研究》,中国商务出版社 2005 年版,第 47 页。

并未被剥夺对自己财产的所有权,而仅仅是暂时失去了对自己财产进行管理和处分的权利。破产管理人依据法定职责对债务人财产进行管理并非以自己的名义,而是以破产管理人的名义,且管理行为效力及于债务人。管理人的地位类似于公司清算人的地位,二者本质上相同。按照这一学说,破产管理人为法律行为时,特别是提起有关破产财产的诉讼及应诉时,诉讼当事人为债务人而非破产管理人,诉讼中为法定代理人。

破产管理人作为债务人的代理人并不是基于委托协议而是根据法律规定的办法产生的,破产管理人因此是债务人的法定代理人而非意定代理人。

(三)共同代理说

共同代理说认为,破产管理人既是债务人的代理人,又是债权人的代理人,是二者的共同代理人。破产管理人在行使职权时,并不仅是为了债务人的利益或者债权人的利益,有时是为了债务人的利益,有时是为了债权人的利益。破产管理人在管理破产财产时是债务人的代理人,在为债权人团体利益执行职务时是债权人的代理人。

共同代理说以债务人代理说和债权人代理说为基础,系两种学说的综合。共同代理人说可以进一步分为三种不同的观点:第一种观点认为,破产管理人在管理和处分破产财产时是债务人的法定代理人,在为债权人利益而执行职务时则是债权人的代理人。第二种观点认为,破产管理人管理处分破产财产以及行使撤销权均为代理破产债权人的行为。第三种观点认为,破产管理人无论为何种行为,均系同时为债务人和债权人的代理人。

共同代理人说虽然在一定程度综合了债务人代理说和债权人代理说的优点,但其缺陷却十分明显,即代理人在同一事件中不得同时代理双方当事人,而在破产程序中,债务人和债权人显然是存在利害关系冲突的双方当事人。

(四)私人代表及国家机关说

私人代表及国家机关说认为,破产管理人同时兼有破产债权人代理人的地位和国家机关代理人的地位。破产管理人占有、管理破产财产乃是基于法律的强制规定,实为代理国家机关行使职权。破产管理人对破产财产进行管理处分,行使撤销权而为诉讼等行为,系代表债权人利益,实为债权人的代理人。

私人代表及国家机关说一方面认为破产管理人代表债权人利益;另一方面认为破产管理人代表国家机关。集私人权益裁判者和私人利益维护者于一身,与“裁判者和运动员身份应当分离”的现代法律理念不符。

此外,代理说中还有破产财团代理说。破产财团代理说认为,破产财产是具有独立法人资格的财团,破产管理人即该财团的法定代理人。

代理说从破产程序作为民事特别程序的角度来说,具有一定合理性,但显然具有难以令人信服的缺陷:第一,破产管理人在破产程序中以自己的名义实施各种行为,与民事代理中代理人要以被代理人的名义实施行为不同。第二,民事代理要求代理人在实施代理行为时必须以被代理人的利益为核心,且行为后果由被代理人承担,但破产管理人实施的行为有时是为了债务人利益,有时是为了债权人利益,有时既不是为了债务人的利益,也不是为了债权人的利益。而且破产管理人实施的行为后果既不是由债权人承担,也不是由债务人承担,而仅是及于破产财产。第三,民事代理要求代理人在代理权限范围内履行代理职责,但破产管理人的权限范围远远超出了被代理人的权限范围。第四,民事代理要求代理人不得同时为当事人与相对人的代理人,共同代理说显然与这一要求相悖。第五,民事代理权为私权,破产管理人在破产程序中所享有的各种职权不仅是私权,而且带有一定的公权性质。

三、破产管理人职务说

职务说以破产程序为强制执行程序作为理论基础,从强制执行机关与债务人、债权人之间关系为公法关系的视角,认为破产管理人参与破产程序的身份相当于强制执行机关的公务人员,是一种职务行为。破产管理人在破产程序中实施的行为,不仅是为了债务人的利益或者债权人的利益,还必须同时兼顾社会公共利益,从程序和实体两个方面确保社会公正的目标实现。职务说以破产管理人履行职务的身份不同,可以进一步分为私法职务说、公法职务说以及折中说三种观点。

私法职务说,也称国家受托私人说。这一学说认为,破产管理人的职务由国家委托,以私人名义进行。按照私法职务说,破产管理人管理、处分破产财产和管理破产事务,虽然是基于国家委托,但并不以国家机关名义而是以私人名义进行。因此,破产管理人并不具有公法上的任何强制执行的权力。

公法职务说,也称国家机关说或国家机关公务说。这一学说认为,破产管理人并非私法上的代理人而是具有国家机关的身份,以类似于公法上执行机构的身份履行职务。

折中说认为，破产管理人是国家机关，同时又兼有代理破产债权人的资格。破产管理人占有、管理破产财产时是以国家机关身份进行的，而为了破产债权人利益处分破产财产，尤其是行使撤销权时则是以私法代理人的身份进行的。

职务说作为一种与代理说相对立的学说，在解释破产管理人权限来源、行为效果归属以及身份中立性等方面，特别是从破产管理人由法院指定，且在很大程度上是从法院的指挥下履行职责的角度来说，职务说具有一定的合理性。但是，职务说与代理说一样，同样存在缺陷：第一，破产管理人无论是由债权人会议选任还是由法院指定，其都不具有国家公务人员身份，而是由社会中介机构担任。第二，破产管理人的职责由破产法规定，破产法是私法而非公法。第三，破产管理人没有强制执行权，在破产程序中如果需要强制执行时，必须申请法院，由法院执行。第四，破产管理人参与诉讼，进行的是民事诉讼而非行政诉讼。第五，破产管理人因履行职责不当而需要承担责任时，其承担的是民事责任而非行政赔偿责任。

四、破产管理人新主体说

破产管理人新主体说认为，破产管理人是基于破产程序而产生的新的法律主体。破产管理人作为基于破产程序而产生的新主体，独立于债权人、破产债务人和人民法院等已有主体。破产管理人新主体说主要有破产财团代表说、信托说以及清算机构说三种不同的观点。

（一）破产财团代表说

破产财团说认为，债务人一旦被宣告破产，债务人的全部财产即被人格化，成为以清算为目的的财团，取得独立的主体地位，破产财团以破产管理人为代表机关。

破产财团代表说在解释破产管理人独立于债务人、债权人的身份方面，以及在解释破产管理人实施行为的后果方面具有明显的理论优势，但亦存在理论缺陷：第一，破产财团能否取得独立主体地位，尚且存在理论疑问，从立法及实践来看，各国（地区）立法及判例对此均无明确规定。第二，破产管理人在程序中实施的行为均没有以破产财团名义进行，而是以破产管理人的身份进行的，与这一学说不符。

(二)信托说

信托说以英美法系的信托理论为基础,将破产管理人视为信托关系中的受托人。信托说对于解释破产管理人与法院、债务人、债权人之间的关系具有很强的理论解释力,但对于解释信托人的法律人格,则存在理论上的困难。

(三)清算机构说

清算机构说认为,债务人企业作为独立法人,在破产受理前后具有同一性,为同一人格,只是破产受理后,企业的原管理机构由破产管理人所替代,破产管理人因此成为债务人在破产程序中的代表机构。从《企业破产法》将破产受理后的企业视为原企业的法人人格延续的规定来看,这一学说具有合理性,但从破产管理人不仅是为了债务人的利益,而且还需要为了债权人利益及社会公共利益而实施管理行为,具有中立性地位来看,这一学说亦存在法理解释上的缺陷。

第四节　破产管理人基本义务

一、破产管理人的义务概说

破产管理人作为由法院指定,替代债务人的管理层而在破产程序中享有法定职权的破产程序参与主体,承受了原由债务人管理层所承受的相关职责,不仅需要对债务人及相关利益群体负责,而且还需要对法院负责。为确保破产管理人依法履行职责,避免滥用职权,法律需要对破产管理人的义务作出规定。破产管理人作为债务人管理层的替代者,承受了债务人管理层的职责,当然也应当承受其义务。此外,从破产管理人作为破产案件所涉利益主体的受托人的视角而言,可以明确的是,破产管理人对相关利益主体负有同样义务。

破产管理人的义务,是指破产管理人作为破产程序的参与主体在履行职责过程中应当承担的义务。破产管理人的义务由法律明确规定,但并不以破产法规定为限。法律要求破产管理人在履行职责过程中承担义务的目的在于防止破产管理人滥用职权,以避免损害其他相关主体的权益。破产管理人的义务具有如下几个方面的特征:第一,身份义务。破产管理人的义务是基于破产管理人身份而产生的义务。不具有破产管理人身份,就不需要承担破产管理人的义务。第二,法定义务。破产管理人所承担的义务是基于法律规定而产生的,而不是基于当事人的约定而产生的。对于破产管理人的义务,破产管理人不能以任何方式予以排除。第三,财产性义务。破产管理人在破产程序中的主要职责是管理、处置破产财产,因此,破产管理人的义务主要是一种财产性义务,以占有、管理、维护破产财产为核心。第四,非自益性义务。破产管理人在破产程序中所履行的义务并不是为了自己的利益,而是为了他人的利益,具有非自益性的特点。

关于破产管理人的义务,《企业破产法》第 27 条规定,“管理人应当勤勉尽责,忠实执行职务”。据此,破产管理人的义务主要分为注意义务和忠实义务。

二、破产管理人注意义务

注意义务,也称勤勉义务、善管义务,是指破产管理人应以尽职尽责的、谨慎的工作态度履行职务,必须具备履行岗位职责所必需的职业技能,在工作过程中,应当诚信地尽到普通人在相同或者类似情况下的合理注意义务。要求破产管理人承担注意义务,乃是各国(地区)破产法普遍采用的做法。注意义务对于破产管理人而言是法律义务而非道德义务,并且是一种默示性的法律义务。作为破产管理人,在履行职责的过程中如果没有尽到应尽的注意义务,即应当承担相应的法律责任。

对于注意义务,《牛津法律大辞典》的解释是“一种为了避免造成损害而加以合理注意的法定责任。在侵权法中,行为人无须因疏忽而承担责任,除非其造成损害的行为或疏忽违反了应对原告承担的注意义务。如果一个人能够合理地预见到其行为可能对其他人造成人身上的伤害或财产上的损害,那么,在多数情况下他应对可能受其影响的人负有注意义务。因此,医生对其病人负有注意的义务;高速公路的驾车人应对其他人负有注意的义务”。[①] 在英美法系国家,对于注意义务产生的依据,理论上有四种不同的主张:一是近邻性,即被告与原告之间在侵权损害发生之前所存在的某种类型的先侵权关系;二是可预见性理论,如果被告在行为时预见到他的行为会损害原告的利益,那么就要对原告承担注意义务;三是依据信赖理论,如果原告认为相信被告所作的陈述而遭受损害,则被告就要对原告承担注意义务及损害赔偿责任;四是责任的自愿承担,当然,其只能解释被告出于自愿而对原告承诺承担某种职责、责任或者义务的情况,对于其他

---

① [英]戴维·M. 沃克:《牛津法律大辞典》,北京社会与发展研究所译,光明日报出版社 1988 年版,第 137 页。

非自愿承担义务的场合,该理论则不具有可实用性。[①] 大陆法系对注意义务的理论研究,早期主要集中于刑法领域。对于何为注意义务,刑法理论上大致有以下三种不同的观点:一是结果预见义务说,即将注意义务等同于结果预见义务,认为注意义务是行为人主观上预见结果发生可能性的义务。这一理论指出,如果行为人有结果预见可能性,当然就应当承担为规避结果而采取行为的义务。[②] 二是结果避免义务说,即认为注意义务就是结果回避义务。如果已经预见犯罪事实(构成事件的结果),则应采取必要的回避结果的谨慎态度,例如,日本学者藤木英雄就认为:所谓注意义务,从客观上来看,能不能说这种行为是有过失的一个标准:具体地说,为了规避结果,不仅要把必须做些什么作为结果发生之后的结论加以考虑,而且还要把行为时间作为标准时间来加以考虑。这种注意义务就叫作结果回避义务。[③] 三是结果预见义务与结果回避义务说。该说又称折中说。持这种观点的学者认为,注意义务是规范性的结构,行为者对符合构成要件的结果有预见,是注意义务的基本规范结构,把行为者根据其所预见采取相应规范措施的要求,包括在注意义务的内容之内。[④] 对于注意义务的程度,理论上一般有三个层次:一是普通人的注意,即在正常情况下一般人即可尽到的注意程度;二是应为处理自己事务为同一的注意,即行为人平日处理自己事务所用到的注意程度;三是善良管理人的注意,它与罗马法上的"善良家父之注意"和德国法上的"交易上必要之注意"相当,即依据交易上的一般观念,具有相当知识经验的人对于一定事件所达到的注意程度。

对于破产管理人的注意义务的评价标准,破产法没有明确规定,笔者认为,可以借鉴公司法对董事注意义务的评价标准。公司法对董事注意义务的评价标准,从国外相关立法及司法实践来看,主要有以下三条:一是善意,即董事执行公司职务时必须出于善意;二是合理注意,即董事在执行公司业务时,必须尽到一个普通谨慎人在相同或者类似情况下所应当尽到的注意义务;三是公司最佳利益原则,即董事必须为了公司利益而执行职务。对于董事注意义务,现行公司法

---

① 参见屈茂辉:《论民法上的注意义务》,载《北方法学》2007 年第 1 期。

② 参见[日]西原春夫:《日本刑事法的形成与特色》,李海东译,法律出版社 1997 年版,第 253 页。

③ 参见[日]藤木英雄:《公害犯罪》,丛选功译,中国政法大学出版社 1992 年版,第 57 页。

④ 参见何鹏编:《外国刑法学》,北京大学出版社 1984 年版,第 367 页。

使用的是勤勉义务的概念，但只有原则性的规定，并没有具体标准。由于注意义务因董事承担的具体岗位职责不同而存在差异，因此，在实践中判断董事是否尽到勤勉义务具有一定的困难。对于注意义务的判断，理论上有主观标准和客观标准之争。主观标准，认为对董事是否违反注意义务的判断，应根据其自身的情况进行判断；客观标准，认为对董事是否违反注意义务的判断，应当以"理性人"为标准，不因人而异，对所有义务人适用统一标准。在公司法理论上，除了应用上述三项标准来认定董事是否尽到勤勉义务外，还有商业判断规则的辅助标准。商业判断规则是美国法院发展起来的，董事就其合理的经营失误免予承担责任的一项法律原则。一般认为，董事等公司管理人员只要善意地进行商业决策即可满足注意义务要求，从而可以援引商业判断规则主张自己已尽到勤勉义务。按照商业判断规则，只有董事行为构成"重大过失"时才属于违反注意义务的行为，需要承担相应责任。具体而言，董事行为如果符合下列三个条件，即使决策导致公司损失，也不需要承担责任：第一，董事与决策事项无利害关系。董事如果与决策事项存在利害关系，则属于忠实义务的问题，不受商业判断规则的保护。第二，董事合理相信已经了解决策事项相关信息。董事对公司事项进行决策的前提是其必须对公司业务有合理了解。因此，董事决策时所凭借的信息如果是合理可靠、可信赖的，则董事应当受到商业判断规则的保护。第三，董事理性地相信决策符合公司最佳利益。董事有合理理由充分相信自己的决策符合公司最佳利益的，应当受到商业判断规则的保护。

破产管理人是否违反注意义务的判断标准，可以参照董事（管理层）注意义务的认定标准，主要从以下三个方面进行。一是胜任。胜任，是指破产管理人应当具备能够胜任破产管理工作的能力，即破产管理人应当具备担任破产管理人所必须具备的专业知识、技能和工作经验。二是勤勉。勤勉，是指破产管理人在履行职责的过程中应当认真履职。判断破产管理人是否勤勉主要有两个标准：第一，自己行为，即破产管理人应当亲自履行职责，不得以任何方式将本应由破产管理人承担的职责全部或者部分转让于他人；第二，及时行为，即破产管理人应当及时履行自己的职责，以确保债务人的财产（破产财产）不因履职不及时而发生贬值或者不当流失，以免损害债权人的利益。三是谨慎。谨慎，要求破产管理人在预见行为不利后果时，必须采取必要措施以避免损害结果的发生。谨慎对于破产管理人而言，主要有以下三个方面的要求：第一，置备文件。破产管理人应当按照破产法的有关规定,置备相关文件,供利害关系人查询。《企业破产法》第57条规定,管理人收到债权申报材料后,应当登记造册,对申报的债权进行审查,并编制债权表。债权表和债权申报材料由管理人保存,供利害关系人查阅。第二,信息披露。破产管理人在履行职责过程中,应当及时将有关信息向债权人等利害关系主体予以公开。《企业破产法》第68条第2款规定,债权人委员会执行职务时,有权要求管理人、债务人的有关人员对其职权范围内的事务作出说明或者提供有关文件。第三,报告。破产管理人在履行职责过程中,应当及时将相关信息向有关主体报告。

三、破产管理人忠实义务

忠实义务也称信义义务,源于英美法系的信托法理论,是指破产管理人在履行职责时,必须竭尽忠诚地为相关利益主体的最大利益毫无保留地努力工作,当自身利益与相关利益主体的利益发生冲突时,应以相关利益主体的利益为重。忠实义务是一种消极性的义务,在法律条文上通常以“不得”“禁止”等字眼体现。忠实义务的制度功能主要在于克服破产管理人因可能存在贪婪心理而实施的自私行为。忠实义务的实质在于利益冲突。破产管理人违反忠实义务的实质是以牺牲相关利益主体的利益为代价而为自己谋取不正当利益。

破产管理人的忠实义务和注意义务存在显著区别。注意义务要求破产管理人必须尽最大努力去管理债务人的财产,忠实义务要求破产管理人不得为了自己的利益,而必须为受托人利益去履行职责。破产管理人的注意义务和忠实义务的差异如下:第一,性质不同。“注意义务是一种管理义务,而忠实义务在本质上是一种信赖义务。”注意义务要求破产管理人在履行职务时,必须尽到应有的岗位职责;而忠实义务则要求破产管理人在受托人利益与自身利益发生冲突时,必须以受托人利益为重,将受托人利益放在优先考虑的位置。可以说,注意义务是对破产管理人能力的要求;忠实义务是对破产管理人品德的要求。第二,标准不同。就注意义务针对岗位职责而言,评价或者说衡量破产管理人注意义务的标准必须根据具体的岗位职责进行;而忠实义务不是针对具体岗位的要求,具有统一性,因此,评价或者说衡量破产管理人忠实义务的标准具有统一性。第三,要求不同。注意义务要求董事必须积极履行一定的商业决策和执行破产管理事务,在不同的场合有不同的要求,履行起来可能有一定的困难,不一定很容易做到；而忠实义务只要求破产管理人忠于受托人，不背叛受托人，不做有损受托人利益的事务即可，比较容易做到。第四，责任不同。破产管理人违反注意义务，需要承担损害赔偿责任；而破产管理人违反忠实义务，则不仅需要承担赔偿责任，还应将所得利益归于受托人。

《企业破产法》对于破产管理人忠实义务的具体要求未作详细规定，在实践操作中可以借鉴《公司法》有关董事忠实义务的规定。在司法实践中判断董事是否违反忠实义务是一件十分困难的事，各国公司法对董事忠实义务的评判标准也不尽相同。从各国公司法实践来看，董事违反忠实义务的典型形态主要包括自我交易、利用或者篡夺公司机会、同业竞争等几种情形。

延伸阅读：典型案例

徐某某与浙江Z律师事务所管理人责任纠纷一审民事判决书

本院认为，原告诉请最后确定为确认被告未尽到勤勉义务。其认为被告没有尽到管理人的勤勉义务，提出的理由为：(1)重复登记债权(A美视公司)；(2)预留债权无申报材料；(3)徐甲诈骗案涉及的债权人债权确认无依据；(4)徐乙的债权转让未通知；(5)李某某的债权无依据；(6)管理人没有对审计报告中的排污、机器设备进行维权；(7)设备被盗。然被告认为本案原告主体不适格，以及应当由柯桥区人民法院管辖，同时认为被告尽到了勤勉义务。对此，本院评判如下。

一、原告主体适格问题。《中华人民共和国企业破产法》第一百三十条规定："管理人未依照本法规定勤勉尽责，忠实执行职务的，人民法院可以依法处以罚款；给债权人、债务人或者第三人造成损失的，依法承担赔偿责任。"据此可知，原告主体包括债权人、债务人与第三人，原告作为浙江MR布业发展有限公司的大股东，浙江MR布业发展有限公司的破产与其具有直接利害关系，故原告主体适格。

二、本案管辖问题。被告未在法定的答辩期间提出管辖异议，而是在庭审时提出，不符合法律的规定，此其一。本案系管理人责任纠纷，属于侵权责任之范畴，故本案应当根据侵权民事责任的管辖规则确定管辖法院，此其二。故对被告的该抗辩不予采纳。

三、勤勉义务问题。《中华人民共和国企业破产法》第二十七条规定："管理人应当勤勉尽责,忠实执行职务。”第一百三十条规定:“管理人未依照本法规定勤勉尽责,忠实执行职务的,人民法院可以依法处以罚款;给债权人、债务人或者第三人造成损失的,依法承担赔偿责任。”管理人民事责任属于侵权责任之范畴,适用过错责任,且宜采用故意和重大过失标准。下面就原告提出的7项具体理由进行分析:

1. 重复确认债权。原告认为作为担保人的A美视公司与主债权人建行绍兴分行及浦发银行绍兴分行已经达成了调解协议,由A美视公司承担担保责任,故被告应确认A美视公司申报的债权,而不应确认主债权人申报的债权,但被告却无视担保人的权利最终仍确认了主债权人的债权。首先,原告所述并非重复确认债权;其次,被告的该行为没有侵害原告的权利,故就原告提出的重复确认债权主张不予采信。

2. 预留债权无申报材料。原告认为江西MR实业有限公司未申报债权,然管理人在无依据的情形下却预留债权。经查,江西MR实业有限公司在2010年也进入了破产程序,江西MR实业有限公司的破产管理人代该公司向被告申报债权,被告审查并发出不予确认通知书,由于金额巨大且诉讼时效未过,故该预留并非无依据,也并非无申报材料。

3. 徐甲诈骗案涉及的债权人债权确认无依据。原告提出徐甲诈骗案涉及的债权人债权总共16笔,分别编号为1~18号(第18号为邢某某,系原告庭后添加)。经查,编号为1~6号、17号、18号为判决书确认;7~9号、14号、16号提供了依据,部分债权不予确认,但进行了预留债权处理;12号、13号、15号,有租赁合同与借条,并非无依据;11号,梁某某不予确认,也没有参与分配;10号尽管在申报时确认为优先债权,但在法院判决不享有优先债权后,管理人根据判决书进行了处理。故该部分涉及的16笔债权,不能证明被告没有尽到勤勉义务。

4. 徐乙的债权转让未通知。原告认为农行将其债权转让给徐乙的转让通知并没有到达浙江MR布业发展有限公司,以及无材料显示债务人对此无异议。本院认为,债权转让中,债权转让人、受让人均可通知债务人,债权申报也是通知的方式之一,同样可达到债权转让的法律效果。至于无材料显示债务人对此无异议,管理人的勤勉义务不只是注意债务人无异议,更重要的是对有无债权进行审查。根据最高额抵押合同等合同,管理人对该笔债权的处理并无不当。

5. 李某某的债权无依据。原告认为李某某提交的材料真实性无法确认。经查,该部分金额为27,823元,有相应的发票等材料佐证,故被告对此的处理并没有明显不当。

6. 管理人没有对审计报告中的排污、机器设备进行维权。原告认为审计报告对排污许可证不予审计价值,以及机器设备与原账面不一致就不予审计存在违法,然被告却不提出异议。经查,管理人已将排污权列为拍卖标的物,且管理人对其实际接管的机器设备进行审计评估符合管理人职责范畴。

7. 设备被盗。经查，管理人聘请了专业保安公司，在地下部分管线被盗后及时向公安部门报案，并要求保安公司加强巡逻。管理人对接管财产的看管并无不当。

综上，原告的诉请缺乏事实依据，不予支持。依照《中华人民共和国企业破产法》第二十七条、第一百三十条之规定，判决如下：

驳回原告徐某某的诉讼请求。

本案案件受理费160元，由原告徐某某负担。

——摘自浙江省绍兴越城区人民法院民事判决书

(2014)绍越商初字第1466号

四、破产管理人法律责任

有义务则有责任，破产管理人作为破产程序的重要参与主体，在破产程序进行过程中负有重要义务，若违反义务，当然需要承担相应的责任。《企业破产法》第130条规定："管理人未依照本法规定勤勉尽责，忠实执行职务的，人民法院可以依法处以罚款；给债权人、债务人或者第三人造成损失的，依法承担赔偿责任。"《最高人民法院关于审理企业破产案件指定管理人的规定》第39条规定："管理人申请辞去职务未获人民法院许可，但仍坚持辞职并不再履行管理人职责，或者人民法院决定更换管理人后，原管理人拒不向新任管理人移交相关事务，人民法院可以根据企业破产法第一百三十条的规定和具体情况，决定对管理人罚款。对社会中介机构为管理人的罚款5万元至20万元人民币，对个人为管理人的罚款1万元至5万元人民币。管理人有前款规定行为或者无正当理由拒绝人民法院指定的，编制管理人名册的人民法院可以决定停止其担任管理人一年至三年，或者将其从管理人名册中除名。"破产管理人的责任从法律性质上来说，可以分为民事责任、行政责任、刑事责任。

(一)民事责任

破产管理人的民事责任，是指破产管理人因过错而导致债务人财产或者其他人损失时所应承担的责任。对于破产管理人所承担的民事责任的性质，理论上有侵权责任、违约责任和专家责任三种不同的观点。侵权责任说认为，破产管理人相对于其他破产程序参与主体来说，处于受托人的中立性地位，依法独立地执行职务，必须认真履行忠实义务和注意义务；由于忠实义务和注意义务均由法律明确规定，而非源于破产管理人与其他参与主体的约定，因此，破产管理人违反法定义务所需要承担的民事责任为侵权责任。违约责任说,认为破产管理人与其他破产程序参与主体之间的法律关系应当视为委任关系,破产管理人如果违反了应尽义务,则其所应承担的责任为契约责任。专家责任说认为,破产管理人是以专家身份参与破产程序的,相对于其他主体来说,属于一种有偿服务关系,因此,破产管理人所应承担的民事责任应为专家责任。

《企业破产法》第130条规定:"管理人未依照本法规定勤勉尽责,忠实执行职务的,人民法院可以依法处以罚款;给债权人、债务人或者第三人造成损失的,依法承担赔偿责任。"《最高人民法院关于适用〈中华人民共和国企业破产法〉若干问题的规定(二)》第33条第1款规定:管理人或者相关人员在执行职务过程中,因故意或者重大过失不当转让他人财产或者造成他人财产毁损、灭失,导致他人损害产生的债务作为共益债务,由债务人财产随时清偿不足弥补损失,权利人向管理人或者相关人员主张承担补充赔偿责任的,人民法院应予支持。

破产管理人在破产程序中针对不同的主体负有不同义务,对于同一主体,其所负的义务也并不是单一的,因此,对于破产管理人承担民事责任的性质,不宜简单地一律认定为侵权责任或者契约责任,而应当根据破产管理人所违反的具体义务的性质来确定。例如,会计师事务所依据《中华人民共和国注册会计师法》(以下简称《注册会计师法》)第42条"会计师事务所违反本法规定,给委托人、其他利害关系人造成损失的,应当依法承担赔偿责任"的规定所承担的民事赔偿责任为侵权责任。

如果存在多个破产管理人,则在通常情形下,多个破产管理人对于权利主体应当承担连带责任,但经人民法院许可,如果多个破产管理人对于破产事务的管理有具体的分工,则相互之间为不真正连带责任,利害关系人请求破产管理人承担责任时有先后顺序之分,只有对负有直接责任的破产管理人追偿后不能满足时,才能向其他破产管理人主张。

(二)行政责任

破产管理人的行政责任,是指破产管理人违反行政法律法规的规定而由相应的行政机关或者行业协会所给予的处分(罚)。

《中华人民共和国律师法》(以下简称《律师法》)第47条规定:"律师有下列行为之一的,由设区的市级或者直辖市的区人民政府司法行政部门给予警告,可以处五千元以下的罚款;有违法所得的,没收违法所得;情节严重的,给予停止执业三个月以下的处罚……(二)以不正当手段承揽业务的……”第48条规定:“律师有下列行为之一的,由设区的市级或者直辖市的区人民政府司法行政部门给予警告,可以处一万元以下的罚款;有违法所得的,没收违法所得;情节严重的,给予停止执业三个月以上六个月以下的处罚:(一)私自接受委托、收取费用,接受委托人财物或者其他利益的……(三)利用提供法律服务的便利牟取当事人争议的权益的;(四)泄露商业秘密或者个人隐私的。”第49条规定:“律师有下列行为之一的,由设区的市级或者直辖市的区人民政府司法行政部门给予停止执业六个月以上一年以下的处罚,可以处五万元以下的罚款;有违法所得的,没收违法所得;情节严重的,由省、自治区、直辖市人民政府司法行政部门吊销其律师执业证书;构成犯罪的,依法追究刑事责任:(一)违反规定会见法官、检察官、仲裁员以及其他有关工作人员,或者以其他不正当方式影响依法办理案件的;(二)向法官、检察官、仲裁员以及其他有关工作人员行贿,介绍贿赂或者指使、诱导当事人行贿的;(三)向司法行政部门提供虚假材料或者有其他弄虚作假行为的;(四)故意提供虚假证据或者威胁、利诱他人提供虚假证据,妨碍对方当事人合法取得证据的;(五)接受对方当事人财物或者其他利益,与对方当事人或者第三人恶意串通,侵害委托人权益的……(七)煽动、教唆当事人采取扰乱公共秩序、危害公共安全等非法手段解决争议的;(八)发表危害国家安全、恶意诽谤他人、严重扰乱法庭秩序的言论的;(九)泄露国家秘密的。律师因故意犯罪受到刑事处罚的,由省、自治区、直辖市人民政府司法行政部门吊销其律师执业证书。”第50条规定:“律师事务所有下列行为之一的,由设区的市级或者直辖市的区人民政府司法行政部门视其情节给予警告、停业整顿一个月以上六个月以下的处罚,可以处十万元以下的罚款;有违法所得的,没收违法所得;情节特别严重的,由省、自治区、直辖市人民政府司法行政部门吊销律师事务所执业证书:(一)违反规定接受委托、收取费用的;(二)违反法定程序办理变更名称、负责人、章程、合伙协议、住所、合伙人等重大事项的;(三)从事法律服务以外的经营活动的;(四)以诋毁其他律师事务所、律师或者支付介绍费等不正当手段承揽业务的;(五)违反规定接受有利益冲突的案件的……(七)向司法行政部门提供虚假材料或者有其他弄虚作假行为的;(八)对本所律师疏于管理,造成严重后果的。律师事务所因前款违法行为受到处罚的,对其负责人视情节轻重,给予警告或者处二万元以下的罚款。”

《注册会计师法》第39条规定:“会计师事务所违反本法第二十条、第二十一条规定的,由省级以上人民政府财政部门给予警告,没收违法所得,可以并处违法所得一倍以上五倍以下的罚款;情节严重的,并可以由省级以上人民政府财政部门暂停其经营业务或者予以撤销。注册会计师违反本法第二十条、第二十一条规定的,由省级以上人民政府财政部门给予警告;情节严重的,可以由省级以上人民政府财政部门暂停其执行业务或者吊销注册会计师证书。会计师事务所、注册会计师违反本法第二十条、第二十一条的规定,故意出具虚假的审计报告、验资报告,构成犯罪的,依法追究刑事责任。”第40条规定:“对未经批准承办本法第十四条规定的注册会计师业务的单位,由省级以上人民政府财政部门责令其停止违法活动,没收违法所得,可以并处违法所得一倍以上五倍以下的罚款。”

根据《最高人民法院关于审理企业破产案件指定管理人的规定》第39条的规定,人民法院对于破产管理人可以决定实施罚款的处罚。但是,由于人民法院并不属于行政机关,根据行政处罚法的相关规定,人民法院当然不享有行政性质的处罚权,也不能接受其他行政机关的委托行使行政处罚权,因此,从法理逻辑来说,《最高人民法院关于审理企业破产案件指定管理人的规定》第39条的规定缺乏法理基础,很有必要进行立法完善。

(三)刑事责任

关于破产管理人的刑事犯罪问题,世界各国(地区)主要有两种做法:一种是在破产法中对破产管理人犯罪问题进行规定;另一种是将破产管理人犯罪问题规定于刑法典或者刑事诉讼法典中。前者以大陆法系国家为代表,后者以英美法系国家为代表。例如,《日本破产法》第380条规定,破产财产管理人或者监察委员会,以其职务便利,收受、要求或者约定贿赂时,处3年以下徒刑或者20万日元罚金。破产债权人、其代理人或者理事或相当于理事者,就有关债权人会议的决议、收受、要求或者约定贿赂时,亦同。我国台湾地区“破产法”第157条规定,和解指监督辅助人、破产管理人或者检查人,对于其职务上之行为,要求期约或收受贿赂或其他不正当利益者,处3年以下有期徒刑,得并科新台币3000元以下罚金。

对于破产管理人的刑事责任,我国《企业破产法》第131条规定:“违反本法规定,构成犯罪的,依法追究刑事责任。”

延伸阅读：典型案例

李某与北京市企业清算事务所有限公司等管理人责任纠纷一审民事判决书

本院认为：生效判决已经判决解除D公司和李某、喻某某签订的《商品房买卖合同》，并判令李某、喻某某于判决生效后10日内将1009号房屋退还D公司，故1009号房屋的所有权属于D公司。在D公司被本院依法宣告破产并由本院指定清算事务所和W律所担任D公司破产管理人后，清算事务所和W律所应当依照《中华人民共和国企业破产法》第二十五条的规定履行接管D公司财产的法定职责。本案中，清算事务所和W律所收回1009号房屋的行为属于履行管理人法定职责的职务行为。《中华人民共和国企业破产法》第四十二条规定："人民法院受理破产申请后发生的下列债务，为共益债务……（五）管理人或者相关人员执行职务致人损害所产生的债务。"第四十三条第一款规定："破产费用和共益债务由债务人财产随时清偿。"《最高人民法院关于适用〈中华人民共和国企业破产法〉若干问题的规定（二）》第三十三条第一款规定："管理人或者相关人员在执行职务过程中，因故意或者重大过失不当转让他人财产或者造成他人财产毁损、灭失，导致他人损害产生的债务作为共益债务，由债务人财产随时清偿不足弥补损失，权利人向管理人或者相关人员主张承担补充赔偿责任的，人民法院应予支持。"根据上述规定，管理人执行职务致人损害所产生的债务属于共益债务，共益债务由债务人财产随时清偿。管理人在执行职务过程中，只有因故意或者重大过失不当转让他人财产或者造成他人财产毁损、灭失，导致他人损害由债务人财产清偿不足弥补损失时，权利人方可向管理人主张承担补充赔偿责任。本案中，李某在未向D公司主张权利的情况下直接向D公司破产管理人清算事务所和W律所主张权利，没有法律依据，本院对其诉讼请求不予支持。综上，依照《中华人民共和国企业破产法》第四十二条、第四十三条第一款，《最高人民法院关于适用〈中华人民共和国企业破产法〉若干问题的规定（二）》第三十三条第一款之规定，判决如下：

驳回李某的诉讼请求。

案件受理费70元，由李某负担（已交纳）。

——摘自北京市第二中级人民法院民事判决书

（2014）二中民再初字第04529号

第二章　破产管理人基本制度

破产管理人作为专门负责破产事务管理的机构，需要具备相应的知识和技能才能胜任破产事务管理工作，为确保破产管理人能够胜任破产事务管理工作，法律对破产管理人的资质、选任、监管、报酬等内容进行了规定，形成了完整的破产管理人制度。

第一节　破产管理人选任制度

一、破产管理人任职资格

（一）破产管理人任职资格概说

破产管理人的任职资格由法律规定，即具备什么样条件的主体可以担任破产案件的破产管理人。破产管理人的任职资格是保障破产管理人能够胜任破产管理任务的基本条件，主要包括如下几个方面：第一，知识条件。破产管理人所处理的问题多为专业性问题，需要相应的专业知识，若不具备相应专业知识，就无法胜任破产管理工作。因此，具备相应专业知识是成为破产管理人的首要条件。破产管理人的专业知识主要包括两个方面：一是法律专业知识。破产管理人在破产程序中处理的是管理和处置财产等问题，都会涉及法律专业问题。显然，若不具备法律专业知识，就不可能胜任破产管理工作。二是财务（金融、会计、审计）等专业知识。财务知识。破产管理人对破产财产进行评估、变价处理以及对破产财产进行分配等，都需要相应的财务知识，若不具备财务专业知识，就不可能胜任破产管理工作。第二，经验(业绩)条件。破产管理人取代企业原管理机构处置相关事务，如决定某个合同是否继续履行等，实际上是一项商业性的工作，需要一定的商业经验。没有相应的商业经验，就难以胜任破产管理工作。这种商业经验需要通过工作阅历进行积累。第三，品行条件。破产管理人在破产程序中虽然具有独立主体地位，但从工作性质的角度分析，其处于一种受托人的位置，对债务人、债权人乃至社会负有信托义务，这就要求管理人必须具有良好的品行，有良好的个人素质和信誉。

(二)破产管理人的积极任职资格

1. 清算组

由于《公司法》《商业银行法》《中华人民共和国保险法》(以下简称《保险法》)等相关法律以及相关国有企业政策性破产文件保留了由有关部门、机构人员组成清算组处理破产案件的规定，因此，《企业破产法》依然保留了《企业破产法(试行)》中关于清算组处理破产案件事务的规定。《企业破产法》第 24 条规定，管理人可以由有关部门、机构的人员组成的清算组担任。对于一些特殊企业的破产案件，由清算组担任破产管理人，虽然在中立性、专业性、独立性等方面不如由社会中介服务机构担任破产管理人，但是，由有关部门、机构人员组成清算组担任破产管理人在破产企业职工安置、协调资源、资产清算等方面却具有由社会中介服务机构担任破产管理人所不可比拟的优势。破产法虽然对于由有关部门、机构人员组成清算组担任破产管理人的组成人员没有明确规定，但从法律解释论的角度来说，有关部门、机构在选派人员组成清算组担任破产管理人时，还是应当参照《企业破产法》的有关规定，尽量选派具有相关专业知识和工作经验的人士，以确保破产程序的顺利进行，提高工作效率，确保企业破产清算任务的顺利完成。

2. 社会中介机构

破产管理人需要具备相应的法律专业知识和财务专业知识，律师事务所和会计师事务所适宜担任破产管理人，因此，《最高人民法院关于审理破产案件指定管理人的规定》明确了这两类事务所具备担任破产管理人的资格。破产清算事务所以专门承担破产清算事务为己任，当然应当具备担任破产管理人资格。但是，目前，法律对于破产清算事务所的设立、组织形式及组成人员均缺乏具体规定,从制度配套及实务操作的角度而言,法律应对破产清算事务所作出具体规定。实践中,破产清算事务所的组成人员多由律师、会计师、评估师等专业人士组成。

除了律师事务所、会计师事务所和破产清算事务所以外的其他社会中介机构是否具备担任破产管理人的资格,法理上可作扩张和缩限两种解释。如采取扩张解释,则除了这三种机构外,其他的社会中介机构亦具备担任破产管理人的资格,可以被人民法院指定担任破产管理人;如采取缩限解释,则只有这三种社会中介机构具备担任破产管理人的资格。理论上虽然有学者主张应当作缩限解释,即只有律师事务所、会计师事务所和破产清算事务所三种类型的社会中介服务机构可以担任破产管理人,但在实践中,有些法院在对针对破产管理人的管理方面的规范性文件中采取了扩张解释,即明确肯定了资产管理公司可以担任破产管理人。

3. 自然人

《企业破产法》第 24 条第 2 款规定:"人民法院根据债务人的实际情况,可以在征询有关社会中介机构的意见后,指定该机构具备相关专业知识并取得执业资格的人员担任管理人。"《最高人民法院关于审理企业破产案件指定管理人的规定》第 17 条规定:"对于事实清楚、债权债务关系简单、债务人财产相对集中的企业破产案件,人民法院可以指定管理人名册中的个人为管理人。"《企业破产法》第 24 条第 4 款规定:"个人担任管理人的,应当参加执业责任保险。"

依据这一规定,具备相应的条件的自然人具备担任破产管理人的资格,但只能在"事实清楚、债权债务关系简单、债务人财产相对集中的破产案件"中担任破产管理人,而且必须参加执业责任保险,以提高责任能力。对于自然人担任破产管理人问题,我国目前仅只有这一原则性规定,缺乏具体的可操作性规则。

鉴于破产管理人的专业性要求,为提高破产管理人的专业素质,统一破产管理人资格的准入条件,理论上有意见认为,应当借鉴统一司法资格考试制度和注册会计师考试制度,设置破产管理人资格考试制度。① 破产管理人实施资格考试制度,国外有相关的立法例。例如,英国规定,专职破产管理人要求具有 3 年以上从事破产事务的经验,通过特殊的专业考试,同时还需接受至少 50 小时的专业培训。

(三)破产管理人的消极任职资格

《企业破产法》第 24 条第 3 款规定:"有下列情形之一的,不得担任管理人:

① 参见叶军:《破产管理人制度理论和实务研究》,中国商务出版社 2005 年版,第 152 页。

(一)因故意犯罪受过刑事处罚;(二)曾被吊销相关专业执业证书;(三)与本案有利害关系;(四)人民法院认为不宜担任管理人的其他情形。"

《最高人民法院关于审理企业破产案件指定管理人的规定》第9条规定:"社会中介机构及个人具有下列情形之一的,人民法院可以适用企业破产法第二十四条第三款第四项的规定:(一)因执业、经营中故意或者重大过失行为,受到行政机关、监管机构或者行业自律组织行政处罚或者纪律处分之日起未逾三年;(二)因涉嫌违法行为正被相关部门调查;(三)因不适当履行职务或者拒绝接受人民法院指定等原因,被人民法院从管理人名册除名之日起未逾三年;(四)缺乏担任管理人所应具备的专业能力;(五)缺乏承担民事责任的能力;(六)人民法院认为可能影响履行管理人职责的其他情形。"第23条规定:"社会中介机构、清算组成员有下列情形之一,可能影响其忠实履行管理人职责的,人民法院可以认定为企业破产法第二十四条第三款第三项规定的利害关系:(一)与债务人、债权人有未了结的债权债务关系;(二)在人民法院受理破产申请前三年内,曾为债务人提供相对固定的中介服务;(三)现在是或者在人民法院受理破产申请前三年内曾经是债务人、债权人的控股股东或者实际控制人;(四)现在担任或者在人民法院受理破产申请前三年内曾经担任债务人、债权人的财务顾问、法律顾问;(五)人民法院认为可能影响其忠实履行管理人职责的其他情形。"第24条规定:"清算组成员的派出人员、社会中介机构的派出人员、个人管理人有下列情形之一,可能影响其忠实履行管理人职责的,可以认定为企业破产法第二十四条第三款第三项规定的利害关系:(一)具有本规定第二十三条规定情形;(二)现在担任或者在人民法院受理破产申请前三年内曾经担任债务人、债权人的董事、监事、高级管理人员;(三)与债权人或者债务人的控股股东、董事、监事、高级管理人员存在夫妻、直系血亲、三代以内旁系血亲或者近姻亲关系;(四)人民法院认为可能影响其公正履行管理人职责的其他情形。"

《律师法》第49条规定:"律师有下列行为之一的,由设区的市级或者直辖市的区人民政府司法行政部门给予停止执业六个月以上一年以下的处罚,可以处五万元以下的罚款;有违法所得的,没收违法所得;情节严重的,由省、自治区、直辖市人民政府司法行政部门吊销其律师执业证书;构成犯罪的,依法追究刑事责任:(一)违反规定会见法官、检察官、仲裁员以及其他有关工作人员,或者以其他不正当方式影响依法办理案件的;(二)向法官、检察官、仲裁员以及其他有关工作人员行贿,介绍贿赂或者指使、诱导当事人行贿的;(三)向司法行政部门提供虚假材料或者有其他弄虚作假行为的;(四)故意提供虚假证据或者威胁、利诱他人提供虚假证据,妨碍对方当事人合法取得证据的;(五)接受对方当事人财物或者其他利益,与对方当事人或者第三人恶意串通,侵害委托人权益的;(六)扰乱法庭、仲裁庭秩序,干扰诉讼、仲裁活动的正常进行的;(七)煽动、教唆当事人采取扰乱公共秩序、危害公共安全等非法手段解决争议的;(八)发表危害国家安全、恶意诽谤他人、严重扰乱法庭秩序的言论的;(九)泄露国家秘密的。律师因故意犯罪受到刑事处罚的,由省、自治区、直辖市人民政府司法行政部门吊销其律师执业证书。"第50条规定:"律师事务所有下列行为之一的,由设区的市级或者直辖市的区人民政府司法行政部门视其情节给予警告、停业整顿一个月以上六个月以下的处罚,可以处十万元以下的罚款;有违法所得的,没收违法所得;情节特别严重的,由省、自治区、直辖市人民政府司法行政部门吊销律师事务所执业证书:(一)违反规定接受委托、收取费用的;(二)违反法定程序办理变更名称、负责人、章程、合伙协议、住所、合伙人等重大事项的;(三)从事法律服务以外的经营活动的;(四)以诋毁其他律师事务所、律师或者支付介绍费等不正当手段承揽业务的;(五)违反规定接受有利益冲突的案件的;(六)拒绝履行法律援助义务的;(七)向司法行政部门提供虚假材料或者有其他弄虚作假行为的;(八)对本所律师疏于管理,造成严重后果的。律师事务所因前款违法行为受到处罚的,对其负责人视情节轻重,给予警告或者处二万元以下的罚款。"

二、破产管理人选任模式

(一)其他国家和地区破产管理人的选任模式

破产管理人由谁来确定,即破产管理人选任模式问题。从世界各国立法及地区相关规定来看,主要存在三种不同的立法模式。

1.法院选任

法院选任破产管理人的模式,也称职权主义的选任模式,即破产管理人由法院来确定,由法院自行选任或者指定。大陆法系国家和地区多采用此种模式。例如,《日本破产法》第74条第1款规定,"法院选任破产财产管理人"。[①] 按照

① 李飞主编:《当代外国破产法》,中国法制出版社2006年版,第745页。

此种选任模式,法院选任破产管理人不受债权人会议干涉,管理人对法院负责并接受监督。个别债权人或者债权人会议对法院选任的破产管理人不满意时,不能直接进行否决,而只能请求法院撤换,但最终是否撤换,法院有自主决定权。

职权主义选任模式突出了法院在破产程序中的主导地位,其主要优点如下:第一,有利于破产管理人及时产生,避免了因各方意见不一致而导致破产管理人难以及时产生的问题,提高了破产程序的效率。第二,有利于贯彻破产管理人的中立性原则,避免各方当事人的利益冲突。但是,这一选任模式的弊端也极为明显。第一,不能体现债权人的共同意志,不能有效保护债权人的利益。第二,法院选任破产管理人与法院作为公权力机关的性质不相吻合,而且在实践中容易产生腐败,可能损害法院公正、中立的形象。

2. 债权人会议选任

债权人会议选任破产管理人的模式也称意思自治主义模式,即破产管理人由债权人会议来确定,由债权人会议选任破产管理人。英美法系国家和地区多采用此种模式。例如,《美国破产法》第702条规定,符合条件的债权人有权选任破产托管人。

意思自治主义模式突出了债权人的共同意志,以破产管理人为债权人利益代表为宗旨,其主要优点如下:第一,贯彻了意思自治原则,有利于保护债权人的利益;第二,有效防止了法院选任情形下可能产生的权力寻租等腐败问题,体现了司法中立的理念。这一选任模式的弊端如下:第一,选任程序复杂,可能难以及时产生破产管理人,从而影响破产程序的顺利进行,有悖于破产程序的效率原则;第二,债权人会议确定破产管理人,只能依据多数决策原则,有可能出现损害中小债权人利益的问题,从而导致破产管理人选任上的不公。

3. 折中模式

折中模式是法院选任模式与债权人会议选任模式的结合,原则上由法院选任破产管理人,但债权人可以另行选任。采用这一模式的代表性国家和地区为德国及我国台湾地区。例如,《德国破产法》规定:"应当任命一名对具体案件而为合适的,特别是懂行且独立于债权人及债务人的自然人为破产管理人。在任命破产管理人之后召开的第一次债权人会议上,债权人可以选举一名另外的人取代所任命的破产管理人。"

从理论上来说,折中主义模式有利于克服职权主义和意思自治主义模式的弊端,但实践中并不如此,也很少出现法院所确定的破产管理人因债权人会议另行选任而被取代的情况。

此外,还有独立机构选任模式,即破产管理人由对所有破产管理人进行总体管理的单独机构选任。

(二)我国破产管理人的选任模式

对于我国破产管理人的选任,《企业破产法(试行)》规定由人民法院选任,没有考虑到债权人对破产管理人的参与问题,被学界认为存在缺陷。在《企业破产法》的制定过程中,对于破产管理人选任问题,学界有不同观点,有的认为应当由人民法院选任,有的认为应由债权人会议选任,有的认为人民法院选任后应当经债权人会议确认,有的认为应在破产案件受理后先由人民法院选任,待第一次债权人会议召开时,再由债权人会议另行选任。

《企业破产法》第22条规定:"管理人由人民法院指定。债权人会议认为管理人不能依法公正执行职务或者有其他不能胜任职务情形的,可以申请人民法院予以更换。指定管理人和确定管理人报酬的办法,由最高人民法院规定。"根据这一规定,破产管理人由人民法院指定,债权人会议认为管理人不能依法公正执行职务或者有其他不能胜任职务的情形时,可以申请人民法院予以更换。但对于是否更换,人民法院享有自由裁量权,若决定更换的,仍然由人民法院重新指定。这一立法模式,可以视为法院选任与债权人异议相结合的模式,但本质上仍然是职权主义模式。从法理上分析,即使法律没有明确规定,由人民法院选任破产管理人后,债权人会议仍当然享有异议权。对于此种管理人选任模式,从实务的角度应当研究的问题是,债权人会议申请人民法院更换,人民法院不予更换的,债权人会议可否再次提出请求或者寻求其他救济?

根据《企业破产法》的规定,最高人民法院颁布了《关于审理企业破产案件指定管理人的规定》。依据这一司法解释,人民法院指定破产管理人有四种方式。

1. 随机方式

随机指定是实践中最常见的破产管理人产生方式。《最高人民法院关于审理企业破产案件指定管理人的规定》第20条规定:"人民法院一般应当按照管理人名册所列名单采取轮候、抽签、摇号等随机方式公开指定管理人。"轮候方式是指人民法院首先将进入管理人名册中的管理人按照某种标准进行排序,其次按照破产案件的立案顺序依次从名册中指定管理人。抽签方式和摇号方式则是人民法院首先将进入管理人名册中的管理人名单次序打乱，其次进行随机抽签或者摇号，并凭借抽签或者摇号结果确定破产管理人。

随机方式确定破产管理人的优势在于可以有效避免人民法院在指定破产管理人时的随意性，保障了每一位破产管理人有均等机会参与破产案件，实现了形式上和实质上的结果公平，有利于确保司法廉洁性和树立司法公信力。从有利于个案顺利进行的角度来看，这种方式显然具有不科学性，因为每个破产案件，每位破产管理人，都存在个性上的差异，通过随机方式产生的破产管理人不一定就是案件最合适的管理人，以致容易出现破产管理人的能力与破产案件复杂难易程度不相适应的问题。此外，从工作效率来看，业务能力强的破产管理人如果担任相对简单的破产案件管理人，就会出现"大材小用"的问题，浪费专业资源。从破产管理人的角度来说，随机方式虽然实现了机会均等的形式公平，但对于专业能力强的管理人而言，实际上却产生了实质的不公平，不利于激发其工作激情。从破产管理人行业发展来看，这一方式由于没有竞争机制，没有考虑破产管理人的实际工作能力和工作业绩，也会严重制约破产管理人队伍的整体发展。

鉴于这一模式所存在的弊端，有些地方的法院采用了破产管理人费分级制度，即根据破产管理人的工作队伍的构成状况、从业业绩、能力、水准等因素进行分级，分为一级、二级、三级。然后再根据破产案件的具体情况，将案件分为一类案件、二类案件和三类案件。一级管理人可以担任一类破产案件的破产管理人；二级管理人可以担任二类破产案件的破产管理人；三级管理人可以担任三类破产案件的破产管理人。这一做法在一定程度上克服了随机方式产生破产管理人机制的弊端。

2. 竞争方式

《最高人民法院关于审理企业破产案件指定管理人的规定》第 21 条规定："对于商业银行、证券公司、保险公司等金融机构或者在全国范围有重大影响、法律关系复杂、债务人财产分散的企业破产案件，人民法院可以采取公告的方式，邀请编入各地人民法院管理人名册中的社会中介机构参与竞争，从参与竞争的社会中介机构中指定管理人。参与竞争的社会中介机构不得少于三家。采取竞争方式指定管理人的，人民法院应当组成专门的评审委员会。评审委员会应当结合案件的特点，综合考量社会中介机构的专业水准、经验、机构规模、初步报价等因素，从参与竞争的社会中介机构中择优指定管理人。被指定为管理人的社会中介机构应经评审委员会成员二分之一以上通过。采取竞争方式指定管理人的,人民法院应当确定一至两名备选社会中介机构,作为需要更换管理人时的接替人选。"《全国法院破产审判工作会议纪要》指出,"建立竞争选定管理人工作机制。破产案件中可以引入竞争机制选任管理人,提升破产管理质量。上市公司破产案件、在本地有重大影响的破产案件或者债权债务关系复杂,涉及债权人、职工以及利害关系人人数较多的破产案件,在指定管理人时,一般应当通过竞争方式依法选定"。

相对于一般企业破产而言,金融机构、上市公司等企业破产案件涉及的问题复杂,采用随机方式确定的破产管理人不一定能够适应此类特殊破产案件的需要,因此,这些案件中需要采用竞争方式产生破产管理人。

竞争方式确定破产管理人的具体程序如下:首先,由受理破产案件的人民法院发布指定公告,邀请3家以上的候选人投标;其次,候选人向人民法院提交投标书,进行竞标;再次,人民法院评审委员会评议,确定破产管理人人选;最后,被确定的破产管理人接受人民法院的指定,担任破产案件的破产管理人。

人民法院一般制定了具体的破产管理候选人评审规则,便于具体操作。评审委员会一般由法院审判委员会委员、业务庭室的庭长、副庭长及相关工作人员组成。评审采用多数决策规则。

竞争方式确定破产管理人时,应当注意的具体问题如下:第一,候选人应为社会中介机构,自然人个人不得参与竞标;第二,候选人不以进入本辖区管理人名册者为限,可以异地竞争;第三,社会中介机构不得联合参与竞标,而只能以本机构的名义单独参与竞标。

延伸阅读:经典文书

关于沧州G房地产开发有限公司
破产案件竞争选任管理人公告

申请人沧州G房地产开发有限公司于2014年10月31日向本院申请破产清算,本院经审查拟裁定予以受理。根据《中华人民共和国企业破产法》《最高人民法院关于审理企业破产案件指定管理人的规定》之规定,本院决定采取竞争方式选任管理人,现公告如下。

一、申报条件

1. 申报机构为编入沧州市中级人民法院管理人名册中的社会中介机构；

2. 申报机构及其人员不得具有《中华人民共和国企业破产法》第二十四条,《最高人民法院关于审理企业破产案件指定管理人的规定》第九条、第二十三条、第二十四条规定的不得或不宜担任管理人的情形；

3. 申报机构在近5年内有从事破产案件管理人工作的经验；

4. 申报机构和其从业人员最近3年内没有违法违纪等不良记录。

二、申报方式

申报管理人的社会中介机构应于申报期限届满前向本院提交申报书5份及与申报书内容相对应的证件、资料、凭证。申报书的主要内容为：

1. 申报机构的基本情况；

2. 申报机构以往担任管理人或参与破产工作的经验、业绩；

3. 申报机构拟定的管理人所需的规章制度和工作方案,包括组织架构、职责分工、工作流程、计划草案等；

4. 报价方案。

三、报名时间

报名期限截至2014年11月7日下午5时。

四、报名地点与联系人

报名地点:河北省沧县人民法院

地址:沧州市××区××大道××号

联系人:王某某、李某某

联系电话:0317－×××××××,0317－×××××××

监督电话:0317－×××××××

3. 推荐方式

《最高人民法院关于审理企业破产案件指定管理人的规定》第22条规定:“对于经过行政清理、清算的商业银行、证券公司、保险公司等金融机构的破产案件,人民法院除可以按照本规定第十八条第一项的规定指定管理人外,也可以在金融监督管理机构推荐的已编入管理人名册的社会中介机构中指定管理人。”

金融类企业破产与一般企业破产不同,其存在金融风险,为此,《企业破产法》特别规定金融监管部门有权推荐破产管理人。在实务中,由于金融类企业破产案件很少,所以推荐方式很少适用。

4. 指定清算组方式

《最高人民法院关于审理企业破产案件指定管理人的规定》第18条规定:“企业破产案件有下列情形之一的,人民法院可以指定清算组为管理人:(一)破产申请受理前,根据有关规定已经成立清算组,人民法院认为符合本规定第十九条的规定;(二)审理企业破产法第一百三十三条规定的案件;(三)有关法律规定企业破产时成立清算组;(四)人民法院认为可以指定清算组为管理人的其他情形。”第19条规定:“清算组为管理人的,人民法院可以从政府有关部门、编入管理人名册的社会中介机构、金融资产管理公司中指定清算组成员,人民银行及金融监督管理机构可以按照有关法律和行政法规的规定派人参加清算组。”

由人民法院指定清算组担任破产管理人的破产案件具有特殊性,其目的是最大限度地保护债权人利益,具有债权人利益本位的倾向。

三、破产管理人指定程序

1. 破产管理人的指定时间

人民法院应当于什么时间指定破产管理人,世界各国(地区)的破产法对此有两种不同的做法:一是破产申请(受理)开始主义,即在法院受理破产申请时就开始了破产程序,应当指定破产管理人;二是破产宣告开始主义,即在法院宣告破产时才开始破产程序,指定破产管理人。按照此种立法例,人民法院受理破产案件后至宣告债务人破产前,乃是破产程序的前置程序,而非真正的破产程序。《企业破产法》第13条规定:“人民法院裁定受理破产申请的,应当同时指定管理人。”按照这一规定,人民法院裁定受理破产案件时,就应当指定破产管理人。

2. 被指定的破产管理人应选

人民法院在指定破产管理人之前,是否必须要与拟被指定的破产管理人进行沟通或者协商?如果人民法院在指定前不需要与拟被指定的破产管理人沟通或者协商,则被指定的破产管理人接到人民法院的指定通知后是否可以拒绝担任破产管理人呢?对于这一问题,《最高人民法院关于审理企业破产案件指定管理人的规定》第28条第1款规定:“管理人无正当理由,不得拒绝人民法院的指定。”从法理上分析,这一规定的理由如下:第一,实行破产管理人名册制度,意味着每个进入破产管理人名册的社会中介机构或者个人都已经作出了愿意担任破产管理人的承诺。从民法契约理论的视角来看，人民法院发出编制破产管理人名册公告是要约邀请，社会中介机构或者个人申报是要约，人民法院的指定是承诺。因此，人民法院一旦指定，承诺即生效，双方之间的“契约”成立，被指定的管理人无正当理由不得拒绝。第二，有利于保证破产程序的顺利进行。如果允许被指定的破产管理人拒绝，则在极端情形下可能出现多个被指定的破产管理人都拒绝担任的问题，破产程序就会因为没有人愿意担任管理人而无法进行下去，从而违背了破产法的立法目的。

被指定的破产管理人无正当理由不得拒绝，从反面解释，则说明破产管理人如果有正当理由，就可以拒绝。但是，什么是“正当理由”呢？《最高人民法院关于审理企业破产案件指定管理人的规定》第35条规定：“管理人无正当理由申请辞去职务的，人民法院不予许可。正当理由的认定，可参照适用本规定第三十三条、第三十四条规定的情形。”在实践中，如下情形可以视为正当理由：第一，被选任者与债务人或者债权人具有利害关系而应当回避；第二，被选任的破产管理人因身体、重病等原因无法承担管理人工作；第三，其他正当理由。

3. 被指定的破产管理人拒绝

被指定的律师事务所、律师个人有下列情形之一的，不宜担任管理人，应当向人民法院申请不接受指定并说明情况：(1)因故意犯罪受到刑事处罚；(2)曾被吊销相关专业执业证书；(3)与破产案件有利害关系；(4)人民法院认为不宜担任管理人的其他情形。

律师事务所具有如下情形之一的，视为与破产案件有利害关系：(1)与债务人、债权人有未了结的债权债务关系；(2)在人民法院受理破产申请前3年内，曾为债务人提供相对固定的法律服务；(3)现在是或者在人民法院受理破产申请前3年内曾经是债务人、债权人的控股股东或者实际控制人；(4)现在担任或者在人民法院受理破产申请前3年内曾经担任债务人、债权人的财务顾问、法律顾问；(5)人民法院认为可能影响其忠实履行管理人职责的其他情形。

律师事务所具有如下情形之一的，视为人民法院认为不宜担任管理人的其他情形：(1)因执业、经营中故意或者重大过失行为，受到行政机关、监管机构或者行业自律组织行政处罚或者纪律处分之日起未逾3年；(2)因涉嫌违法行为正被相关部门调查；(3)执业许可证或者营业执照被吊销或者注销；(4)因不适当履行职务或者拒绝接受人民法院指定等原因，被人民法院从管理人名册除名之日起未逾3年;(5)缺乏担任管理人所应具备的专业能力;(6)缺乏承担民事责任的能力;(7)有重大债务纠纷;(8)出现解散、破产事由或者丧失承担执业责任风险的能力;(9)履行职务时,因故意或者重大过失导致债权人利益受到损害;(10)人民法院认为可能影响履行管理人职责的其他情形。

律师个人具有如下情形之一的,视为与破产案件有利害关系:(1)具有上述与律师事务所同样的情形之一;(2)现在担任或者在人民法院受理破产申请前3年内曾经担任债务人、债权人的董事、监事、高级管理人员;(3)与债权人或者债务人的控股股东、董事、监事、高级管理人员存在夫妻、直系血亲、三代以内旁系血亲或者近姻亲关系;(4)人民法院认为可能影响其公正履行管理人职责的其他情形。

律师个人,有下列情形之一的,视为有人民法院认为不宜担任管理人的其他情形:(1)执业资格被取消、吊销;(2)因执业、经营中故意或者重大过失行为,受到行政机关、监管机构或者行业自律组织行政处罚或者纪律处分之日起未逾3年;(3)履行职务时,因故意或者重大过失导致债权人利益受到损害;(4)因不适当履行职务或者拒绝接受人民法院指定等原因,被人民法院从管理人名册除名之日起未逾3年;(5)缺乏担任管理人所应具备的专业能力;(6)缺乏承担民事责任的能力;(7)失踪、死亡或者丧失民事行为能力;(8)因健康原因无法履行职务;(9)执业责任保险失效;(10)有重大债务纠纷;(11)因涉嫌违法行为正被相关部门调查;(12)人民法院认为可能影响履行破产管理人职责的其他情形。

4. 破产管理人的身份证明

破产管理人被人民法院指定担任破产管理人后,对外如何向第三人证明自己是破产管理人呢?对此,《最高人民法院关于审理企业破产案件指定管理人的规定》第27条规定:"人民法院指定管理人应当制作决定书,并向被指定为管理人的社会中介机构或者个人、破产申请人、债务人、债务人的企业登记机关送达。决定书应与受理破产申请的民事裁定书一并公告。"第29条规定:"管理人凭指定管理人决定书按照国家有关规定刻制管理人印章,并交人民法院封样备案后启用。管理人印章只能用于所涉破产事务。……"

管理人终止执行职务后,应当将管理人印章交公安机关销毁,并将销毁的证明送交人民法院。

四、破产管理人变更程序

破产管理人经人民法院指定后，对于被指定的破产管理人来说，无正当理由不得拒绝，而对于其他主体来说，非因法定事由并经法定程序，也不得随意更换。但是，在破产程序中，难免会出现某些导致破产管理人无法继续履行职责的事由，需要变换破产管理人。此外，从有利于督促破产管理人积极履行职责的角度来说，也应当赋予法院或者相关主体享有撤换破产管理人的权利，并允许破产管理人主动辞职。

《企业破产法》第22条第2款规定："债权人会议认为管理人不能依法、公正执行职务或者有其他不能胜任职务情形的，可以申请人民法院予以更换。"

《最高人民法院关于审理企业破产案件指定管理人的规定》第33条第1款规定："社会中介机构管理人有下列情形之一的，人民法院可以根据债权人会议的申请或者依职权迳行决定更换管理人：（一）执业许可证或者营业执照被吊销或者注销；（二）出现解散、破产事由或者丧失承担执业责任风险的能力；（三）与本案有利害关系；（四）履行职务时，因故意或者重大过失导致债权人利益受到损害；（五）有本规定第二十六条规定的情形。"

根据《最高人民法院关于审理企业破产案件指定管理人的规定》第34条第1款的规定，"个人管理人有下列情形之一的，人民法院可以根据债权人会议的申请或者依职权迳行决定更换管理人：（一）执业资格被取消、吊销；（二）与本案有利害关系；（三）履行职务时，因故意或者重大过失导致债权人利益受到损害；（四）失踪、死亡或者丧失民事行为能力；（五）因健康原因无法履行职务；（六）执业责任保险失效；（七）有本规定第二十六条规定的情形"，即有重大债务纠纷或者因涉嫌违法行为会被相关部门调查的情形。

《最高人民法院关于审理企业破产案件指定管理人的规定》第35条规定："管理人无正当理由申请辞去职务的，人民法院不予许可。正当理由的认定，可参照适用本规定第三十三条、第三十四条规定的情形。"第36条规定："人民法院对管理人申请辞去职务未予许可，管理人仍坚持辞去职务并不再履行管理人职责的，人民法院应当决定更换管理人。"

1. 债权人会议申请更换破产管理人

第一，债权人会议申请。《最高人民法院关于审理企业破产案件指定管理人的规定》第31条第1款规定:"债权人会议根据企业破产法第二十二条第二款的规定申请更换管理人的,应由债权人会议作出决议并向人民法院提出书面申请。"第二,人民法院审查。《最高人民法院关于审理企业破产案件指定管理人的规定》第31条第2款规定:"人民法院在收到债权人会议的申请后,应当通知管理人在两日内作出书面说明。"第32条规定:"人民法院认为申请理由不成立的,应当自收到管理人书面说明之日起十日内作出驳回申请的决定。人民法院认为申请更换管理人的理由成立的,应当自收到管理人书面说明之日起十日内作出更换管理人的决定。"第三,公告。《最高人民法院关于审理企业破产案件指定管理人的规定》第38条规定:"人民法院决定更换管理人的,应将决定书送达原管理人、新任管理人、破产申请人、债务人以及债务人的企业登记机关,并予公告。"第四,工作移交。《最高人民法院关于审理企业破产案件指定管理人的规定》第37条规定:"人民法院决定更换管理人的,原管理人应当自收到决定书之次日起,在人民法院监督下向新任管理人移交全部资料、财产、营业事务及管理人印章,并及时向新任管理人书面说明工作进展情况。原管理人不能履行上述职责的,新任管理人可以直接接管相关事务。在破产程序终结前,原管理人应当随时接受新任管理人、债权人会议、人民法院关于其履行管理人职责情况的询问。"

2. 破产管理人自行申请辞职

管理人申请辞去职务未获人民法院许可,但仍坚持辞职并不再履行管理人职责,或者人民法院决定更换管理人后,原管理人拒不向新任管理人移交相关事务,人民法院可以根据《企业破产法》第130条的规定和具体情况,决定对管理人罚款。对社会中介机构为管理人的罚款5万~20万元,对个人为管理人的罚款1万~5万元。管理人有前款规定行为或者无正当理由拒绝人民法院指定的,编制管理人名册的人民法院可以决定停止其担任管理人1~3年,或者将其从管理人名册中除名。

延伸阅读：典型案例

太子奶作为债务人申请更换破产管理人案

太子奶创始人李某以通过竞聘方式产生的破产管理人D律师事务所“作为管理人不符合任职资格、没有全部履行法定义务、违法转委托、履行职责时没有尽到忠实、勤勉的义务”为由，向受理此案的湖南省株洲市中级人民法院申请更换破产管理人。

但是，按照现行法律规定，对于破产管理人，人民法院可以依职权更换，债权人会议有充分理由可以申请，并经人民法院同意更换，没有规定债务人有权申请更换破产管理人，故该申请未获许可。

延伸阅读：相关规定

重庆市第五中级人民法院企业破产案件社会中介机构管理人指定办法

为保障破产案件顺利有效推进，按照公开、公正、公平的要求，根据《中华人民共和国企业破产法》（以下简称《破产法》）、《最高人民法院关于审理企业破产案件指定管理人的规定》（以下简称《指定管理人的规定》）、重庆市高级人民法院《企业破产案件社会中介机构管理人指定办法》（渝高法〔2016〕241号）等相关规定，本院就指定社会中介机构管理人作出如下规定：

第一条　审理破产案件的本院及辖区基层人民法院采取通过报请本院随机摇号、自行组织竞争选任等方式指定管理人的，适用本办法。

第二条　法院审理破产案件一般采取随机摇号方式指定管理人。

采取随机摇号方式指定管理人的，应当在本院管理人名册中的报名机构中产生。如果仅有一家机构报名，则该机构直接被确定为管理人。如果没有机构报名，则采取从本院管理人名册中轮候随机摇号的方式指定管理人。

管理人无正当理由，拒绝法院的指定的，本院视情节轻重给予其暂停一年内担任管理人资格、从管理人名册中除名并在三年内不得申请重新入册等处罚措施。

第三条　本院在审查企业破产案件时，决定依法受理并交由基层法院审理的，承办法官应当在裁定签发的同时将案件基本情况,通过内网邮箱发送至审理法院破产案件联络人内网邮箱,并电话通知收件人。审理法院应当在收到案情通报之日起三个工作日内,通过其收件邮箱向本院民二庭提出指定管理人的方式。对决定采取随机摇号方式的,民二庭应在收到该意见当日,将该受理法院的随机摇号意见及案件基本情况(案号、破产案件债务人企业工商登记信息、申请人申请破产的理由,债务人财产状况等)移交司法行装处。审理法院超过三日未提出指定管理人方式的意见,由该院直接向高院申请在一级管理人名册中随机指定。

第四条 司法行装处自收到申请之日起二日内在重庆法院公众服务网上公布破产案件的基本信息、报名时间、摇号时间及地点。进入本院管理人名册的社会中介机构在公告之日起三日内向本院提交书面报名材料,参与摇号。

第五条 在公告确定的摇号时间,在本院监察室的参与下,司法行装处从报名的社会中介机构中摇号确定管理人。报名的社会中介机构可以派员对摇号过程进行监督。

司法行装处建立随机摇号指定管理人台帐,并按年度归档备查。

第六条 司法行装处随机选定管理人后,应当在一个工作日内将结果以书面方式告知民二庭,并在重庆法院公众服务网上公布摇号结果。

第七条 对于符合最高人民法院《关于审理企业破产案件指定管理人的规定》第二十一条第一款规定情形,审理破产案件的法院决定采用竞争方式指定管理人的,应从高院及本院的管理人名册中择优指定。进入本院管理人名册的社会中介机构之间可以采用联合报名的形式参与竞争,联合报名机构不超过2家。

审理法院认为破产案件案情特别复杂、在本直辖市或全国范围内有重大影响,也可以决定公告邀请编入外地法院管理人名册中的机构管理人参与竞争。

第八条 本院企业破产案件管理人评审委员会负责从参与竞争的社会中介机构中择优指定本院审理的破产案件管理人。

基层法院成立企业破产案件管理人评审委员会负责由其审理的破产案件指定管理人工作。

第九条 采取竞争方式选任管理人的,审理法院应当在重庆法院公众服务网上发布公告,公告报名时间不得少于五日,从公告发布次日起计算。公告内容应当包括受理破产债务人企业工商登记简要基本情况以及申请人申请破产的理由、债务人财产状况、债权债务等、参与竞争的社会中介机构应当具备的条件、参与竞争的社会中介机构应当提交的材料等。如果报名机构提交虚假材料,一经查证属实,取消参与竞争的资格,且暂停其在三年内担任管理人的资格。

第十条 报名参与竞争的社会中介机构不得少于三家,不足三家的,应当重新进行公告，或由审理破产案件法院报高院申请在一级管理人名册中随机摇号指定。

第十一条　公告期满后，由评审委员会对报名参与竞争的社会中介机构采取书面审查和当面陈述的方式予以审查。

凡具有《破产法》第二十四条、最高人民法院《关于审理企业破产案件指定管理人的规定》第二十三条、第二十四条规定的回避情形，报名机构仍然报名参与竞争的，查证属实的，取消本次管理人竞争资格。

第十二条　评审委员会委员应当结合案件的特点，综合考量参与竞争的社会中介机构的专业水准进行评分（具体评分细则附后），并按照得分高低确定入围名单，入围名额为3家，然后抽签方式最后确定当选或备选管理人。若报名机构仅有3家，则直接按照得分高低确定当选和备选管理人。

采取联合报名的社会中介机构按各联合机构分别进行打分，若其中一家报名机构为一级管理人，则联合报名机构的平均分高于其他参与竞争的中介机构的得分10%；若联合报名机构均为一级管理人，则联合报名机构的平均分高于其他参与竞争的中介机构的得分20%。联合报名机构符合前述情形，并经评审委员会成员二分之一以上通过，则直接被确定为管理人。得分第二名者为备选管理人。

若联合报名机构均为二级管理人名册中的中介机构，按照得分高低与其他机构得分比较后确定入围名单，入围名额为3家，然后抽签方式最后确定当选或备选管理人。

第十三条　报名机构应当按照评分细致确定的标准自评分并在报名时提交自评分细表。评审委员会办公室人员根据其报送的相关材料进行评分，由评审委员会核实后在评审会听证当场公布其自评分、核后得分以及与自评分细项不一致的原因。同时允许报名机构提出异议、说明理由。报名机构的最终得分根据评审委员会多数意见做出，并当场向各报名机构公布评审结果。

评审委员会通过竞争方式确定管理人的书面决定作出二日内，合议庭向选定的管理人送达《指定管理人决定书》及受理破产裁定。

第十四条　符合最高人民法院《关于审理企业破产案件指定管理人的规定》第二十二条规定情形的，审理法院可以采用接受推荐的方式指定管理人。

第十五条　审理破产案件的法院指定清算组为管理人的，应当符合《最高人民法院关于审理破产案件指定管理人的规定》第十八条、第十九条的规定。

除《最高人民法院关于审理破产案件指定管理人的规定》第十八条第一项所规定的情形外，清算组作为管理人的，清算组成员中的社会中介机构应当按照本办法关于采取随机摇号或者竞争方式指定管理人的规定执行。

第十六条　多家关联企业法人先后进入破产程序，若审理法院决定对关联企业进行合并破产的,在后进入破产程序的债务人的管理人,原则上由在先进入破产程序的债务人的管理人担任。若需另行指定管理人,则按照本办法的相关规定执行。

第十七条 采取随机摇号、竞争及接受推荐方式指定管理人工作中形成的资料,应当由有关起草人、统计人、记分人、评分人、监票人等责任人进行汇总,交由案件审理合议庭书记员装订成册后归档。

第十八条 本办法规定的期间届满最后一日是节假日的,以节假日后的第一日为期间届满的日期。

第十九条 本实施办法由本院审判委员会负责解释。上级法院有新规定并与本实施办法相冲突的,按新规定执行。

第二十条 本实施办法自发布之日起开始施行。

附:

关于以竞争方式选任破产管理人的评分细则

对参与竞争的社会中介机构的评定实行评分制。不设最高分,按得分高低进行排名。报名的社会中介机构应当办理过一定数量(具体数量由审理法院决定,并在公告中注明)的破产案件。具体评分标准如下:

一、专业经验

1. 破产终结结案类的得分:凡具有提请裁定终结破产程序的报告及法院同意终结的裁定、管理人终止执行职务报告或法院同意其终止执行职务的决定书,可以列入此条计分。具体标准为:

(1)单独担任破产企业管理人的,每件次计6分;担任破产财产超过1亿元的破产案件管理人的,另计0.5分。

(2)与其他机构共同担任破产企业管理人的,每件次计3分;担任破产财产超过1亿元的破产案件管理人的,另计0.5分。

(3)被案件受理法院指定参加破产清算组,该清算组仅有一家管理人机构的,该管理人计4分;担任破产财产超过1亿元的破产案件管理人的,另计0.5分。

(4)被案件受理法院指定参加破产清算组,该清算组有两家及以上管理人机构的,每件次各管理人分别计2分;担任破产财产超过1亿元的破产案件管理人的,另计0.5分。

(5)担任破产重整案件管理人且重整成功的(以监督报告为准),每件另计2分。

被案件受理法院指定参加破产清算组,重整成功的(以监督报告为准),每件另计1分。

担任关联企业实质合并破产案件,破产财产总额1亿元以上的破产案件,或者金融机构、上市公司破产等重大破产案件管理人的，每件次另加3分；被案件受理法院指定参加破产清算组的，每件次另加2分。

(6)担任因破产财产不足清偿破产费用等原因宣告终结破产程序的破产案件的管理人的，每件次计2分；共同担任管理人的机构，平均计分。

此项计分与前述(1)－(4)项不重复计分。

2. 没有破产终结结案类的得分，按破产案件审理进程的完成情况分别计分：

(1)清算案件：①债权申报与管理人审查环节（职工债权调查与核实、申报债权审查及债权人会议核查。以债权确认裁定或宣告破产裁定为准）；②财产清理、管理环节（接管程序、财产及资料汇总、未接管财产及资料汇总及原因说明；管理制度、保管及安保措施；未接管财产追回措施；资产及负债情况、企业关联情况及往来余额、未履行合同情况、行使撤销权、确认无效、追缴注册资本、行使抵消权、取回权等。以债权人会议表决通过的财产管理方案的决议或法院通过的裁定为准）；③财产变价及分配决定环节（债权人会议表决通过的财产变价方案或法院审查通过的裁定、法院认可债权人通过财产分配决议的裁定）；④财产分配执行环节（财产分配执行情况的报告）；

(2)重整案件：①债权申报与管理人审查环节（职工债权调查与核实、申报债权审查及债权人会议核查。以债权确认裁定为准）；②债权人会议各表决组通过的重整草案的决议（提交法院批准执行重整计划的裁定）；

(3)和解案件：①债权申报与管理人审查环节（职工债权调查与核实、申报债权审查及债权人会议核查。以债权确认裁定为准）；②债权人会议表决通过的和解协议。

上述环节，每一个完成计1分。

3. 被清算组或者管理人聘请参与破产企业完成单项事务（如法律服务、财务审计、评估等）的，每件次计0.5分。

4. 作为中介机构参加公司强制清算案件的清算组，并已经终结强制清算程序的，每件次计3分。强制清算程序转入破产清算程序的，按照上述第1、2项计分。

以上1～4从业经验以2007年6月1日之后受理的破产及强制清算案件作为评分依据，2007年6月1日之前受理的破产案件，以2007年6月1日之后完成的工作环节作为评分依据。

5. 接受委托，协助公司、企业自行清算，已清算完毕并办理注销登记的，每件次计2分。

6. 接受委托，协助公司、企业完成兼并重组、企业改制，已完成相关工作并办理工商变更登记的，每件次计2分。

以上5～6从业经验以2006年1月1日之后完成的相关工作作为评分依据。

二、现场评价(20 分)

(1)存在以下情形的,每次最多可计 2 分,合计最多可得分 6 分:

①成功化解破产案件中疑难复杂问题并提出相应典型案例;

②在破产案件办理中提出并实施了具有创新性或示范性重大事项处理方案的。

(2)根据破产案件所需,管理人具备相应匹配度,存在以下情形的,可得分 1 至 14 分:

①就债务人情况有所了解,提出具体的破产事务开展工作计划,具备与债务人破产案件处理匹配的从业经验和专业水平等;

②就债务人情况充分了解,提出具体的破产事务开展工作计划,破产程序推进方案切实可行,具备与债务人破产案件处理高度匹配的从业经验和专业水平且报价合理等。

第二节　破产管理人酬金制度

一、破产管理人酬金意义

破产管理人在破产程序中履行破产管理职责,承担了大量复杂烦琐的工作,付出了艰辛的劳动。破产管理人作为专业的社会中介服务机构或者个人,对于自己所付出的劳动,当然有权获得相应的报酬。破产管理人报酬作为专业服务酬金,与律师、注册会计师等从事的其他法律、会计服务没有本质区别,取得报酬具有天然的合理性,向破产管理人支付服务酬金乃是各国(地区)破产法的通例。合理的破产管理人报酬对于有效激励破产管理人恪尽职守,勤勉地履行职责,确保破产程序顺利进行,最大限度地保障债务人财产价值的最大化,保障债权人债权的实现,确保破产目的的实现,具有十分重要的意义。《全国法院破产审判工作会议纪要》指出,"发挥管理人报酬的激励和约束作用。人民法院可以根据破产案件的不同情况确定管理人报酬的支付方式,发挥管理人报酬在激励、约束管理人勤勉履职方面的积极作用。管理人报酬原则上应当根据破产案件审理进度和管理人履职情况分期支付。案情简单、耗时较短的破产案件,可以在破产程序终结后一次性向管理人支付报酬"。

《最高人民法院关于审理企业破产案件确定管理人报酬的规定》第 1 条规定:"管理人履行企业破产法第二十五条规定的职责,有权获得相应报酬。"《企业破产法》第 41 条规定:"人民法院受理破产申请后发生的下列费用,为破产费用……(三)管理人执行职务的费用、报酬和聘用工作人员的费用。"破产管理人的酬金来源于破产费用，最终来源于债务人财产。

二、破产管理人酬金范围

破产管理人酬金，是破产管理人专业性技能劳动的报酬，发生时间始于破产管理人被人民法院指定担任破产管理人履行破产管理职责开始之时，根据破产管理人履行职责的情形确定支付范围。在实务中，基于如下情形发生的费用不得列支破产管理人酬金，而应列支破产费用。

1. 破产管理人聘用必要工作人员的费用

破产管理人在通常情形下应当亲自履行职责，但基于破产案件的复杂性，对于有些事务，应当允许破产管理人聘用其他人员协助管理人履行职责。《企业破产法》第 28 条第 1 款规定："管理人经人民法院许可，可以聘用必要的工作人员。"破产管理人聘用必要工作人员履行职责，主要有两种情形：一是维持企业继续经营或者特殊财产而需要聘用企业原工作人员；二是破产事务需要相应的专业人士协助处理而聘用有关的专业人士。基于这两种情形而支付给相关人员的工作报酬属于常规性费用，为成本性支出，其目的是保障破产程序的顺利进行，因此不能列入破产管理人酬金的范围。破产管理人为履行破产管理职责，可以聘请必要的工作人员，但在通常情形下，不得聘请本专业人员（律师事务所担任破产管理人不得聘请律师），因为如果允许聘请本专业人员，势必形成类似工程中的"转包"行为，将本应由自己承担的工作交由他人承担。《最高人民法院关于审理企业破产案件确定管理人报酬的规定》第 14 条规定："律师事务所、会计师事务所通过聘请本专业的其他社会中介机构或者人员协助履行管理人职责的，所需费用从其报酬中支付。破产清算事务所通过聘请其他社会中介机构或者人员协助履行管理人职责的，所需费用从其报酬中支付。"

2. 破产管理人管理、变价和分配债务人财产的费用

破产管理人管理、变价和分配债务人财产的费用，具体包括以下几类：一是管理费用，即破产管理人占有、清理、保管、收集、调查、追缴债务人财产或者继续债务人营业所必须支出的费用。二是变价费用，即破产管理人将非金钱的破产财产变现为金钱所需要的各种费用，包括估价费、鉴定费、公证费、公告费、拍卖费、执行费等。三是分配费用，即破产管理人将破产财产分配给债权人所必须支付的各种费用，包括破产财产分配表的制作、公告、通知、提存等费用。

3. 破产管理人执行职务的费用

破产管理人执行职务所发生的费用,有些与破产管理人管理、变价和分配债务人财产的费用重合,列入破产管理人管理、变价和分配债务人财产费用的范畴;不能与管理、变价和分配财产费用重合的,列支破产管理人执行职务的费用范畴,主要包括债务人财产状况的调查、制作财产状况报表所需要的费用,召集债权人会议所需要的费用,决定债务人日常开支及其他必要开支所需要的费用等。

4. 管理人消除担保债权而获得报酬

债权人对债务人的特定财产享有担保物权,可以行使优先受偿权,但当担保财产为破产管理人占有时,债权人欲实现优先受偿权,则必须通过破产管理人,破产管理人需要为此付出合理劳动,理应获得相应报酬。破产管理人的此种报酬,仅为担保权人的利益,而不是为了全体债权人的利益,所以不能列支破产管理人酬金的范畴,应由担保权人支付。《最高人民法院关于审理企业破产案件确定管理人报酬的规定》第 13 条规定:“管理人对担保物的维护、变现、交付等管理工作付出合理劳动的,有权向担保权人收取适当的报酬。管理人与担保权人就上述报酬数额不能协商一致的,人民法院应当参照本规定第二条规定的方法确定,但报酬比例不得超出该条规定限制范围的 10% 。”

三、破产管理人酬金标准

破产管理人的酬金来源于债务人的财产,破产债权人的债权受偿亦来源于债务人的财产,从此种意义上来说,破产管理人的酬金与债权人的债权实现之间存在利益冲突。破产管理人酬金高就意味着债权人债权受偿的比例降低;反之,债权人的债权受偿的比例提高,就意味着破产管理人酬金的降低。因此,破产管理人酬金确定标准的科学确定,对于确保破产管理人和债权人之间的利益均衡具有十分重要的意义。世界各国破产法对于破产管理人酬金的确定标准有两种方式:一是按时计酬;二是按财产标的计酬。按时计酬是指破产管理人酬金的确定以破产管理人的工作时间作为依据,破产管理人工作时间越长,就意味着酬金越多。破产管理人酬金按时计酬的优势在于可以促使破产管理人更精细化地履行破产管理职责,但其缺点是可能人为地拖延工作时间,浪费资源。按财产标的计酬,是指破产管理人酬金的确定以债务人最终可分配财产的价值总额作为依据。按财产标的计酬的优势在于促使破产管理人最大限度地实现债务人财产价值的最大化,从而保障债权人最大限度地获得分配财产,此种方法相对于按时计酬来说更为客观,但其缺点在于财产标的价值总额与破产管理人的劳动付出不一定成比例。破产管理人付出大量劳动,却很有可能无法获得应有的劳动报酬,由此导致破产管理人对于一些与增大债务人财产价值总额无关的行为消极怠慢。

对于破产管理人酬金的确定标准,我国采用的是按财产标的计酬方式,以债务人最终清偿财产价值总额为基础,采用限额的超额累进递减方式计算。《最高人民法院关于审理企业破产案件确定管理人报酬的规定》第2条规定:"人民法院应根据债务人最终清偿的财产价值总额,在以下比例限制范围内分段确定管理人报酬:(一)不超过一百万元(含本数,下同)的,在12%以下确定;(二)超过一百万元至五百万元的部分,在10%以下确定;(三)超过五百万元至一千万元的部分,在8%以下确定;(四)超过一千万元至五千万元的部分,在6%以下确定;(五)超过五千万元至一亿元的部分,在3%以下确定;(六)超过一亿元至五亿元的部分,在1%以下确定;(七)超过五亿元的部分,在0.5%以下确定。担保权人优先受偿的担保物价值,不计入前款规定的财产价值总额。高级人民法院认为有必要的,可以参照上述比例在30%的浮动范围内制定符合当地实际情况的管理人报酬比例限制范围,并通过当地有影响的媒体公告,同时报最高人民法院备案。"

四、破产管理人酬金确定

破产管理人酬金的确定,主要包括以下三个问题:一是破产管理人酬金的确定主体,即谁有权决定破产管理人酬金;二是破产管理酬金的确定依据,即以什么为依据确定破产管理人酬金;三是破产管理人酬金的确定程序,即依据什么程序确定破产管理人酬金。

(一)破产管理人酬金的确定主体

对于破产管理人酬金由谁确定的问题,各国破产法有两种不同的立法例:一是破产管理人酬金由法院确定;二是破产管理人酬金由债权人会议确定。破产管理人酬金由法院确定的立法例强调法院在破产程序中的主导作用,不允许破产管理人与债权人(会议)协商确定,可谓否定了私法自治主义。这一立法例主要为大陆法系国家破产法所采用,其优点在于法院作为破产程序的主导者,在确定破产管理人酬金时可以充分考虑各主体的利益平衡问题,但缺点在于法院权力过大,容易产生权力寻租的腐败问题。破产管理人酬金由债权人会议确定的立法例强调私法自治原则,给予债权人以充分的自主权。这一立法例主要为传统英美法系国家破产法所采用,其优点在于有利于维护债权人的权益,避免了由法院确定可能出现的权力寻租的腐败问题,但缺点在于债权人与破产管理人之间存在利益冲突,债权人会议出于自身利益考虑,必定会尽一切可能降低破产管理人的酬金。此外,由债权人会议确定破产管理人的酬金有违破产管理人地位中立原则,破产管理人事实上降为了债权人的"雇工",不利于破产管理人积极履行职责和开展工作。

对于破产管理人酬金的确定问题,《企业破产法》第28条规定:"管理人的报酬由人民法院确定。债权人会议对管理人的报酬有异议的,有权向人民法院提出。"可见,我国在破产管理人酬金确定主体上与破产管理人的指定主体一致,都由人民法院确定。破产管理人酬金由人民法院确定的优点在于:第一,与破产管理人由人民法院指定保持一致,便于人民法院与破产管理人之间的沟通;第二,有利于协调债权人与破产管理人之间的利益平衡;第三,有利于及时确定破产管理人酬金,便于破产管理人尽早地开展工作。为了克服由人民法院单方确定破产管理人酬金所可能产生的弊端,法律赋予了债权人会议以异议权。《最高人民法院关于审理企业破产案件确定管理人报酬的规定》第17条规定:"债权人会议对管理人报酬有异议的,应当向人民法院书面提出具体的请求和理由。异议书应当附有相应的债权人会议决议。"第18条规定:"人民法院应当自收到债权人会议异议书之日起三日内通知管理人。管理人应当自收到通知之日起三日内作出书面说明。人民法院认为有必要的,可以举行听证会,听取当事人意见。人民法院应当自收到债权人会议异议书之日起十日内,就是否调整管理人报酬问题书面通知管理人、债权人委员会或者债权人会议主席。"对于债权人会议的异议权,法律又赋予了破产管理人一定的抗辩权。这一立法例不仅较好地平衡了债权人会议与破产管理人之间的利益,避免了由债权人会议单方决定破产管理人酬金所可能产生的不公平性以及低效率性;而且也较好地实现了人民法院与债权人会议在破产管理人酬金确定问题上的权力制衡。

(二)破产管理人酬金的确定依据

破产管理人酬金为破产管理人的劳动报酬,当然应以劳动价值作为依据,但是,在实务中,劳动价值的计算却是一个极为复杂的问题,需要考虑多种因素,综合认定。《最高人民法院关于审理企业破产案件确定管理人报酬的规定》第9条规定:"人民法院确定或者调整管理人报酬方案时,应当考虑以下因素:(一)破产案件的复杂性;(二)管理人的勤勉程度;(三)管理人为重整、和解工作做出的实际贡献;(四)管理人承担的风险和责任;(五)债务人住所地居民可支配收入及物价水平;(六)其他影响管理人报酬的情况。"从实践的操作要求来看,最高人民法院的这一司法解释仍然过于原则,需要进一步具体化。

(三)破产管理人酬金的确定程序

《最高人民法院关于审理企业破产案件确定管理人报酬的规定》第4条规定:"人民法院受理企业破产申请后,应当对债务人可供清偿的财产价值和管理人的工作量作出预测,初步确定管理人报酬方案。管理人报酬方案应当包括管理人报酬比例和收取时间。"按照这一规定,人民法院受理企业破产申请后,就应当对债务人可供清偿的财产价值和管理人的工作量作出预测,但从操作层面来说,人民法院的预测应当以破产管理人完成"接管债务人的财产、印章和账簿、文书等资料;调查债务人财产状况,制作财产状况报告"等工作结果(工作报告),即以债务人可供清偿的财产价值和管理人的工作量为依据进行预测,确定破产管理人酬金。但在实务中,破产管理人的工作报告不一定完全明确,由此就会带来人民法院确定破产管理人酬金的不准确性。因此,在实务中,破产管理人酬金的确定程序主要有以下三步:首先,由破产管理人对债务人财产状况进行调查后,提出破产管理人酬金的初步方案并报人民法院;其次,人民法院对破产管理人提交的破产管理人酬金方案进行审核,形成破产管理人酬金的正式方案;最后,人民法院确定破产管理人酬金方案后通知破产管理人,由破产管理人在第一次债权人会议上向债权人会议报告。

破产管理人酬金确定后,可以进行调整。《最高人民法院关于审理企业破产案件确定管理人报酬的规定》第7条规定:"管理人、债权人会议对管理人报酬方案有意见的,可以进行协商。双方就调整管理人报酬方案内容协商一致的,管理人应向人民法院书面提出具体的请求和理由,并附相应的债权人会议决议。人民法院经审查认为上述请求和理由不违反法律和行政法规强制性规定,且不损害他人合法权益的,应当按照双方协商的结果调整管理人报酬方案。"第8条规定:"人民法院确定管理人报酬方案后,可以根据破产案件和管理人履行职责的实际情况进行调整。人民法院应当自调整管理人报酬方案之日起三日内,书面通知管理人。管理人应当自收到上述通知之日起三日内,向债权人委员会或者债权人会议主席报告管理人报酬方案调整内容。”

五、破产管理人酬金支付

对于破产管理人酬金的支付,《最高人民法院关于审理企业破产案件确定管理人报酬的规定》第3条规定:“人民法院可以根据破产案件的实际情况,确定管理人分期或者最后一次性收取报酬。”破产管理人酬金的支付方式有两种:一是分期支付;二是最后一次性支付。在具体案件中采用哪种支付方式,由人民法院根据案件的具体情况决定。一般而言,对于案情简单、破产程序时间较短的案件,可以采用最后一次性支付的方式;而对于案情相对复杂,破产程序时间较长的案件,应当采用分期支付的方式。对于采用分期支付方式的,应当确定分期支付的时间和数额。在实务中,对于采用分期支付方式的,一般是按照破产程序的阶段来确定,根据破产管理人完成工作量的情形来确定具体的支付数额。破产管理人请求支付破产管理人酬金,应当向人民法院提交书面申请。书面申请包括三个方面的内容:一是债务人的财产状况,尤其是可以变现的财产状况;二是破产管理人履行职责的情况;三是请求支付破产管理人酬金的时间和数额。

破产管理人酬金以债务人在破产程序终结时具有可供清偿的财产为前提,如果在破产程序进行中或者终结时,债务人无财产或者不具有足够支付破产管理人酬金的财产时,则存在破产管理人酬金难以实现的救济问题。《企业破产法》第43条第4款规定:“债务人财产不足以清偿破产费用的,管理人应当提请人民法院终结破产程序。人民法院应当自收到请求之日起十五日内裁定终结破产程序,并予以公告。”《最高人民法院关于审理企业破产案件确定管理人报酬的规定》第12条第2款及第3款规定:“债务人财产不足以支付管理人报酬和管理人执行职务费用的,管理人应当提请人民法院终结破产程序。但债权人、管理人、债务人的出资人或者其他利害关系人愿意垫付上述报酬和费用的,破产程序可以继续进行。上述垫付款项作为破产费用从债务人财产中向垫付人随时清偿。”

延伸阅读：相关规定

深圳市中级人民法院管理人报酬确定和支取管理办法（试行）

（2014年3月6日深圳市中级人民法院审判委员会民事行政执行专业委员会第五次会议通过 2014年3月18日深圳市中级人民法院公告公布 自公告之日起施行）

第一条 为规范管理人报酬的确定与收取，根据《中华人民共和国企业破产法》、最高人民法院《关于审理企业破产案件确定管理人报酬的规定》和广东省高级人民法院《关于同意上浮管理人报酬比例限制范围的批复》的规定，结合本院破产审判工作实际，制定本办法。

第二条 本办法所称管理人报酬，是指管理人履行企业破产法第二十五条规定的职责，依法应当取得的报酬。

除本办法依法规定的报酬外，管理人不得利用职务之便私自收取任何费用。

第三条 管理人收取报酬的数额应与其所付出的劳动、承担的风险责任以及案件推进的社会效果和法律效果相适应，本院根据管理人的工作实绩和工作效率等依法确定管理人报酬的数额。

第四条 管理人的报酬按照最高人民法院《关于审理企业破产案件确定管理人报酬的规定》第二条规定的计算比例，根据债务人最终清偿的财产价值总额确定。但必要时，本院可依照广东省高级人民法院《关于同意上浮管理人报酬比例限制范围的批复》和本办法第十一条的规定，在上述比例30%的浮动范围内上浮相关案件的管理人报酬。

债务人最终清偿的财产价值总额，是指处置债务人财产最终获得的可用于偿付破产费用、共益债务及破产债权的财产总值，不包括拍卖、变卖、过户破产财产行为所支出的税、费。

第五条 管理人接受本院指定后，应当根据案件情况初步拟定管理人报酬方案，报本院审查。管理人报酬方案应包括管理人报酬比例和收取时间。

第六条 本院采取公开竞争方式指定管理人的，可以根据社会中介机构提出的报价确定管理人报酬方案，但报酬比例不得超出本办法第四条规定的限制范围。

上述报酬方案一般不予调整，但债权人会议异议成立的除外。

第七条 本院自确定管理人报酬方案之日起三日内，书面通知管理人。

管理人应当在第一次债权人会议上报告管理人报酬方案内容。

第八条 管理人、债权人会议对管理人报酬方案有意见的,可以进行协商。债权人会议可以授权债权人委员会或者债权人会议主席与管理人协商。双方就调整管理人报酬方案内容协商一致的,管理人应向本院书面提出具体的请求和理由,并附相应的债权人会议决议。

本院经审查认为上述请求和理由不违反法律和行政法规强制性规定,且不损害他人合法权益的,按照双方协商的结果调整管理人报酬方案。

第九条 管理人报酬方案确定后,本院可根据破产案件的具体情形和管理人履行职责的实际情况进行调整。

本院自调整管理人报酬方案之日起三日内,书面通知管理人。管理人应当自收到上述通知之日起三日内,向债权人委员会或者债权人会议主席报告管理人报酬方案调整内容。

第十条 本院确定或者调整管理人报酬方案时,考虑以下因素:

(一)破产案件的复杂程度;

(二)管理人的勤勉程度;

(三)管理人为重整、和解工作做出的实际贡献;

(四)管理人履行社会责任所做的实际工作;

(五)管理人承担的风险和责任;

(六)债务人住所地居民可支配收入及本地物价水平;

(七)管理人投入的专业人数及相应的人力和时间成本;

(八)其他影响管理人报酬的情况。

第十一条 符合下列条件之一的,可以按照最高人民法院和本院的规定上浮管理人报酬比例:

(一)案情特别疑难、复杂,管理人投入了大量人力、物力;

(二)案件具有重大影响,处理结果获得上级法院或党委、政府高度认可;

(三)债权人会议或债权人委员会高度认可管理人工作,同意提高管理人报酬;

(四)管理人为案件员工安置、维护稳定、财产清收做出重大贡献;

(五)本院认为案件处理效果特别突出应当上浮报酬的其他情形。

第十二条 上浮管理人报酬比例,应由管理人提出书面申请和专项报告,经合议庭评议同意后,报评审小组评定。

第十三条 评审小组由公司清算和破产庭庭长、副庭长、廉政监察员及审判长组成。评审小组按照少数服从多数的原则作出决定。

第十四条　评审小组同意上浮个案管理人报酬的，应当报主管院领导审核批准。

第十五条　具有下列情形之一的，应当调低管理人报酬：

（一）管理人违背勤勉尽责义务，产生严重后果的；

（二）案件处理不当导致影响稳定事件发生的；

（三）债权人会议或债权人委员会认为管理人工作严重失职，经查证属实的；

（四）管理人存在其他违背法定职责或失职行为，造成严重后果的。

第十六条　调低管理人报酬，应经合议庭评议后报庭长审批。

第十七条　最终确定的管理人报酬及收取情况，应列入破产财产分配方案。在和解、重整程序中，管理人报酬方案内容应列入和解协议草案或重整计划草案。

第十八条　管理人的报酬应当根据破产案件审理进度和管理人履行职责的实际情况分期支付。

案情简单、时间较短的案件，管理人可于本院裁定认可最后一次破产财产分配方案时一次性收取报酬。

第十九条　管理人在第一次债权人会议召开之后可以向本院申请预支报酬，预支金额不得超过根据案情预测当期可供清偿的财产价值总额确定的管理人报酬的20%。

第二十条　管理人收取报酬，应当向本院提出书面申请。申请书应当包括以下内容：

（一）可供支付报酬的债务人财产情况；

（二）申请收取报酬的时间和数额；

（三）管理人履行职责的情况。

本院自收到管理人的申请书之日起十日内，确定支付管理人的报酬数额。

第二十一条　债权人会议对管理人报酬的收取情况有异议的，应当向本院书面提出异议。异议书应写明具体的请求和理由，并附相应的债权人会议决议。

第二十二条　本院自收到债权人会议异议书之日起三日内通知管理人。管理人应当自收到通知之日起三日内作出书面说明。

如有必要，本院可以举行听证会，听取当事人意见。

本院自收到债权人会议异议书之日起十日内，就异议审查的结果书面通知管理人、债权人委员会或者债权人会议主席。

第二十三条　管理人对担保物的维护、变现、交付等管理工作付出合理劳动的，可以向担保权人收取报酬。管理人与担保权人就上述报酬数额协商一致的，应当向本院报告；不能协商一致的，由本院组织双方协商确定；仍不能达成一致意见的，由本院依照最高人民法院《关于审理企业破产案件确定管理人报酬的规定》第十三条的规定确定。

第二十四条　管理人对取回权人的财产付出合理劳动，经协商一致的，可以向取回权人收取报酬。报酬的数额参照最高人民法院《关于审理企业破产案件确定管理人报酬的规定》第十三条的规定确定。

取回权人未按照最高人民法院《关于适用〈中华人民共和国企业破产法〉若干问题的规定(二)》第二十六条规定的期限行使取回权,或者未按照该规定第二十八条向管理人支付加工费等费用,导致管理人拒绝其取回财产的,管理人可以比照本办法第二十三条的规定,就延迟取回期间付出的合理劳动和增加的相关支出向取回权人收取报酬和费用。

第二十五条 经本院许可,律师事务所、会计师事务所通过聘请本专业的其他社会中介机构或者人员协助履行其管理人职责的,所需费用从其报酬中支付。

破产清算事务所通过聘请其他社会中介机构或者人员协助履行管理人职责的,所需费用从其报酬中支付。

管理人确有必要聘请本专业的其他社会中介机构或者人员处理重大诉讼、仲裁、执行及审计等专业性较强的工作,所需费用需要从破产费用中支付的,应当事先经债权人会议或债权人委员会通过,并报告本院。

第二十六条 经本院许可,律师事务所、会计师事务所通过聘请非本专业的其他社会中介机构或者人员协助履行管理人职责的,所需费用从破产费用中支付。

第二十七条 清算组中有关政府部门派出的工作人员参与工作的,不收取报酬。其他机构或人员的报酬根据其履行职责的情况在管理人报酬总额中确定。

第二十八条 管理人为两个以上社会中介机构的,各方可以自行协商确定报酬分配原则和比例,并报告本院。

第二十九条 管理人发生更换的,本院根据其履行职责的情况分别确定更换前后的管理人报酬。其报酬比例总和不得超出本办法第四条规定的限制范围。管理人就报酬分配自行协商一致的,应当报告本院。

第三十条 管理人支取报酬,应当按照以下比例提取管理人援助资金:

(一)不超过100万元(含本数,下同)的,按4%确定;

(二)超过100万元至300万元的部分,按4.5%确定;

(三)超过300万元至500万元的部分,按5%确定;

(四)超过500万元至1000万元的部分,按5.5%确定;

(五)超过1000万元的部分,按6%确定。

第三十一条 本办法由深圳市中级人民法院审判委员会负责解释。

第三十二条 本办法自公告之日起施行。

延伸阅读：典型案例

郑某某、曾某某、杨某某、陈某某、刘某某 与J公司、卢某某 管理人责任纠纷二审民事判决书

本院认为：本案系管理人责任纠纷。根据当事人的上诉请求和答辩意见，本案争议的焦点是涉案律师费和仲裁费338,480元是否属管理人报酬之外应由J公司负担的费用。该费用是Z所在担任J公司破产管理人期间聘请T所担任涉J公司诉讼案件代理人而产生的费用，已由J公司支付给T所。一审法院判决Z所（已注销）原股东郑某某、曾某某、杨某某、陈某某、刘某某向J公司连带赔偿338,480元，郑某某、曾某某、杨某某、陈某某、刘某某上诉认为本案不属《最高人民法院关于审理企业破产案件确定管理人报酬的规定》第十四条规定的"律师事务所、会计事务所通过聘请本专业的其他社会中介机构或者人员协助履行管理人职责"的情形。对此本院认为，《最高人民法院关于审理企业破产案件确定管理人报酬的规定》第十四条规定的是律师事务所或者会计事务所聘请本专业的机构或人员协助履行管理人职责时，所需费用从其报酬中支付。本案Z所是会计师事务所，而其委托参加诉讼的T所为律师事务所，会计专业的管理人聘请法律专业的机构或人员，不属上述规定中聘请本专业的机构或人员的情形，所需费用不应从该管理人报酬中支付。

——摘自广东省高级人民法院民事判决书

（2014）粤高法民二终字第13号

第三节 破产管理人管理制度

一、破产管理人名册管理制度

破产管理人实行管理人名册制度。管理人名册制度，是指由人民法院经过一定程序将符合条件，具备担任破产管理人资质的社会中介机构或者个人编制成册，作为人民法院指定破产管理人依据的制度。《最高人民法院关于审理企业破产案件指定管理人的规定》第1条规定："人民法院审理企业破产案件应当指定管理人。除企业破产法和本规定另有规定外，管理人应当从管理人名册中指定。"第2条规定："高级人民法院应当根据本辖区律师事务所、会计师事务所、破

产清算事务所等社会中介机构及专职从业人员数量和企业破产案件数量,确定由本院或者所辖中级人民法院编制管理人名册。人民法院应当分别编制社会中介机构管理人名册和个人管理人名册。由直辖市以外的高级人民法院编制的管理人名册中,应当注明社会中介机构和个人所属中级人民法院辖区。"确立破产管理人名册制度,对于破产管理人指定工作制度的完善具有非常重要的意义。第一,有利于提升人民法院选任破产管理人的工作效率。破产管理人名册制度对意欲担任破产管理人的社会中介机构或者个人实行统一评审,编制造册,避免了人民法院在每次指定破产管理人时必须对意欲担任破产管理人的社会中介机构或者个人进行考察、评审,减少了大量的重复工作,最大限度地降低了司法资源的浪费。第二,有利于保障破产管理人选任工作的公正性。人民法院对意欲担任破产管理人的社会中介机构或者个人按照公平、公正、公开原则实行统一评审,最大限度地保证了选任工作的客观公正性,并将破产管理人选任工作置于社会的监督下,避免了破产管理人选任的随意性和盲目性。管理人名册分为机构管理人名册和个人管理人名册。破产管理人名册的编制工作较为复杂,是一项系统工程,主要步骤流程可以划分为如下几个方面。

1. 发布编制破产管理人名册公告

人民法院编制破产管理人名册,首先必须在本辖区内有影响的媒体上发布公告。《最高人民法院关于审理企业破产案件指定管理人的规定》第5条规定:"人民法院应当通过本辖区有影响的媒体就编制管理人名册的有关事项进行公告。公告应当包括以下内容:(一)管理人申报条件;(二)应当提交的材料;(三)评定标准、程序;(四)管理人的职责以及相应的法律责任;(五)提交申报材料的截止时间;(六)人民法院认为应当公告的其他事项。"

2. 社会中介机构或者个人申报

《最高人民法院关于审理企业破产案件指定管理人的规定》第3条规定:"符合企业破产法规定条件的社会中介机构及其具备相关专业知识并取得执业资格的人员,均可申请编入管理人名册。已被编入机构管理人名册的社会中介机构中,具备相关专业知识并取得执业资格的人员,可以申请编入个人管理人名册。"第4条规定:"社会中介机构及个人申请编入管理人名册的,应当向所在地区编制管理人名册的人民法院提出,由该人民法院予以审定。人民法院不受理异地申请,但异地社会中介机构在本辖区内设立的分支机构提出申请的除外。"

根据《最高人民法院关于审理企业破产案件指定管理人的规定》第6条的规定，律师事务所、会计师事务所申请编入管理人名册的，必须向人民法院提供的材料如下：(1)执业证书、依法批准设立文件或者营业执照；(2)章程；(3)本单位专职从业人员名单及其执业资格证书复印件；(4)业务和业绩材料；(5)行业自律组织对所提供材料真实性以及有无被行政处罚或者纪律处分情况的证明；(6)人民法院要求的其他材料。

根据《最高人民法院关于审理企业破产案件指定管理人的规定》第7条的规定，破产清算事务所申请编入管理人名册的，必须向人民法院提供的材料如下：(1)执业证书、营业执照或者依法批准设立的文件；(2)本单位专职从业人员的法律或者注册会计师资格证书，或者经营管理经历的证明材料；(3)业务和业绩材料；(4)能够独立承担民事责任的证明材料；(5)行业自律组织对所提供材料真实性以及有无被行政处罚或者纪律处分情况的证明，或者申请人就上述情况所作的真实性声明；(6)人民法院要求的其他材料。

根据《最高人民法院关于审理企业破产案件指定管理人的规定》第8条的规定，个人申请编入管理人名册的，必须向人民法院提供的材料如下：(1)律师或者注册会计师执业证书复印件以及执业年限证明；(2)所在社会中介机构同意其担任管理人的函件；(3)业务专长及相关业绩材料；(4)执业责任保险证明；(5)行业自律组织对所提供材料真实性以及有无被行政处罚或者纪律处分情况的证明；(6)人民法院要求的其他材料。

3. 人民法院评审

编制管理人名册的人民法院应当组成专门的评审委员会，决定编入管理人名册的社会中介机构和个人名单。评审委员会成员应不少于7人。人民法院应当根据本辖区社会中介机构以及社会中介机构中个人的实际情况，结合其执业业绩、能力、专业水准、社会中介机构的规模、办理企业破产案件的经验等因素制定管理人评定标准，由评审委员会根据申报人的具体情况评定其综合分数。人民法院根据评审委员会评审结果，确定管理人初审名册。

4. 公示初审通过名册

人民法院应当将管理人初审名册通过本辖区有影响的媒体进行公示，公示期为10日。对于针对编入初审名册的社会中介机构和个人提出的异议，人民法院应当进行审查。异议成立，申请人确实不宜担任管理人的，人民法院应将该社会中介机构或者个人从管理人初审名册中删除。

5. 公告备案

公示期满后,人民法院应当审定管理人名册,并通过在全国有影响力的媒体公布,同时逐级报最高人民法院备案。人民法院可以根据本辖区的实际情况,分批确定编入管理人名册的社会中介机构及个人。编制管理人名册的全部资料应当建立档案备查。

6. 调整、除名

人民法院可以根据企业破产案件受理情况、管理人履行职务以及管理人资格变化等因素,对管理人名册适时进行调整。新编入管理人名册的社会中介机构和个人应当按照《最高人民法院关于审理企业破产案件指定管理人的规定》规定的程序办理。人民法院发现社会中介机构或者个人有《企业破产法》第24条第3款规定情形的,应当将其从管理人名册中除名。

延伸阅读:相关规定

湖南省高级人民法院关于编制专业机构及企业破产案件管理人名册的公告

为规范对外委托司法鉴定及破产清算工作,保障审判、执行工作顺利进行,根据最高人民法院《人民法院司法鉴定人名册制度实施办法》以及《湖南省人民法院司法技术辅助工作管理规定(试行)》《湖南省人民法院对外委托工作实施细则(试行)》等有关规定,经研究决定,我院将编制专业机构(会计审计机构、工程造价咨询机构、建筑工程质量检测机构、产品质量鉴定机构等;评估拍卖机构根据规定不再编入)及企业破产案件管理人(仅限律师事务所、会计师事务所、破产清算事务所三类)名册。现将有关事项通知如下:

一、申报条件

(一)同时具有下列条件的专业机构,方可申请加入名册:

1. 依法设立的法人,具有两年以上的执业经历;

2. 在本省有固定的办公场所,且在本省相关部门注册登记的机构;

3. 有固定的专业从业人员;

4. 申请日前两年保持盈利;

5. 有健全的内部管理制度；

6. 未因违法违纪行为受到有关部门处罚。

(二)专业机构有下列情形之一的,不得申请编入名册:

1. 曾被吊销相关执业证书的;

2. 因执业、经营中故意或重大过失行为,受到行政机关、监管机构或行业自律组织行政处罚或者纪律处分未满三年的;

3. 因涉嫌违法行为正被相关部门调查的;

4. 因不适当履行职务或者拒绝接受人民法院指定等原因,被人民法院从名册中除名未满三年的;

5. 弄虚作假取得有关证照的;

6. 缺乏承担民事责任的能力;

7. 根据有关法律、法规规定不能编入名册的其他情形。

二、申报时间、地点及联系电话

申报时间:7 月 30 日至 8 月 15 日(不含双休日),每天上午 8:30 ~ 11:30 及下午 3:00 ~ 5:00;

申报地点:长沙市东二环二段 320 号湖南省高级人民法院一楼 115 房;

联系电话:0731 - 82206302。

三、申报资料

申请编入专业机构及企业破产案件管理人名册的机构,应当提供以下资料:

(一)入选申请书(格式详见附件 1)。

(二)申报表格:

1. 专业机构或企业破产案件管理人申报表(格式详见附件 2);

2. 法定代表人情况登记表(格式详见附件 3);

3. 专业技术人员情况登记表(格式详见附件 4);

4. 专业机构评审评分表(格式详见附件 5 ~ 7)或企业破产案件管理人评审评分表(格式详见附件 8 ~ 10);

5. 2010 ~ 2012 年上半年法院委托案件清单(格式详见附件 11)。

(三)行政许可资料:

1. 许可证、资质证书、资格证书、执业证书等原件和复印件;

2. 主管部门或行业协会年检合格证明;

3. 专业技术人员资格证书原件和复印件;

4. 组织机构代码证原件和复印件及其年检合格证明;

5. 应当进行工商、税务登记的,还应提供营业执照、税务登记证原件和复印件及其年检合格证明。

(四)其他资料:

1. 购房合同或房屋租赁合同等场所证明原件和复印件;

2. 2010年至2012年6月出具的鉴定报告、检验报告、审计报告、清算报告清单(应包含报告编号、委托单位、内容概述等);

3. 2010年至2012年6月接受法院委托案件清单(应包含报告编号、案件编号、委托法院、委托事项、委托时间、完成时间、法院采信情况等,格式详见附件11);

4. 2010年至2012年6月纳税申报表及完税凭证等收入和纳税情况证明原件和复印件;

5. 2010年至2012年6月以来公开发表的学术论文清单(应包含标题、作者、发表时间、刊物名称)及论文复印件(应包含封面、目录、正文);

6. 2010年至2012年6月以来表彰奖励证书清单(应包括奖励名称、授予单位名称、获得时间)及复印件;

7. 管理制度清单(应包含制度名称、施行时间)及制度文件复印件;

8. 主管部门或行业协会出具的专业机构2010年至2012年6月以来无不良记录,无违法违规行为,未受到处罚、处分的证明;

9. 其他必要的文件资料和证明材料。

四、选定程序

(一)湖南省高级人民法院在人民法院诉讼资产网公布专业机构入围工作的启动;第一次启动时在全省有影响的媒体发布启动信息。

(二)专业机构在人民法院诉讼资产网下载入围申请书及相关表格。

(三)专业机构将入围申请表和法院所需相关材料(一份电子文档、一份文字文档)送至湖南省高级人民法院司法技术辅助工作办公室。

(四)湖南省高级人民法院司法技术辅助工作办公室负责审查全部材料并按照所定标准打分,然后将打分情况送评审委员会评定。

(五)由评审委员会按高分到低分拟定入围机构名单。

(六)在人民法院诉讼资产网公示评审委员会拟定的入围机构名单,公示期为十天。

(七)对拟定入围机构有异议的单位和个人应在规定的时间内将实名书面异议提交至湖南省高级人民法院司法技术辅助工作办公室。

(八)湖南省高级人民法院司法技术辅助工作办公室对异议进行调查核实,对异议成立的将调查结果报评审委员会讨论决定,是否替补由评审委员会决定;对异议不成立的向提出异议者口头或书面说明情况。

(九)在人民法院诉讼资产网公布最后确定的入围专业机构名单。

五、注意事项

(一)申报机构务必在规定的时间、地点进行申报,逾期不再受理;上述申报资料均应提交,不得遗漏,并用A4纸装订成册,编好目录、页码,骑缝加盖单位公章,材料不完整或不规范的不予受理;所提交的材料务必真实、有效,凡有弄虚作假的,一经发现,取消其报名和入选资格;除证件、证明原件外,其他资料概不退还;

(二)入选机构名册将在人民法院诉讼资产网上公布。

附件:

1. 专业机构或企业破产案件管理人名册入选申请书

2. 专业机构或企业破产案件管理人申报表

3. 法定代表人情况登记表

4. 专业技术人员情况登记表

5. 专业机构评审评分表(会计审计机构适用)

6. 专业机构评审评分表(工程造价咨询机构适用)

7. 其他专业机构评审评分表(建筑工程质量检测、产品质量检测、价格认证、车辆检测等机构适用)

8. 企业破产案件管理人评审评分表(律师事务所适用)

9. 企业破产案件管理人评审评分表(会计师事务所适用)

10. 企业破产案件管理人评审评分表(破产清算所适用)

11. 2012~2014年人民法院委托案件清单

附件1　专业机构或企业破产案件管理人名册入选申请书

湖南省高级人民法院:

本单位申请编入湖南省高级人民法院专业机构或企业破产案件管理人名册,自愿参加湖南省高级人民法院委托的鉴定、检验、审计或企业破产清算等活动,遵守国家法律法规和法院有关管理规定,恪守公开、公平、公正的原则,尽职尽责完成委托事项。同时申明,本单位提供的所有申报资料全部属实,如有弄虚作假,愿意接受法院取消报名和入选资格的处理,并承担相应责任。

申报单位(盖章):

法定代表人(签章):

年　月　日

附件2 专业机构或企业破产案件管理人申报表

单位名称			
住所地址			
法定代表人		联系电话	
授权联系人		电子邮箱	
固定电话		移动电话	
开户银行		银行账号	
经营范围			
申报类型			
资质类型		资质等级	
资质证书编号			
发证机关			
发证日期		有效期限	
组织机构代码			
发证机关			
发证日期		有效期限	
营业执照注册号			
发证机关			
发证日期		营业期限	
税务登记证号			
发证机关			
发证日期		有效期限	
成立日期		注册资本(万元)	
员工总数		专业技术人员数量	

续表

<table>
<tr><td rowspan="3">营业收入
（万元）</td><td>2010 年</td><td></td><td rowspan="3">纳税额度
（万元）</td><td>2010 年</td><td></td></tr>
<tr><td>2011 年</td><td></td><td>2011 年</td><td></td></tr>
<tr><td>2012 年
上半年</td><td></td><td>2012 年
上半年</td><td></td></tr>
<tr><td>表彰奖励</td><td colspan="5"></td></tr>
<tr><td>学术论文</td><td colspan="5"></td></tr>
<tr><td>审核意见</td><td colspan="5"></td></tr>
</table>

备注：本表信息务必完整填写，并注意保持表格格式，如无某项内容应作标注。

附件3 法定代表人情况登记表

<table>
<tr><td>姓　　名</td><td></td><td>性　　别</td><td></td><td rowspan="6">一寸免冠照片
粘贴处</td></tr>
<tr><td>身份证号</td><td colspan="3"></td></tr>
<tr><td>出生年月</td><td></td><td>政治面貌</td><td></td></tr>
<tr><td>学　　历</td><td></td><td>学　　位</td><td></td></tr>
<tr><td>所学专业</td><td></td><td>毕业院校</td><td></td></tr>
<tr><td>固定电话</td><td></td><td>移动电话</td><td></td></tr>
<tr><td colspan="5"></td></tr>
<tr><td colspan="2">执业资格</td><td colspan="2">资格证号</td><td>获得时间</td></tr>
<tr><td colspan="2"></td><td colspan="2"></td><td></td></tr>
<tr><td colspan="2"></td><td colspan="2"></td><td></td></tr>
<tr><td colspan="5"></td></tr>
<tr><td>工作简历</td><td colspan="4"></td></tr>
<tr><td>表彰奖励</td><td colspan="4"></td></tr>
<tr><td>学术论文</td><td colspan="4"></td></tr>
<tr><td colspan="5"></td></tr>
<tr><td colspan="3">二代身份证(正面)
粘贴处</td><td colspan="2">本表所填内容已经本人核对无误,信息准确、完整,不含虚假成分,特此签章确认。
法定代表人签章:
日期:</td></tr>
</table>

附件4　专业技术人员情况登记表

序号	姓名	性别	年龄	执业资格	获得时间	技术职称

附件5　专业机构评审评分表(会计审计机构适用)

项目及评分标准	自评分	评审分
注册资本达到100万元的,1分;每增加100万元加0.5分,最多不超过5分		
资质等级:有证券资质的,2分;无证券资质的,1分		
拥有注册会计师资格证书人员20人的,5分;超过20名的,每增加1名加0.5分,最多不超过8分		
以租赁房屋作为办公场所且租赁面积在150平方米以下的,1.5分;超过150平方米的,每增加100平方米加0.5分;以自购房屋为办公场所且产权面积在150平方米以下的,5分;超过150平方米的,每增加100平方米加0.5分,最多不超过10分		
近3年(指的是2010至2012年6月以来,以下均同)年均收入达到100万元的,3分;每超过100万元加1分,最多不超过20分		
执业不满1年的不计分,满1年计1分,满3年的加2分;每超过1年加1分,最多不超过8分		

续表

项目及评分标准	自评分	评审分
审计机构及注册会计师有行业协会出具的近3年无不良记录证明的,加5分;因依法纳税、积极履行社会义务表现突出,近3年每获得省级以上有关部门奖励一次加0.5分,最多不超过2分		
近3年审计标的额年均在1000万元以下的,2分;每增加1000万元加1分,最多不超过10分		
近3年接受法院司法委托,出具审计报告10件以上的,5分;每超过2件的,加1分。最多不超过10分		
规章制度健全,办理法院委托案件资料装订齐全、档案保管完整,有封面、目录、页码的,有索引或专柜保管,根据实际情况得0~10分		
近3年在省级以上公开发行的刊物上发表会计审计等专业论文的,每发表1篇加1分,最多不超过4分;近3年出版过相关领域专著的,每出版1部加2分,最多不超过6分		
合计分数		

附件6　专业机构评审评分表(工程造价咨询机构适用)

项目及评分标准	自评分	评审分
注册资本达到100万元的,1分;每增加100万元加0.5分,最多不超过5分		
具备甲级资质的,得5分		
拥有注册工程造价师资格证书人员10人的,得5分;超过10名的,每增加1名加0.5分,最多不超过7分		
以租赁房屋作为办公场所且租赁面积在150平方米以下的,得1.5分;超过150平方米的,每增加100平方米加0.5分;以自购房屋为办公场所且产权面积在150平方米以下的,得5分;超过150平方米的,每增加100平方米加0.5分,最多不超过8分		
最近3年年均收入达到100万元的,3分;每超过100万元加1分,最多不超过20分		
执业不满1年的不计分,满1年的计1分,满3年的加2分;每超过1年加1分,最多不超过8分		

续表

项目及评分标准	自评分	评审分
工程造价咨询机构及工程造价师有行业协会出具的近3年无不良记录证明的,加5分;因依法纳税、积极履行社会义务表现突出,近3年每获得省级以上有关部门奖励一次加0.5分,最多不超过2分		
近3年评估、造价咨询标的额年均在1000万元以下的,2分;每增加1000万元加1分,最多不超过10分		
近3年接受法院司法委托,出具工程造价报告10件以上的,得5分;每超过2件的,加1分,最多不超过10分		
规章制度健全,办理法院委托案件资料装订齐全、档案保管完整,有封面、目录、页码的,有索引或专柜保管,根据实际情况得0~10分		
近3年在省级以上公开发行的刊物上发表工程造价等专业论文的,每发表1篇加1分,最多不超过4分;近3年出版过相关领域专著的,每出版1部加2分,最多不超过6分		
合计分数		

附件7　其他专业机构评审评分表(建筑工程质量检测、产品质量检测、价格认证、车辆检测等机构适用)

项目及评分标准	自评分	评审分
注册资本:		
资质等级:		
专业技术人员数量:		
办公场地(租赁或自购):		
业务收入:		
执业年限:		
职业表彰:		
近3年年均鉴定标的额:		
近3年接受法院司法委托案件数量:		
规章制度及对法院委托案件的管理:		
近3年发表的论文数及专著数:		
合计分数		

附件8　企业破产案件管理人评审评分表(律师事务所适用)

项目及评分标准	自评分	评审分
拥有10名专职律师的及5名合伙人的,4分;专职律师每增加1名加0.1分,合伙人每增加1名加0.5分,最多不超过7分		
每拥有1名二级以上律师的加0.2分,最多不超过5分		
以租赁房屋为办公场所且租赁面积在150平方米以下的,得1.5分;超过150平方米的,每增加100平方米加0.5分;以自购房屋为办公场所且产权面积在150平方米以下的,得5分;超过150平方米的,每增加100平方米加0.5分,最多不超过8分		
近3年年均业务收入达到200万元的,3分;超过200万元的,每增加100万元加1分,最多不超过15分		
执业不满1年的不计分,满1年的计1分,满3年的加2分;每超过1年加1分,最多不超过8分		
律师事务所及专职律师有行业协会出具的近3年无不良记录证明的,加5分;因依法纳税、积极履行法律援助义务等承担社会责任表现突出,近3年每获得省级以上有关部门奖励1次加0.5分,最多不超过2分		
近3年来,所里专职律师参与破产案件管理工作的,每参与1件计1.5分,最多不超过15分		
近3年年均办理民商事诉讼或非诉案件30件以下的,5分;超过30件的,每增加1件加0.2分,最多不超过15分		
近3年所内专职律师受聘担任法律顾问的企业为10家的,5分;超过10家的,每超过1家加1分,最多不超过10分		
近3年专职律师在省级以上公开发行的刊物发表过民商事法律方面的文章的,每发表1篇加0.5分,最多不超过4分		
近3年专职律师出版过民商事法律领域专著的,每出版1部加2分,最多不超过6分		
合计分数		

附件9　企业破产案件管理人评审评分表(会计师事务所适用)

项目及评分标准	自评分	评审分
拥有20名以下专职注册会计师的,4分;超过20名的,每增加1名加0.5分,最多不超过7分		
注册资金达到100万元的,计1分;每增加20万元加0.5分,最多不超过5分		
以租赁房屋为办公场所且租赁面积在150平方米以下的,得1.5分;超过150平方米的,每增加100平方米加0.5分;以自购房屋为办公场所且产权面积在150平方米以下的,得5分;超过150平方米的,每增加100平方米加0.5分,最多不超过8分		
近3年年均业务收入800万元以下的,5分;超过800万元的,每增加200万元加1分,最多不超过15分		
执业不满1年的不计分,满1年的计1分,满3年的加2分;每超过1年加1分,最多不超过8分		
会计师事务所及注册会计师有行业协会出具近3年无不良记录证明的,加5分;因依法纳税、积极履行社会义务表现突出,近3年每获得省级以上有关部门奖励1次加0.5分,最多不超过2分		
近3年来,会计师事务所接受法院指定,每担任1起企业破产案件管理人的加1.5分,最多不超过15分		
近3年年均出具审计报告、资产评估报告数量在30件以下的,5分;超过30件的,每增加1件加1分,最多不超过15分		
近3年以来接受司法委托的案件达到10件的,计5分;每超过5件加1分,最多不超过10分		
近3年在省级以上公开发行的刊物发表过会计、审计等专业文章的,每发表1篇加0.5分,最多不超过4分		
近3年出版过相关领域专著的,每出版1部加2分,最多不超过6分		
合计分数		

附件10 企业破产案件管理人评审评分表(破产清算所适用)

项目及评分标准	自评分	评审分
拥有5名具有法律职业资格证书(律师资格证书)、会计师资格证书的专职从业人员或者具有从事经营管理经验5年以上专职从业人员的,5分;超过5名的,每增加1名加0.5分,最多不超过7分		
注册资金达到100万元的,2分;超过100万元的,每增加50万元加0.5分,最多不超过5分		
以租赁房屋为办公场所且租赁面积在150平方米以下的,得1.5分;超过150平方米的,每增加100平方米加0.5分;以自购房屋为办公场所且产权面积在150平方米以下的,得5分;超过150平方米的,每增加100平方米加0.5分,最多不超过8分		
近3年年均业务收入100万元的,3分;超过100万元的,每增加100万元加1分,最多不超过15分		
执业不满1年的不计分,满1年的计1分,满3年的加2分;每超过1年加1分,最多不超过8分		
清算事务所及注册会计师或专职律师有行业协会出具的近3年无不良记录证明的,加5分;因依法纳税、积极履行社会义务表现突出,近3年每获得省级以上有关部门奖励1次加0.5分,最多不超过2分		
近3年来,清算事务所接受法院指定,每担任1起企业破产清算案件管理人的加2.5分,最多不超过25分		
自成立以来接受司法委托的案件达到10件的,计5分;每超过2件加1分,最多不超过15分		
近3年在省级以上公开发行的刊物发表过民商事法律、会计或者经营管理方面文章的,每发表1篇加0.5分,最多不超过4分		
近3年出版过相关领域专著的,每出版1部加2分,最多不超过6分		
合计分数		

附件11　2012～2014年人民法院委托案件清单

序号	案件编号	委托法院	委托事项	委托时间	完成时间	报告编号	采信情况

2015年5月4日

延伸阅读：相关规定

深圳市中级人民法院破产案件机构管理人名册编制办法

(2012年9月27日本院审判委员会民专会2012年第15次会议通过)

为公平、公正审理企业破产案件,保证破产审判工作依法顺利进行,根据《中华人民共和国企业破产法》、最高人民法院《关于审理企业破产案件指定管理人的规定》的有关规定和广东省高级人民法院《关于建立破产管理人名册的通知》,结合本院审理企业破产案件的实践,制定本办法。

第一条 本院依据广东省高级人民法院授权,编制深圳市中级人民法院破产案件机构管理人名册。编制管理人名册坚持公开、公正、公平的原则,按照本办法规定的程序办理。

符合破产案件管理人条件的、在深圳设立的社会中介机构及异地社会中介机构在深圳市依法设立的分支机构可以向本院提出入册申请。

第二条 本院根据管理人的履职能力及破产审判的需要,逐步推行管理人分级分类管理。管理人等级评定办法另行规定。

第三条 申报企业破产案件管理人的条件:

(一)律师事务所

1. 在深圳依法设立,经有权机构核准执业三年以上,并有固定经营场所;

2. 该机构拥有5名以上的合伙人,且具有律师执业证书的从业人员不少于20名,有足够人力资源完成破产管理工作。

(二)会计师事务所

1. 在深圳依法设立,经有权机构核准执业三年以上,并有固定经营场所;

2. 该机构执业的注册会计师不少于10名,有足够人力资源完成破产管理工作;

3. 有限责任公司类型的会计师事务所注册资本不低于人民币50万元。

(三)破产清算事务所

1. 经深圳市市场监督管理局核准成立三年以上,并有固定经营场所;

2. 具有律师执业证书、注册会计师证书的从业人员不少于5名,有足够人力资源完成破产管理工作。

3. 有限责任公司类型的破产清算事务所注册资金不低于人民币50万元。

第四条 有下列情形之一的社会中介机构,不能编入管理人名册:

(一)因故意犯罪受过刑事处罚;

(二)因执业、经营中故意或者重大过失行为,受到行政机关、监管机构或者行业自律组织行政处罚或者纪律处分之日起未逾三年;

(三)因涉嫌违法行为正被相关部门调查;

(四)缺乏担任管理人所应具备的专业能力;

(五)缺乏承担民事责任的能力;

(六)根据本院《破产案件管理人管理规范》的规定,年度考核不称职或者被本院从管理人名册除名的;

(七)本院认为可能影响履行管理人职责的其他情形。

第五条　管理人入册评审工作由本院评审委员会负责。评审委员会由本院审判委员会委员、公司清算和破产审判庭庭长、副庭长、司法辅助部门负责人组成。评审委员会必须有2/3以上的委员参加方可召开。评审委员会的决定经全体评审委员会委员半数以上通过为有效。

评审委员会讨论决定入册管理人时采用评分制,以得分由高到低排序;评审委员会讨论对管理人处罚、除名等事项时采用票决制。

第六条　本院司法辅助部门负责编制管理人名册的具体工作,公司清算和破产审判庭协助。

第七条　申报、评审程序:

(一)公告:采用适当方式将编制管理人名册的有关事项进行公告。

(二)通报:向深圳市律师协会和深圳市注册会计师协会通报编制管理人名册的有关事项。

(三)申报:申请编入管理人名册的社会中介机构应于申报期限(公告为准)届满前向司法辅助部门提交申报表(可在本院外网下载)及相关材料一式12份。

社会中介机构中的从业人员及其从业材料不得在不同社会中介机构中重复申报。

(四)验证:司法辅助部门负责登记并对有关材料进行形式审查。材料不齐全的,由司法辅助部门通知申报人3日以内补正。逾期申报或者未按期补正材料的,本院将不纳入管理人评审范围,申报人必须如实申报。凡有弄虚作假情形的,一律不纳入申报管理人范围评审。

(五)专业能力测试:本院将委托深圳市专门考试机构出题,组织申报人进行专业能力测试。申报入册社会中介机构应当有五名以上从业人员参加测试,测试合格的从业人员具有公司清算和破产管理业务从业资格,测试不合格的社会中介机构不列入评审范围,具体测试办法另行规定。

(六)统计:司法辅助部门、公司清算和破产审判庭按照评分标准统计申报人综合分数,根据综合分数由高到低排序。

(七)票决:评审委员会根据申报人综合分数的高低及机构名额进行差额票决,确定初审名册。

(八)公示:确定的初审名册在深圳市主要媒体上进行公示,公示期10日。公示期以内,任何单位和个人均可对编入初审名册的社会中介机构实名提出书面异议。

(九)通报:将初审名册通报深圳市律师协会和深圳市注册会计师协会并征求其意见。

(十)复核:公示期满后,评审委员会应当对有关异议进行审查,异议成立、申报人确不宜担任管理人的,应将所涉社会中介机构从管理人初审名册中删除。

(十一)公布结果:审定后的名册将报广东省高级人民法院、最高人民法院备案,同时在人民法院报、深圳市主要媒体上正式公布。

第八条 评定标准

对机构管理人的评定实行评分制,满分为100分。具体评分标准如下:

(一)律师事务所

1. 规模25分

拥有20名具有律师执业证书的从业人员的,20分;超过20名的,每增加1名加0.5分,最多不超过25分。

2. 专业能力测试50分

3. 专业经验25分

(1)现在该机构执业的律师近5年以内担任管理人成员办理破产案件的,每件计2分;

(2)现在该机构执业的律师近5年以内担任法院指定的清算组成员的,每件案件计2分;

(3)根据本院《破产案件管理人管理规范》的规定,年度考核等级被本院评为优秀的,每获得一次优秀等级加5分;

本项分数合计不得超过25分。

(二)会计师事务所

1. 规模25分

拥有10名注册会计师的,20分;超过10名的,每增加1名加0.5分,最多不超过25分。

2. 专业能力测试50分

3. 专业经验25分

(1)现在该机构执业的注册会计师近5年以内担任管理人成员办理破产案件的,每件计2分;

(2)现在该机构执业的注册会计师近5年以内担任法院指定的清算组成员的,每件案件计2分;

(3)根据本院《破产案件管理人管理规范》的规定,年度考核等级被本院评为优秀的,每获得一次优秀等级加5分;

本项分数合计不得超过25分。

(三)破产清算事务所

1.规模25分

拥有5名具有律师执业证书、注册会计师证书的从业人员的,20分;超过5名的,每增加1名加0.5分,最多不超过25分。

2.专业能力测试50分

3.专业经验25分

(1)现在该机构执业的律师或者注册会计师近5年以内担任管理人成员办理破产案件的,每件计2分;

(2)现在该机构执业的律师或者注册会计师近5年以内担任法院指定的清算组成员的,每件案件计2分;

(3)根据本院《破产案件管理人管理规范》的规定,年度考核等级被本院评为优秀的,每获得一次优秀等级加5分;

本项分数合计不得超过25分。

第九条　本办法所称的"以上"、"以内"、"届满"、"不少于"、"不低于",均包括本数。

第十条　本院及各区法院受理的强制清算案件指定社会中介机构为清算组成员的,应当从本院机构管理人名册中指定。

第十一条　本办法自公布之日起施行。本院《破产案件管理人指定办法》同时废止。

第十二条　本办法由本院审判委员会负责解释。

二、破产管理人分级管理制度

破产管理人分级管理,是指人民法院根据对破产管理人的专业能力、职业操守、勤勉程度和履职情况等因素进行考核的结果,将破产管理人区分为若干级别,级别不同的破产管理人所能够办理的破产案件不同。一般而言,重大复杂、疑难案件只能由级别较高的破产管理人办理,而级别较低的破产管理人则只能办理相对简单的小额破产案件。《全国法院破产审判工作会议纪要》指出,“实行管理人分级管理。高级人民法院或者自行编制管理人名册的中级人民法院可以综合考虑管理人的专业水准、工作经验、执业操守、工作绩效、勤勉程度等因素,合理确定管理人等级,对管理人实行分级管理、定期考评。对债务人财产数量不多、债权债务关系简单的破产案件,可以在相应等级的管理人中采取轮候、抽签、摇号等随机方式指定管理人”。

深圳市中级人民法院将破产管理人的级别区分为一级、二级、三级,由院评审委员会根据管理人的执业能力、职业操守、工作绩效、勤勉程度等因素进行评定。管理人名册缺额达6名时,依照《管理人名册编制办法》的规定补充管理人,申报入册的社会中介机构经评审合格后可以先编入三级管理人名册。综合考核结果排名前2名的三级管理人可以晋升为二级管理人,排名第一位的二级管理人可以晋升为一级管理人。同级管理人按照综合考核得分高低进行排序,排名居本系列末位的一级管理人应当降为二级管理人,排名居本系列后2位的二级管理人应当降为三级管理人,排名居本系列后2位的三级管理人应当淘汰。管理人的晋级、降级、淘汰由院评审委员会决定,以对管理人履行职责情况进行综合考核的结果为主要依据。破产案件分为重大复杂破产案件、普通破产案件和小额破产案件3类。重大复杂破产案件是指以下几类:(1)商业银行、证券公司、保险公司等金融机构破产案件;(2)上市公司破产案件;(3)本辖区、本省或者全国范围内有较大社会影响的破产案件;(4)债务人财产价值总额1亿元(含本数)以上的破产案件;(5)该法院认为属于重大复杂的其他破产案件。普通破产案件是指债务人财产价值总额在100万元(含本数)以上、1亿元以下的破产案件。小额破产案件是指债务人财产价值总额在100万元以下的破产案件。一级管理人可以担任3类破产案件的管理人,二级管理人可以担任除重大复杂案件之外的其他两类破产案件的管理人,三级管理人只能担任小额破产案件的管理人。

贵州省高级人民法院将管理人按照相应资质分为一级管理人、二级管理人和三级管理人(具体分类标准参见《贵州省高级人民法院关于编制破产管理人名册的公告》),且个人管理人只能为三级管理人。破产案件根据案件难易程度分为以下三类案件:(1)债务人的财产状况明确、有关财务会计报表完整且债权人人数在50人以下,或者破产财产价值、债务总额分别在5000万元以下的,为第三类案件。(2)符合下列情形之一的,为第二类案件:①债务人的财产状况明确、有关财务会计报表完整且债权人人数在50人以上100人以下，或破产财产价值、债务总额分别在5000万元以上1亿元以下；②债务人的财产状况不明确、有关财务会计报表不完整且债权人人数在50人以下或破产财产价值、债务总额分别在5000万元以下。(3)符合下列情形之一的，为第一类案件：①债务人的财产状况明确、有关财务会计报表完整且债权人人数在100人以上或破产财产价值、债务总额分别在1亿元以上；②债务人的财产状况不明确、有关财务会计报表不完整且债权人人数在50人以上或破产财产价值、债务总额分别在5000万元以上；③破产重整、和解案件；④商业银行、证券公司、保险公司、公司制新型金融组织等金融机构破产案件；⑤在全国或全省范围内有重大影响的破产案件。一级管理人可以参与一类至三类案件的破产管理工作，二级管理人可以参与二类至三类案件的破产管理工作，三级管理人可以参与第三类案件的破产管理工作。

延伸阅读：相关规定

湖南省高级人民法院关于规范企业破产案件管理人工作的若干意见(试行)

为规范全省破产案件管理人工作，根据《中华人民共和国企业破产法》《最高人民法院关于审理企业破产案件指定管理人的规定》，结合本省工作实际，制定本意见。

第一条　省高级人民法院和中级人民法院成立管理人评审委员会，负责对管理人资质审核、级别审定、停止履职、除名。

选任和使用管理人坚持公平、公正、公开，依法、高效、求实的原则。运用全国企业破产重整案件信息网、人民法院诉讼资产网、破产管理人微信群等信息化手段开展工作，提高工作效率。

第二条　企业破产案件管理人应当是在本省依法设立的律师事务所、会计师事务所、破产清算事务所、资产管理公司以及提供企业重整服务的管理咨询公司等中介机构，或相关中介机构在本省设立的分支机构。

具备相关专业知识并取得执业资格，编入个人管理人名册的人员。

第三条　管理人实行分级管理制度。管理人按照机构规模、执业能力、专业水准、执业业绩、勤勉程度、办理破产案件经验等因素，分为一级、二级、三级管理人。

具备以下条件可被评定为一级管理人:

(一)从事破产管理工作5年以上;

(二)有较丰富的办理破产案件、公司强制清算案件经验;

(三)具备律师资质或注册会计师资质的从业人员不少于20人;

(四)具备担任重大破产案件管理工作的能力。

具备以下条件可被评定为二级管理人:

(一)从事破产管理工作3年以上;

(二)有一定的办理破产案件、公司强制清算案件的经验;

(三)具备律师资质或注册会计师资质的从业人员不少于15人;

(四)具备担任普通破产案件管理工作的能力。

具备以下条件可被评定为三级管理人:

(一)机构注册成立1年以上;

(二)有办理破产案件、公司强制清算案件的经验;

(三)具备律师资质或注册会计师资质的从业人员不少于10人;

(四)具备担任简易破产案件管理工作的能力。

对联合体评定等级时,从事破产管理工作的年限按组成联合体的律师事务所和会计师事务所中工作年限长的确定。对联合体评定等级时,优先考虑评定较高等级。

个人管理人不分等级,参照三级管理人的相关规定开展工作。

第四条 一级管理人由所在地中级人民法院审查推荐,省高级人民法院审定;二、三级管理人由所在地中级人民法院审定,报省高级人民法院备案;一、二、三级管理人由省高级人民法院统一在内外网公布,并报最高人民法院备案。

第五条 破产案件实行分类制度。根据案件复杂程度和标的额大小等情况,分为重大破产案件、普通破产案件、简易破产案件三类。破产案件类别由受理破产案件的审判业务庭认定。

第六条 一、二级管理人可以在全省范围内执业,三级管理人只能在所属中级人民法院辖区内执业。

一级管理人可以担任前款规定的三类破产案件的管理人,二级管理人可以担任除重大破产案件之外的其他两类破产案件的管理人,三级管理人只能担任简易破产案件的管理人。

受理破产案件的法院可以根据个案审理需要指定高级别管理人担任低级别破产案件的管理人,但低级别的管理人不得担任高级别破产案件的管理人。

第七条 管理人的指定方式包括随机方式、竞争方式、指定清算组方式以及法律规定的其他方式。

第八条　简易破产案件、普通破产案件指定管理人，一般由管理人名册内的机构自愿报名，再从报名的机构中随机指定。无管理人报名的，在管理人名册内的机构随机指定。不适合随机方式指定的案件，也可由法院从管理人名册中择优选择。

第九条　重大破产案件指定管理人一般应当采取竞争方式，邀请编入本省或全国各地法院管理人名册中的一级管理人参与竞争，择优指定管理人。

参与竞争的管理人不得少于3家。不足3家但经受理破产案件的法院审查符合竞争条件的，按照下列情形处理：

（一）两家管理人参与竞争的，从中择优指定一家担任管理人，另一家作为需要更换管理人时的备选管理人；

（二）一家管理人参与竞争的，直接指定该管理人担任管理人；

（三）没有管理人参与竞争的，采取随机方式从管理人名册所列名单中指定符合条件的管理人，被指定的管理人无正当理由不得拒绝接受指定。

第十条　受理破产案件的法院可以根据案件情况，决定指定联合管理人。

联合管理人由机构管理人与其他管理人组成。个人管理人不得与所在机构或其他个人管理人组成联合管理人。

联合管理人被指定后，经协商或人民法院决定产生联合管理人主办机构。联合管理人之间因履职行为对外承担连带责任。

第十一条　根据《最高人民法院关于审理企业破产案件指定管理人的规定》第二十二条，涉及金融机构破产，需采取接受推荐方式指定管理人的，一般应要求金融监管机构推荐两家以上相应级别的管理人，再由竞争评审委员会评定。

第十二条　受理破产案件的法院在受理审查期限内不能确定案件类型，或因情况紧急，办理指定管理人手续可能影响案件依法及时受理的，应当在所属的中级人民法院辖区内采取随机方式指定临时管理人。

第一次债权人会议召开前，法院应当结合案件类型和临时管理人的履职情况，决定由临时管理人正式履行管理人职责，或重新指定管理人。

第十三条　管理人被指定后以与案件有利害关系申请回避，或债权人会议根据企业破产法第二十二条第二款规定申请更换管理人，受理破产案件的法院审查认为申请理由成立决定更换管理人，或依职权更换管理人的，优先从备选管理人中指定。无备选管理人的，重新指定管理人。

第十四条　对于从快速审理转为一般程序审理的破产案件，如果之前选定的破产管理人等级不符合普通破产案件等级要求的，应依照本意见的规定更换管理人。

第十五条 指定管理人的工作完成后,司法技术辅助部门应当在内外网同时发布公告。基层人民法院司法技术辅助部门选任管理人的,应于3个工作日内将选任的管理人报送中级人民法院司法技术辅助部门备案。

第十六条 企业破产案件有下列情形之一的,人民法院可以指定清算组为管理人:

(一)破产申请受理前,根据有关规定已经成立清算组,人民法院认为符合《最高人民法院关于审理企业破产案件指定管理人的规定》第十九条的规定;

(二)审理《中华人民共和国企业破产法》第一百三十三条规定的案件;

(三)有关法律规定企业破产时成立清算组;

(四)人民法院认为可以指定清算组为管理人的其他情形。

清算组为管理人的,人民法院可以从政府有关部门、编入管理人名册的社会中介机构、金融资产管理公司中指定清算组成员,人民银行及金融监督管理机构可以按照有关法律和行政法规的规定派人参加清算组。

人民法院从编入管理人名册的社会中介机构中指定清算组成员的,参照适用本意见规定的方法和程序。

第十七条 有下列情形之一的,社会中介机构不得担任管理人,其工作人员不得参与破产管理工作:

(一)因故意犯罪受过刑事处罚;

(二)曾被吊销相关专业执业证书;

(三)与债务人、债权人有未了结的债权债务关系;

(四)因执业经营中故意或者重大过失行为,受到行政机关、监管机构或者行业自律组织行政处罚或者纪律处分之日起未满3年;

(五)因不适当履行职务或者拒绝接受人民法院指定等原因,被人民法院从管理人名册除名之日起未满3年;

(六)现在是或者在人民法院受理破产申请前3年内曾经是债务人、债权人的控股股东或者实际控制人;

(七)现在是或者在人民法院受理破产申请前3年内曾经担任债务人、债权人的董事、监事、高级管理人员;

(八)现在担任或者在人民法院受理破产申请前3年内曾经担任债务人、债权人的财务顾问、法律顾问,或者曾为债务人提供相对固定的中介服务;

(九)与债权人、债务人的控股股东、董事、监事、高级管理人员存在夫妻、直系血亲、三代以内旁系血亲或者近姻亲关系;

(十)与本案有利害关系、可能影响其履行管理人职责的其他情形。

社会中介机构发现本机构或其派出参与破产管理工作的人员有上述情形的,应当立即向人民法院书面说明情况。未及时书面说明的,视情节轻重,予以警告、降级直至除名。

第十八条　对于实施合并破产的关联企业,可以一并指定破产管理人;对于先后实施破产的关联企业,在后实施的企业指定破产管理人时,可以综合考虑关联企业破产管理人的履职情况,依法指定同一管理人。

第十九条　企业强制清算案件需指定社会中介机构为清算组的参照本意见执行。

第二十条　受理破产案件法院的审判部门依据法律和相关司法解释及本意见的规定,结合案件情况,决定管理人的产生方式,并具体指导和督促管理人开展工作。司法技术辅助部门按照审判部门决定的方式从事管理人选择等事务性工作。指定管理人工作的过程中,可邀请监察部门派人监督,指定结果经监察部门所派人员签字确认。

第二十一条　管理人应在每年3月底之前向所在辖区的中级人民法院提交上一年度的履职报告。一、二级管理人的履职报告,报省高级人民法院备案。

年度履职报告内容包括担任破产案件管理人履行职务情况、全国企业破产重整案件信息网管理人工作平台使用情况、管理人机构合并与分立情况、管理人工作团队建设情况、管理人工作业绩情况等。

第二十二条　中级人民法院受理破产案件的审判部门会同司法技术辅助部门,负责本辖区管理人的日常动态管理,并对担任本辖区破产案件的其他中级人民法院辖区的一、二级管理人的履职情况作出评价意见。评价意见应向该管理人所属中级人民法院反馈,同时报省高级人民法院备案。

中级人民法院受理破产案件的审判部门会同司法技术辅助部门,负责本辖区管理人的年度履职情况进行评价。对有行业不良记录的管理人一律除名。

中级人民法院依据《最高人民法院关于审理企业破产案件指定管理人的规定》第十条规定组成评审委员会,结合本辖区管理人的履职情况,研究提出升降级、增补及除名意见,按本意见规定的管理权限报省高级人民法院审批、备案、公布。

第二十三条　对管理人履职过程中出现的违法违规行为,人民法院可视情节轻重对其采取警示、变更、停止担任管理人1－3年或除名等措施。惩戒情况应当归档留存。

第二十四条　有下列情形之一的,人民法院可以决定将管理人除名:

(一)出现破产、解散、执业资格丧失等不能履行管理人职责情形的;

(二)因执业经营中故意或者重大过失行为,受到行政机关、监管机构或者行业自律组织行政处罚或者纪律处分,可能影响履行管理人职责的;

(三)无正当事由拒绝接受人民法院指定、拒绝被人民法院更换,或拒不履行前后管理人工作交接的;

(四)履行职务时,因故意或者重大过失导致债权人利益受到重大损害的;

(五)拒绝接受人民法院、债权人会议或债权人委员会的监督,经批评教育仍不改正或者应当向人民法院报告的重大事项隐瞒不报的;

(六)利用管理人的身份或地位为自己和他人谋取私利的;

(七)无正当理由拒绝提供责任审计所需资料的;

(八)人民法院认为不适宜担任管理人的其他情形。

第二十五条 全省各级人民法院审理的强制清算案件或非法人组织的破产案件,参照适用本意见。

第二十六条 本意见由省高级人民法院审判委员会负责解释。各中级人民法院制定的相关规定,报省高级人民法院备案。

第二十七条 本意见自发布之日起试行。法律、司法解释有新的规定的,适用法律、司法解释的规定。

延伸阅读:相关规定

深圳市中级人民法院破产案件管理人分级管理办法

(2013年5月16日本院审判委员会民专会2013年第7次会议通过)

为完善管理人运行机制,促进管理人队伍的健康发展,保障破产审判工作的顺利进行,根据《中华人民共和国企业破产法》、最高人民法院《关于审理企业破产案件指定管理人的规定》等司法解释的有关规定,结合审判实践,制定本办法。

第一条 本院对管理人名册中的社会中介机构实行分级管理。

管理人名册中的社会中介机构依照本办法担任相应类别的企业破产案件管理人。

第二条 管理人名册中的社会中介机构分为一、二、三级管理人,各级管理人依照本办法晋级、降级或者淘汰。

第三条 本院将破产案件分为重大复杂破产案件、普通破产案件和小额破产案件三类。

一级管理人可以担任前款规定的三类破产案件的管理人,二级管理人可以担任除重大复杂案件之外的其他两类破产案件的管理人,三级管理人只能担任小额破产案件的管理人。

第四条 本院受理企业破产案件后,依照本办法规定的案件类别分别在一、二、三级管理人名册中指定管理人，原则上均采取摇号等随机指定方式。

重大复杂破产案件在一级管理人名册中摇号；普通破产案件在二级管理人名册中摇号；小额破产案件原则上在三级管理人名册中摇号，但本院可以根据实际需要对小额破产案件进行分流。

第五条　重大复杂破产案件是指：

（一）商业银行、证券公司、保险公司等金融机构破产案件；

（二）上市公司破产案件；

（三）本辖区、本省或者全国范围内有较大社会影响的破产案件；

（四）债务人财产价值总额1亿元（含本数）以上的破产案件；

（五）本院认为属于重大复杂的其他破产案件。

第六条　普通破产案件是指债务人财产价值总额在100万元（含本数）以上、1亿元以下的破产案件。

第七条　小额破产案件是指债务人财产价值总额在100万元以下的破产案件。

第八条　管理人等级的评定，由本院评审委员会根据管理人的执业能力、职业操守、工作绩效、勤勉程度等进行评定。

第九条　本院对管理人实行晋级和降级制度，三级管理人经考核不合格的予以淘汰。

管理人的晋级、降级、淘汰由本院评审委员会决定。

第十条　管理人名册缺额达6名时，本院依照《管理人名册编制办法》的规定补充管理人，申报入册的社会中介机构经评审合格后可以先编入三级管理人名册，符合晋级条件后可以逐级晋升。

第十一条　本院对管理人履行职责情况进行综合考核，综合考核结果将作为本院决定管理人晋级、降级或者淘汰的主要依据。

第十二条　综合考核结果排名前两名的三级管理人可以晋升为二级管理人，排名第一的二级管理人可以晋升为一级管理人。

第十三条　管理人的降级实行末位淘汰制。

本院对同级管理人按照综合考核得分高低进行排序，排名居本系列末位的一级管理人应当降为二级管理人，排名居本系列后两位的二级管理人应当降为三级管理人，排名居本系列后两位的三级管理人应当淘汰。

第十四条　有下列情形之一的，本院可以决定将管理人除名：

（一）因故意犯罪受到刑事处罚；

（二）被吊销相关专业执业证书；

（三）因执业、经营中故意或者重大过失行为，受到行政机关、监管机构或者行业自律组织行政处罚或者纪律处分；

(四)执业许可证或者营业执照被吊销或者注销；

(五)出现解散、破产事由或者丧失承担执业责任风险的能力；

(六)履行职务时,因故意或者重大过失导致债权人利益受到损害；

(七)拒绝接受本院、债权人会议、债权人委员会的监督,经批评教育仍不改正或者应当及时向本院报告的重大事项隐瞒不报的；

(八)违反法律、司法解释规定或者未经本院批准私自收费；

(九)利用管理人的身份或地位为自己和他人谋取私利。

第十五条 管理人办理小额破产案件,符合《管理人援助资金管理和使用办法》规定条件的,可以申请资金援助。

第十六条 本院、各区院受理的强制清算案件指定本院机构管理人名册中的社会中介机构为清算组成员的,适用本办法。

第十七条 本办法自公布之日起施行。

三、破产管理人监管考核制度

破产管理人作为承担重要职责的破产程序参与主体,在履行职责的过程中,应当接受相关主体的监管。《企业破产法》第23条规定:“管理人依照本法规定执行职务,向人民法院报告工作,并接受债权人会议和债权人委员会的监督。管理人应当列席债权人会议,向债权人会议报告职务执行情况,并回答询问。”

(一)法院的监管

破产管理人由人民法院指定,当然也应接受人民法院的监管。人民法院对破产管理人的监管是全方位的,贯穿于破产程序的全过程。

1. 破产管理人向人民法院请示汇报工作

破产管理人在破产程序中所享有的职权由法律规定,并不是来源于人民法院的授权,人民法院与破产管理人之间的关系并非民事委托关系,破产管理人自主处理破产事务,但应当定期向人民法院汇报工作。破产管理人在破产程序中如果碰到了疑难问题或者需要法院出面协调的问题,则可以向人民法院请示,请求人民法院给予解答或者出面协调。人民法院定期听取破产管理人的工作汇报或者对破产管理人的请示予以解答,对破产管理人来说,实际上形成了一种监督关系。人民法院在听取破产管理人的工作汇报时,发生破产管理人有违法或者违规行为时,应及时予以制止。

破产管理人向人民法院请示或者汇报在法律效果上具有什么样的效力，或者说人民法院听取破产管理人的汇报或者对破产管理人的请示予以解答是否就意味着破产管理人责任的转移，即破产管理人能否以自己的行为向人民法院汇报或者请示了法院以后就可以免受责任追究呢？对此，法律没有明确规定。此外，破产管理人在履行职责的过程中，对于什么样的事务需要向人民法院汇报以及汇报后应当如何处理，法律也没有明确规定。从法理上分析，汇报或者对请示的解答在法律效果上不同于批准，所以应当解释为其不具有导致责任转移的效力。对破产管理人来说，其应当不断提升自己的执业水平，增强自己的执业责任意识，减少对人民法院的依赖。

2. 人民法院对破产管理人请求的许可

破产管理人在破产程序中所实施的一些行为，事先需要得到人民法院的许可。人民法院对破产管理人请求的许可，是重要的监督方式之一。《企业破产法》第 26 条规定："在第一次债权人会议召开之前，管理人决定继续或者停止债务人的营业或者有本法第六十九条规定行为之一的，应当经人民法院许可。"

3. 更换破产管理人

破产管理人由人民法院指定，在破产程序进行中，人民法院发现破产管理人不能依法、公正执行职务或者有其他不能胜任职务的情形时，当然可以依法更换。

(二)债权人委员会的监督

债权人委员会是依法设立的，对破产管理人实施经常性监督的专门机构。《企业破产法》第 69 条规定："管理人实施下列行为，应当及时报告债权人委员会：(一)涉及土地、房屋等不动产权益的转让；(二)探矿权、采矿权、知识产权等财产权的转让；(三)全部库存或者营业的转让；(四)借款；(五)设定财产担保；(六)债权和有价证券的转让；(七)履行债务人和对方当事人均未履行完毕的合同；(八)放弃权利；(九)担保物的取回；(十)对债权人利益有重大影响的其他财产处分行为。"第 68 条第 2 款及第 3 款规定："债权人委员会执行职务时，有权要求管理人、债务人的有关人员对其职权范围内的事务作出说明或者提供有关文件。管理人、债务人的有关人员违反本法规定拒绝接受监督的，债权人委员会有权就监督事项请求人民法院作出决定；人民法院应当在五日内作出决定。"

根据这一规定，债权人委员会对破产管理人拥有十分广泛的监督权利，监督方式包括:一是要求管理人对其职权范围内的事务作出说明或者提供有关文件;二是破产管理人就执行重大职务行为向债权人委员会报告;三是债权人委员会对于破产管理人违反法律规定拒绝接受监督的,可以请求人民法院作出决定。

(三)其他主体的监督

其他主体的监督包括行政机关对于破产管理人所实施的监督以及债权人或者债权人所实施的监督。行政机关的监督如司法行政机关对担任破产管理人的律师事务所或者律师个人依法实施行政处罚;债权人或者债务人的监督则主要通过诉讼形式进行。《企业破产法》第58条第3款规定:"债务人、债权人对债权表记载的债权有异议的,可以向受理破产申请的人民法院提起诉讼。"

延伸阅读:相关规定

深圳市中级人民法院破产案件管理人考核办法(试行)

(2013年7月25日审判委员会民事行政执行专业委员会
2013年第14次会议通过)

第一章 总 则

第一条 (考核的目的)为实现对管理人的科学管理,加强考评和监督,促进管理人制度的完善和发展,保证破产审判工作的顺利进行,根据《中华人民共和国企业破产法》、最高人民法院《关于审理企业破产案件指定管理人的规定》以及本院《破产案件管理人分级管理办法》的有关规定,结合审判实践,制定本办法。

第二条 (考核的对象)对本院受理的破产清算、重整、和解案件中依法指定的管理人,依据本办法进行考核。

第三条 (考核的种类)管理人的考核,采取个案考核和年度考核相结合的方式进行。

第四条 (考核的概念)个案考核是对管理人办理具体破产案件的量化考核。

年度考核是对管理人每一年度内办理破产案件的综合考核。

第五条 (考核的主体)本院设立的评审委员会负责考核工作。评审委员会下设考核办公室,考核办公室人员由本院公司清算和破产审判庭庭长、副庭长、审判长和内勤组成。考核办公室提出初步考核意见后,报评审委员会审核确定。

第六条　(考核的原则)个案考核注重工作质量和效率,考核结果应当能够反映管理人办理该案件的效果。

年度考核注重考评管理人在履行职责过程中执业操守、执业能力、工作表现、工作绩效的综合表现,考核结果应当能够反映管理人的整体素质和水平。

第二章　个案考核

第七条　(个案考核办法)个案考核由客观标准和主观标准两部分组成,分值为100分。个案考核由承办该案的合议庭负责。

第八条　(客观标准的评分)本院对管理人在办理破产案件中各项工作开展和完成与否进行考核,客观标准包括管理人内部管理、日常性工作等内容,满分为75分,具体见附表1。

第九条　(主观标准的评分)本院对管理人办理破产案件中各项工作完成的质量和效果进行考核。主观标准包括依法办案、接受监督、维护稳定等内容,涉及加分项和减分项,加分项总分为25分,减分项总分为15分。具体见附表2。

第十条　(个案考核结果)个案考核结果分为不合格、合格、良好、优秀四个等级。

(1)60分(不含)以下的为不合格;

(2)60分(含)至75分(不含)的为合格;

(3)75分(含)至90分(不含)的为良好;

(4)90分(含)以上的为优秀。

个案考核结果应经考核办公室复核。

第三章　年度考核

第十一条　(年度考核方式)年度考核采取年度个案考核分数和综合评价分数相加的方式,满分为100分。

第十二条　(年度个案考核分数的计算)年度个案考核分数是管理人在相应考核年度内所有个案考核分数的平均分。年度个案考核分数占年度考核总分的80%。

第十三条　(年度未结案件的考核)年度未结案件的考核,参照本办法第二章的有关规定实施。

未结案件加权计算的考核分数,作为该未结案件个案考核的分数。

第十四条　(综合评价分数的计算)本院考核办公室对各管理人年度整体案件办理情况、办理效果、管理人机构规模和经验、专业人员队伍建设、破产法理论和实务研究成果等项目进行打分,确定管理人的年度综合评价分数;

综合评价分数占年度考核分数的20%。

第十五条 (年度考核结果)年度考核结果分为优秀、称职、基本称职和不称职四个等级:

1. 年度考核成绩在同级管理人中排名前20%且没有个案考核不合格的,该年度考核结果为优秀;

2. 考核年度内有一宗个案考核不合格的,该年度考核结果为基本称职;

3. 考核年度内有两宗以上个案考核不合格的,该年度考核结果为不称职;

4. 除优秀、基本称职、不称职以外的,考核结果为称职。

第四章 考核结果的使用

第十六条 (考核结果的公示及使用)个案考核及年度考核的结果应及时向管理人公示。管理人对考核结果有异议的,可向评审委员会申请复核。考核的结果,作为管理人分级管理的重要依据。

第十七条 (考核时限)个案考核需在案件终结后三十日内考核完毕;年度考核原则上在年底进行,最迟应在次年第一季度完成。

第五章 附 则

第十八条 (强制清算案件的准用)本院、各区院受理的强制清算案件指定本院机构管理人名册中的社会中介机构为清算组成员的,适用本办法。

对《中华人民共和国企业破产法》实施前受理,尚未审结的破产案件中清算组的考核,适用本办法。

第十九条 (施行时间)本办法自公布之日起施行,本院《破产案件管理人规范》的规定与本办法不一致的,适用本办法。

附表1 客观标准考核内容(清算案件)

事项			具体内容	分数	评分标准	备注
1	管理人内部管理	人员管理	管理人应保证团队的组成人员取得相关执业资格,并报法院备案	1	未取得执业资格或未备案的,不得分	
2			管理人名称变更,应及时告知法院,并提交名称变更材料,报法院备案	1	主动告知法院但未办理备案手续的,得0.5分;名称变更未及时告知法院的,不得分	
3			管理人应保证团队组成人员没有违反相关法律法规的情形	1	没有该种情形的,得1分;存在违反相关法律法规情形的,不得分	
4			管理人团队的组成成员应保持稳定,避免因人员频繁流动影响工作效率或出现工作失误	1	在团队中负责主要工作的人员发生变化未及时告知法院,或虽告知法院,但影响工作效率、出现工作失误的,不得分	
5		制度管理	经法院指定为管理人后,应制定完备的规章制度报法院备案,规范管理人的各项工作	0.5	未报法院备案的,不得分	
6			管理人的规章制度,包括工作规程、议事规则、财务制度、证照及印章管理制度、档案制度、保密制度等	0.5	制度完善的,得0.5分;不完善或没有规章制度的,不得分	
7		公章管理	案件受理后应及时刻制管理人印章,并交法院封样备案	1	虽刻制印章但未交法院封样备案的,得0.5分;未及时刻制印章并封样备案,造成不利影响的,不得分	
8			管理人印章及接管的企业印章均应设有专人保管,并设置印章使用登记记录,严禁非法使用	1	没有印章使用登记记录的,不得分	

续表

事项			具体内容	分数	评分标准	备注
9			管理人依法终止职务后,应当到公安机关办理管理人印章销毁手续,并报法院备案	1	非因案件需要而未销毁印章并报法院备案的,不得分	
10		财务管理	案件受理后应及时在指定银行开立管理人账户	1	未及时开立账户,造成不利影响的,不得分	
11			管理人账户须有专人管理	1	没有专人管理的,不得分	
12			管理人账户资金进出必须登记,严格执行财务收支管理制度	1	资金进出没有登记的,不得分	
13			管理人账户须设置资金支出审批程序,大额支出应经法院审核批准	1	未经法院审核批准的,不得分	
14			尽量节约破产费用,每项支出必须合理	1	破产费用的支出无明显依据的,不得分	
15			管理人在债权审核过程中确因案件实际需要,须由债权人承担补充申报债权费用的,应经法院审核批准	1	未经本院审核批准而收取相关费用的,不得分	
16		档案管理	及时建立清算档案,严格管理,做到一事一汇总,有据可查	1	虽建立档案但记载不详尽的,得0.5分;虽建立档案但无记载或未建立档案的,不得分	
17			建立内部工作人员借阅、债权人查阅登记制度	1	未建立登记制度或虽有登记制度但没有记录的,不得分	

续表

事项			具体内容	分数	评分标准	备注
18	日常性工作	接管	做好债务人文件、财务和资产接收工作,接管工作高效、完善,接管后及时向法院提交接管报告	2	接管后,没有提交接管报告的,得1分;没有及时接管,造成不良后果的,不得分	
19			在指定期限及指定报刊及时刊登公告	1	没有在指定报刊刊登公告或未及时刊登公告造成不利影响的,不得分	
20			能及时提请法院对债务人财产采取查封或解封措施	2	未及时提请法院采取相应措施的,得1分;导致不良后果的,不得分	
21			能及时代表债务人继续已经开始的诉讼程序	2	未及时参与已经开始的诉讼程序,造成不良后果的,不得分	
22		债权审核	能及时制定债权审核原则并统一审核标准	2	虽制定审核原则,但部分原则明显有误的,得1分;未制定审核原则的,不得分	
23			对劳动债权及申报的债权能及时审查并予以公示和登记造册	2	未及时审查并公示和登记造册的,不得分	
24			能及时审核取回权、抵销权、担保权和优先权,并报法院审查备案	2	审核后,未报法院审查备案的,得1分;未及时审核,导致案件相关权利人利益受损的,不得分	
25		财务审计	编制公司债权、债务和财产清册,能按时完成对债务人财务账册的审计并出具审计结论,没有账册可供审计的能制作财产状况说明	2	未按时完成审计或调查,在法院提示后才出具审计结论或财产状况说明的,得1分;经法院提示后仍不能完成审计结论或财产状况说明,对案件审理造成不良影响的,不得分	

续表

事项			具体内容	分数	评分标准	备注
26			主动查询、了解企业纳税欠税情况	2	未主动查询、了解的,不得分	
27			发现债务人有关人员在案件受理前有隐匿或故意销毁财务资料等情形的,应及时报告法院	2	未及时报告法院的,不得分	
28			能主动关注公司注册资金、对外投资、资金流向等相关情况,发现债务人存在通过制作虚假财务账册达到转移、隐匿财产或虚假破产情形的,应及时报告法院	2	未主动关注或未及时报告法院的,不得分	
29		债权人会议	能协助法院筹备债权人会议并及时提交债权人会议资料	2	未及时提交债权人会议资料,导致债权人会议延期或债权人会议召开前不能提交会议资料的,不得分	
30			提交的债权人会议材料应翔实、完善	2	会议材料存在明显瑕疵,会前未能修改完善的,得1分	
31		财产管理与尽职调查	能视案件具体情况提请法院指定债权人会议主席及设立债权人委员会	2	未及时提请法院指定的,不得分	
32			召开债权人会议没有出现程序不当或失误,确保债权人会议顺利召开	2	出现程序不当或失误,但未造成不良后果的,得1分;造成不良后果的,不得分	
33			能及时审核债务人有关文件,对债务人和对方当事人均未履行完毕的合同,能准确判断是否需要继续履行或解除	2	未及时履行或解除合同,造成不利影响的,不得分	

续表

事项			具体内容	分数	评分标准	备注
34			准确判断债务人是否需要继续生产经营	2	未及时报请法院决定是否继续生产经营，造成不利影响的，不得分	
35			对债务人财产要统筹管理，能及时盘点、登记、清理甄别财产权属	2	未及时清理，造成不利影响的，不得分	
36		财产追收	及时向债务人的债务人和财产持有人发出书面通知	2	未及时发出书面通知，造成不良后果的，不得分	
37			掌握相关财产线索后，能通过充分协调、调查、诉讼等方式追回财产；需要停止追收财产或放弃权利的，应经过充分论证并制定详细方案报法院备查	2	案件显示有财产线索，未经过充分论证、调查、协调即放弃追收的不得分	
38			能积极发挥主观能动性，发现债务人存在《企业破产法》第31条、第32条或第33条规定行为并及时主张权利	2	债务人存在该种行为，管理人未及时主张权利造成不良后果的，不得分	
39			对涉及债务人的诉讼，积极收集证据，能准确判断案件性质、分清法律关系，准确适用法律，围绕案件焦点组织质证，严格按照法定程序参与诉讼活动，维护债务人合法权益	2	在诉讼活动中出现失误，未造成不良后果的，得1分；出现重大失误，造成不良后果的，不得分	
40			债务人开办的合资子公司或者实际控制的公司符合合并破产清算条件的，应拟定合并破产清算方案提请法院审查	2	未拟定相关方案报请法院审查的，不得分	

续表

事项			具体内容	分数	评分标准	备注
41		财产处置与分配	对债务人财产应当及时评估与拍卖,使债务人财产价值最大化	2	未及时评估与拍卖,造成不良后果的,不得分	
42			需要改变财产拍卖处置方式的,应说明原因并制定详细方案报法院审查	2	未说明原因擅自改变处置方式的,不得分	
43			降低财产保留价应当报法院审查	2	未报法院审查的,不得分	
44			管理人必须严格按照法定清偿顺序分配破产财产,分配方案应详尽、合理与明确	2	分配方案有明显瑕疵,造成不良影响的,得1分	
45			改变货币分配采取其他分配方式的,应充分论证并制定合理方案报经法院许可	2	未报请法院或未经充分论证的,不得分	
46			按照法律规定需要提存的财产,管理人须及时提存	2	未及时提存,造成不良影响的,不得分	
47		申请终结破产程序工作	及时提请法院终结破产程序并根据案件实际情况办理工商登记、管理人账户的注销手续	1	未及时提请法院终结破产程序并办理注销手续的,不得分	
48			及时移交管理人档案	1	未及时移交管理人档案的,不得分	

附表2　主观标准考核内容

事项			具体内容	分数	备注
1	加分项	严格依法办案	严格依法开展破产清算工作，能够完全按照法律规定的程序完成案件涉及的各项工作，未出现程序错误的	2	
2			严格依法开展破产清算工作，能够完全按照法律规定的程序完成案件涉及的各项工作，未出现超期的	2	
3		自觉接受监督	自觉接受人民法院和债权人会议、债权人委员会的监督，对于案件重大工作事项及时报告、请示的	3	
4			向法院和债权人会议、债权人委员会提交的报告内容准确翔实、证据材料扎实、事实调查清楚、法律适用正确、建议合理可行的	2	
5		维护稳定	积极维护利害关系人权益，发现和追查到隐匿或未被掌握的财产或财产线索的	2	
6			依照法定程序，正确行使诉讼权利，妥善处理重大、敏感的破产衍生诉讼案件的	3	
7			正确应对群体性事件，化解社会矛盾的	3	
8		办理成绩显著	成功化解案件中的疑难复杂问题的	2	
9			案件办理过程中提出并实施具有创新性或示范性的重大事项处理方案的	3	
10			案件办理过程中得到中级以上人民法院、市级以上人民政府或省级以上业务主管部门的嘉奖或表扬的	3	

续表

事项			具体内容	分数	备注
1	减分项	违反法律程序	没有合法的理由且未经人民法院批准,办理案件过程中违反法律规定的程序,影响案件进程的	2.5	
2		财产管理不善	怠于履行职责,造成财产或财产凭证、账簿证照、文书档案、证据材料等毁损灭失,损害利害关系人权益的	2.5	
3		牟取个人私利	违反法律、执业纪律或职业道德,在办理案件过程中牟取私利,违反法律、司法解释规定的标准私自收费,未经人民法院或债权人会议批准超标准收费,滥用破产费用,存在不合理支出的	2.5	
4		拒不接受监督	拒不接受人民法院、债权人会议和债权人委员会的监督,未经批准擅自办理应当请示的事项,案件重大事项不及时报告,损害利害关系人权益的	2.5	
5		处置事件不当	不能及时妥善处理案件中的疑难复杂问题导致利害关系人权益受损,或因应对不当引发、加重重大群体性事件和不稳定因素,造成严重不良影响的	2.5	
6		被调查和控告	经调查核实,确实存在利害关系人投诉、检举、控告的违法违纪行为,影响案件进程、损害利害关系人权益或者造成严重不良影响的	2.5	

延伸阅读:相关规定

江苏省南京市中级人民法院关于规范破产管理人工作若干问题的意见

为依法保护债权人、债务人和其他利害关系人的合法权益,公开、公正、高效审理企业破产清算案件,促进破产管理人忠实履职,推动全市破产审判工作健康发展,根据《中华人民共和国企业破产法》、最高人民法院《关于审理企业破产案件指定管理人的规定》和《关于审理企业破产案件确定管理人报酬的规定》,结合我市企业破产案件审判实际,就规范企业破产案件指定管理人工作提出以下意见。

一、依据相关法律、司法解释和市法院《关于加强对备选中介机构监督的工作规则》(宁中法〔2013〕67号)的规定,市法院备选机构监督委员会负责评审、编制机构管理人和个人管理人名册。

申请编入管理人名册的个人,应当担任机构管理人团队的负责人并承担过有影响的企业破产案件的管理人工作。

二、市法院司法鉴定处会商破产案件审判庭等业务部门,负责管理人的指导、监督等相关工作,并对管理人进行动态管理。

市法院司法鉴定处与律师协会、注册会计师协会等相关行业协会,建立管理人动态管理工作的协调机制。

三、市法院对破产管理人实行统一管理,建立管理人的基本情况、业绩、信用等资料信息库。

机构管理人团队的建设情况报告、管理人因履职获得嘉奖、个案中债权人会议(或债权人委员会,下同)的表决通过率及对管理人工作的评价意见、人民法院对管理人履职情况的评价意见、管理人提交的履职报告、参加管理人业务培训的证明,以及其他社会评价证明材料等,均应作为管理人信息库的重要内容。

四、履职评价从高到低分优秀、良好、称职和不称职四个等次。

破产案件程序终结前,管理人应向债权人会议述职,由债权人会议对管理人履职情况进行评价。

每个案件审理结束,审判业务部门应对管理人履职情况进行评价。

基层法院和市法院破产案件审判业务部门应将每个案件管理人的履职评价意见报市法院备选机构监督委员会,备选机构监督委员会对管理人每年度的履职情况进行综合评价,评价方式、过程及结果留存信息库。

五、管理人应在每年三月前向市法院司法鉴定处提交上一年度的《年度履职报告》,报告应包括以下内容:

(1)管理人机构合并、分立情况;

(2)管理人工作团队建设情况;

(3)参加企业破产法制宣传及调研的情况;

(4)担任管理人的情况,包括:案件名称和概况、收取管理人报酬、执行管理人自行回避制度、管理人工作的显著业绩及受到嘉奖和相关社会评价的情况;

(5)管理人履职过程中遇到的法律、政策适用的疑难问题及解决问题的建议;

(6)法院工作人员在指定管理人、审理企业破产案件中遵守廉政纪律的情况;

(7)其他需要报告的情况。

根据工作需要,人民法院可以要求管理人提交特定事项的情况报告。

六、严格执行《南京市法院中介机构选择工作规则》,破产管理人应由列入市法院备选名册的中介机构或个人担任,选择方式以随机为原则,竞争等非随机方式为例外。

破产管理人在履行职务中,需要委托评估、审计等中介机构的,应当在南京法院备选机构库中随机选择,机构库中没有该类别的除外,选择时应排除与管理人及破产案件存在利害关系的中介机构。

七、需要采用竞争等非随机方式选择管理人的,由审判业务部门提出请求及理由,经备选机构监督委员会研究后报院长办公会或审判委员会同意。

同意采用竞争等非随机方式选择管理人的,由对外委托管理部门发布竞争选任公告,市法院由备选机构监督委员会对参加竞争的机构进行评审,提出选择方案报院长办公会或审委会研究决定,基层法院的评审决定应报市法院备选机构监督委员会备案。

八、除最高人民法院《关于审理企业破产案件指定管理人的规定》第二十二条规定的情形外,人民法院不得采用接受推荐方式产生破产管理人。

九、机构管理人分一级和二级两个类别,一级管理人数量不超过在册机构管理人数量的40%。

十、一级机构管理人应当具备下列条件:

(一)从事破产管理工作五年以上;

(二)具有律师、注册会计师等资质的专职从业人数不少于30人;

(三)担任破产清算案件管理人不少于10件次;

(四)每年度履职评价均为良好等次以上;

(五)具备从事重大、疑难、复杂破产案件管理工作的能力;

(六)机构、破产管理团队成员在破产管理工作中,近三年没有违规行为;

(七)机构、破产管理团队成员在破产管理工作中没有违法行为。

十一、机构破产管理人的类别由市法院备选机构监督委员会评定,报省高级人民法院备案。

备选机构监督委员会每三年对全部在册机构的类别进行重新评定。

十二、重大、疑难、复杂的破产案件的管理人,应当在一级管理人当中选择,其他破产案件的管理人可以在一、二级或只在二级管理人中选择。

十三、重大、疑难、复杂的破产案件是指具有下列情形之一:

(一)商业银行、证券公司、保险公司等金融机构破产;

(二)上市公司被申请破产;

(三)被申请破产企业注册资本5000万元以上;

(四)被申请破产企业职工人数300人以上;

(五)两个以上关联企业同时被申请破产,且总注册资本5000万元以上;

(六)债权人人数50人以上,且债权总额超过1亿元;

(七)其他存在重大、疑难、复杂情形的破产案件。

十四、依法且确有必要指定清算组为管理人的,清算组中的机构成员由市法院依法以随机或竞争方式选择,清算组中的中介机构必须是市法院破产管理人在册机构。

十五、人民法院根据破产案件情况,审理一件破产案件一般只随机选择一个破产管理人,确有必要选择两个以上管理人的,应报院长办公会或审委会决定并随机选择。个人管理人不得与所在中介机构组成联合管理人。

联合管理人之间因履职行为对外承担连带责任。

十六、破产案件审理过程中,因管理人回避、不能履行职责等,需要重新指定管理人的,由备选管理人接任,无备选管理人的,按原程序和要求选择新的管理人。

十七、人民法院依法指导、监督管理人履行职责,协调管理人履职中的相关问题,管理人应根据《企业破产法》的规定勤勉尽责,忠实履职。

十八、接到投诉或举报,市法院司法鉴定管理和相关案件的审判部门、相关基层法院应当进行调查、核实,必要时形成调查报告,报市法院备选机构监督委员会。

十九、破产管理人在履职中有下列情形的,视情节暂停或取消其备选资格:

(一)违规收费;

(二)拒绝履行职责或工作严重拖延;

(三)造成重大损害;

(四)为自己或关系人的利益而为不适当的管理行为;

(五)故意放弃可以收回的债权;

(六)隐匿、挪用破产财产;

(七)其他损害债权人、债务人和利害关系人合法权益的行为。

备选机构监督委员会根据调查报告核实的情况,视情节决定暂停备选资格一至二年,或取消备选资格且三年内不接受入册申请,涉嫌犯罪的移送相关司法机关。

二十、破产程序终结后,市法院认为有必要的,可以对管理人的破产管理行为进行审查。

审查内容包括破产管理行为是否规范,债权核销是否合理,分配方案是否完整、透明,收取的管理费用是否合法、合规,对破产财产进行重新审计等。

经审查确有错误的,应当责令管理人及时改正,并根据情节按照市法院《关于加强对备选中介机构监督的工作规则》和本意见进行处理。

二十一、经债权人会议或债权人会议授权的债权人委员会与管理人自愿协商合理确定的管理人报酬,不高于司法解释规定的,应予认可。

二十二、被申请人财产不足以支付管理人报酬和管理人执行职务费用的,如果债权人、管理人和其他利害关系人愿意承担或垫付管理人报酬和执行职务费用的,可予准许。

二十三、企业破产程序终结前,债务人财产不足以支付管理人报酬和执行职务费用的,经债权人会议确认,可以将债权人对债务人未知财产的追索权以及对公司股东、董事、实际控制人等相关责任人的民事请求权全部或部分转让给管理人,以折抵应予支付的管理人报酬和管理人执行职务费用。

按照前述请求权转让方式折抵管理人报酬和执行职务费用的,债权人应审查管理人的勤勉尽责情况,并向管理人释明请求权不能实现的风险。

债权人或债务人事后发现抵作管理人报酬的未知财产明显大于管理人应收取的报酬的,可以向原审理法院申请追回,法院应根据查明的情况及时、依法作出处理。

二十四、本院以前相关规定与本意见不一致的按本意见执行,法律、司法解释有新的规定的,适用法律、司法解释的规定。

二十五、本意见自发布之日起施行。

延伸阅读:相关规定

贵州省高级人民法院破产管理人管理制度

为规范全省破产管理人工作,确保破产审判工作有序推进,贵州省高级人民法院(以下称省法院)根据《中华人民共和国企业破产法》、最高人民法院《关于审理企业破产案件指定管理人的规定》、最高人民法院《关于审理企业破产案件确定管理人报酬的规定》等法律和相关司法解释的规定,结合全省破产案件审判实践,制定本制度。

第一条 【忠实勤勉原则】管理人应当忠实、勤勉地履行职责,不得利用管理人身份为自己或他人谋取私利。

第二条 【亲自履行职责原则】管理人应当亲自履行职责,不得以任何形式将管理人职责全部或部分转给他人。

第三条 【及时高效原则】管理人履行职责应当遵循及时、高效的原则,不得因自身原因延误破产案件进程。

第四条 【破产案件的分类】破产案件根据案件难易程度分为三类案件。

(一)债务人的财产状况明确、有关财务会计报表完整且债权人人数在五十人以下或破产财产价值、债务总额分别在五千万元以下的,为第三类案件。

(二)符合下列情形之一的,为第二类案件:

1.债务人的财产状况明确、有关财务会计报表完整且债权人人数在五十人以上一百人以下或破产财产价值、债务总额分别在五千万元以上一亿元以下;

2.债务人的财产状况不明确、有关财务会计报表不完整且债权人人数在五十人以下或破产财产价值、债务总额分别在五千万元以下。

(三)符合下列情形之一的,为第一类案件:

1.债务人的财产状况明确、有关财务会计报表完整且债权人人数在一百人以上或破产财产价值、债务总额分别在一亿元以上;

2.债务人的财产状况不明确、有关财务会计报表不完整且债权人人数在五十人以上或破产财产价值、债务总额分别在五千万元以上;

3.破产重整、和解案件;

4.商业银行、证券公司、保险公司、公司制新型金融组织等金融机构破产案件;

5.在全国或全省范围内有重大影响的破产案件。

第五条　【管理人的分级】管理人按照相应资质分为一级管理人、二级管理人和三级管理人(具体分类标准见贵州省高级人民法院关于编制破产管理人名册的公告)。其中:

一级管理人可以参与一至三类案件的破产管理工作,二级管理人可以参与二至三类案件的破产管理工作,三级管理人可以参与第三类案件的破产管理工作。

个人管理人应当评定为三级管理人。

第六条　【管理人名册的编制】省法院依法编制全省破产管理人名册,并报院评审委员会批准后,向社会公开发布公告。

确有必要的,经省法院授权或批准,各中级人民法院可以自行制定本地区管理人名册,并报省法院备案。

第七条　【管理人名册的管理】管理人名册实行动态管理制度。

各中级人民法院(或经授权、批准的中级人民法院辖区内基层人民法院)于每一年度12月前将本地区内管理人履行职责的情况上报省法院(或经授权、批准的中级人民法院)。

省法院(或经授权、批准的中级人民法院)应当建立管理人信息库,及时将下级法院上报的管理人相关动态录入备查。

省法院(或经授权、批准的中级人民法院)破产审判业务庭根据管理人信息库的相关信息,综合管理人的职业道德、业绩表现、破产案件数量等因素提出调整意见,并经院评审委员会讨论决定,每两年调整一次。

第八条 【管理人名册的适用范围】省法院制定的管理人名册适用于全省法院受理的破产案件。

受理第二、三类破产案件的法院一般应当在本地区范围内指定管理人。如需从管理人名册中的其他地区范围内指定管理人的,受理破产案件的法院应当层报省法院同意。

第九条 【管理人的指定方式】管理人指定方式包括随机方式、指定清算组方式、竞争方式。

对于一类案件应当采取竞争方式指定管理人。采取竞争方式指定管理人的,可不受地区范围的限制。

第十条 【临时管理人的指定】受理破产案件的法院在受理审查期限内不能确定案件类型的,应当在本地区范围内采取随机方式指定临时管理人。在确定案件类型后,按照本制度第五条、第九条的规定重新指定管理人。

第十一条 【案件转换后管理人的指定】破产清算案件被认定为第二、三类案件后又转换为重整、和解案件且受理破产案件的法院已经指定管理人的,应当由债权人会议就是否更换管理人作出决议,并报受理破产案件的法院批准。受理破产案件的法院批准的,原管理人不再更换。受理破产案件的法院不予批准的,按照本制度第五条、第九条的规定重新指定管理人。

第十二条 【清算组担任管理人的指定】破产案件有下列情形之一的,可以采用指定清算组方式:

(一)破产申请受理前,已经根据有关规定成立清算组,且清算组成员的组成符合最高人民法院《关于审理企业破产案件指定管理人的规定》第十九条规定的;

(二)经过行政清理、清算的商业银行、证券公司、保险公司、金融租赁公司等金融机构的破产案件,已成立符合最高人民法院《关于审理企业破产案件指定管理人的规定》第十九条规定的清算组;

(三)《中华人民共和国企业破产法》第一百三十三条规定的国有企业破产案件;

(四)《中华人民共和国商业银行法》、《中华人民共和国保险法》等法律明文规定企业破产时应成立清算组的;

(五)受理破产案件的法院认为可以指定清算组为管理人的其他情形。

第十三条 【指定清算组担任管理人的审核】受理破产案件的法院拟采用指定清算组方式指定管理人的,指定前应当将指定理由和拟组成的清算组成员,书面报省法院审核。未予核准的,应当采取随机方式或竞争方式指定管理人。

第十四条 【竞争方式指定管理人】受理破产案件的法院采取竞争方式指定管理人的,应当成立审核委员会,并根据案件的具体情形确定参与竞争条件,向社会发布公告。

参与竞争的社会中介机构不得少于三家。参与竞争的社会中介机构少于三家的，受理破产案件的法院应当及时采取随机方式指定管理人。

第十五条　【备选管理人的指定】采取竞争方式指定管理人的，受理破产案件的法院应当同时确定1—2家社会中介机构为备选管理人，作为需要更换管理人时的接替人选。

第十六条　【无产可破案件管理人的指定】经审查债务人无财产可供清偿的案件，受理破产案件的法院直接从一类管理人名册中指定管理人，被指定的管理人无正当理由不得拒绝接受指定。管理人尽职履行职务且未取得报酬或未足额取得报酬的，受理破产案件的法院在其辖区范围内的下一个普通破产案件中一般应当直接指定其担任管理人。受理破产案件的法院采用竞争方式指定管理人的，应当在同等条件下优先指定其担任管理人。

第十七条　【备案制度】全省各中级人民法院、基层人民法院在指定管理人后十日内，应当将指定情况层报省法院备案。

第十八条　【报告和监督制度】管理人应当向指定其担任管理人的法院报告工作，并接受债权人会议和债权人委员会的监督。

第十九条　【管理人的更换】受理破产案件的法院可以根据债权人会议的申请或者依职权迳行决定更换管理人。

债权人会议申请更换管理人的，应由债权人会议作出决议并向受理破产案件的法院提出书面申请。受理破产案件的法院在收到债权人会议的申请后，应当通知管理人在三日内作出书面说明或召集双方进行质询，并制作更换或不予更换管理人决定书。

受理破产案件的法院依职权决定更换管理人的，应当制作更换管理人决定书。

第二十条　【机构管理人的更换】社会中介机构管理人有下列情形之一的，受理破产案件的法院应当决定更换：

1. 执业许可证或者营业执照被吊销或者注销的；

2. 出现解散、破产事由或者丧失承担执业责任风险的能力的；

3. 与本案有利害关系的；

4. 有重大债务纠纷或者因涉嫌违法行为正被相关部门调查的；

5. 履行职务时，因故意或者重大过失导致债权人利益受到损害的；

6. 受理破产案件的法院认为可能影响其履行管理人职责的其他情形。

第二十一条　【个人管理人的更换】个人管理人有下列情形之一的，受理破产案件的法院应当决定更换：

1. 执业资格被取消、吊销的；

2. 与本案有利害关系的；

3. 有重大债务纠纷或者因涉嫌违法行为正被相关部门调查的;

4. 履行职务时,因故意或者重大过失导致债权人利益受到损害的;

5. 失踪、死亡或者丧失民事行为能力的;

6. 因健康原因无法履行职务的;

7. 执业责任保险失效的;

8. 受理破产案件的法院认为可能影响其履行管理人职责的其他情形。

第二十二条 【管理人的辞职】管理人无正当理由不得辞去职务。管理人具有下列情形之一时,可以提出辞职:

1. 因健康原因无法履行职务;

2. 执业资格被取消、吊销;

3. 与本案有利害关系;

4. 因涉嫌违法行为正被相关部门调查。

第二十三条 【管理人辞职的同意】管理人申请辞去职务应当经过受理破产案件的法院同意。

受理破产案件的法院同意管理人辞去职务的,应当同时制作更换管理人决定书。管理人未收到受理破产案件的法院作出的更换管理人决定书之前,应当继续履行职责。

受理破产案件的法院不同意管理人辞去职务的,管理人应当继续履行职责。

第二十四条 【前后管理人的工作交接】原管理人(包括临时管理人)自收到更换管理人决定书之日起,应当停止履行管理人职责,及时向新任管理人移交自己已接管的全部资料、财产、营业事务及管理人印章,向新任管理人书面说明工作进展情况,并保证在破产程序终结前随时接受新任管理人、债权人会议、债权人委员会及受理破产案件的法院关于其已履行管理人职责情况的询问。

第二十五条 【更换管理人决定书的送达】受理破产案件的法院决定更换管理人的,应当在制作更换管理人决定书后三日内送达原管理人(包括临时管理人)、新任管理人、破产申请人、债权人会议、债务人及债务人的企业登记机关,并予公告。

第二十六条 【新任管理人的指定】受理破产案件的法院决定更换管理人,且有备选管理人的,应当由备选管理人担任新任管理人。无备选管理人,或者备选管理人不宜担任新任管理人的,应当采用原指定方式的产生程序,指定新任管理人。

第二十七条 【管理人的报酬】受理破产案件的法院依据最高人民法院《关于审理企业破产案件确定管理人报酬的规定》的规定确定管理人报酬方案,并可根据破产案件和管理人履行职责的实际情况进行调整,或者根据债权人会议的决议进行调整。

第二十八条 【管理人报酬的收取】管理人收取管理人报酬前,应当向受理破产案件的法院提交准予收取报酬的书面申请。申请书应当包括可供支付报酬的破产财产情况、申请收取报酬的时间和数额、管理人履行职责的情况等。

受理破产案件的法院应当按照管理人报酬方案确定的标准和支付时间进行审查。符合报酬方案的，受理破产案件的法院应当同意。受理破产案件的法院不同意申请的，应当说明理由，并书面告知管理人。管理人不服的，可以于收到告知书之日起三日内向受理破产案件的法院申请复议一次。

第二十九条　【聘用人员的报酬】经受理破产案件的法院许可，管理人可以聘请必要的工作人员，所需费用从管理人报酬以外的其他破产费用中支付。

律师事务所或会计师事务所担任管理人时，聘请本专业的其他中介机构或个人协助处理本专业事务的，或者破产清算事务所担任管理人时，聘请其他中介机构或个人协助处理管理人事务的，所需费用从管理人报酬中支付。

第三十条　【前后管理人报酬的确定】管理人发生更换的，受理破产案件的法院按照最高人民法院《关于审理企业破产案件确定管理人报酬的规定》确定前后管理人的报酬。

第三十一条　【管理人的赔偿责任】管理人没有勤勉尽责，忠实执行职务，给债权人、债务人或者第三人造成损失的，应当承担赔偿责任。

第三十二条　【对管理人的处罚】管理人申请辞去职务未获受理破产案件的法院许可并不再履行管理人职责，或者受理破产案件的法院决定更换管理人后，原管理人拒不向新任管理人移交相关事务的，受理破产案件的法院可以依照最高人民法院《关于审理企业破产案件指定管理人的规定》决定对其处罚。

第三十三条　【管理人的除名】管理人有以下情形之一的，受理破产案件的法院应当报请编制管理人名册的法院将其从管理人名册中除名：

（一）管理人申请辞去职务未获受理破产案件的法院许可并不再履行管理人职责的；

（二）受理破产案件的法院决定更换管理人，原管理人拒不向新任管理人移交相关事务的；

（三）管理人无正当理由拒绝受理破产案件的法院指定的。

第三十四条　本制度所涉及内容由省法院负责解释。

第三十五条　本制度自下发之日起执行。

四、破产管理人行业自治制度

行业协会是一种民间自治组织，在政府相关部门与行业之间起着纽带和桥梁的作用。破产管理人协会是破产管理人的行业自治组织。破产管理人协会作为破产管理人的自治组织主要职责是为破产管理人相互合作、优势互补提供交流平台,为破产管理人与政府相关部门、人民法院之间的沟通提供一种有效的渠道。破产管理人协会的建立和有效运作,无论是对破产管理人的业务水平提升,还是与政府相关部门、人民法院以及其他行业之间的沟通、交流,都具有其他组织所不可替代的功能。

目前,全国层级的破产管理人协会并未成立,省级层面的破产管理人协会最早成立于河南省。2014 年 11 月 24 日,河北省高级人民法院、省工信厅、省司法厅联合下发的《关于引导符合企业破产法规定的化解过剩产能企业依法破产重整的意见》中提出,以河北省律师协会等单位为发起人,成立破产管理人协会,由省高级人民法院、省司法厅负责业务指导。2015 年年初,河北省律师协会、河北省会计师协会、河北三和时代律师事务所、河北冀华律师事务所、中兴财光华会计师事务所(特殊普通合伙)河北分所等 5 家单位作为发起人,具体承担河北省破产管理人协会的筹建工作。2015 年 11 月 2 日,河北省民政厅发文,正式批准成立河北省破产管理人协会。除河北省破产管理人协会外,广州市、济南市、温州市、无锡市等省会城市或者地级市也都成立了破产管理人协会。

根据《社会团体登记管理条例》的规定,破产管理人协会作为社会团体成立,首先必须征得业务主管单位的批准。因此,破产管理人协会成立时,首先需要解决的问题是确定业务主管单位。按照《企业破产法》及相关司法解释的规定,律师事务所、会计师事务所和破产清算事务所都可以被人民法院指定担任破产管理人,而这三家机构的业务主管单位并不相同。律师事务所的业务主管单位是司法行政机关,会计师事务所的业务主管单位是财政机关,破产清算事务所的业务主管单位是市场监督管理机关。从工作联系来看,破产管理人的工作与人民法院的联系最紧密。因此,从理论设计的角度而言,破产管理人协会的业务主管单位有司法行政机关、财政机关、市场监督管理机关和人民法院四家单位可供选择。但是,从实践操作的角度来看,这四家中的任何一种单位作为破产管理人协会的业务主管单位都存在缺陷。这也许是破产管理人协会尚未普遍成立的重要原因。

从实践需要来说,破产管理人协会的成立及有效运作,显然是促进破产管理人队伍建设,增强破产管理人队伍自治能力的重要举措。

延伸阅读：相关规定

广州市破产管理人协会相关章程

第一章　总　　则

第一条　本协会的名称：广州市破产管理人协会，英文名称：Guangzhou Association of Bankruptcy Administrators，缩写：GZABA。

第二条　本协会的性质：由入选广州市中级人民法院管理人名册的管理人自愿组成的非营利性、公益性社会组织。

第三条　本协会的宗旨：遵守宪法、法律、法规和国家政策，遵守社会道德风尚，遵守人民法院有关破产清算的操作规程。代表和维护会员的合法权益，反映会员诉求。支持会员承办广州市中级人民法院及下辖基层人民法院受理的无预交清算费用或缺少清算费用的清算、重整及破产案件，推动该类案件的处理进程。协助人民政府和人民法院有效构建符合《企业破产法》规定条件的企业依法有序退出市场的长效机制。

第四条　本协会的登记机关是广州市民政局，并接受广州市中级人民法院的业务指导和监督管理。

第五条　本协会的活动地域范围为广州市。

第二章　业务范围

第六条　本协会的业务范围：

（一）反映会员诉求，维护会员权益。

（二）协助会员做好广州中院等受理的清算类案件的管理人工作。

（三）为会员承办上述案件提供费用支持。

（四）搭建平台，加强信息沟通，开展业务培训。

本协会开展相关业务活动，依照相关法律法规，须向政府有关部门申请许可、审批或备案的，应当先履行相关手续后方可开展。

第三章　会　　员

第七条　本协会的会员包含单位会员和个人会员，单位会员和个人会员分别对应广州市中级人民法院管理人名册中的机构管理人和个人管理人。广州市中级人民法院现行管理人名册中的机构、个人管理人及以后年度新入选广州市中级人民法院管理人名册的机构和个人管理人认可本章程,均自动具备成为本协会会员的资格,但应办理相应的入会手续。任何落选名册的管理人,只要不主动提出退会申请,均保留会员资格(因违反广州市中级人民法院规定被从管理人名册中除名的除外)。

本协会设置会员名册,由本协会秘书处保管。会员名册是会员资格的证明。会员享有查阅会员名册的权利。

第八条 申请加入本协会的会员,必须具备下列条件:

(一)拥护本协会的章程;

(二)有加入本协会的意愿;

(三)入选广州市中级人民法院管理人名册。

第九条 会员入会的程序是:

(一)提交入会申请书;

(二)经理事会讨论通过,登记于本协会会员名册;

(三)由理事会发给会员证。

第十条 会员享有下列权利:

(一)本协会的选举权、被选举权和表决权;

(二)参加本协会的活动;

(三)获得本协会服务的优先权;

(四)对本协会工作的批评建议权和监督权;

(五)入会自愿、退会自由;

(六)在办理广州市中级人民法院及下辖基层人民法院清算、破产和重整案件时,在符合本协会规定的条件下,有获得本协会资金扶助的权利。

第十一条 会员履行下列义务:

(一)执行本协会的决议。

(二)维护本协会合法权益。

(三)认真完成广州市中级人民法院及下辖基层人民法院通过摇珠指派办理的清算、重整和破产案件。

(四)热心支持和帮助本协会其他会员开展本条第(三)项的工作。如果没有其他中介机构愿意通过摇珠参与有关清算或破产项目的中介服务,本协会的会员将自愿通过轮流或其他方式予以支持。

(五)遵守本协会制订的规章制度。

第十二条 本协会严格按照《社会团体登记管理条例》和《民政部、财政部关于进一步明确社会团体会费政策的通知》等有关规定，认真履行会费标准制定程序，以自愿为原则，由全体会员的三分之二以上表决通过，并载入章程。会员缴纳会费的标准为：

单位会员入会时需一次性缴纳会费2万元。

个人会员无需缴纳会费。

本协会制订或修改会费标准由会员大会采取无记名投票方式进行表决。

第十三条　会员退会应书面通知本协会，并交回会员证，由秘书处将其从会员名册中删除。

会员如拒绝办理法院指派办理的清算、重整和破产案件，视为自动退会。

第十四条　会员如有严重违反本章程及协会制订的规章制度的行为，经理事会表决通过，予以除名。

第四章　组织机构和负责人产生、罢免

第十五条　本协会由会员组成会员大会。会员大会是本协会的最高权力机构，依照国家法律、法规和本协会章程的规定行使职权。

会员大会的职权是：

（一）决定本协会在法律、法规规定范围内的业务范围和工作职能；

（二）制定和修改章程；

（三）选举和罢免理事、监事；

（四）审议理事会的工作报告和财务报告；

（五）审议理事会对兼任理事会、监事会成员的会员除名的提议；

（六）对本协会的名称、法定代表人、业务范围变更、本协会解散和清算等事项作出决议；

（七）决定其他有关的重大事项。

第十六条　会员大会须有2/3以上的会员出席方能召开，其决议须经全体会员半数以上表决通过方能生效。

第十七条　会员大会每届三年。届满前应当进行换届。因特殊情况需提前或延期换届的，须由理事会表决通过，报经社团登记管理机关批准同意。但延期换届最长不超过1年。

会员大会每年至少召开一次会议。理事会认为有必要或者五分之一以上的会员提议，可以召开临时会员大会。

第十八条　本协会设理事会。理事会人数原则上为不超过会员总人数的三分之一且为单数。理事会是会员大会的执行机构，在闭会期间领导本协会开展日常工作，对会员大

会负责。

第十九条 理事会的职权是:

(一)筹备和召集会员大会;

(二)选举和罢免会长、副会长、秘书长等负责人;

(三)执行会员大会的决议,并向会员大会报告工作;

(四)决定本协会具体的工作业务;

(五)制定本协会的年度财务工作方案、变更、解散和清算等事项的方案;

(六)决定设立办事机构、分支机构、代表机构和实体机构,并领导上述机构开展工作;

(七)决定新申请人的入会、对会员的处分和除名;提议取消对兼任理事会、监事会成员的会员资格;

(八)决定本协会分支(代表)机构主要负责人;

(九)制定本协会内部管理制度;

(十)负责对本协会会费及会员捐赠的资金进行日常管理和对会员申报的清算和破产项目资金扶助方案进行审核并负责资金的发放、结算和回收工作;

(十一)本协会章程规定的其他事项。

第二十条 理事会须有2/3以上理事出席方能召开,其决议须经全体理事过半数以上表决通过方能生效。

第二十一条 理事会每年至少召开一次会议。三分之一以上理事提议的,可以召开临时理事会。情况特殊的,也可采用通讯形式召开。

第二十二条 本协会设立监事会,共五名监事,其中一名监事长。

监事会行使下列职权:

(一)向会员大会报告年度工作;

(二)选举和罢免监事长;

(三)监督会员大会、理事会的选举、罢免;监督理事会履行会员大会的决议;

(四)检查本协会财务和会计资料,向登记管理机关以及税务、会计主管部门反映情况;

(五)监督理事会遵守法律和章程的情况。当会长、副会长、理事和秘书长等负责人和管理人员的行为损害本协会利益时,要求其予以纠正,必要时向会员大会或政府相关部门报告;

(六)有权向理事会提出质询和建议。监事列席理事会。

第二十三条 监事会决议须经全体监事过半数通过方能生效。

第二十四条 本协会会员大会、理事会、监事会应当对所议事项的决定作会议纪要。

会议纪要应当注明应到会人数、实际到会人数，逐一列明会议议题、表决程序和方式等事项，并附会议签到表。

理事会、监事会会议纪要须由参加会议的理事、监事签名；对会议决议投不赞成、弃权票或持异议的，可以不签名或签署本人意见。

会员有权查阅上述会议纪要。

第二十五条 本协会的会长、监事长、副会长、秘书长必须具备下列条件：

（一）坚持党的路线、方针、政策，政治素质好；

（二）在本协会业务领域内有较大影响；

（三）会长、副会长最高任职年龄不超过60周岁；

（四）身体健康，能坚持正常工作；

（五）未受过任何的刑事处罚的；

（六）具有完全民事行为能力。

第二十六条 本协会会长、副会长如超过最高任职年龄的，须理事会表决通过，报社团登记管理机关批准同意后，方可任职。

第二十七条 本协会会长、副会长、秘书长任期三年。会长、副会长、秘书长任期最长不得超过两届，因特殊情况需延长任期的，须经会员大会2/3以上会员通过，经社团登记管理机批准同意后方可任职。

第二十八条 本协会设会长一名。会长为本协会法定代表人。本协会法定代表人不得兼任其他社会团体的法定代表人，会长不得兼任秘书长。

本协会会长行使下列职权：

（一）召集和主持理事会；

（二）检查会员大会、理事会决议的落实情况；

（三）代表本协会签署有关重要文件。

第二十九条 本协会副会长、秘书长在会长领导下开展工作。

本协会的秘书长和会长不能在同一企业中产生，两者不得是近亲属或者具有其他利害关系。

第三十条 本协会秘书长对理事会负责。行使下列职权：

（一）主持办事机构开展日常工作，组织实施年度工作计划；

（二）组织制定、实施年度工作计划和预算；

（三）提名办事机构、代表机构、实体机构专职工作人员的聘用，报会长批准；

（四）处理其他日常事务。

第三十一条 本协会换届选举工作，由上一届理事会负责组织筹备，具体由换届选举筹备工作组实施。下一届理事会、监事会候选人,由上一届理事会广泛征求各会员意见,在充分酝酿协商基础上,由上一届理事会全体理事过半数表决通过产生。若上一届理事会未能按规定产生下一届理事会、监事会候选人,由上一届理事会以无记名投票的形式直接推选候选人。

本协会换届选举通过召开会员大会进行,不得采用通讯方式召开换届选举会议。

第三十二条 本协会届中变更和增补理事会成员(除会长外),由理事会决定,向全体会员公告,并经会员大会追认。

本协会届中变更和增补监事会成员,由监事会决定,向全体会员公告,并经会员大会追认。

按照前两款产生的理事会、监事会成员,在会员大会上追认表决未通过的,其资格终止。

第三十三条 本协会符合建立中国共产党基层组织以及工会、共青团、妇联组织的,按照有关规定组建。本协会支持上述组织按照有关规定开展活动。

第五章 资产及内部管理

第三十四条 本协会经费来源:

(一)会费;

(二)会员的自愿捐赠;

(三)清算、重整或破产项目费用的回补,部分清算、重整或破产项目在接受本协会以借款名义提供的扶持资金后,在清算过程中如发现有可供处置的资产,则本协会以借款方式垫付的破产费用应当列入破产企业的共益债务,根据《中华人民共和国企业破产法》第一百一十三条的规定获得优先清偿;

(四)政府资助;

(五)利息;

(六)其他合法收入。

第三十五条 本协会接受捐赠时,应当遵守法律法规,不得以任何形式进行摊派或变相摊派。

第三十六条 本协会取得的收入除用于与该组织正常活动有关的、合理的支出外,全部用于登记核定或者章程规定的公益性或者非营利性事业。工作人员工资福利开支控制在规定的比例内,不得变相分配该组织的财产,其中,工作人员平均工资薪金水平不得超过上年度税务登记所在地人均工资水平的两倍,工作人员福利按照国家有关规定执行。

本协会财产及其孳息、盈余不得在会员中分配。具体应用于如下方面:

（一）垫付本协会会员担任管理人的清算、重整或破产项目完成法定程序必须开支的经费。

（二）本协会聘用人员的工资、福利及办公费用支出。

（三）本协会管理的会费及其他资金如果在年度核算后有较大节余的，协会理事会应向广州市中级人民法院通报，以便法院调整无预交清算费用或缺少清算费用的清算、重整及破产案件的投放数量及频率，尽量达成收支的平衡。

第三十七条　本协会管理的会费及其他资金原则上优先用于清算和破产案件的公告费用和审计费用，审计费用实行限价。如果是会计师事务所担任管理人，需要聘请律师协助处理法律事务的，则律师费也同样实行限价。限价金额由会员大会根据实际情况确定。

第三十八条　本协会建立严格的财务管理制度，保证会计资料合法、真实、准确、完整。

第三十九条　本协会配备具有专业资格的会计人员。会计不得兼任出纳。会计人员必须进行会计核算，实行会计监督。会计人员调动工作或离职时，必须与接管人员办清交接手续。

第四十条　本协会的资产管理必须执行财政部《民间非营利会计制度》，接受会员大会和财政部门的监督。资产来源属于国家拨款或者社会捐赠、资助的，必须接受审计机关的监督，并将有关情况以适当方式向社会公布。

第四十一条　本协会换届、更换法定代表人、注销登记之前必须接受社团登记管理机关组织的财务审计，审计结果向全体会员公告，并接受登记管理机关的监督。

第四十二条　本协会的资产，任何单位、个人不得侵占、私分和挪用。除各级人民政府及其部门外，自然人、法人和其他组织对投入本协会的财产不保留或者不享有任何财产权利。

本协会会员以及工作人员私分、侵占、挪用本协会财产的，应当退还；构成犯罪的，依法追究刑事责任。

第四十三条　本协会专职工作人员的工资和保险、福利待遇，参照国家对事业单位的有关规定执行。

第四十四条　本协会授权理事会制定财务管理、印章管理、档案管理等内部制度，对本协会财务管理职责、经费审批权限、印章使用管理、档案管理等事项进行规定，并向会员公开。

第四十五条　本协会举办研讨会、论坛以及开展涉外（包括港澳台地区）活动，接受境外捐赠或赞助等重大活动，或发生突发事件、事故等影响社会稳定事项，应当按规定向登记管理机关备案或报告。

第四十六条 本协会按照登记管理机关要求参加年度检查和社会组织等级评估。

第六章 解散、终止及终止后的财产处理

第四十七条 本协会有以下情形之一,应当解散:

(一)完成章程规定的宗旨;

(二)会员大会决议解散的;

(三)无法按照章程规定的宗旨从事相关公益活动的;

(四)广州市中级人民法院认为本协会应当终止的。

本协会的解散,由理事会提出解散动议。

第四十八条 本协会解散动议须经会员大会表决通过。有正当理由,确实不能召开会员大会的,应由理事会表决通过,并在广州地区公开发行的报纸上向社会发布解散公告。

经会员大会表决通过或向社会发布解散公告后15个工作日内,须书面向登记管理机关备案。

第四十九条 本协会依照章程第五十条解散的,应成立清算组织进行清算,清理债权债务,处理善后事宜。清算期间,不开展清算以外的活动。

清算结束之日起15日内须到登记管理机关办理注销登记手续。

第五十条 本协会经登记管理机关办理注销登记手续后即为终止。

第五十一条 本协会终止后的财产,在广州市中级人民法院和社团登记管理机关的监督下,按照国家有关规定转赠、资助、上交,用于发展与本协会宗旨相关的事业,并向社会公告。

第七章 附 则

第五十二条 本章程中的各项条款与法律、法规、规章不符的,以法律、法规、规章的规定为准。

第五十三条 本章程经二〇一四年五月二十九日会员大会表决通过。

第五十四条 本章程的修改,须经理事会表决通过后报会员大会,以无记名投票表决通过。本章程的解释权属本协会的理事会。

第五十五条 本章程自社团登记管理机关核准之日起生效。

第四节　破产管理人工作制度

一、破产管理人工作职责

破产管理人作为破产程序中的重要参与主体,相对法院而言,承担了其难以承担的大量事务性工作;相对于债权人而言,承担了单个债权人难以承担的债权人集体活动的组织工作;相对于债务人而言,则承担了大量日常事务性管理工作,因此,相对于其他参与主体来说,破产管理人实际上处于一种“中心”地位,在理论上可称为“管理人中心主义”。破产程序能否顺利推进,债务人、债权人等利益群体的利益能否得到很好的保护,利益冲突能否得到均衡,社会正义目标能否实现,在很大程度上都取决于破产管理人,取决于破产管理人所实施的行为。破产管理人在破产程序中所实施的行为,即其应当履行的职责。

1. 接管企业

接管企业是指人民法院受理破产案件并依法指定破产管理人后,由破产管理人替代企业管理层对企业实施管控。接管企业包括接管企业的财产、企业印章、账簿、文书等物品,决定企业相关事务等事项。企业财产包括但不限于现金、银行存款、有价证券、存货、固定资产、流动资产、对外投资、无形资产及相关资产凭证等种类。企业印章包括但不限于公章、财务印章、合同专用章、发票专用章、职能部门、内设机构印章、法定代表人印章及电子印章等种类;账簿包括但不限于总账、明细账、台账、日记账及全部会计凭证、空白凭证等种类;文件包括但不限于企业批准设立文件、营业执照、税务登记证书及各类资质证书、章程、合同、会议类记录、人事档案等材料及涉及企业的诉讼、仲裁、执行等法律事务的全部材料。决定企业相关事务主要是指决定企业的日常开支和其他必要开支及在第一次债权人会议之前,决定继续或者停止债务人营业。

2. 资产清理

资产清理是指破产管理人对企业包括对外所享有的债权在内的资产状况进行清理,以确定企业资产的总体状况。资产清理的重点是财产管理和债权审核。财产管理是指破产管理人保管并维护好所接管企业的全部财产。保管债务人财产是指保护好资产安全,防止资产出现不当的损害,如被盗、被水淹;维护好企业资产是指采取有效措施,确保资产能够维持其应有的使用价值和价值,防止资产非正常的性能减损等。债权审核是指破产管理人对破产债权人所申报的破产债权的合法性进行审查,以明确债权的性质、种类、法律效力状况等,并依法向债权人会议报告。

3. 对外代表债务人行使权利

对外代表债务人行使权利,是指破产管理人以破产管理人的身份处分债务人的财产,向第三人主张权利并代表债务人参加诉讼、仲裁或者其他相关法律程序。

4. 债权人会议的组织联络

债权人会议的组织联络是指破产管理人基于中立性的身份,提议召开债权人会议以及为债权人会议的召开提供相关服务等工作。

二、破产管理人内部管理

(一)规章制度

破产管理人应当结合自身实际情况,制定所担任破产管理人业务的相关制度。管理人业务的相关制度包括但不限于管理人团队组成及分工负责制度、管理人业务培训制度、管理人消极资格审查和报告制度、管理人业务操作流程制度、管理人工作底稿和档案管理制度、管理人报酬分配与风险承担制度等种类。

(二)机构分工

破产管理人对于较为复杂的破产案件,根据工作的需要,可以划分为若干个工作组,以便更有针对性地开展工作。工作组设组长1人,组员若干人。

1. 综合组

综合组是破产管理人的综合办事机构,在整个破产程序中起着组织、指挥、协调、管理、监督、检查等作用,以确保破产管理工作的有序进行。综合组根据工作需要,可以下设办公室、资料室和财务室等部门。

办公室的主要职责包括:(1)负责破产管理人的日常行政事务;(2)负责制定各工作组的办事规程,制定行文制度和签批程序等;(3)负责起草、协调、审核、印发以破产管理人名义发出的各类文件材料;(4)协调、组织筹备召开各种会议;(5)负责与法院、行政部门及其他相关部门的联络工作;(6)负责与破产企业管理层及留守工作人员的联系;(7)负责保管由其他工作组依法制作的各种(保管评估、审计、拍卖)等有关资料;(8)决定破产企业是否继续履行合同和在清算范围内的相关经营活动;(9)负责协调各相关工作组的工作;(10)负责汇总各工作组的工作情况,并根据需要,决定是否上报给法院;(11)负责向债权人及其他相关人员提供咨询;(12)负责刊登公告;(13)其他相关工作。

资料室的主要职责包括:(1)负责保管破产企业重要证照、印章和档案资料;(2)负责破产管理人有关文件的保管、建档;(3)负责破产管理人内外部的收发文件;(4)负责破产管理人印章使用的登记;(5)破产程序终结后,负责办理企业注销登记及有关公章、证照的注销手续。

财务室的主要职责是负责破产管理人的所有财务开支、银行账户管理。财务室的工作人员一般应由具有会计师资格的专业人士担任。

2. 债权组

债权组主要负责破产债权方面的事务工作。债权组应当由专业律师和相关人员组成,主要职责包括:(1)制定债权登记工作方案,接受各债权人的债权申报,进行债权登记;(2)对申报的债权是否成立,有无财产担保或者法定优先权等进行初步审核,编制债权表;(3)对有异议的债权,申请确认裁定或者参与债权诉讼;(4)对债权人提出的抵销权、取回权等权利主张进行审核确认,并出具相应的审核处理意见;(5)工资、税务等特殊债权的确认和争议处理;(6)抵押权和担保权的确认和处理;(7)共益费用和其他优先权的确认和处理;(8)债权分配、存疑债权的提存和处理;(9)其他相关工作。

3. 资产组

资产组主要负责破产企业资产清查和管理方面的事务。资产组应当由专业的会计、资产评估师和相关人员组成,主要职责包括:(1)制定资产清查、管理及破产财产处理工作方案;(2)根据清查工作方案,对企业资产进行全面彻底清查;(3)保管有关财产凭证,将债务人的所有财产进行登记造册;(4)向占有债务人财产的主体送达偿还财物通知书;(5)清收、追收债务人的对外投资;(6)负责破产财产权属证书的完善和应对确权纠纷;(7)执行破产财产处理方案,包括但不限于限于破产财产评估委托、拍卖、变现及办理过户登记手续等;(8)高管补偿金的追缴;(9)其他相关工作。

4. 诉讼组

诉讼组主要负责有关诉讼事务。诉讼组应当由专业律师和相关人员组成,主要职责包括:(1)制定涉及债务人的诉讼、仲裁案件的办案流程;(2)处理涉及债务人的有关诉讼、仲裁事务;(3)对涉及债务人诉讼、仲裁的案件出具法律意见;(4)处理涉及债务人财产的有关财产保全事宜;(5)其他相关工作。

5. 职工安置组

职工安置组主要负责职工安置事务,职工安置是一项法律性、政策性很强的工作,应当由熟悉劳动法律法规及相关政策的人员组成,主要职责包括:(1)制定职工安置方案;(2)负责职工的来访接待,向职工解释相关法律法规及有关政策;(3)负责与劳动等有关部门衔接,处理相关事宜;(4)其他相关工作。

三、破产管理人接管工作

1. 接管准备

第一,刻制印章。破产管理人接受人民法院指定后,可以凭人民法院受理破产申请的裁定书、人民法院指定管理人的决定书和人民法院致公安机关刻制管理人印章的函件等材料,按照国家有关规定向公安机关申请刻制管理人印章。破产管理人印章刻制后,管理人应当向公安机关和人民法院封样备案,并在封样备案后开始使用。破产管理人印章只能限于管理人履行职责时使用,并且应当实行审批登记制度。

第二,开立账户。破产管理人印章刻制后,破产管理人可以持人民法院受理破产申请的裁定书、人民法院指定管理人的决定书和管理人的决定及身份证明等文件材料,到银行申请开立破产管理人账户。破产管理人账户开立后,破产管理人可以将债务人的银行存款划入管理人账户。破产管理人应当制定管理人账户管理规定,并按规定使用账户,依法履行职责时发生的所有资金收支均应当通过管理人账户进行。

2. 资料接管

破产管理人接受人民法院指定后,应当及时指派人员做好债务人财产、印章和账簿、文书等资料接管的准备工作。安排人员到人民法院阅卷,通过阅卷了解破产案件的基本情况;安排人员向债务人的有关人员了解与接管有关的情况。接管的债务人的财产、印章和账簿、文书等资料,包括但不限于:(1)债务人的包括动产和不动产在内的实物财产及其权利凭证;(2)债务人的现金、有价证券、银行账户印签、银行票据;(3)债务人的知识产权、对外投资、特许权等无形资产的权利凭证;(4)债务人的公章、财务专用章、合同专用章、海关报关章、法定代表人人名章及其他印章；(5)债务人的法人营业执照、税务登记、外汇登记证、海关登记证明、经营资质文件等与债务人经营业务相关的批准、许可或授权文件；(6)债务人的总账、明细账、台账、日记账、会计凭证、重要空白凭证、会计报表等财务账簿及债务人审计、评估等资料；(7)债务人的章程、管理制度、股东名册、股东会决议、董事会决议、监事会决议以及债务人内部会议记录等档案文件；(8)债务人的各类合同协议及相关债权、债务等文件资料；(9)债务人的人事档案文件；(10)债务人的电脑数据和授权密码；(11)债务人诉讼、仲裁案件及其案件材料；(12)债务人的其他财产、印章和账簿、文书等资料。

破产管理人对于由债务人占有或者管理，但不属于债务人所有的相关人的财产、印章和账簿、文书等资料以及债务人分支机构的财产、印章和账簿、文书等资料，应当一并接管。

破产管理人对债务人的财产、印章和账簿、文书等资料情况有基本了解后，为了有计划地接管，可以就债务人的财产、印章和账簿、文书等资料的接管制定接管方案，并可以根据接管方案对债务人的财产、印章和账簿、文书等资料进行全面接管，也可以根据实际情况进行分期、分批接管。

破产管理人在接管债务人的财产、印章和账簿、文书等资料之前，应当将拟接管的内容和范围告知债务人的有关人员，要求其做好交接准备，并告知其违反交接义务应该承担的法律责任。破产管理人接管债务人的财产、印章和账簿、文书等资料的，应当与债务人的有关人员办理交接手续，并由破产管理人和债务人的有关人员在交接书和交接清单上共同签字确认。

破产管理人接管债务人财产时，发现债务人财产在人民法院受理破产申请前被依法采取保全措施，且人民法院受理破产申请后仍未解除的，或者发现债务人财产在法院受理破产申请前被依法采取执行措施，但在法院受理破产申请后仍未中止的，应当通知有关人民法院解除保全措施或者中止执行措施，以便有效地接管该项财产。破产管理人认为有必要申请裁定受理案件申请的人民法院通知有关人民法院予以解除保全措施或者中止执行措施的，应当向裁定受理破产申请的人民法院提出申请。

延伸阅读：相关规定

广州市破产管理人工作规程（试行）

目 录

第一章　总　　则

第一节　适用范围及工作原则

第一条　为规范管理人执业行为，提高管理人专业能力和水平，防范执业风险，充分发挥管理人在企业破产事务中的作用，依据《中华人民共和国企业破产法》及相关司法解释的规定，结合广州地区破产审判实践，制定本规程。

第二条　进入广州中院公布的管理人名册的中介机构及个人（以下简称“在册管理人”），接受广州市、区两级法院指定担任管理人的，适用本规程。

广州市、区两级法院指定清算组为在册管理人的，作为清算组成员的在册管理人依法履行管理人职责的，适用本规程。

在册管理人接受广州两级法院指定担任清算组的，参照适用本规程

第三条　管理人应当勤勉尽责、忠实执行职务，不得利用管理人的身份或地位为自己和他人谋取私利，并始终贯彻审慎原则，依法办理相关事务，切实防范法律风险。

第四条　管理人应当注重工作效率，节约破产费用，并在程序和实体上公平对待所有债权人、债务人和其他利害关系人。

第五条　管理人应当严格履行保密义务。对于在执业中知悉的有关债务人、债权人和其他利害关系人的商业秘密、个人隐私以及其他不能对外披露的事项应当履行保密义务。

第六条　管理人应当亲自履行职责，不得以任何方式将管理人应当履行的职责全部或者部分转让给其他社会中介机构或者个人。

第七条　管理人执行管理人职务，应当依法向人民法院报告工作，接受债权人会议和债权人委员会的监督。

第二节　管理人的指定、回避、辞职和更换

第八条　在册管理人应当接受人民法院关于破产案件管理人的指定。但是，在册管理人有下列情形之一的，不得担任管理人：

（一）因故意犯罪受过刑事处罚；

（二）曾被吊销相关专业执业证书；

（三）与破产案件有利害关系；

（四）人民法院认为不宜担任管理人的其他情形。

第九条　被人民法院指定为管理人的中介机构，有下列情形之一，可能影响其忠实履

行管理人职责的,可以视为与破产案件有利害关系:

(一)与债务人有未了结的债权债务关系;

(二)在人民法院受理破产申请前三年内,曾为债务人提供相对固定的中介服务;

(三)现在是或者在人民法院受理破产申请前三年内曾经是债务人的控股股东或者实际控制人;

(四)现在担任或者在人民法院受理破产申请前三年内曾经担任债务人的财务顾问、法律顾问;

(五)人民法院认为可能影响其忠实履行管理人职责的其他情形。

第十条 人民法院可以认为中介机构不宜担任管理人的其他情形有:

(一)因在与破产或清算业务相关的执业活动中发生的故意或者重大过失行为,受到行政机关、监管机构或者行业自律组织行政处罚或者纪律处分之日起未逾三年;

(二)因在破产或清算业务相关的执业活动中涉嫌违法行为,或因犯罪行为正被相关部门调查;

(三)执业许可证或者营业执照被吊销或者注销;

(四)因不适当履行职务或者拒绝接受人民法院指定等原因,被人民法院从管理人名册除名之日起未逾三年;

(五)缺乏担任管理人所应具备的专业能力;

(六)缺乏承担民事责任的能力;

(七)有未清偿的重大债务纠纷,对管理人资信造成不良影响的;

(八)出现解散、破产事由或者丧失承担执业责任风险的能力;

(九)履行管理人职务时,因故意或者重大过失导致债权人利益受到损害。

如存在《最高人民法院关于审理企业破产案件指定管理人的规定》第九条所规定的情形,即上述第(一)、(二)、(四)、(五)、(六),人民法院可以视该情形对其对履行管理人职责的影响程度,决定是否适用《企业破产法》第二十四条第三款规定。

第十一条 被人民法院指定为管理人的个人,有下列情形之一,可能影响其忠实履行管理人职责的,可以视为与破产案件有利害关系:

(一)具有本规程第九条规定的情形;

(二)现在担任或者在人民法院受理破产申请前三年内曾经担任债务人的董事、监事、高级管理人员;

(三)与债务人的控股股东、董事、监事、高级管理人员存在夫妻、直系血亲、三代以内旁系血亲或者近姻亲关系;

(四)人民法院认为可能影响其公正履行管理人职责的其他情形。

第十二条　人民法院可以认为个人不宜担任管理人的其他情形有：

（一）执业资格被取消、吊销；

（二）因破产或清算业务故意或者重大过失行为，受到行政机关、监管机构或者行业自律组织行政处罚或者纪律处分之日起未逾三年；

（三）履行管理人职务时，因故意或者重大过失导致债权人利益受到损害；

（四）因不适当履行职务或者拒绝接受人民法院指定等原因，被人民法院从管理人名册除名之日起未逾三年；

（五）缺乏担任管理人所应具备的专业能力；

（六）缺乏承担民事责任的能力；

（七）失踪、死亡或者丧失民事行为能力；

（八）因健康原因无法履行职务；

（九）执业责任保险失效；

（十）有重大债务纠纷；

（十一）因在破产及清算业务中的执业行为涉嫌违法正被相关部门调查。

第十三条　进入广州中院公布的管理人名册的中介机构，在参与人民法院采取公告方式邀请的管理人业务竞争时，如发现自己有本规程规定的不宜担任管理人的情形的，应当退出竞争。中介机构或个人接受人民法院指定为管理人后，发现自己与破产案件有利害关系的，应当向人民法院提出书面回避申请并说明情况。

第十四条　中介机构或个人接受人民法院指定为管理人后，发现自己有不宜担任管理人的其他情形的，应当向人民法院书面申请更换管理人。

第十五条　中介机构或个人接受人民法院指定为管理人后，债权人会议向人民法院申请更换管理人的，作为管理人的中介机构或个人应当自收到人民法院的通知之日起两日内作出是否同意债权人会议申请的说明，不同意的应当陈述理由。

第十六条　被人民法院指定为管理人的中介机构或个人，依据本规程向人民法院提出不接受指定或者提出回避、辞职的申请报告后，人民法院予以批准的，或者人民法院因债权人会议申请决定更换管理人的，作为原管理人的中介机构或个人应当自收到决定书之日起停止履行管理人职责，并于次日在人民法院监督下向新任管理人移交自己已接管的全部资料、财产、营业事务及管理人印章，并及时向新任管理人书面说明自己已履行管理人职务的情况。在破产程序终结前，作为原管理人的中介机构或个人应当在必要时接受新任管理人、债权人会议、人民法院关于其履行管理人职责情况的询问。

第十七条　管理人发生更换时，新任管理人应当在收到人民法院指定管理人决定书的次日向原管理人接收原管理人已接管的全部资料、财产、营业事务及管理人印章，并依法履行管理人职责。

第三节　管理人团队的人员组成、分工和调整

第十八条　接受人民法院指定担任管理人的中介机构或个人,可以指派一个管理人团队履行管理人职责。管理人团队的人员组成及其分工,由中介机构或个人根据破产案件实际需要及管理人职责履行情况确定和调整,并报人民法院备案。管理人负责人(组长)应当经人民法院批准。

第十九条　管理人团队应当确定管理人负责人(清算组组长)一人,管理人团队实行管理人负责人(清算组组长)负责制。

第二十条　管理人应当自收到指定管理人决定书之日起十个工作日内制定工作计划和全面的管理人工作制度,包括管理工作规程、会议议事规则、财务收支管理制度、证照和印章管理制度、档案管理制度、保密制度等,报人民法院备案。

第二十一条　管理人经人民法院许可或债权人会议许可,可以聘用必要的工作人员。

第二十二条　接受人民法院指定担任管理人的中介机构或个人,发现其指派的管理人团队成员有本规程规定的不宜担任管理人的情形之一的,应当及时予以调整。管理人负责人或清算组组长的变更应当经人民法院批准,管理人团队其他成员的变更应当报人民法院备案。

第二章　管理人基本工作职责

第一节　财产、印章和账簿、文书的接管

第二十三条　管理人应当自收到指定管理人决定书之日起三个工作日内,安排相关人员到人民法院阅卷,了解破产案件的基本情况。

第二十四条　为了有计划地接管,管理人可以就债务人的财产、印章和账簿、文书等资料的接管制订接管方案,并根据接管方案的规定进行接管。

第二十五条　管理人在接管债务人的财产、印章和账簿、文书等资料前,可以以书面或电话方式将拟接管的内容、范围告知债务人的有关人员,要求其做好交接准备,确定接管时间,并告知其违反交接义务应该承担的法律责任。

第二十六条　管理人应当根据案情需要制订突发事件应急预案,并及时报告突发事件情况,对可能影响社会稳定的突发性、群体性事件的处理方案应当报人民法院批准。

第二十七条　管理人应当在收到指定管理人决定书之日起十个工作日内,持受理破产申请裁定书、指定管理人决定书和人民法院出具的刻章证明等法律文书到公安机关刻

制管理人印章,管理人印章交人民法院封样备案后启用。

第二十八条　管理人印章只限于管理人履行职责时使用。管理人印章的使用,应当实行审批登记制度,组长批准后方可使用。

管理人对于所有用章事项应当进行登记,并保存所有加盖管理人印章的档案副本。

第二十九条　管理人印章刻制后,管理人可以持受理破产申请裁定书、指定管理人决定书、管理人负责人的身份证明、人民法院出具的开户证明等文件材料,到银行申请开立管理人账户。管理人开立账户后,应当将开户信息报人民法院备案。

第三十条　管理人应当严格执行财务收支管理制度,所有开支必须按内部审批程序批准后从管理人账户列支。

在本规程施行前已经开始的破产程序,管理人应当将财务收支制度补报人民法院备案。

第三十一条　管理人接管时应当制作移交清单、接管笔录,书面告知债务人有关人员的法律责任,接管工作完成后由管理人和债务人的有关人员签名确认。

第三十二条　管理人应当接管的债务人财产、印章和账簿、文书等资料包括:

(一)债务人的现金、银行存款、有价证券、债权债务清册、存货、流动资产、固定资产、在建工程、对外投资、无形资产等财产及相关凭证;

(二)公章、财务专用章、合同专用章、发票专用章、海关报关章、职能部门章、电子印章、法定代表人名章等印章;

(三)总账、明细账、台账、日记账等账簿及全部会计凭证、重要空白凭证;

(四)批准设立文件、营业执照、税务登记证书及各类资质证书、章程、涉及股权变动的各类文件资料及各类决议、会议记录、人事档案、电子文档、管理系统授权密码等资料;

(五)债务人的各类合同、协议及相关债权、债务文件资料;

(六)有关债务人的诉讼、仲裁、执行案件的材料;

(七)债务人的其他重要资料。

第三十三条　不属于债务人所有但由债务人占有或者管理的财产、印章和账簿、文书等资料,管理人应当一并接管。

第三十四条　债务人有分支机构的,分支机构的财产、印章和账簿、文书等资料,管理人应当一并接管。

第三十五条　管理人对债务人的财产、印章和账簿、文书等资料情况基本了解后,可以对债务人的财产、印章和账簿、文书等资料进行全面接管,也可以根据实际情况进行分期、分批接管。

第三十六条　管理人接管过程中,应当根据案件需要及时申请人民法院通知有关机关解除对债务人财产的保全措施、中止有关债务人的诉讼、仲裁或者执行程序,申请人民法院对可能被转移的财产采取保全措施。管理人完成接管后,应当向审理案件的人民法院、仲裁机构申请恢复诉讼和仲裁。

第三十七条 债务人的有关人员无法交出应交接的财产、印章和账簿、文书等资料的,管理人应当要求其作出书面说明或者提供有关证据、线索。债务人的有关人员无合理事由拒不移交财产、印章和账簿、文书等资料的,管理人可以申请人民法院采取强制措施、依法进行处罚或追究相关责任人的刑事责任。

管理人对所接管的财产、印章、账册、文书等资料应当及时造册并妥善保管,防止毁损或遗失。

第三十八条 管理人在接管前,债务人仍在经营的,管理人应当在依法决定债务人营业事务继续或者停止后再接管债务人的营业事务。

第三十九条 管理人完成接管后,经人民法院许可或者债权人会议同意,可以聘用债务人的有关人员作为留守人员。管理人决定聘用留守人员时,应当与其重新签订聘用合同,同时解除原劳动合同。留守人员的劳动报酬根据债务人的实际情况确定,从破产费用中支付。

第四十条 管理人发现债务人的有关人员隐匿财产,对资产负债表或者财产清单作虚假记载或者在未清偿债务前分配债务人财产,严重损害债权人或者其他人利益的,应当及时向公安机关报案。

管理人发现债务人的有关人员隐匿或者故意销毁依法应当保存的会计凭证、会计账簿、财务会计报告,情节严重的,应当及时向公安机关报案。

管理人发现债务人的有关人员伪造、销毁有关证据材料,通过隐匿财产、承担虚假的债务或者以其他方法转移、处分财产,实施虚假破产,严重损害债权人或者其他人利益的,应当及时向公安机关报案。

第四十一条 管理人完成接管后应当按照《广州市中级人民法院破产管理人工作报告规定(暂行)》制作阶段性工作报告,向人民法院报告接管工作情况。

第二节 财产状况调查及财产管理方案的拟定

第四十二条 管理人接受人民法院指定后即应开始对债务人的财产状况进行调查,调查范围包括但不限于:

(一)债务人的营业状况;

(二)债务人的资产状况;

(三)债务人的债权债务情况;

（四）债务人职工情况，职工工资、经济补偿金支付情况及社会保险费用的缴纳等情况；

（五）债务人出资人的出资情况；

（六）债务人是否存在企业破产法第三十一条、第三十二条或者第三十三条规定的行为；

（七）债务人的董事、监事和高级管理人员是否存在利用职权获取非正常收入或者侵占债务人财产的行为；

（八）债务人未履行完毕的合同情况；

（九）有关债务人的未审结诉讼、仲裁及未执行完毕的案件情况；

（十）有关债务人的其他情况。

第四十三条　管理人可以向广州市中级人民法院申请摇珠选定有资质的专业机构对债务人财产进行专项审计和评估，也可以在广州市中级人民法院相关名录内的机构中选取专业机构对债务人财产进行审计和评估，但管理人自行选取专业机构进行评估前，应经债权人会议按一般表决事项表决同意。管理人应当在财产专项审计和评估报告的基础上进行调查和制作债务人财产状况报告。

第四十四条　管理人认为有必要的，可以要求债务人的有关人员协助调查，管理人调查询问有关人员应有两名调查人员在场并制作调查笔录，调查人员和被询问人员应当在笔录上签字确认。

第四十五条　管理人无法全面调查债务人财产状况的，应当就无法调查的情况在债务人财产状况报告中作出说明。

第四十六条　管理人制作的债务人财产状况报告，应当及时地提交给人民法院、债权人会议及债权人委员会，作为人民法院、债权人会议及债权人委员会决定相关事项时的参考依据。

第四十七条　管理人应当拟定债务人的财产管理方案，主要内容包括：

（一）债务人财产的管理、维护和费用预算；

（二）债务人继续营业的营业计划和费用预算；

（三）债务人财产清收的计划安排和费用预算。

第四十八条　管理人拟定的财产管理方案，应当提交给债权人会议表决。债权人会议表决通过的财产管理方案，管理人应当执行；债权人会议表决没有通过的财产管理方案，管理人可以请求人民法院裁定认可，并在人民法院裁定认可后执行。

第三节　债务人内部事务管理

第四十九条　管理人接受指定后，债务人的内部管理事务、日常开支和其他必要开支由管理人决定,管理人应当对开支的原因、金额及其必要性进行审查。

第五十条 管理人决定债务人的日常开支和其他必要开支时应当严格坚持合法、合理、必要的原则,厉行节约,勤俭办事,降低清算成本。管理人不得将破产费用用于破产管理工作以外的事项。

第五十一条 管理人应当制定债务人财务管理制度,接管完成后向人民法院提交债务人的日常开支和其他必要开支的预算报告,根据破产程序的进度定期报告财务收支情况,提请人民法院终结破产程序时应当同时提交财务决算总报告。

第五十二条 为了有效地规范债务人的内部管理事务、日常开支和其他必要开支,管理人可以制订债务人内部管理事务、日常开支和其他必要开支规则,并发放给相关人员遵照执行。

第四节 债务人营业事务及合同的管理

第五十三条 在第一次债权人会议召开之前,管理人决定继续或者停止债务人的营业或者实施企业破产法第六十九条规定行为之一的,应当取得人民法院的许可。

召开债权人会议的,由债权人会议决定继续或停止债务人的营业。管理人实施企业破产法第六十九条规定行为之一的,应当及时报告债权人委员会,未设立债权人委员会的,应当及时报告人民法院。

第五十四条 管理人判断债务人继续营业的标准一般应当以继续营业有利于提高债务人财产价值及债权清偿比例为原则。

第五十五条 人民法院受理破产申请后,管理人对破产申请受理前成立而债务人和对方当事人均未履行完毕的合同有权决定解除或者继续履行,并通知对方当事人。管理人自破产申请受理之日起二个月内未通知对方当事人,或者自收到对方当事人催告之日起三十日内未答复的,视为解除合同。

第五十六条 对于管理人已决定并已通知对方当事人继续履行的合同,如果对方当事人要求管理人提供继续履行合同的担保,则管理人可以用债务人财产提供担保。管理人不提供担保的,或者管理人提供的担保对方当事人不接受的,视为合同解除。

第五十七条 管理人决定解除或者继续履行均未履行完毕合同的事项,如果与决定停止或者继续债务人营业的事项直接相关,则参照本规程第五十五条、五十六条的规定执行。

第五十八条 管理人判断是否决定继续履行均未履行完毕的合同的标准一般应当以继续履行有利于提高债务人财产价值及债权人清偿比例为原则。

第五十九条 管理人或债务人依法解除合同的,对方当事人因合同解除而产生的对债务人的损害赔偿请求权，管理人应当告知对方当事人申报债权；对方当事人因合同解除而产生的对债务人的债务，管理人应当及时向对方当事人追偿。

第六十条　债权人向管理人提出债务抵销主张的，管理人应当在约定的异议期限内或自收到抵销债务通知之日起三个月内作出是否同意抵销的决定。

第六十一条　债权人主张抵销的债权、债务应当真实有效，有下列情形之一的不得抵销：

（一）债务人的债务人在破产申请受理后取得他人对债务人的债权的；

（二）债权人已知债务人有不能清偿到期债务或者破产申请的事实，对债务人负担债务的；但是，债权人因为法律规定或者有破产申请一年前所发生的原因而负担债务的除外；

（三）债务人的债务人已知债务人有不能清偿到期债务或者破产申请的事实，对债务人取得债权的；但是，债务人的债务人因为法律规定或者有破产申请一年前所发生的原因而取得债权的除外。

第五节　债务人财产的管理

第六十二条　管理人对债务人财产应当及时登记、清理、审计、评估、变价，在第一次债权人会议之前，管理人处置易损、易腐、易贬值、保管费用较高的财产，应当报人民法院批准。

第六十三条　债务人设立的不具有法人资格的分支机构，管理人应当将其财产列为债务人财产进行管理和处置。

第六十四条　管理人发现接管的财产与其他关联企业存在混同的，应当及时进行清理。

第六十五条　管理人接管债务人财产后，应当书面通知债务人的债务人及时向管理人清偿债务。书面通知的内容包括：

（一）人民法院受理破产申请的时间；

（二）债务人的债务人应当清偿的债务金额；

（三）限定清偿债务的时间和方式；

（四）不清偿债务的法律责任；

（五）管理人认为应当通知的其他内容。

债务人的债务人拒绝清偿债务的，管理人应当及时追偿。

第六十六条　管理人接管债务人财产后，应当书面通知债务人的财产持有人及时向管理人交付财产。书面通知的内容包括：

(一)人民法院受理破产申请的时间;

(二)债务人的财产持有人应当交付的财产品名、规格、数量及状况;

(三)限定交付财产的时间和方式;

(四)不交付财产的法律责任;

(五)管理人认为应当通知的其他内容。

债务人的财产持有人拒绝交付财产的,管理人应当及时追偿。

第六十七条 管理人接管债务人财产后,可以通过清偿债务或者提供为债权人接受的担保的方式,取回质物、留置物,以提高债务人财产价值及债权人清偿比例为原则。前述债务清偿或替代担保,在质物或者留置物的价值低于被担保的债权额时,以该质物或者留置物当时的市场价值为限。

第一次债权人会议召开之前,管理人认为有必要通过清偿债务或者提供为债权人接受的担保的方式取回质物、留置物的,管理人应当事先取得人民法院的许可。

第一次债权人会议召开之后,管理人认为有必要取回质物、留置物的,可以通过清偿债务或者提供为债权人接受的担保的方式,取回质物、留置物。但是,管理人应当将相关情况报告债权人委员会;未设立债权人委员会的,管理人应当将相关情况报告人民法院。

第六十八条 管理人对债务人的知识产权、专有技术、商业秘密等无形资产应当及时确定权属,适时变价出售。

对于债务人的对外投资,管理人应当依法行使出资人的权利,及时处置。

第六十九条 管理人经调查发现债务人存在企业破产法第三十一条、第三十二条或者第三十三条规定行为的,应当及时向相对人发出书面通知,要求其清偿债务或返还财产。

相对人在限定时间内未清偿债务或者交付财产的,管理人有权依法向人民法院提起诉讼。

经上述程序债务人财产损失仍不能得以弥补的,管理人可以依法对债务人的有关人员提起赔偿之诉。

第七十条 人民法院受理破产申请后,债务人的出资人尚未完全履行出资义务的,管理人应当要求该出资人缴纳所认缴的出资,不受出资期限的限制。

债务人的出资人在限定时间内未履行出资义务的,管理人应当依法向人民法院提起诉讼。

第七十一条 管理人经调查发现债务人的董事、监事和高级管理人员利用职权获取非正常收入或者侵占债务人财产的,应当书面通知其返还财产。

上述人员在限定时间内未返还财产的,管理人应当依法向人民法院提起诉讼。构成犯罪的,管理人应当向有关机关报案,追究其刑事责任。

第七十二条　人民法院受理破产申请后,对于可能因有关利益相关人的行为或者其他原因,影响破产程序依法进行的,管理人可以向人民法院申请对债务人的全部或部分财产采取保全措施。

第六节　权利人财产的取回

第七十三条　管理人接管债务人财产后,对于债务人占有的不属于债务人的财产,该财产的权利人可以向管理人要求取回。管理人经审查,确认权利人的请求无误的,应当将该财产返还给权利人。

第七十四条　权利人要求取回债务人合法占有的财产的,管理人有权要求权利人清偿因其取回财产而可能产生的债务。

第七十五条　权利人可以取回的财产在人民法院受理破产申请前灭失或者毁损的,权利人可以就该项财产损失申报债权。

第七十六条　权利人可以取回的财产在人民法院受理破产申请前灭失或者毁损,同时第三人对该财产的灭失或者毁损负有损害赔偿责任的,或者保险人对该财产的灭失或者毁损负有保险赔偿责任的,权利人是否有权对第三人或者保险人的赔偿款享有取回权,由人民法院决定。

第七十七条　权利人可以取回的财产在人民法院受理破产申请后因管理人或者相关人员执行职务造成灭失或者毁损的,为共益债务,权利人可以要求管理人赔偿。

第七十八条　人民法院受理破产申请时,出卖人已将买卖标的物向作为买受人的债务人发运,债务人尚未收到且没有付清全部价款的,出卖人可以取回在运途中的标的物。但是,管理人可以支付全部价款,请求出卖人交付标的物。

第七节　参加诉讼、仲裁及其他法律程序

第七十九条　人民法院受理破产申请后,人民法院或者仲裁庭已经开始而尚未终结的有关债务人的民事诉讼、仲裁或执行案件应当中止。人民法院或者仲裁庭尚未中止的,管理人可以书面要求人民法院或者仲裁庭依法中止。

第八十条　管理人接管债务人财产后,应当及时制作告知书,要求人民法院或者仲裁庭对已中止的诉讼或者仲裁案件恢复审理。管理人没有接管或者部分接管,但管理人认为有关债务人的诉讼或者仲裁案件的恢复审理不受接管影响的,管理人也可以要求人民法院或者仲裁庭恢复已中止诉讼或者仲裁案件的审理。

第八节　接收及审查申报债权

第八十一条　管理人应当在人民法院公告确定债权人申报债权的期限和地点,接收债权人的债权申报材料。

管理人可以制作《债权申报须知》《债权申报表》《债权人地址及联系方式确认书》《债权申报文件清单》等文件,在接收地点引导债权人申报债权。

管理人接收债权人债权申报和证据材料,应当给申报人出具回执。

第八十二条　管理人应在人民法院公告受理破产申请之日起七日内书面通知相关税务机关,告知其依法申报债务人欠缴的税款。

第八十三条　管理人在接收债权人的债权申报材料时,应当要求:

(一)债权人自己申报的,须提供企业营业执照或个人合法身份证明;债权人委托他人进行申报的,受托人应同时提交委托人签名盖章的《授权委托书》(须注明授权具体内容)和受托人的身份证明;

(二)申报人应当书面说明债权金额和有无财产担保,并提交有关证据材料。

债权人申报债权材料不全的,管理人应当允许债权人在指定的期限内补正、补充。

第八十四条　债权人未在债权申报期限内申报,在破产财产最后分配前向管理人补充申报债权的,此前已进行的分配,不再对其补充分配,管理人可以要求债权人承担审查和确认补充申报债权的必要合理费用,但不得单独就此收取管理人报酬。

前款规定的已进行的分配,是指债权人补充申报时人民法院已裁定认可破产财产分配方案。

第八十五条　管理人接收债权申报材料后,应当根据申报人提交的债权申报材料登记造册。登记造册的项目可以包括:

(一)债权人基本情况:企业名称或个人姓名、企业法定代表人或负责人的姓名、职务与住所、债权人开户银行、联系方式;有代理人的,管理人还应记明代理人的姓名、住址、联系方式及委托代理权限等事项;

(二)债权基本情况:债权发生原因、存在的证据、债权到期日、申报时间、申报债权额(原始债权、孳息债权等)、有无财产担保、是否附有条件及期限、是否为连带债权、有无连带债务人、是否为求偿权或将来求偿权;

(三)管理人认为其他必要的事项。

第八十六条　管理人对申报债权的真实性、合法性和时效性等内容进行实质审查。

管理人在审查以下债权的申报材料时,应注意:

(一)债权附有利息、罚息、违约金、滞纳金的,则破产申请受理后的利息、罚息、违约金、滞纳金停止计算；

(二)行政、司法机关对债务人的罚款、罚金以及其他有关费用，不作为破产债权；

(三)没有到期的债权在破产申请受理时视为到期，可以申报；

(四)在破产申请受理时未成就的附条件或者附期限的债权，可以申报；

(五)在破产申请受理时诉讼、仲裁未决的债权，可以申报；

(六)对债务人享有连带债权的任何一个连带债权人，可以经其他连带债权人授权共同向管理人申报连带债权，也可以未经其他连带债权人授权而向管理人申报连带债权；部分连带债权人分别申报连带债权并且没有达成共同协议的，该连带债权可以由该部分连带债权申报人共同享有；

(七)债务人的保证人或者其他连带债务人已经代替债务人清偿全部或者部分债务的，可以就其代替债务人已清偿部分的求偿权向管理人申报债权；债务人的保证人或者其他连带债务人尚未代替债务人清偿债务的，可以就其对债务人尚未清偿部分的将来求偿权申报债权；但是，债权人已经向管理人申报全部债权的除外；

(八)债务人是连带债务人时，债权人可以申报债权；债务人和其他连带债务人都被人民法院裁定受理破产申请的，债权人可以分别地向债务人和其他连带债务人的管理人申报其全部债权；

(九)管理人在人民法院受理破产申请后依法解除合同的，合同相对人可以就合同解除所造成合同相对人的实际损失金额申报债权；此项可以申报债权的损失金额范围不包括合同约定的违约金；

(十)债务人是委托合同的委托人，受托人在人民法院受理破产申请后，不知债务人破产事实而继续处理委托事务的，受托人可以就其继续处理事务所产生的请求权申报债权；受托人在人民法院受理破产申请后，知道债务人破产事实而继续处理委托事务的，受托人不可以就其继续处理事务所产生的请求权申报债权，法律另有规定的除外；

(十一)在委托合同约定受托人在人民法院受理破产申请后仍须继续处理委托事务的情形下，即使受托人知道债务人破产事实，受托人在管理人或者债务人解除合同前依据委托合同约定继续处理委托事务的，受托人可以就其继续处理事务所产生的请求权申报债权；

(十二)在停止处理委托事务将损害债务人利益的情形下，无论受托人是否知道债务人破产事实，受托人在管理人或者债务人要求其停止处理委托事务之前为债务人利益而继续处理事务所产生的请求权，管理人可以将其作为共益债务清偿；

(十三)债务人是票据的出票人，该票据的付款人继续付款或者承兑所产生的请求权，付款人可以申报债权；

(十四)对于债权人申报的对债务人的特定财产享有担保权的债权,审查的内容包括但不限于:担保权的法律效力;同一担保财产有多项担保权存在的受偿顺序;提供担保是否有可以依法撤销的情形;担保财产的价值;担保权的受偿范围;担保财产的价值小于担保债权金额的,以担保财产的价值为限,债权金额超过担保财产价值的债权部分作为普通债权;

(十五)债权人向管理人提交的债权证据是具有强制执行效力的法律文书的,则法律文书中确认的债权金额和有无财产担保的内容,管理人可以直接确认;法律文书中确认的债权不是以金额计算的,管理人可以按市场价值换算为金额;

(十六)债权人向管理人申报的债权属于诉讼或者仲裁案件中未决债权的,管理人可以提请人民法院临时确定其债权金额和是否有财产担保,或依法先予确定其债权金额和是否有财产担保。

管理人应将审查结论书面通知申报人。

第八十七条 管理人应当根据债务人财务资料、人事资料、考勤记录等证据材料确认职工的劳动债权,必要时可以向债务人的有关人员核实情况;职工对劳动债权清单记载有异议并要求更正的、管理人应当进行复核并将复核结果书面通知职工。管理人复核后不予更正的,应当告知职工可以依法提起诉讼。

第八十八条 管理人在第一次债权人会议召开之前应当完成债权审核和债权表的编制,因特殊原因未完成债权审核和债权表编制的,应当向债权人会议书面说明。管理人应当保存债权表和债权申报材料,供利害关系人查阅。

第八十九条 管理人编制债权表后,应及时制作提请债权人会议核查债权的报告,将债权申报登记册和债权表一并提交第一次债权人会议核查。

对于债权人、债务人均无异议的债权,管理人应及时提请人民法院裁定确认。管理人申请人民法院裁定确认债权表记载的债权时,应当说明债权审查过程和债权人会议核查债权的情况。

债权人会议核查债权表后,债权人、债务人对债权表记载事项有异议的,可以在债权人会议上提出异议,也可以在债权人会议结束后十日内提出异议。管理人应当对有异议的债权进行复核,经复核仍有异议的,管理人应当书面告知异议人在收到复核通知之日起五日内依法向人民法院提起诉讼,并将受理情况反馈给管理人。逾期不起诉的,视为无异议。

第九节 召集债权人会议

第九十条 债权人会议表决有关事项以现场表决为主,也可以采用通讯、网络等方式表决。

采用通讯、网络等方式表决有关事项的,管理人应当告知债权人表决程序和规则。

管理人应当在第一次债权人会议召开前申请人民法院指定债权人会议主席,将债权人会议的筹备情况及相关文件报送人民法院。管理人可以根据债权数额、债权性质等因素向人民法院推荐债权人会议主席人选。

需要设立债权人委员会的,管理人应当在第一次债权人会议召开前将成员候选名单报人民法院初审,债权人会议决定设立后将债权人委员会成员名单报人民法院备案。

第九十一条 管理人应当向第一次债权人会议提交的文件包括:

(一)会议议程;

(二)管理人阶段性工作报告;

(三)债权审核报告及债权表;

(四)职工安置情况,工资、经济补偿金及社会保险费用的支付情况;

(五)债务人财产的管理方案;

(六)破产财产的变价方案;

(七)管理人报酬方案;

(八)人民法院认为应当说明的其他内容。

第九十二条 第一次债权人会议后,管理人可以依据工作进展情况和需要,向债权人会议主席提议召开债权人会议。

第九十三条 管理人应当向债权人会议报告职务执行情况,回答债权人会议成员的询问,并接受债权人会议和债权人委员会的监督。

第九十四条 债权人会议、债权人委员会要求管理人对其职权范围内的事务作出说明或提交有关文件的,管理人应当执行。

第九十五条 债权人会议结束后三日内,管理人应当将债权人会议的到会情况、表决情况及决议书面报告人民法院。

第九十六条 债权人会议表决未通过债务人财产管理方案、破产财产变价方案的,或者经债权人会议二次表决仍未通过破产财产分配方案的,管理人应当及时申请人民法院裁定。

第三章 重整程序中的管理人职责

第一节 重整期间

第九十七条 债务人或者债权人依法直接申请重整,人民法院裁定债务人重整的,管理人应当依照本规程的规定履行接管、调查、管理、权利审核等职责。

第九十八条 管理人管理债务人财产和营业事务的,经人民法院许可,可以聘请债务人的经营管理人员负责营业事务。

人民法院批准债务人自行管理财产和营业事务的,管理人职权由债务人行使,管理人应当制订监督债务人管理财产和营业事务的制度,经人民法院批准后执行。

第九十九条 人民法院受理破产申请后,宣告破产前,裁定债务人重整并批准债务人自行管理财产和营业事务的,管理人的职权由债务人行使,管理人应当向债务人移交财产和营业事务,但应当制订监督债务人管理财产和营业事务的制度,经人民法院批准后执行。

第一百条 在重整期间,债务人的股东申请转让股权的,管理人应当向人民法院提出书面意见,未经人民法院许可不得协助其办理股权转让手续。

第一百零一条 在重整期间,管理人对担保权人行使担保权的申请不应准许,但应当妥善保管担保物,防止其毁损灭失。债务人自行管理财产的,管理人应当监督债务人限制担保权人行使担保权并妥善保管担保物。

第一百零二条 在重整期间,管理人为债务人继续营业而以债务人名义借款的,可以债务人财产为该借款设定担保,但应事先报人民法院审批。自行管理人财产的债务人借款的,管理人应当提出审核意见,报人民法院审批。

第一百零三条 在重整期间,管理人对出资人分配投资收益的申请不应准许,债务人自行管理财产和营业事务的,管理人应当监督债务人不得分配投资收益。

第一百零四条 在重整期间,债务人合法占有的他人的财产,该财产的权利人在重整期间要求取回的,管理人应当审查是否符合事先约定的条件。管理人同意取回权人申请的,应当附相关证据材料,报人民法院审查。不同意取回的,报人民法院备案。

第一百零五条 在重整期间,有下列情形之一的,管理人应当申请人民法院裁定终止重整程序,并宣告债务人破产:

(一)债务人的经营状况和财产状况继续恶化,缺乏挽救的可能性;

(二)债务人有欺诈、恶意减少债务人财产或者其他显著不利于债权人的行为;

(三)由于债务人的行为致使管理人无法执行职务。

第二节 重整计划的制定、表决和执行

第一百零六条 重整程序中,普通债权不能获得全额清偿的,管理人应当自行或者委托中介机构测算普通债权依照破产清算程序所能获得的清偿比例,并将测算内容列入重整计划草案。

第一百零七条　债务人负责制作重整计划草案的,管理人应当对重整计划草案的合法性和可行性提出分析意见,在重整计划草案提交债权人会议表决之前书面报告人民法院。

第一百零八条　管理人负责制作重整计划草案的,应当按期向人民法院和债权人会议提交重整计划草案。在债权人会议对重整计划草案进行表决时,管理人应当就重整计划草案向债权人会议作出说明,并回答询问。

管理人或者债务人应当自人民法院裁定债务人重整之日起六个月内,同时向人民法院和债权人会议提交重整计划草案。有正当理由,经管理人或者债务人请求,人民法院可以裁定延期三个月。因重大诉讼、仲裁未决影响重整计划草案的制作的,重大诉讼、仲裁期间不计入重整计划草案提交期限。

第一百零九条　对重整计划的表决应按债权分类分组表决,有必要时可以在普通债权组中分设大额债权组和小额债权组,对重整计划草案分别进行表决。

第一百一十条　重整计划草案涉及出资人权益调整事项的,应当设出资人组,对该事项进行表决。出资人组的表决按出席会议的过半数同意重整计划草案,并且其所代表的出资额占该组出资总额三分之二以上的,即为该组通过重整计划草案。

第一百一十一条　出席债权人会议的同一表决组的债权人过半数同意重整计划草案,并且其所代表的债权额占该组债权总额的三分之二以上的,即该表决组通过重整计划草案。

各表决组均通过重整计划草案的,重整计划草案即为通过。管理人应当在重整计划草案通过后的十日内,向人民法院提交批准重整计划的申请。

部分表决组未通过重整计划草案的,债务人或者管理人同未通过重整计划草案的表决组协商后,该表决组拒绝再次表决或者再次表决仍未通过重整计划草案,但重整计划草案符合法定条件的,管理人可以向人民法院申请批准重整计划草案。

债权人未在债权申报期限内申报债权,在重整计划草案提交债权人会议表决前补充申报但未被确认的,该债权人不享有重整计划草案表决权。

债权人未在债权申报期限内申报债权,但其在重整计划草案提交债权人会议表决前补充申报债权并经人民法院裁定确认的,人民法院裁定批准重整计划后,该债权人被确认的债权可依照重整计划确定的债权受偿方案获得清偿。

债权人未在债权申报期限内申报债权,在人民法院裁定批准重整计划后重整计划执行完毕前补充申报债权的,管理人可以接受申报并进行审查,但债权人在重整计划执行期间不得行使权利;在重整计划执行完毕后,可以按照重整计划规定的同类债权的清偿条件行使权利(因债务人提供保证担保而形成的债权除外)。

第一百一十二条 债权人未在债权申报期限内申报债权,在重整计划执行完毕后补充申报债权的,管理人不再接受申报。

第一百一十三条 人民法院裁定批准重整计划后,管理人应当按照重整计划的规定监督重整计划的执行。存在未决诉讼、仲裁情况的,重整计划执行期间仍由管理人代表债务人参加诉讼、仲裁。

管理人应当制定监督计划,明确监督方式、监督事项和监督职责,督促债务人在重整计划执行期限内执行完毕。监督期届满,管理人还应当向人民法院提交监督报告,详细说明重整计划的执行情况和债务人财务状况。

第一百一十四条 债务人申请延长重整计划执行期限,管理人有正当理由认为确有必要延长执行期限和监督期的,管理人应当在重整计划执行期限和监督期届满前一个月,申请人民法院裁定延长重整计划执行期限和监督期。

第一百一十五条 重整计划执行过程中,管理人认为确有必要变更重整计划的,应当报人民法院审查,对债权人利益产生重大影响的,应当提交债权人会议表决。

第一百一十六条 重整计划执行完毕后,管理人应当申请人民法院裁定确认重整计划执行完毕并终结破产程序。

第一百一十七条 债务人不能执行或者不执行重整计划的,管理人应当申请人民法院裁定终止重整计划的执行,并宣告债务人破产。

人民法院裁定终止重整计划执行的,债权人在重整计划中作出的债权调整的承诺失去效力。债权人因重整计划所受的清偿仍然有效,债权未受偿部分作为破产债权。但该债权人只有在其他同顺位债权人同自己所受的清偿达到同一比例时,才能继续接受分配。人民法院裁定终止重整计划执行的,为重整计划的执行提供的担保继续有效。

第一百一十八条 人民法院裁定终止重整程序,并宣告债务人破产,管理人负责管理财产和营业事务的,管理人应当按照破产清算程序执行职务。债务人负责管理财产和营业事务的,管理人应当立即接管债务人财产和营业事务,按照破产清算程序执行职务。

第四章 和解程序中的管理人职责

第一百一十九条 债务人依法直接申请和解,人民法院裁定和解的,管理人应当依照本规程的规定履行接管、调查、管理、权利审核等职责。

第一百二十条 债务人在人民法院受理破产申请后,宣告债务人破产前,向人民法院申请和解,人民法院裁定和解的,管理人可以协助债务人制作和解协议草案并提出可行性分析意见。

第一百二十一条 对债务人的特定财产享有担保权的权利人,自人民法院裁定和解之日起可以向管理人主张行使担保权。管理人准许担保权人行使担保权的，应当经人民法院许可。

第一百二十二条　裁定和解后，未经人民法院许可，管理人不得协助债务人股东办理股权转让手续。

第一百二十三条　人民法院裁定认可和解协议，终止和解程序的，管理人可以要求债务人按照和解协议的约定将用于清偿债务的资金划入管理人账户统一支付。

第一百二十四条　人民法院裁定认可和解协议，终止和解程序的，管理人应当向债务人移交财产和营业事务，并书面说明管理人接管期间债务人财产和营业事务的变化情况，同时向人民法院提交执行职务的报告。

第一百二十五条　和解协议执行期间，管理人可以不接受债权人的补充债权申报；在和解协议执行完毕后，未申报债权人可以按照和解协议规定的清偿条件行使权利。

第一百二十六条　和解协议执行期间，管理人发现在和解协议的成立中，债务人有欺诈或者其他违法行为的，可以请求人民法院裁定和解协议无效，并宣告债务人破产。

第一百二十七条　债务人不能执行或者不执行和解协议的，管理人可以请求人民法院裁定终止和解协议的执行，并宣告债务人破产。

人民法院终止和解协议执行的，和解债权人在和解协议中作出的债权调整的承诺失去效力。和解债权人因执行和解协议所受的清偿仍然有效，和解债权未受偿的部分作为破产债权。

第一百二十八条　人民法院裁定认可债务人与全体债权人自行达成的和解协议并终结破产程序的，管理人应当向债务人移交财产和营业事务，并书面说明管理人接管期间债务人财产和营业事务的变化情况，同时向人民法院提交执行职务的报告。

第一百二十九条　人民法院裁定终止和解程序、终止和解协议的执行或者裁定和解协议无效，并宣告债务人破产的，管理人应当立即接管债务人财产和营业事务，按照破产清算程序执行职务。

第五章　宣告破产后的管理人职责

第一节　破产财产的变价

第一百三十条　人民法院裁定宣告破产后，管理人应当及时拟订破产财产变价方案。

第一百三十一条　管理人拟订的破产财产变价方案，应当及时提交债权人会议讨论。出席债权人会议的有表决权的债权人过半数通过，并且其所代表的债权额占无财产担保债权总额的二分之一以上的，破产财产变价方案即为通过。

第一百三十二条 债权人会议没有通过破产财产变价方案的,管理人可以提请人民法院裁定认可。

第一百三十三条 管理人应当根据债权人会议通过或者人民法院裁定认可的破产财产变价方案,适时变价出售破产财产。

第一百三十四条 破产财产的变价原则上采用拍卖方式,拍卖程序参照最高人民法院《关于人民法院民事执行中拍卖、变卖财产的规定》的规定执行。经债权人会议或者债权人委员会通过,可以采用招标转让、协议转让、委托出售或者在破产分配时直接进行实物分配等变价方式进行处置。

第一百三十五条 破产企业可以全部或者部分变价出售。企业变价出售时,管理人可以将其中的无形资产和其他财产单独变价出售。

破产财产中的成套设备一般应当整体出售。无法整体出售的,管理人可以根据实际情况分别变价,应当在破产财产变价方案中说明情况和理由。

第一百三十六条 管理人应当参照评估价确定拍卖保留价,拍卖保留价即为起拍价。起拍价不得低于评估价或者市价的百分之七十。如果出现流拍,第二次拍卖比第一次拍卖起拍价的降价幅度不超过20%。如果第二次拍卖仍流拍,管理人可以根据债权人会议的决议继续降价拍卖或以债权人会议决定的方式进行处置。管理人出售、转让债务人持有的有限责任公司股权的,应当依法通知该公司及全体股东;管理人出售、转让债务人投资的股份有限公司股权的,应当依法通知该公司。

股权价值为零或者负值且无法变价,管理人停止追收的,应当报债权人会议表决。子公司符合法定条件的,管理人可以依法对子公司提出破产申请或者强制清算申请。

第一百三十七条 债务人实际控制的关联公司符合适用实体合并规则进行破产清算的,管理人可以拟订合并破产方案,经人民法院批准后实施。

第一百三十八条 债务人的职工住房,已经签订房改合同、交付房款的,或者有证据证明已经房改给个人的,管理人可以按非破产财产处理。

第一百三十九条 人民法院宣告债务人破产后,债务人职工尚未与债务人解除劳动合同的,管理人应当书面通知债务人的职工终止劳动合同。

第一百四十条 对于难以变价的廉价资产或者变现费用超过变现价值的资产,经债权人会议或者债权人委员会通过,管理人可以公益赠与、报废等方式处置,但处置方式不得损害社会公共利益。对于债务人与他人共同共有的财产,管理人应当代表债务人与共有人协商,先分割财产再变价出售。对于债务人与他人按份共有的财产,管理人可以直接将债务人享有的财产份额变价出售。

如果债务人与他人共有的,财产属于一个整体或者配套使用,出售破产财产时应当保障共有人的优先购买权。

第二节　破产财产的分配

第一百四十一条　管理人应当根据破产财产变价情况拟订破产财产分配方案，破产财产分配方案经人民法院审查后提交债权人会议表决。

破产财产分配方案应当载明下列事项：

（一）参加破产财产分配的债权人名单；

（二）参加破产财产分配的债权额；

（三）破产财产总额、破产费用和共益债务数额及可供分配的破产财产数额；

（四）破产财产分配的顺序、比例及数额；

（五）实施破产财产分配的方法。

债权人会议通过破产财产分配方案后，管理人应当将该方案提请人民法院裁定认可；债权人会议没有通过的，管理人可以要求债权人会议二次表决，债权人会议二次表决仍不通过或者拒绝表决的，管理人可以提请人民法院裁定认可破产财产分配方案。

第一百四十二条　管理人必须严格按照法定清偿顺序分配破产财产，但债权人自愿放弃清偿的除外。

破产财产不足以清偿同一顺序的清偿要求的，按照比例分配。

第一百四十三条　破产财产分配一般应当以货币分配方式进行。但是，经债权人会议表决通过，可以采用实物分配、债权分配、权利分配等方式进行分配。

第一百四十四条　对特定破产财产享有担保权的权利人，对该特定破产财产享有优先受偿的权利，但管理人可以扣除担保权人应当承担的保管、评估、拍卖、诉讼、仲裁等维护和实现担保权的费用。实现担保权的费用以实际支出为限，管理人应当提供费用支出的证据，报人民法院审批。

第一百四十五条　对于附生效条件或者解除条件的债权，管理人应当将其分配额提存。

管理人依照前款规定提存的分配额，在最后分配公告日，生效条件未成就或者解除条件成就的，应当分配给其他债权人；在最后分配公告日，生效条件成就或者解除条件未成就的，应当交付给债权人。

第一百四十六条　债权人未受领的破产财产分配额，管理人应当提存。债权人自最后分配公告之日起满二个月仍不领取的，视为债权人放弃受领分配的权利，管理人或者人民法院应当将提存的分配额分配给其他债权人。

第一百四十七条　破产财产分配时，对于诉讼或者仲裁未决的债权，管理人应当将其分配额提存。自破产程序终结之日起满二年仍不能受领分配的,由人民法院将提存的分配额分配给其他债权人。但是,破产程序终结时诉讼、仲裁未决的除外。

第六章　终结破产程序的管理人职责

第一百四十八条　债务人财产不足以清偿破产费用且无利害关系人垫付费用或者垫付的费用仍不足以支付破产费用的,管理人应当提请人民法院裁定宣告债务人破产并终结破产程序。

债务人财产足以清偿破产费用,管理人应当提请人民法院宣告债务人破产;经清算债务人确无财产可供分配的,管理人应当提请人民法院裁定终结破产程序。

管理人在破产财产最后分配完结后,应当向人民法院提交清算工作报告,并提请人民法院裁定终结破产程序。

第一百四十九条　管理人应当自破产财产最后分配完结后,将执行职务过程中形成的账簿装订成册,经人民法院许可,聘请审计机构对管理人账目进行审计。

第一百五十条　管理人应当自破产程序终结之日起十日内,持人民法院指定管理人决定书、宣告破产裁定书、终结破产程序裁定书及公司注销登记申请书、指定代表或者共同委托代理人的证明、指定代表或者共同委托代理人的身份证件、企业法人营业执照正副本、分公司注销登记证明等材料,向工商登记机关申请办理注销工商登记。但是,存在诉讼或者仲裁未决等情况的除外。

第一百五十一条　管理人于办理注销登记完毕的次日终止执行职务。但是,存在诉讼或者仲裁未决情况的,管理人仍应当继续依法履行职责。

第一百五十二条　管理人依法终止执行职务后,应当注销管理人账户,将管理人印章交公安机关销毁并将销毁印章的证明交人民法院备案。

第一百五十三条　管理人终止执行职务后,应当对管理人接管的债务人的账簿、文书等档案资料全部移交给档案管理部门或其他机构保管,债务人为国有企业或国有控股企业的,相关档案资料可以移交给上级主管机关或控股股东。

人民法院裁定批准重整计划或债权人会议通过和解协议并经人民法院裁定认可而终止破产程序的,管理人应及时将已接管的债务人的印章、账簿、文书等资料全部移交给债务人。

管理人可以在必要时预留相应的破产费用,以支付债务人或者破产人的账簿、文书等档案资料的保管费用。

第一百五十四条　管理人应当将执行职务过程中形成的卷宗材料装订成册,按照档案保管规定保存备查或者移交档案保管机构保管。

第七章　附　　则

第一百五十五条　本规程由广州市破产管理人协会负责解释。

第一百五十六条　本规程自二〇一七年十月一日起施行,法律、司法解释有新的规定的,适用法律、司法解释的规定。

延伸阅读:经典文书

××有限公司破产管理人工作制度汇编①

目　　录

管理工作规程

20××年××月××日,××人民法院依法裁定受理××有限公司(以下简称××公司)破产清算案,并指定管理人对公司进行清算。根据××公司破产清算案的实际情况,现对管理人工作作出如下规定。

---

① 本工作制度汇编系笔者团队担任湖南阿里贸易有限公司管理人时,参照《中国破产管理人实务》(余俊福主编)所拟定。

一、基本原则

1. 管理人实行集体负责制,对重大事项实行合议制;

2. 管理人各下设机构坚持对外整体、对内分工的工作原则;

3. 管理人应完善各项规章制度,规范内部管理,坚持所有工作依法合规。

二、机构设置及分工

管理人下设以下机构:

(一)综合事务部:下设办公室、资料室

1. 办公室职责范围:负责日常行政事务;与司法部门的日常联络;组织债权人会议会务工作,编制清算报告;协调各下设机构间的工作。

2. 资料室职责范围:保管破产企业重要证照、印章、档案;负责内部团队文书的收集、整理、归档等工作;负责管理人印章使用的登记;破产程序终结,负责有关公章证照的注销手续。

(二)债权审核部

债权审核组职责范围:接受债权申报、制定债权核查标准,审核、复核债权;编制债权清册、债务清册、债权表等。

(三)资产清收部

资产清收组职责范围:负责送达偿还财物通知书;负责应收款及债权的追收;负责管理有关仲裁及诉讼等法律事务。

(四)资产管理部

资产管理组职责范围:负责保管有关财产凭证;负责破产企业财产的管理、清理及评估、变价、分配。

三、其他规定

1. 各下设机构应根据各部门的职责范围,制定本部门的规章制度或业务操作规程,报管理人批准后实行。

2. 各部门的规章制度及业务操作规程应包括但不限于如下内容:

(1)人员分工和定岗定责;

(2)文书档案的建立和管理;

(3)可以普遍适用的标准化操作规章。

3. 各部门应明确"重大事项"的范围,属于"重大事项"的,必须报管理人按议事规则处理,但各部门可以提出参考处理意见。

4. 各部门应确保工作人员相对固定,确需调整有关人员的,部门负责人应及时通知管理人。

5. 各部门的调整，必须由管理人合议决定。

本暂行办法经管理人合议通过并经××人民法院批准后生效执行，管理人视具体情况应及时予以修订。

办公会议议事规则

20××年××月××日，××人民法院依法裁定受理××有限公司（以下简称××公司）破产清算案，并指定管理人对公司进行清算。为了促进清算工作依法合规进行，提高工作效率，制定本规则。

第一条　管理人办公例会的召开。

1. 管理人办公会议是处理管理人事务的例会，每周在管理人办公场所会议室召开；

2. 由管理人负责人提议或管理人下设各部门负责人提出召开办公会议的可以召开临时会议；

3. 管理人办公会议由管理人负责人或管理人负责人委托和管理人成员主持召开，如有必要可由法院审判人员主持召开；

4. 管理人负责人及管理人成员必须参加管理人办公会议，如管理人认为有必要，各部门负责人或工作人员也应参加，如有事不能参加必须提前两个工作日请假；

5. 每次会议前一个工作日下午，管理人办公室应在征求管理人各成员和管理人负责人各部门意见后，将第二天会议内容书面发送给管理人各成员。

第二条　管理人办公会议的内容。

1. 处理清算期间公司的日常事务；

2. 对上次会议后的工作进行回顾和总结；

3. 管理人会计师通报上周的财务收支情况；

4. 管理人成员和部门负责人通报上周的重大事项；

5. 讨论通过管理人人民币3000元以上的财务支出；

6. 讨论审议各部门上报应由管理人会议决定的事项；

7. 布置相关工作任务；

8. 处理重大突发事件；

9. 其他管理人负责人或成员认为要提交讨论的事项。

第三条　管理人办公会议在广泛听取各方面意见的基础上形成决定，如有必要由管理人报法院批准或备案。

第四条　管理人办公会议由管理人办公室派专人记录，与会人员必须签字，会议记录由管理人综合事务部办公室保留存档。

第五条 每月根据例会内容总结当月工作报告,上报××人民法院。

第六条 本规程报经××人民法院批准后生效。

第七条 本规程的最终解释权归××公司破产管理人。

财务收支管理办法

20××年××月××日,××人民法院依法裁定受理××有限公司(以下简称××公司)破产清算案,并指定管理人对公司进行清算。为避免资产风险,维护广大债权人的合法权益,制定本办法。

第一条 财务账册、原始凭证移交管理人会计师之前,公司原法定代表人及原财务人员必须保管好公司的财务账册、原始凭证,移交完毕后,财务账册、原始凭证由管理人会计师保管。

第二条 日常财务收支的确定。

1. 公司原主管财务的领导及部门负责人、留守人员应主动配合管理人的工作;

2. 管理人与公司通过管理人办公会议确定日常开支,并详细列表;

3. 管理人的账户是公司破产清算期间唯一财务账户,所有的财务收支必须通过该账户进行。

第三条 日常财务支出备案与审批。

日常财务支出包括:

1. 员工工资及社会养老保险费;

2. 应当缴纳的税金;

3. 必要支出的水电费;

4. 设备维护费;

5. 其他由管理人办公会议通过的必须支出的费用。

前述第1~3项支出,由管理人办公会议确定基数,每次支付时,由管理人下设各部门负责人填表、签字,并报管理人、人民法院核准后支付。

第四条 日常财务支出以外的费用,未征得管理人的许可,一律不得支出。

第五条 为处理以下事项而发生的费用,应事先征得管理人负责人的书面同意:

1. 清点、保管公司财产;

2. 核查、追收公司债权;

3. 为公司利益而进行必要的并经管理人许可的经营活动;

4. 管理人许可的其他工作。

第六条 管理人的费用支出,由管理人编制预算报告经法院批准同意后实施。

第七条　借款、财务报销管理

1. 借款必须由借款人申请，提供相关资料，填写借款单，根据审批权限，由管理人办公会议批准后，到管理人财务室借款；

2. 3天以上出差借款必须有出差申请表；购物借款必须有采购申请单或采购计划；备用金借款按公司规定办理；其他借款必须提供相关书面资料；

3. 人民币借款一次借款在500元以上的，要提前通知财务室；

4. 借款必须专款专用，并须于出差完毕或业务完结15天内凭出差报告、支出凭证报销；

5. 相关人员调离或工作变动，原借款必须提前清理完毕；

6. 为简化财务手续，提高效率，经管理人办公会议批准的支出项目，可采取个人先垫付后报销的程序。

第八条　本办法报经××人民法院批准后生效。

第九条　本办法的最终解释权属××公司破产管理人。

证照、印章日常管理和使用办法

20××年××月××日，××人民法院依法裁定受理××有限公司（以下简称××公司）破产清算案，并指定管理人对公司进行清算。为了维持公司破产清算期间的稳定，避免资产风险，维护广大债权人的合法权益，制定公司破产清算阶段日常经营管理及印章使用办法。

第一条　在破产清算期间，公司按法院批准的方案继续营业事务或停止经营。

第二条　公司证照、印章的废止与对外用章管理。

1. 公司所有证照、印章原则上一律封存，公司的对外活动及其他事务，均以加盖管理人的印章为准；

2. 依《破产清算阶段财务收支管理办法》需要使用管理人印章的，须报管理人批准；

3. 除上述办法规定以外的事项，需要使用管理人印章的，须报管理人批准；

4. 如有特殊情况，需要使用公司原有印章的，须填写《用印申请表》说明情况报管理人批准。

第三条　申请使用公司印章、管理人印章时必须由经办人作出书面说明，并由管理人下设之职能机构负责人复核并签署意见后交由管理人审批。

第四条　本办法报经××人民法院批准后生效。

第五条　本办法的最终解释权归××公司破产管理人。

发文存档管理办法

2014年10月14日,××人民法院依法裁定受理××有限公司(以下简称××公司)破产清算案,并指定管理人对公司进行清算。为确保管理人工作有序开展,现制定以下发文存档管理办法。

第一条 为加强管理人文书收发、立卷工作,特制定本制度。

第二条 坚持部门收集、管理文件材料制度。各部门均应指定专职文书人员,负责管理本部门的文件材料,并保持相对稳定。人员变动应及时通知管理人。

第三条 由几个部门共同参与工作的,在工作中形成的文件材料,由主办部门收集归卷。会议文件由会议主办部门收集归卷。

第四条 管理人员外出交流、调查研究、参加会议等公务活动的,必须将会议的主要文件资料向所属部门办理归档手续。

第五条 管理人召开会议,由会议主办部门指定专人将会议材料、声像档案等向资料室办理归档手续。

第六条 各部门专职文书的职责:

1. 了解本部门的工作业务,掌握本部门文件材料的归档范围,收集管理本部门的文件材料;

2. 承办人员借用文件材料时,应积极地提供帮助,做好服务工作,并办理临时借用文件材料登记手续。

第七条 应归档文件范围:

1. 重要的会议材料,包括会议的通知、报告、决议、总结、会议简报、会议记录等;

2. 主管或有关部门发来的与本管理人有关的决定、决议、指示、通知等文件材料;

3. 本管理人对外的正式发文与有关单位来往的文书;

4. 本管理人的请示与主管部门的批复;

5. 本管理人反映主要职能活动的报告、总结;

6. 本管理人的各种工作计划、总结、报告、请示、批复、会议记录、统计报表及简报;

7. 本管理人与有关单位签订的合同、协议书等文件材料;

8. 本管理人人员任免的文件材料。

第八条 各部门都要建立健全平时归卷制度。对处理完毕或批存的文件材料,由专职人员集中统一保管。

第九条 各部门应根据本部门的工作范围及工作任务,编制文件材料归卷使用的"案卷类目"。"案卷类目"的条款必须简明确切,并编上条款号。

第十条 公文承办人员应及时将办理完毕或经负责人员批存的文件材料,收集齐全,加以整理,送交本部门归卷。

第十一条 专职文书人员应及时将已归卷的文件材料,按照"案卷类目"条款,放入相应的文件卷夹,并在收发文登记簿上注明。

第十二条 文件的收发:

1. 管理人对外的文件由各部门负责起草和审核,管理人负责人签发。

2. 文件签发后送回起草部门校对,校对无误方能盖章。

3. 文件和原稿,由文书人员统一归档,保存备查。

4. 文件统一由指定人员负责发送。送件人应将文件内容、报送日期、部门、接件人等事项登记清楚,并向文件签发人报告报送结果。秘密文件由专人按核定的范围报送。

5. 外来的文件由指定人员负责签收,并分类登记。

6. 传阅文件由各部门指定人员负责收回,对重要指示的文件,应及时组织传达和落实。

第十三条 本管理人公文在处理破产清算案件中对相关问题的处理意见、请示和答复问题,指导与商洽工作的重要载体,各部门应严格按照本办法的规定执行。

第十四条 管理人公文,实行统一管理。公文的管理,要做到规范、准确、及时、安全。

第十五条 全体管理人工作人员,对公文中涉及国家、政府或本管理人应保密的事项包括商业秘密,必须严守机密,不准随便向他人泄露。

第十六条 管理人发文的程序为拟稿、审核(部门负责人)、签发(管理人负责人)打印、发文、催办、立案、归档、销毁等。

第十七条 管理人收文的处理程序为收文、分文、传送、催办、立卷、归档。草拟公文应注意以下事项:

1. 反映情况要客观,实事求是;

2. 文字要准确、精练,条理要清楚,层次要分明,结构要紧密,用语要规范;

3. 使用法律、法规依据要具体、准确。

第十八条 各部门阅、批公文应仔细认真,阅完后要签名并注明日期,并签署具体意见。

第十九条 管理人所有发文,发文单位应有存档,并将文件原稿及审核稿件连同正本二份送资料室存档。有负责人批示的,还应附批复件。

第二十条 本办法报经××人民法院批准后生效。

第二十一条 本办法的最终解释权归××公司破产管理人。

工作保密制度

第一条 为保守××有限公司秘密,维护破产相关权利人权益,特制定本制度。

第二条 管理人所有工作人员都有保守公司秘密的义务。

第三条 管理人保密工作,实行既确保保密又便利的工作方针。

第四条 管理人工作人员保守公司秘密的范围包括但不限于以下事项:

1. 管理人知悉的有关公司的财务情况;
2. 管理人知悉的有关公司的合同、协议、意见书、主要会议记录等;
3. 管理人知悉的有关公司职员的人事档案、工资、劳务性收入及资料;
4. 管理人知悉的其他应当保密的事项。

第五条 属于破产清算相关秘密的文件、资料和其他物品的制作、收发、传送、使用、复制、摘抄、保存和销毁,由管理人委托专人执行;采取电脑技术存取、处理、传递的资料,由管理人委托专人负责保密。

第六条 对外交往合作中需要提供公司秘密事项的,应当事先经管理人负责人批准。

第七条 本制度报经××人民法院批准后生效。

第八条 本制度的最终解释权归××有限公司破产管理人。

安全保卫责任制管理规定

第一条 为加强××有限公司破产清算企业安全保卫工作,确保包产清算工作正常进行和破产清算企业财产特别是财务凭证、电子数据的安全,特制定本制度。

第二条 破产清算企业建立安全经营、内部保卫工作的监督检查制度。做到监督检查工作常备不懈。

第三条 破产清算企业的经营场所、仓库要通道畅通,严格按《建筑灭火器材配置设计规范》的要求,分类备足相应的防火器具、确保防火器具有效,摆放位置明显,不得被杂物挤压围堆。

第四条 破产清算企业经营场所要严格防止超负荷使用电力设备、线路,对老化、破损、超载线路及时进行保养更换。电线、照明灯具要与物品保持安全距离,不得挤压电源线路。

第五条 企业留守工作人员要正确使用操作电器、设备。要求持证上岗的必须持证上岗。对设备要定期进行安全检查,对存有隐患的设备要及时停用、维修或更换,经检测合格后方可使用。破产清算企业的重要设备要设专人管理负责。

第六条 破产清算企业对出租的库房、办公用房等要与承租的单位或个人签订安全保卫、防火防盗、安全用电协议,做到责任清楚,各负其责。

第七条 破产清算企业要根据安全生产主管部门的有关规定,要经常检查、监督,严格操作规程,保证破产清算企业财产和员工的人身安全。

第八条 破产清算企业要自觉接受公安、消防、治安部门的监督管理,保持与治安部门联系畅通,共同构建防范屏障,对无理取闹寻衅滋事,侵害公物、盗窃财产犯罪的行为要给予坚决打击。

第九条 破产管理人与保安服务公司签订服务合同,保卫人员要认真贯彻保卫制度,尽职尽责,做到人防、技防相结合,确保破产清算企业财物不受损失。

第十条 破产管理人工作人员出行办公,要认真遵守公共秩序,谨防意外发生。

第十一条 企业留守工作人员要树立防范意识,爱护公共财产,妥善保管好个人物品,下班后要锁好门窗,办公室内不要存入现金等贵重物品。办公场所来陌生人要主动询问。

第十二条 破产清算企业财务办公室避免闲人出入。认真落实人防技防措施,确保财务档案安全,财务室要认真执行现金保管规定,送款、取款要有保卫措施。财务人员下班后要严格检查门窗、保险柜是否锁好并开启监控设备。

第十三条 破产清算企业汽车驾驶人员未经领导批准不得私自出车,坚决遵守《中华人民共和国道路交通安全法》及本地区交通法规和本单位的安全行车规定。

第十四条 安全保卫、防火、防盗常识。企业留守工作人员要做到懂安全操作、会防火、灭火、自救,保护事故现场,会使用消防、防盗设备器具。

第十五条 破产清算企业要建立处理突发、紧急事务机制。如遇重大突发情况,做到及时报告求助,及时采取得力措施,避免人员、财产的损失。

第十六条 安全保卫防火工作要常抓不懈,管理人将定期或不定期进行检查监督。发现安全隐患的,应及时纠正解决。

第十七条 本办法报经××人民法院批准后生效。

第十八条 本规定的最终解释权属××有限公司破产管理人。

处理突发重大事件的应急预案

2014年10月14日,××人民法院依法裁定受理××有限公司(以下简称××公司)破产清算案,并指定管理人对公司进行清算。为确保清算工作期间发生的重大突发事件能够及时、迅速、高效、有序地进行应急处理,以保证清算工作的顺利进行,维护社会稳定,特制定本应急预案。

第一条 管理人应对突发事件的基本原则为反应及时、处理迅速、谨慎有序。

第二条 本预案所指突发事件是指突然发生或已有明确征兆的严重影响破产审判和清算工作顺利进行的各种事件和行为。

主要包括但不限于:

1. 债权人、中小投资者群体性上访、走访或情绪失控行为,群体性是指15人以上;

2. 留守人员因劳动争议引发群体性的上访、投诉等;

3. 清算期间出现的重大安全事故;

4. 执法机关突然采取财产和人身强制措施;

5. 与清算有关的负责人及工作人员突然失去联系或发生重大人事变动;

6. 其他严重影响破产审判和清算工作顺利进行的情形。

第三条 管理人直接负责清算期间突发事件的应对工作,管理人负责人为主管负责人,全盘领导应急预案的实施和执行并及时向××人民法院汇报工作。

第四条 管理人实施应急预案的主要职责如下:

1. 研究确定应对突发事件的决策和指导意见;

2. 突发事件发生时制定相应的应急预案;

3. 组织领导应急后期处置工作,包括清理事故现场;调查评估损失情况;调查事件原因;与××人民法院沟通并向其汇报工作;整理文字材料并存档;局部修改预案;

4. 总体调整应急部署并调整人力、物力;

5. 进行应急工作总结汇报。

第五条 与清算工作有关的所有工作人员都有义务在得知突发事件发生或即将发生的第一时间向管理人汇报,并在保障自身安全的情况下,立即实施力所能及的紧急处置措施。

第六条 管理人任何成员得知突发事件发生或即将发生的事实后应在第一时间报告管理人负责人,管理人负责人在得知突发事件发生或即将发生的第一时间内向××人民法院汇报情况。

第七条 突发事件发生后,管理人应在第一时间内制定相应的应急措施,包括临时措施和应对措施,请示××人民法院后及时实行。

第八条 如突发事件持续时间很长,影响极其严重,管理人应制定相应的专项预案,报××人民法院审查执行。

第九条 管理人应对突发事件的具体工作程序如下:

1. 突发事件一旦发生,除事发部位相关部门负责人以外,所有管理人成员迅速集中到办公地点进行紧急磋商。主管负责人应立即展开了解、核实情况等前期工作。

2. 事件发生部位相关部门负责人尽快到达现场核实情况,采取一切必要的临时措施防止事态的严重发展。

3. 如事态进一步恶化，工作人员应请求值班保安人员将人员进行隔离、集中，尽量避免其四处走动、喧哗。现场工作人员应与安保人员沟通、协作，制止安保人员不文明的语言举止，禁止保安人员用暴力或器械。

4. 如工作人员发现保安人员无法控制混乱局面，在清时管理人负责人同意后，现场工作人员应及时向辖区派出所或"110"报警。报警时要叙述清楚事发地点、单位、事由和联系电话。

5. 管理人其他相关工作人员应积极做好应急准备。

6. 与清算工作组有关的其他工作人员应积极配合工作。

7. 无应急任务的人员应在工作岗位待命。

第十条　管理人应就突发事件的处理情况、进度以及影响等事项及时向××人民法院汇报，并提出相应的补救措施或建议。

第十一条　应急预案启动期间，管理人应保证办公场所的报警电话畅通，各相关人员应24小时保证联络畅通；各应急主要负责部门应根据需要组建应急专门队伍守候。

第十二条　突发事件处理完毕，管理人应及时总结情况，并向××人民法院汇报工作。

第十三条　本规定经××人民法院批准后生效。

第十四条　本规定的最终解释权归××公司破产管理人。

清算期间企业财产管理规定

20××年××月××日，××人民法院依法裁定受理××有限公司（以下简称××公司）破产清算案，并指定管理人对公司进行清算。为了避免资产风险，维护广大债权人的合法权益，特制定本管理规定。

第一条　依据法律规定，公司的原法定代表人和所有留守员工负有义务保管企业的现有资产，不得有隐匿、移转、毁损及其他一切造成企业资产价值贬损的行为。

第二条　公司管理人办公会议确定各项资产的保管部门和保管责任人。

第三条　公司资产如有安全隐患、面临重大风险或丢失、损毁的，责任人应当在第一时间向主管部门领导进行汇报，按照公司规章制度的规定做出处理，并保留相应的工作记录备查。

出现上述安全隐患或是安全事故的，如果隐瞒不报或不及时处理的，所在部门的责任人要承担直接责任，处理不利造成损失扩大的要承担相应的赔偿责任。

第四条　继续完善公司的值班制度，确保企业的重要资产、设备财务账册、凭证、电子文档24小时有人监管,并主动与公安、消防等部门保持日常的协调工作。

第五条 为保障公司有关资产及权益安全,必要时可申请法院裁定保全。资产管理部提交资产保全方案呈管理人办公会议批准后提交法院。

第六条 破产财产的查证清理完毕后,资产管理部提出资产处置方案交管理人办公会议,批准后提交法院、债权人会议。

第七条 处理破产财产之前,管理人对依法可以评估的财产应确定由具有相应评估资质或通过管辖法院经法定程序选定的评估机构对破产财产进行评估。

第八条 依法可以拍卖、变现的财产应当以拍卖方式进行。管理人委托有相应拍卖资质的拍卖机构进行拍卖。依法不得进行拍卖的或法律法规限制流通的财产,商请政府有关部门主管机关变现。

第九条 本规定报经××人民法院批准后生效。

第十条 本规定的最终解释权归××公司破产管理人。

留守人员人事薪酬管理规定

20××年××月××日,××人民法院依法裁定受理××有限公司(以下简称××公司)破产清算案,并指定管理人对公司进行清算。为了维持破产清算的稳定,提高破产清算工作效率,避免资产风险,制定本办法。

第一条 人民法院宣告企业破产清算后,公司的法定代表人和财会、统计、保管、保卫人员必须留守,其他需要留守的人员及人数由公司破产管理人决定并予以公布。

第二条 在法院指定的破产清算阶段,公司的任何留守人员,尤其是法定代表人及财务、保卫人员,不得擅离职守。

第三条 留守人员职责。

1. 公司留守人员有义务配合破产管理人做好员工的思想工作,妥善安排好员工的工作生活,避免重大群访、群诉等突发事件;

2. 公司原主管人事的公司领导及部门领导应主动配合破产管理人的工作,破产管理人将指派专门的律师负责人事工作的处理;

3. 破产管理人办公会议与公司确定企业各留守人员的岗位与职责;

4. 留守人员的岗位与职责确定后留守人员必须遵守劳动纪律,严格履行岗位责任,接受公司考核,按月向破产管理人书面报告考核情况。

第四条 工资与待遇。

1. 公司留守人员的基本待遇通过平等协商议定;

2. 公司留守人员的社会医疗保险、养老保险正常缴纳;

3. 公司留守人员的其他福利待遇等须报破产管理人办公会议讨论，由破产管理人征求法院意见后决定。

第五条 为节约破产费用，破产管理人应根据破产清算工作进程对留守人员的人数进行相应调整，并将调整结果及时公布。

第六条 劳动人事问题的处理程序如下：

1. 公司的劳动人事问题应全部采用书面文件处理并存档；

2. 公司人事主管部门负责处理日常事务；

3. 公司留守人员的正常休假、病假、事假由人事主管部门及公司主管人事的领导批准，报破产管理人核准；

4. 公司法定代表人、财务人员、保卫人员的休假、病假、事假须报破产管理人办公会议批准。

第七条 本规定的未尽事宜依照国家、政府有关劳动法律、法规处理。

第八条 本规定报经××人民法院批准后生效。

第九条 本规定的最终解释权归××公司破产管理人。

对外签订合同管理办法

20××年××月××日，××人民法院依法裁定受理××有限公司（以下简称××公司）破产清算案，并指定管理人对公司进行清算。为加强破产清算期间的合同管理，避免失误，保证破产清算工作的顺利完成，维护债权人的合法权益，制定本办法。

第一条 在法院指定的破产清算阶段，公司对外签订的所有合同（以下简称合同）一律使用本办法。

第二条 合同原则上由部门具体经办人拟定初稿，由管理人指定工作人员统一登记编号、经办人签名后，按合同审批权限进行审批。

第三条 合同在正式签订前必须按规定上报管理人或管理人办公会议。经审查批准后，方能正式签订。

合同审批批权限如下：

1. 标的在人民币1万元以下的合同由管理人负责人审批；

2. 标的在人民币1万元以上的合同由管理人办公会议审批；

3. 标的超过人民币10万元的合同由人民法院审批。

第四条 合同必须经管理人律师进行审查。合同审查的要点：

1. 合同的合法性，包括当事人有无签订、履行该合同的权利能力和行为能力；合同内容是否符合国家法律、政策和本办法规定等。

2. 合同的严密性,包括合同应具备的条款是否齐全;当事人双方的权利义务是否具体、明确;文字表述是否确切无误等。

3. 合同的可行性,包括当事人双方特别是对方是否具备履行合同的能力、条件;预计取得的经济效益和可能承担的风险;合同非正常履行时可能受到的经济损失等。

第五条 合同谈判由管理人办公会议指定人员(2人以上)进行参与。

第六条 合同内容必须遵守国家的法律、政策及有关规定。对外签订合同,必须持有公司管理人签发的授权委托书。

第七条 在法院指定的破产清算阶段对外签订的所有合同一律必须采用统一合同格式。

第八条 管理人档案管理部门应认真做好合同管理工作。具体要求如下:

1. 建立合同档案;

2. 建立合同管理账簿目;

3. 监督合同履行情况并上报管理人。

第九条 任何人对外签订合同,都必须以维护管理人及广大债权人的合法权益为宗旨。决不允许在签订合同时假公济私,违者依法严惩,情节严重的,依法追究其法律责任。

第十条 本办法报经××人民法院批准后生效。

第十一条 本办法的最终解释权归××公司破产管理人。

第三章　破产债权申报审核

破产程序的实质是债务清偿,债务清偿首先需要对债务进行核查。核查债务需要债权人申报自己的债权。就此种意义而言,破产债权申报与审核可以说是破产程序的起点,破产管理人入驻破产企业后对外开展的第一项工作便是接受债权人的债权申报并进行审核。破产债权申报、审核及审核结果确认对于破产程序进程起着基础性的决定作用,是破产程序得以最终完结的必要条件。破产债权审核结果对于债权人而言,具有十分重要的意义,不仅决定了其是否可以参与破产程序,能否行使表决权,更是最终决定其能否获得破产财产分配的基础性数据。因此,破产管理人必须重视破产债权的申报和审核工作。

第一节　破产债权的概念

一、破产债权的含义

破产债权,是指权利人依照《企业破产法》而享有的请求破产企业即债务人为一定给付的权利。《企业破产法》第44条规定:“人民法院受理破产申请时对债务人享有债权的债权人,依照本法规定的程序行使权利。”第53条规定:“管理人或者债务人依照本法规定解除合同的,对方当事人以因合同解除所产生的损害赔偿请求权申报债权。”第107条第2款规定:“债务人被宣告破产后,债务人称为破产人,债务人财产称为破产财产,人民法院受理破产申请时对债务人享有的债权称为破产债权。”破产债权与债权,从法律逻辑上来讲,属于种属关系,破产债权是债权的一种,破产债权一定属于债权,但债权并不一定是破产债权。

破产债权有实体意义上的破产债权和程序意义上的破产债权之分。实体意义上的破产债权是指在破产程序开始之前,基于合同、侵权、无因管理、不当得利或者其他法律原因而成立的对债务人即破产企业所享有的金钱债权或者可以以金钱评价的债权。程序意义上的破产债权则是指依据破产程序申报并以破产财产受偿的债权。

二、破产债权的特征

破产债权是民事债权的一种,相对于一般的民事债权而言,属于特殊的民事债权,其具有如下特征。

1. 破产债权是破产程序开始前成立的债权

破产债权与一般民事债权相比的主要差异在于全体破产债权人公平受偿。为保障全体破产债权人公平受偿,就必须确定一个破产债权的时间点,根据《企业破产法》第45条的规定,应以人民法院受理破产申请之日作为确定破产债权的时间点。人民法院受理破产申请之日前成立的债权为破产债权,人民法院受理破产申请之日后发生的相关费用则不列入破产债权,而是计入破产费用或者共益债务。破产债权在破产申请受理前成立,但并不是必须在破产申请受理时就已生效,在破产申请受理时已经成立但尚未生效的债权,根据《企业破产法》第47条“附条件、附期限的债权和诉讼、仲裁未决的债权,债权人可以申报”以及第51条“债务人的保证人或者其他连带债务人已经代替债务人清偿债务的,以其对债务人的求偿权申报债权。债务人的保证人或者其他连带债务人尚未代替债务人清偿债务的,以其对债务人的将来求偿权申报债权。但是,债权人已经向管理人申报全部债权的除外”的规定,仍然属于破产债权。

2. 破产债权必须能够通过法律强制执行的债权

破产债权需要债权人申报并由管理人审核,不能通过管理人审核的债权不得列入破产债权。管理人对债权人申报的债权进行审核的标准是该债权合法与否,以及是否可以通过强制执行程序而实现。凡是基于非法原因而产生的不合法的债权,均不得列入破产债权。对于超过诉讼时效的债权,虽然其在实体意义上仍然是债权,但从程序意义上来说,由于其不能通过强制执行程序而实现,故仍然不能列入破产债权。《企业破产法》第 33 条规定:“涉及债务人财产的下列行为无效:(一)为逃避债务而隐匿、转移财产的;(二)虚构债务或者承认不真实的债务的。”基于不合法原因而产生的债权,当然不得作为破产债权申报。破产债权能够强制执行,就必须合法有效,但应当注意的是,合法有效的债权并不是指依法已经发生法律效力的债权。债权基于合法原因而发生,但由于种种原因所附条件或者期限没有成就而未生效的债权,仍然属于有效的债权,可以进行债权申报。

3. 破产债权是财产性债权

普通民事债权,既可以是具有财产给付内容的债权,也可以是以一定行为为给付内容的债权。破产债权通过破产程序而受偿,只能是以金钱给付而获得清偿的财产性债权,而不得以债务人(破产企业)为一定行为作为给付内容。因此,破产债权必须是可表现为货币形式的债权,非货币形式的债权应当结算为货币债权,不能结算为货币债权的,不得列入破产债权。例如,名誉权、人格权受到侵害的,如果能够转化为金钱债权,则可以成为破产债权;如果不能转化为金钱债权,如要求侵害人向权利人赔礼道歉、恢复名誉等情况,则从法律性质上来说,其虽然属于权利,但因为不能转化为金钱债权,故无法成为破产债权。

4. 破产债权必须是通过破产程序才能实现的债权

破产债权的实现具有特殊性,首先必须进行破产债权的申报,然后必须经过管理人审核,并由人民法院确认,最后才能列入破产债权。若债权人未按照规定期限进行申报,则没有经由破产管理人审核的债权,即使没有效力瑕疵,也不能列入破产债权,也不能通过破产程序获得清偿。

5. 除劳动债权外,破产债权必须依法申报

《企业破产法》第 48 条规定:“债权人应当在人民法院确定的债权申报期限内向管理人申报债权。债务人所欠职工的工资和医疗、伤残补助、抚恤费用,所欠的应当划入职工个人账户的基本养老保险、基本医疗保险费用,以及法律、行政法规规定应当支付给职工的补偿金,不必申报,由管理人调查后列出清单并予以公示。职工对清单记载有异议的,可以要求管理人更正;管理人不予更正的,职工可以向人民法院提起诉讼。”第 56 条规定:“在人民法院确定的债权申报期

限内,债权人未申报债权的,可以在破产财产最后分配前补充申报;但是,此前已进行的分配,不再对其补充分配。为审查和确认补充申报债权的费用,由补充申报人承担。债权人未依照本法规定申报债权的,不得依照本法规定的程序行使权利。”除劳动债权外,其他债权必须依法进行申报,对于债务人所享有的非劳动债权,如果未依法申报,则不能依法参与破产程序,不能享有破产程序中的程序性权利,不能列入破产债权。

三、破产债权的范围

对于破产债权的范围,《最高人民法院关于审理企业破产案件若干问题的规定》不仅从正面规定了哪些属于破产债权,也从反面规定了哪些不属于破产债权。其第55条规定:“下列债权属于破产债权:(一)破产宣告前发生的无财产担保的债权;(二)破产宣告前发生的虽有财产担保但是债权人放弃优先受偿的债权;(三)破产宣告前发生的虽有财产担保但是债权数额超过担保物价值部分的债权;(四)票据出票人被宣告破产,付款人或者承兑人不知其事实而向持票人付款或者承兑所产生的债权;(五)清算组解除合同,对方当事人依法或者依照合同约定产生的对债务人可以用货币计算的债权;(六)债务人的受托人在债务人破产后,为债务人的利益处理委托事务所发生的债权;(七)债务人发行债券形成的债权;(八)债务人的保证人代替债务人清偿债务后依法可以向债务人追偿的债权;(九)债务人的保证人按照《中华人民共和国担保法》第三十二条的规定预先行使追偿权而申报的债权;(十)债务人为保证人的,在破产宣告前已经被生效的法律文书确定承担的保证责任;(十一)债务人在破产宣告前因侵权、违约给他人造成财产损失而产生的赔偿责任;(十二)人民法院认可的其他债权。其中,本条的第(五)项债权以实际损失为计算原则。”第59条规定,债务人退出联营应当对该联营企业的债务承担责任的,联营企业的债权人对该债务人享有的债权属于破产债权。第62条规定,政府无偿拨付给债务人的资金不属于破产债权。但财政、扶贫、科技管理等行政部门通过签订合同,按有偿使用、定期归还原则发放的款项,可以作为破产债权。

第55条规定,违约金不作为破产债权,定金不再适用定金罚则。第58条规定,职工向企业的投资,不属于破产债权。第61条规定:“下列债权不属于破产债权:(一)行政、司法机关对破产企业的罚款、罚金以及其他有关费用;(二)人民法院受理破产案件后债务人未支付应付款项的滞纳金,包括债务人未执行生效法律文书应当加倍支付的迟延利息和劳动保险金的滞纳金;(三)破产宣告后的债务利息;(四)债权人参加破产程序所支出的费用;(五)破产企业的股权、股票持有人在股权、股票上的权利;(六)破产财产分配开始后向清算组申报的债权;(七)超过诉讼时效的债权;(八)债务人开办单位对债务人未收取的管理费、承包费。"第62条规定,政府无偿拨付给债务人的资金不属于破产债权。但财政、扶贫、科技管理等行政部门通过签订合同,按有偿使用、定期归还原则发放的款项,可以作为破产债权。

《企业破产法》对于《最高人民法院关于审理企业破产案件若干问题的规定》关于破产债权范围的规定,在某些方面进行了修改。例如,《企业破产法》第46条规定:未到期的债权,在破产申请受理时视为到期。附利息的债权自破产申请受理时起停止计息。第51条规定:债务人的保证人或者其他连带债务人已经代替债务人清偿债务的,以其对债务人的求偿权申报债权。债务人的保证人或者其他连带债务人尚未代替债务人清偿债务的,以其对债务人的将来求偿权申报债权。但是,债权人已经向管理人申报全部债权的除外。第53条规定:管理人或者债务人依照本法规定解除合同的,对方当事人以因合同解除所产生的损害赔偿请求权申报债权。第54条规定:债务人是委托合同的委托人,被裁定适用本法规定的程序,受托人不知该事实,继续处理委托事务的,受托人以由此产生的请求权申报债权。第55条规定:债务人是票据的出票人,被裁定适用本法规定的程序,该票据的付款人继续付款或者承兑的,付款人以由此产生的请求权申报债权。第109条规定:对破产人的特定财产享有担保权的权利人,对该特定财产享有优先受偿的权利。第110条规定:享有本法第一百零九条规定权利的债权人行使优先受偿权利未能完全受偿的,其未受偿的债权作为普通债权;放弃优先受偿权利的,其债权作为普通债权。

四、破产债权的分类

破产债权作为债权的一种,同样可以依据一定的标准进行分类。对于破产管理人而言,依据一定的标准对破产债权进行分类的意义在于便于对破产债权进行审核。

第一,依据破产债权所发生的基础关系不同,可以将破产债权分为基于民事法律关系发生的破产债权,基于劳动法律关系发生的破产债权和基于税收法律关系发生的破产债权。基于民事法律关系发生的破产债权可以进一步分为合同之债、侵权之债、无因管理之债、不当得利之债以及票据之债。基于劳动法律关系发生的破产债权是指破产企业即债务人所欠职工工资、医疗、伤残补助、抚恤费以及应当划入职工个人账户的基本养老保险、基本医疗保险费用和法律、行政法规规定应当支付给职工个人的补偿金。基于税收法律关系的债权是指依据相关税收法律法规,企业依法应当向税收征收机关缴纳的各项税款。

第二,依据破产债权有无财产担保,可以将破产债权分为有财产担保的债权和无财产担保的债权。有财产担保的债权是指对债务人(破产企业)的特定财产享有担保物权的破产债权。根据我国物权法的规定,担保物权的设定依据法律规定,可以分为抵押权、质权和留置权三种类型。有担保物权的债权对于担保财产享有优先受偿权。相对于有担保物权的债权来说,无担保物权的债权为普通债权。有担保物权的债权人如果放弃优先受偿权或者经过行使担保物权仍未获得清偿的部分则转化为普通债权。

第三,依据破产债权发生法律效力的不同,可以将破产债权分为附条件的破产债权和附期限的破产债权。按照《企业破产法》的规定,附条件、附期限的债权,债权人可以申报。未到期的债权,在破产申请时视为到期,附利息的债权自破产申请受理时起停止计息。对于附生效条件或者解除条件的债权,管理人应当将其分配额提存。管理人依照前款规定提存的分配额,在最后分配公告日,生效条件未成就或者解除条件成就的,应当分配给其他债权人;在最后分配公告日,生效条件成就或者解除条件未成就的,应当交付给债权人。

第四,依据破产债权标的物是否特定,可以将破产债权分为特定的破产债权和种类的破产债权。特定的破产债权是指因债务人的某一特定行为所产生的债权,如要求债务人承揽某一特定物品的债权。种类的破产债权是指因债务人某一种类行为所产生的债权。

第五,依据破产债权清偿顺序的不同,可以将破产债权分为优先受偿的破产债权和非优先受偿的破产债权。优先受偿的破产债权,是指债权人因对债务人的特定财产享有担保物权或者法定特别优先权的破产债权。非优先受偿的破产债权,则是指优先受偿的破产债权以外的普通破产债权。

第六,依据破产债权是否需要申报,可以将破产债权分为需要申报的破产债权和不需要申报的破产债权。例如，根据《企业破产法》的有关规定，劳动债权就不需要申报，而其他的普通破产债权则需要根据《企业破产法》的规定，依法进行申报。

第七，依据破产债权的主体人数不同，可以将破产债权分为单一破产债权和多数人破产债权。单一破产债权是指债权主体为单一主体，即只有一人的破产债权。多数人破产债权是指债权主体为数人，即多个债权主体对债务人享有债权。多数人破产债权的债权主体相互之间既可能是按份共有债权，也可能是共同共有债权。

第八，依据破产债权的确认方式不同，可以将破产债权分为依诉讼、仲裁方式确认的破产债权和非依诉讼、仲裁方式确认的破产债权。通过诉讼、仲裁方式确认的破产债权一般是存在一定争议的债权，最终要由人民法院或者仲裁机构确定。

第二节　债权申报实务

一、债权申报的概念

债权申报，是指对债务人享有债权的债权人，在破产程序启动后依法向破产管理人主张自己对债务人所享有的债权并要求依法享有参与破产程序，行使权利的行为。根据《企业破产法》的规定，债权人只有依程序进行破产债权申报后，才能依法行使债权人的相关权利。除劳动债权等不需要申报的债权外，债权人如果没有按照要求依法申报债权，则不能参与破产程序，行使相关程序性的权利。债权申报的主要特征如下。

第一，债权申报的主体是债权人。债权人向破产管理人申报债权，不仅是一种主张债权实体性权利的行为，同时也是一种要求参与破产程序行使程序性权利的行为。债权人以自己的名义向破产管理人申报债权，但其是否为真正的债权人，是否真正享有权利，则需要经过债权审核才能确定。

第二，债权申报是一种单方意思表示行为。人民法院受理破产案件后，依法向债权人发布债权申报（通知）公告，至于债权人是否申报，则由其自行决定。债权人依法向破产管理人申报债权后，意思表示完成，产生相应的法律效力。债权申报对于债权人而言，既具有权利性质，也具有义务性质。债权人不申报债权，从法律效力上来讲,债权效力并不因此受到任何影响。但是,债权人不申报债权,一方面,会产生相应的程序上的效力,即不得行使程序性权利;另一方面,也会产生实质性的后果,即债权可能得不到清偿。债权申报既是意思表示,当然可以撤回。债权申报内容有错误的,在申报期限内,当然可以允许其变更。

第三,债权申报是一种要式法律行为。债权人向破产管理人申报债权,必须依法按照要求,以书面形式提供相应的证据材料,以证明自己的债权存在、有效。

《企业破产法》第 49 条规定,债权人申报债权时,应当书面说明债权的数额和有无财产担保,并提交有关证据。申报的债权是连带债权的,应当说明。根据这一规定,债权申报的基本要求如下。

第一,债权申报应当以书面形式进行。债权申报的书面形式,是指债权人必须以纸质的形式向破产管理人申报,不得以口头、电话、传真、电子邮件等非纸质形式进行申报。债权申报的纸质形式,可以是格式化的,即由破产管理人事先准备好并提供给债权人填写的债权申报表;也可以是非格式化的,即由债权人自己填写的申报材料。债权人在申报债权时,必须向破产管理人提交债权申报书、申报人及委托人的主体证明材料、债权证据材料等。《企业破产法》对于债权人申报债权的形式进行了规定,即必须采用书面形式,但对于是否必须采用现场申报的途径,则没有明确规定。在实践中,债权人申报债权有两种途径:一是现场方式,即将所有的申报材料在破产管理人接收材料处递交;二是邮寄方式,即将所有的申报材料通过邮寄方式向破产管理人递交。现场方式的优点在于:其一,有利于破产管理人及时收到债权人的债权申报材料,并向债权人出具回执证明;其二,有利于破产管理人与债权人及时进行沟通,核实有关证据。但其缺点在于对于不在破产管理人接收申报材料地域的债权人而言,增大了债权申报的成本。邮寄方式与现场方式刚好相反,其优点在于对于外地的债权人而言降低了申报成本;而其缺点则在于不便于破产管理人与债权人及时沟通,增加了破产管理人债权审核的难度,尤其是增加了可能丢失证据材料的风险。从保障债权申报的安全性角度来看,笔者建议债权人最好采用现场方式进行债权申报。

第二,债权申报必须提供相应的证明债权成立的证据材料。证明债权成立的证据材料既包括证明债权合法有效成立的证据材料,如人民法院生效的判决书、裁定书、执行文书或者仲裁机构的裁决书、债权合同、协议书等材料,也包括证明债权人身份的证明材料,如个人身份证明、企业工商登记资料、营业执照、机构代码证等以及法定代表人身份证明。委托他人申报的，还应当提供授权委托书、受托人的有效身份证明。受托人是律师的，还应提交律师事务所的指派函及律师执业证。受托人出席债权人会议的，应当提交特别授权委托书。

二、债权申报的期限

《企业破产法》第45条规定，人民法院受理破产申请后，应当确定债权人申报债权的期限。债权申报期限自人民法院发布受理破产申请公告之日起计算，最短不得少于30日，最长不得超过3个月。第48条规定，债权人应当在人民法院确定的债权申报期限内向管理人申报债权。第56条规定，在人民法院确定的债权申报期限内，债权人未申报债权的，可以在破产财产最后分配前补充申报；但是，此前已进行的分配，不再对其补充分配。为审查和确认补充申报债权的费用，由补充申报人承担。债权人未依照本法规定申报债权的，不得依照本法规定的程序行使权利。

债权申报时间，对于债权人权利保护而言，显然不宜过短，应让债权人有充分的时间来申报债权；但从提升破产效率的角度而言，则又不宜太长，因为债权申报时间越长，破产费用的支出就会越多，最终会损害债权人的利益。因此，债权申报时间的确定，必须兼顾债权人权利保护和破产程序效率两个方面，合理确定。

债权申报期限的确定，由人民法院决定，自人民法院发布受理破产申请公告之日起计算。人民法院确定债权申报期限时，应当根据破产案件的具体情况，如债权人的人数、债权数额的多少、债权人分布地域情况、债权债务关系复杂程度等因素予以确定。

债权申报期限最短不得少于30日，最长不得超过3个月。最长期间，应当包括节假日在内，如果3个月的截止期间是法定节假日内，则不得顺延。①

人民法院所确定的债权申报期限，不仅适用于已经知道债务人被人民法院受理破产的债权人，而且同样适用于不知道债务人被人民法院受理破产的债权人，这一申报期限是绝对的，不因债权人是否得知债务人被人民法院受理破产的事实而不同。对于债权人而言，自人民法院发布债权申报通知或者公告之日起，

---

① 参见贺小电：《破产法原理与适用》，人民法院出版社2012年版，第29页。

即推定其知道需要申报债权之事实。债权人不能以自己不知道人民法院发布了债权申报公告为由而主张自己不知道。否则,如果债权人能够以自己不知道债权申报公告为由而要求延长申报期限,则债权申报期限根本就无法结束,破产程序也就无法顺利推进。

三、债权申报通知(公告)

从理论上来说,对于债务人(破产企业)的债权人情况,可以通过查阅债务人(破产企业)的财务资料而得知;但在实践中,基于种种原因,例如,债务人向破产管理人移交的财务资料不全,或者没有移交相关财务资料等,因此,无论是对于破产管理人来说,还是对于债务人(破产企业)而言,都不一定能够完全掌握所有债权人的状况。为保障债权人的权益,《企业破产法》要求应当采用通知和公告两种形式告知债权人,以便最大限度地让债权人得知法院已受理企业破产的事实。

通知有口头(电话)和书面通知两种方式,从法律解释论的角度来说,显然必须采用书面通知方式。书面方式有多种形式,对于破产管理人而言,为便于保存书面证据,宜采用挂号件的方式通知债权人。至于公告的刊载媒体,虽然法律并无强制性规定,但从保护债权人的角度考虑,则应以权威性媒体为宜。权威媒体,从法院暨司法的角度来说,主要是指《人民法院报》;从债务人所在地的角度来说,则主要是指当地的权威媒体。

《企业破产法》第 14 条规定:“人民法院应当自裁定受理破产申请之日起二十五日内通知已知债权人,并予以公告。通知和公告应当载明下列事项:(一)申请人、被申请人的名称或者姓名;(二)人民法院受理破产申请的时间;(三)申报债权的期限、地点和注意事项;(四)管理人的名称或者姓名及其处理事务的地址;(五)债务人的债务人或者财产持有人应当向管理人清偿债务或者交付财产的要求;(六)第一次债权人会议召开的时间和地点;(七)人民法院认为应当通知和公告的其他事项。”

延伸阅读：经典文书

×××有限公司债权申报通知书

________年____月____日，×××人民法院已经依法受理××××有限公司破产清算一案，并指定×××事务所为××××有限公司破产管理人。

×××事务所作为××××有限公司破产案的管理人，依法负责债权登记、审查工作。现特就有关事项通知如下：

一、债权人应自即日起截至×××年×月××日止，向管理人申报债权，对债权数额和有无财产担保等情况应提交有关证明材料。逾期未申报的，可以在破产财产最后分配前补充申报，但此前已进行的分配部分，不再补充分配。为审查和确认补充申报债权产生的费用，由补充申报人承担。

二、申报债权时应提供以下资料（具体事项请查看《债权申报须知》）：

1. 债权人已年检的营业执照复印件（加盖公章）、组织机构代码证复印件（加盖公章）、法定代表人身份证明书（原件）、法定代表人身份证复印件（签字确认）；债权人为个人的，须提供个人身份证明（复印件签字确认）；委托代理人申报的，须提交授权委托书（原件）及代理人身份证明（复印件签字确认）；

2. 债权申报表；

3. 申报的债权的证据（如合同、协议、收款或付款凭证、孳息或违约金计算凭证等书面材料）；

4. 债权人申报债权时，应在《债权人地址及联系方式确认书》中明确申报人的联系地址、邮编、电话、联系人等。

三、第一次债权人会议定于×××年×月×日××时，在××××（详细地址）召开。

特此通知。

××××年××月××日

附：1. 债权申报须知

2. 债权申报文件清单

3. ××××有限公司债权申报表

4. 债权申报人地址及联系方式确认书

5. 法定代表人身份证明书

6. 授权委托书

7. 以上文件下载地址

8. 管理人邮寄地址

××××事务所

邮编:

联系人:

联系电话:

传真:

延伸阅读:经典文书

台州E酒店有限公司破产案件债权申报公告

浙江省玉环县人民法院公告(2014)台玉商破字第2-1号

本院根据债务人台州E酒店有限公司的申请于2014年7月9日裁定受理其破产重整一案,于2014年7月17日指定浙江L律师事务所担任管理人。债务人台州E酒店有限公司的债权人应自2014年9月30日前,向债务人台州E酒店有限公司的管理人浙江L律师事务所(通讯地址为玉环县人民法院立案大厅101办公室;邮政编码为317600;联系电话为0576-××××××××,×××××××××××)申报债权,书面说明债权数额、有无财产担保及是否属于连带债权,并提供相关证据材料。未在上述期限内申报债权的,可以在重整计划草案提交债权人会议讨论前补充申报,但要承担为审查和确认补充申报债权所产生的费用。未依法申报债权的,在重整计划执行期间不得行使权利,在重整计划执行完毕后可以按照重整计划规定的同类债权的清偿条件行使权利。债务人台州E酒店有限公司的债务人或者财产持有人应当向债务人台州E酒店有限公司的管理人清偿债务或交付财产。

第一次债权人会议将于2014年10月15日9时在玉环县人民法院第一法庭召开。依法申报债权的债权人为债权人会议的成员,有权参加债权人会议。参加会议的债权人系法人或其他组织的,应提交营业执照、法定代表人或负责人身份证明书,如委托代理人出席会议,应提交特别授权委托书、委托代理人的身份证件或律师执业证,委托代理人是律师的还应提交律师事务所的指派函。债权人系自然人的,应提交个人身份证明。如委托代理人出席会议,应提交特别授权委托书、委托代理人的身份证件或律师执业证,委托代理人是律师的还应提交律师事务所的指派函。

特此公告。

二〇一四年七月二十一日

四、债权申报的程序

债权申报有如下程序。

首先，填写《债权申报表》。《债权申报表》应当包括以下内容：(1)债权人的名称或姓名、住所、法定代表人、委托代理人的姓名；(2)申报债权的数额和计算依据；(3)债权发生的时间、到期日；(4)债权发生的原因；(5)有无财产担保；(6)是否为连带债权；(7)有无连带债务人；(8)是否为求偿权或将来求偿权申报债权；(9)债权是否附有条件和期限等情况。债权人应当在《债权申报表》上签名(盖章)，并注明日期。破产管理人的接收人员也应当在《债权申报表》上签字，并注明接收日期。

其次，提交债权金额和债权发生事实的证据材料，填写《债权申报文件清单》。《债权申报文件清单》应包括但不限于：(1)债权基础文件，如合同、协议、欠条等；(2)债权人的支付凭证，如付款证明、发货记录等；(3)债权人请求偿债的证明、财产担保证明、债务人已偿还部分债务的证明、法院及仲裁机构文书等文件；(4)申报的债权有财产担保的，应当提交证明财产担保的证据，如抵押合同、质押合同、抵押物登记凭证及他项权证等。

最后，填写《申报债权人信息表》。《申报债权人信息表》包括债权人名称、联系人的姓名、联系地址、联系方式及收款银行、账号、户名等确认信息；有委托代理人的，还应载明代理人的姓名、住址、联系方式及授权委托权限等事项。

破产管理人可以向债权人提供债权申报表、债权申报文件清单、申报债权人信息表等示范文本，以便规范债权申报的文书的统一。对于填写有困难的债权人，应当予以必要指导，以便于债权人所提交的相关材料规范、完整。

五、申报材料的接收

(一)出具《债权申报回执》

破产管理人接收债权人的债权申报后，向债权人出具《债权申报回执》。《债权申报回执》应当记载如下内容：申报人名称、申报编号、申报债权金额、申报时间、申报债权的性质、申报债权有无财产担保(担保人姓名、担保财产名称)、破产管理人接收申报材料清单。《债权申报登记表》应当记明的项目包括但不限于以下方面：(1)申报人基本情况(企业名称或个人姓名、法定代表人或负责人姓名及职务、住所、联系方式等);(2)代理人的基本情况(姓名、住所、联系方式);(3)申报时间;(4)申报债权数额(原始债权数额、孳息债权数额);(5)申报债权的类别及有无优先权;(6)申报债权发生的原因(因票据付款或者承兑产生的债权、因解除合同产生的损害赔偿债权、因担保而产生的债权、因委托合同而产生的债权等);(7)担保情况;(8)涉诉情况(诉讼或仲裁、受诉法院或仲裁机构、案件名称、编号等);(9)其他。

(二)制作《债权申报登记表》

破产管理人接受债权申报后,应当登记造册,制作《债权申报登记表》。《债权申报登记表》应当对申报的债权进行分类编号,并按照号码顺序排列债权人申报资料,以便查找。

(三)编制《申报债权人信息表》

为便于对申报的债权进行审查,便于与债权人沟通,破产管理人还应当编制《申报债权人信息表》,要求债权人填写《债权人送达地址确认书》。《债权人信息表》应当记载债权人名称、联系人的姓名、联系地址、联系方式及收款银行、账号、户名、申报编号、申报日期、申报金额、申报债权的证据材料,有无财产担保等信息;有委托代理人的,还应载明代理人的姓名、住址、联系方式及授权委托权限等事项。《债权人送达地址》主要是记载债权人的联系地址、电话、邮箱等;同时,破产管理人还应当在《债权人送达地址》中告知法律关于送达的有关规定。

第三节 债权审核实务

一、债权审核的概念

破产管理人接收了债权人的申报材料后,需要对债权人申报的材料进行审核。破产管理人对申报债权进行审核的目的在于确定申报人所申报的债权是否真实存在,是否合法有效,是否应当受到法律的强制性保护,申报的主体是否为债权的真正权利主体。

破产管理人对债权人申报材料进行审查的理论依据在于:一是破产管理人的中立性法律地位。破产管理人在破产程序中既中立于债权人,也中立于债务人(破产企业),这决定了其在对债权进行审查时能够保持中立,既不会偏向于债权人,也不会偏向于债务人,能够对债权审核做到客观公正。二是破产管理人的专业性。破产管理人由法律和财务等方面的专业人士组成，相对于非专业人士来说，具有丰富的债权审核经验，具备对债权进行实质审核的能力，能够对债权审核做到科学准确。

破产管理人对债权人申报的材料进行审核，可以分为形式审查和实质审查两个方面。形式审查的内容主要包括是否采用书面形式、是否在申报期限内申报、是否提交了证实债权申报主体资格、证实债权是否成立、债权数额和有无财产担保的证明材料。从理论上来说，由于破产管理人并非债权人的代理人，因此，破产管理人并没有义务为债权人提交债权申报材料给予具体指导；但破产管理人作为专业人士，在不违背自己职业道德的前提下，应尽勤勉之责，指出债权人申报材料所存在的遗漏，要求债权人予以补正。当然，破产管理人要求债权人补正(交)有关材料，仅仅是一种道德意义上的指导，并不具有法律意义。债权人如果因材料欠缺而导致申报的债权未被认可的法律后果应当由其自行承担，而与破产管理人无关。实质审查的目的是核实债权的真实性与否，主要审查债权债务关系是否真实发生，债权证据材料是否真实，债权的具体数额是否准确，债权是否已经申报等。

破产管理人对申报债权进行审查的基本要求如下：第一，有生效法律文书确认的，应当根据生效法律文书确认债权，但超过申请执行时效的债权不列入破产债权。第二，无生效法律文书确认，但证据真实、合法、充分，或者虽然证据不足，但债务人财务记录有明确记载或者有其他证明文件的，应当根据证据、财务记录或者其他证明文件确认债权。第三，法律、行政法规、司法解释明确规定不列入破产债权的债权，从其规定。第四，对于应当列入破产债权，但当事人未依法进行申报的债权，暂不予以确认，待债权人申报后再予以审核。

二、债权审核的流程

债权审核有如下流程。

第一，接收债权申报材料，要求申报人填写《债权人送达地址确认书》，向申报人出具《债权申报回执》。

第二，形式审查，审查申报人是否按要求提交了相关材料，发现申报材料不齐全的，要求申报人补正。

第三，实质审查，由法律专业人士负责审查申报人所申报的债权是否具有法律依据、是否已超过诉讼时效等,出具债权审核意见。

第四,数额审核,经由法律专业人士审查,认为申报人所申报的债权具有法律依据,真实存在,且未过诉讼时效,则交由审计专业人士审查,计算具体的债权金额。债权初步审查完成,破产管理人应当制作《债权初步审核函》,并将《债权初步审核函》书面通知债权人。《债权初步审核函》应当记载如下内容:(1)申报情况,包括但不限于债权人名称、申报债权数额及申报证据、有无财产担保、债权发生概述;(2)审查情况,包括但不限于债务人的意见、管理人查明的基本事实、管理人对该债权的审查结果、审查差异说明以及不予认定的事实和理由等其他需要说明的事项;(3)对于个别无法定性或者债权构成复杂、债权金额较难认定的债权,管理人应当联络债权人进一步补充申报资料。同时,管理人应当告知债权人,如对《债权初步审核函》存有异议,则应当在规定时间内向管理人提出书面异议并附上相应证据材料。

第五,向债权申报人出具债权审查结论,等待反馈意见。

第六,若债权人对《债权初步审核函》存有异议,破产管理人应当自收到书面异议及相应证据材料之后及时进行复核,并以《债权复审通知书》形式予以书面回复。回复内容应根据复核情况作出维持原审查结论或作相应调整的复审结论。通知书应当理由充分,法律依据明确,并告知债权人如仍有异议的,可依法向人民法院提起诉讼。

第七,编制债权表,提交第一次债权人会议核查。破产管理人根据《债权初步审核函》《债权复审通知书》的记载及债权人的确认或反馈意见进行复查,编制并最终形成《债权表》,作为破产管理人债权审查的书面文件,提交第一次债权人会议核查债权。《债权表》应当记载债权人名称、申报债权金额、审查债权金额、有无财产担保、备注说明等事项。根据破产案件的不同情况及破产管理人对分类债权审查的结果,《债权表》的形式可以适当变化。在破产清算案件中,若破产债权简单、明确,可以以一张总表的形式反映;若破产债权人数较多,债权债务关系复杂,则根据《企业破产法》分组债权表决程序的需要,可以在总表基础上,细化出《普通债权表》《有财产担保债权表》《税收款债权表》《无表决权组债权表》《劳动债权表》等若干债权附表。在债权分类基础上,明确不同类别组债权审查结果,便于债权人会议分组表决的债权额统计。

三、债权审核的内容

债权审核包括以下内容。

1. 破产债权的形成依据

任何债权债务关系的发生,都必须有法律依据。破产管理人对债权进行审核的首要之处为债权的形成依据,即证明债权真实存在的证据。债权的形成依据主要有以下几类:一是合同。合同是债权债务关系发生的重要法律依据。破产债权如果是依赖合同而形成的,则破产管理人应当重点审核合同是否合法有效。申报人依据无效合同申报的债权不能成立。二是人民法院的判决书、调解书。申报人依据人民法院的判决书、调解书申报债权,破产管理人主要是审核判决书、调解书的真实性以及其是否已经生效。未生效的判决书、调解书不得作为破产债权的申报依据。三是仲裁裁决书。仲裁委员会依法制作的仲裁裁决书一旦生效,则与人民法院的判决书具有同样的法律效力,其当然是重要的债权申报依据。破产管理人对依据仲裁裁决书申报债权的审核,特别要注意的是当事人之间是否存在有效的仲裁条款,仲裁事项是否在当事人所约定的仲裁范围之内等情况。四是其他能够证明债权成立的依据。凡是能够证明债权债务关系真实发生的收款收据、债务确认函、转账凭证、往来电报、函件欠条等材料,都可以作为债权申报的依据。破产管理人对这些债权申报依据进行审核时,不仅需要对这些证据材料本身的真实性进行审核,同时还必须审核是否有其他证据材料证明当事人之间发生了真实的债权债务关系,从而形成证据链。

2. 破产债权的诉讼时效

超过诉讼时效的债权,虽然实体权利仍然存在,但从程序上来说,已经丧失了请求人民法院强制债务人履行债务的权利。因此,诉讼时效乃是破产管理人债权审核的重要内容。

3. 债权的具体金额

破产管理人对债权具体金额审查的主要要点如下:一是债权人依据合同、协议书、判决书、裁决书等债权文书计算债权金额的,要按照债权文书约定或确定的债权计算依据进行审查;对于债权人没有按照债权文书约定或确定的债权计算依据计算债权金额的,破产管理人应当予以纠正;约定的债权计算标准不符合法律法规的强制性规定的,管理人应当按照法律法规的规定对债权人的债权金额进行纠正并重新计算。二是申报债权包含利息的,利息计算至法院裁定受理破产申请之日;债权人与债务人有减免利息约定的,从其约定;申报人计算利息应以合同约定或生效法律文书确认的利率计算,除非该利率约定违反法律规定;利率约定不明的,按人民银行同期的一年期贷款利率计息;申报的债权利息中包含逾期贷款利息的,该利息超出中国人民银行同期的一年期贷款利息的部分不确认为破产债权;申报的债权利息中包含罚息或复利的,均不予确认;申报的债权包含违约金、定金的,以实际损失为限;对于资金被债务人占用的,其利息损失以中国人民银行同期的一年期贷款利息为限,超出部分不确认为破产债权;因债务人的违约行为受到实际损失而申报债权的,如无生效判决确认该损失,则不予确认;申报的债权包含债务人未支付的应付滞纳金部分,不予确认。三是债权已取得生效法律文书,该文书已明确的债权具体金额部分,可予确认,但该文书明确确认的复利、滞纳金等内容则不予认可;债权已取得生效法律文书,该文书仅列明债权的计算方法的,依照文书计息至还款期限届满,但其逾期利息的计算,超出中国人民银行同期的一年期贷款利息部分不予确认,复利、滞纳金等内容不予确认;如债权人计算了破产申请受理后的利息、罚息、违约金、滞纳金,则破产管理人应当予以纠正。

四、特殊债权的审核(查)

特殊债权的审核(查)涉及以下内容。

1. 债权申报期限届满后申报债权的处理

从价值论的角度来说,破产程序追求的首要价值是公平,将债务人(破产企业)所有财产在全体债权人之间公平分配,即全体债权人通过参与破产程序平等地行使破产债权而公平受偿,这就要求所有债权人在一定期限内尽可能申报债权。破产程序在追求公平价值的同时,也不能忽视效率。“迟来的正义非正义”,从此种意义上来说,不追求效率的公平也不是真正的公平。效率价值对于债权申报而言,便是要求债权人及时申报债权,尽早主张权利。从公平和效率价值兼顾的角度而言,对于未在规定期限内申报债权的,一方面应当给予必要的救济;另一方面也应当使其承受一些不利的后果。《企业破产法》第 48 条规定,债权人应当在人民法院确定的债权申报期限内向管理人申报债权。第 56 条规定,在人民法院确定的债权申报期限内,债权人未申报债权的,可以在破产财产最后分配前补充申报;但是,此前已进行的分配,不再对其补充分配。为审查和确认补充申报债权的费用,由补充申报人承担。理论上,对于本条规定的"此前已进行的分配,不再对其补充分配"有两种不同的理解:一种是认为应当将其理解为"已经开始实施,但分配行为尚未完成的分配";另一种是认为应当将其理解为"已经执行完毕的分配"。但笔者认为,对此应当区分两种不同情况,债权人因正当事由而逾期申报债权,应当采用前一种理解;债权人无正当事由而逾期申报债权的,应当采用后一种理解,以便督促债权人及时申报债权。审查和确认补充申报债权的费用计算,法律没有明确规定,在实践中可以根据为此增加的破产管理人的工作量作为为基准进行确定。

2. 担保债权的审查

对于债权人申报的对债务人的特定财产享有担保权的债权的审查包括但不限于:(1)债权人申报主体的资格、申报人与债务人之间的债权债务关系、债权担保是否合法、是否进行财产担保登记,必要时应到相关登记部门进行调查核实。(2)同一担保财产有多项担保权存在的受偿顺序。(3)在人民法院受理破产申请前1年内,债务人有无对没有财产担保的债务提供财产担保,若有,管理人应依法行使撤销权。(4)担保财产的价值。(5)担保权的受偿范围。(6)担保财产的价值小于担保债权金额的,以担保财产的价值为限,债权金额超过担保财产价值的债权部分作为普通债权。(7)行使优先受偿权利未能完全受偿的,其未受偿的债权作为普通债权;放弃优先受偿权利的,其债权作为普通债权。

3. 税款债权的审查

税务机关就破产企业欠缴的税款及因此产生的滞纳金向管理人申报债权的,破产管理人应按照以下方法进行处理:(1)债务人在人民法院裁定受理破产申请前所欠税款及补偿性质的利息应依法确认并列为优先债权,但其中包含的罚款、罚金应予剔除,不列为破产债权。(2)债务人在人民法院裁定受理破产案件前因欠缴税款产生的滞纳金,应依法确认并列为普通债权;对于破产案件受理后因欠缴税款产生的滞纳金应予剔除,不列为破产债权,但管理人也应当对税务机关的申报进行登记。税务机关申报债权,管理人可以凭税务机关自己作出的生效行政决定、上级机关作出的生效行政复议决定或者人民法院的生效行政裁判文书等依法确认。

4. 附条件、附期限债权的审查

对附条件、附期限的债权审查,应当重点审查债权所附条件和期限。破产申请受理前成立的附解除条件的债权,应当认定为破产债权,该债权人在债权人会议上享有表决权;破产申请受理前成立的附生效条件的债权,应当认定为破产债权,该债权人在债权人会议上不享有表决权。附开始期限的债权,无论其所附期限是否到来,在破产申请受理时,均视为已经到期,都属于破产债权。附终止期限的债权,在破产申请受理时所附期限未到来的,该债权为破产债权。

5. 诉讼、仲裁未决债权的审查

对债权人申报的正在诉讼、仲裁尚未裁决的债权,管理人无须对该债权进行实质审查,但需对其进行申报登记,待法院或仲裁机构作出裁决后,依据裁决结果认定其债权是否成立及其债权金额。对于上述债权,管理人可在第一次债权人会议召开之前,向人民法院申请给予其临时表决权。

6. 委托合同债权的审查

因债权人继续履行委托合同而产生的债权应同时符合以下条件:(1)委托合同依法成立;(2)受托人不知债务人破产之事实,或虽然知道该事实,但为了债务人的利益不得不继续处理委托事务;(3)受托人继续处理委托事务;(4)债权金额仅限于继续处理委托事项而产生的债务人应当支付的费用。

7. 票据债权的审查

因票据付款或承兑而产生的债权应同时符合以下条件:(1)票据的出票人为债务人;(2)票据的付款人继续付款或承兑;(3)债权的金额为付款人的付款或者承兑金额。

8. 连带债权的审查

申报的债权是连带债权的,应当说明以下问题:(1)连带债权人可以由其中一人代表全体连带债权人申报债权,也可以共同申报债权。(2)债务人的保证人或者其他连带债务人已经代替债务人清偿全部或者部分债务的,可以就其对债务人已清偿部分的求偿权向管理人申报债权。(3)债务人的保证人或者其他连带债务人尚未代替债务人清偿债务的,可以就其对债务人尚未清偿部分的将来求偿权向管理人申报债权。但是,债权人已经向管理人申报全部债权的除外。(4)债务人是连带债务人时,债权人可以向管理人申报债权。连带债务人数人被人民法院裁定受理破产申请的,债权人可以分别向债务人和其他连带债务人的管理人申报其全部债权。债权人未申报债权的，其他连带债务人可就将来可能承担的债务申报债权。

9. 劳动债权的审查

劳动债权具有特殊性，应当给予特殊保护。《企业破产法》第 113 条规定："破产财产在优先清偿破产费用和共益债务后，依照下列顺序清偿：（一）破产人所欠职工的工资和医疗、伤残补助、抚恤费用，所欠的应当划入职工个人账户的基本养老保险、基本医疗保险费用，以及法律、行政法规规定应当支付给职工的补偿金……"根据这一规定，《企业破产法》对劳动债权的特殊保护，仅及于劳动者的部分经济权利，除上述规定之外的劳动者在特定条件下可以要求用人单位支付的赔偿金（加倍支付赔偿金、基于用人单位过错而导致劳动合同无效的赔偿金、人身损害赔偿金）并不属于特殊保护的劳动债权。《企业破产法》第 113 条第 3 款规定，破产企业的董事、监事和高级管理人员的工资按照该企业职工的平均工资计算。此外，依据《最高人民法院关于适用〈中华人民共和国企业破产法〉若干问题的规定（二）》第 24 条第 2 款的规定，债务人的董事、监事和高级管理人员因返还绩效奖金和其他非正常收入形成的债权，可以作为普通破产债权清偿。因返还普遍拖欠职工工资情况下获取的工资性收入形成的债权，按照该企业职工平均工资计算的部分作为拖欠职工工资清偿；高出该企业职工平均工资计算的部分，可以作为普通破产债权清偿。

根据《国家统计局关于工资总额组成的规定》第 11 条的规定，"下列各项不列入工资总额的范围：（一）根据国务院发布的有关规定颁发的创造发明奖、自然科学奖、科学技术进步奖和支付的合理化建议和技术改进奖以及支付给运动员、教练员的奖金；（二）有关劳动保险和职工福利方面的各项费用；（三）有关离休、退休、退职人员待遇的各项支出；（四）劳动保护的各项支出；（五）稿费、讲课费及其他专门工作报酬；（六）出差伙食补助费、误餐补助、调动工作的旅费和安家费；（七）对自带工具、牲畜来企业工作职工所支付的工具、牲畜等的补偿费用；（八）实行租赁经营单位的承租人的风险性补偿收入；（九）对购买本企业股票和债券的职工所支付的股息（包括股金分红）和利息；（十）劳动合同制职工解除劳动合同时由企业支付的医疗补助费、生活补助费等；（十一）因录用临时工而在工资以外向提供劳动力单位支付的手续费或管理费；（十二）支付给家庭工人的加工费和按加工订货办法支付给承包单位的发包费用；（十三）支付给参加企业劳动的在校学生的补贴;(十四)计划生育独生子女补贴”。根据我国社会保险法的相关规定,用人单位应当为劳动者缴纳基本养老保险、基本医疗保险、失业保险、工伤保险和生育保险,除用人单位依法必须向劳动者个人账户中缴纳一定的基本养老保险和基本医疗保险费用外,其他的相关社会保险费用由社会保险基金管理机构征收,不属于劳动债权的范畴。

在破产实务中,偶尔会出现公司股东或者地方政府为维护社会稳定而代为偿付职工劳动债权的情况。在此种情况下,公司股东或者地方政府因为代为支付了劳动债权而对债务人(破产企业)所享有的债权性质是否会发生变化,而转换为普通债权呢?笔者认为,此种情况下的债权性质并没有发生变化,仍然是劳动债权,应当按照《企业破产法》的有关规定,给予特殊保护。

破产管理人对劳动债权的审查,应当以劳动合同为基础,审查劳动合同的签到时间、劳动合同期限、工作内容、工作地点、工作时间、劳动报酬、试用期、服务期、培训和保密事项以及补充保险、劳动福利等情况,考察劳动合同的真实性和合法性,审查职工是否依照劳动合同的约定履行了劳动义务。破产管理人不仅应当查看用人单位的人事档案资料,更要查看用人单位的考勤记录,查看用人单位的工资发放情况。

五、债权审核的确认

债权审核的确认涉及以下几个方面。

1. 债权确认程序

根据《企业破产法》的规定,债权确认分为非诉程序、诉讼程序两大程序。非诉程序,是指通过债权人会议核查及人民法院裁定的方式确认债权;诉讼程序是指在债权人或债务人对债权表有异议的情况下,通过人民法院判决的方式确认债权。债权人、债务人对管理人编制《债权表》记载无异议的,在非诉程序中经债权人会议核查,由受理破产案件的人民法院裁定后直接确认,《债权表》记载的无异议债权通过非诉程序得到确认。债权人、债务人对管理人编制《债权表》记载有异议的,可以向受理破产案件的人民法院提起债权确认之诉。债权异议权应被赋予有异议的债权人、债务人和其他债权人,即债权异议,包括债权人对自己债权的异议、对《债权表》中记载的他人债权的异议、债务人对《债权表》记载事项的异议。债权确认诉讼程序,应当以相对人为被告启动债权确认诉讼。如果人民法院裁定异议不成立,则管理人原审查的债权列入《债权表》,作为破产债权参与分配;如果人民法院裁定异议成立,则该债权经人民法院裁定后,应将调整后的债权列入《债权表》,重新进入破产债权参与分配。

2. 债权异议的处理

对于有异议的债权,破产管理人应当要求有异议的债权人提交正式的债权异议表,详细说明异议的具体事实与理由,并附带相关证据材料。破产管理人应在合理期限内对有异议债权进行审查,并向异议人发出书面审查意见,并告知异议人在合理期限内(15 日内)向人民法院提出确认之诉,以防止相对人滥用债权异议权,导致破产程序的拖延。

3. 债权的临时表决

对于债权是否存在,债权性质如何以及债权数额多少等内容有一项或多项内容没有得到证实的债权,管理人应当在第一次债权人会议前向人民法院提出书面意见,人民法院可以为其临时确定债权额,债权人按照人民法院临时确定的债权性质和数额,参加债权人会议,行使投票表决权。

4. 债权确认的后果

债权确认,一般产生以下三个方面的法律后果:(1)被确认的债权,债权人获得参加破产程序的债权人资格,有权出席债权人会议,依据其被确认的债权性质及债权数额等在债权人会议中享有投票表决权;在破产财产分配时,参加同类债权的清偿顺位,并以此计算获得清偿数额。(2)债权未被确认的债权以及经过债权人会议核查,且经人民法院确定不属于破产债权的,债权人不得参与后续的破产程序。(3)债权不能确定或者尚未确定的债权,经人民法院临时确认债权的,债权人按照人民法院临时确定的债权性质和债权数额,在债权人会议行使表决权。但是,如果最终被确认不属于破产债权的,则不得参加破产财产分配,已经获得的分配,应当予以返还;如果最终确定为破产债权,则按照最终确认的债权性质和债权数额参加表决或分配,已经按临时债权额行使的表决权不再纠正,但分配财产时应当按最终确定的债权比例进行。

延伸阅读：相关规定

深圳市律师协会律师担任破产案件管理人债权申报及审查业务指导标准

(深圳市律师协会2014年10月8日第九届理事会第五次会议审议通过)

目　录

第一章　总　　则

第一条　**【法律依据】**为了指导律师担任破产案件管理人业务，规范律师执业行为，提高律师的服务质量和水平,防范执业风险,充分发挥律师在企业破产案件事务中的作用,依据《中华人民共和国企业破产法》(以下简称《企业破产法》)及其他相关法律、行政法规和司法解释的规定,特制定本标准。

第二条　【适用范围】本标准的适用范围:

(一)进入人民法院公布的机构管理人名册的律师事务所,接受人民法院指定担任破产案件管理人并依法履行管理人职责的,适用本标准。

(二)人民法院指定清算组为破产案件管理人的,作为清算组成员的律师事务所依法履行管理人职责的,适用本标准。

(三)被人民法院指定为破产案件管理人的律师事务所指派的管理人团队成员,在履行管理人职责时,均可要求参照本标准执行。

第二章　债权申报通知

第三条　【无需申报的债权】债务人所欠职工的工资和医疗、伤残补助、抚恤费用,所欠的应当划入职工个人账户的基本养老保险、基本医疗保险费用,以及法律、行政法规规定应当支付给职工的补偿金,不必申报,由管理人调查后列出清单并予以公示。职工对清单记载有异议的,可以要求管理人更正,管理人应当进行复核并将复核结果书面通知职工;管理人复核后不予更正的,应当告知职工向受理破产案件的人民法院提起诉讼的程序及注意事项。

第四条　【通知、公告】人民法院应当自裁定受理破产申请之日起二十五日内通知已知债权人申报债权,并予以公告,通知未知债权人向管理人申报债权。管理人应予以协助。

通知和公告应当载明下列事项:

(一)申请人、被申请人的名称或者姓名;

(二)人民法院受理破产申请的时间;

(三)申报债权的期限、地点和注意事项;

(四)管理人的名称或者姓名及其处理事务的地址;

(五)债务人的债务人或者财产持有人应当向管理人清偿债务或者交付财产的要求;

(六)第一次债权人会议召开的时间和地点;

(七)人民法院认为应当通知和公告的其他事项。其中,债权申报期限应自人民法院发布受理破产申请公告之日起计算,最短不得少于三十日,最长不得超过三个月。

管理人应当根据人民法院发布的《受理破产案件公告》中载明的申报期限作为该案件最终的债权申报期限,如债权申报期最后一天为法定节假日,顺延至节假日结束后的第一个工作日。

第五条 【按时申报】债权人应当在人民法院确定的债权申报期限内向管理人申报债权。若债权人未在法定期间申报债权,可以在破产财产最后分配前补充申报;但是,此前已进行的分配,不再对其补充分配。为审查和确认补充申报债权的费用,由补充申报人承担。债权人未依照上述规定申报债权的,不得依照《中华人民共和国企业破产法》规定的程序行使权利。

第三章 债权申报文件

第六条 【书面申报】债权人向管理人申报债权应当采用书面形式,管理人对债权人以口头、电话、电子信息等非书面形式申报的,应要求其提供书面文件。

第七条 【申报文件】债权人申报债权应当提交债权证明和合法有效的身份证明;代理申报的还应当提交授权委托书、受托人的有效身份证明。管理人在接受债权申报时,应当要求债权人提供以下文件:

(一)债权人身份的证明材料(自然人提交身份证,公司/企业提交企业法人营业执照、法定代表人或负责人的有效身份证明等;若委托他人代为申报,还应提交授权委托书、受托人的有效身份证明,受托人是律师的,还应提交律师事务所的指派函及律师执业证。如受托人出席债权人会议的,应提交特别授权委托书);

(二)《债权申报表》[见附件一](应当包括以下内容:1. 债权人的名称或姓名、住所、法定代表人、委托代理人的姓名;2. 申报债权的数额和计算依据;3. 债权发生的时间、到期日;4. 债权发生的原因;5. 有无财产担保;6. 是否为连带债权;7. 有无连带债务人;8. 是否为求偿权或将来求偿权申报债权;9. 债权是否附有条件和期限等情况);

(三)债权金额和债权发生事实的证据材料,《债权申报文件清单》[见附件二]应包括但不限于:1. 债权基础文件,如合同、协议、欠条等;2. 债权人的支付凭证,如付款证明、发货记录等;3. 债权人请求偿债的证明、财产担保证明、债务人已偿还部分债务的证明、法院及仲裁机构文书等文件;

(四)债权有无财产担保的证据材料(申报的债权有财产担保的,应当提交证明财产担保的证据,如抵押合同、质押合同、抵押物登记凭证及他项权证等);

(五)《申报债权人信息表》[见附件三](申报人应如实填写债权人名称、联系人的姓名、联系地址、联系方式及收款银行、账号、户名等确认信息;有委托代理人的,还应载明代理人的姓名、住址、联系方式及授权委托权限等事项)。

管理人可以向债权人提供债权申报表、债权申报文件清单、申报债权人信息表等示范文本,以便规范债权申报的文书的统一。

第八条　【接受申报材料的注意事项】管理人在接受债权人申报债权登记时，应当注意以下问题：

（一）债权人应如实填写《债权申报表》，并由债权人签字或盖章；

（二）债权人应提交债权人的主体资格文件，包括个人身份证明或企业法人营业执照等：

1. 债权人为法人的，要求其提交营业执照原件，管理人核对后留存加盖公章的营业执照复印件；

2. 债权人为自然人的，要求其提交合法有效的身份证明，管理人核对原件后留存复印件。

（三）债权人委托他人申报债权的，应提交委托人签字盖章的授权委托书及受托人的身份证明；

（四）债权人申报债权时应提交相关申报材料，管理人应就债权人提交的申报文件是否完整和齐备做审查。如申报文件不完整或者有缺陷，管理人应当告知申报人，要求其对申报文件或证据材料进行补正；

（五）管理人在接受债权人提交的申报文件时，应要求债权人或其受托人在其提交的证据材料复印件上签章确认，并由管理人就复印件与原件逐一进行核对；

（六）管理人接受债权申报后应作申报债权登记，登记造册形成《债权申报登记表》；

（七）债权人申报债权时应如实填写《债权申报文件清单》，注明提交资料的名称、数量等，债权申报文件清单应签字或盖章；

（八）管理人接受债权人申报债权和证据材料，应当给申报人出具回执；

（九）管理人在受理债权后应及时归档成册，债权申报文件由管理人保存，供利害关系人查阅；

（十）债权人申报债权时应填写联系方式、地址确定书及分配款收款账号等信息，以便日后管理人与债权人联系，顺利进行破产财产的分配。

管理人可根据上述注意事项制作《债权申报须知》[见附件九]一并提供给债权人。

第九条　【制作申报登记表】在债权申报阶段，管理人对申报债权的登记、审查，仅是一种形式上的审查，仅审查债权申报资料是否具备法定的形式要件，而不对债权本身进行实质审查。管理人接受债权申报后应作相应的债权登记，根据债权人提交的债权申报文件，登记造册并形成《债权申报登记表》[见附件四]，应当记明的项目包括但不限于：

（一）申报人基本情况（企业名称或个人姓名、法定代表人或负责人姓名及职务、住所、联系方式等）；

（二）代理人的基本情况（姓名、住所、联系方式）；

(三)申报时间;

(四)申报债权数额(原始债权数额、孳息债权数额);

(五)申报债权的类别及有无优先权;

(六)申报债权发生的原因(因票据付款或者承兑产生的债权、因解除合同产生的损害赔偿债权、因担保而产生的债权、因委托合同而产生的债权等);

(七)担保情况;

(八)涉诉情况(诉讼或仲裁、受诉法院或仲裁机构、案件名称、编号等);

(九)其他。

第十条 【分类登记】管理人对申报债权登记分类为:有财产担保的债权、无财产担保的债权、税收款债权等。如出现未到期债权、附条件债权、附期限债权、诉讼及仲裁未决债权等应在《债权申报登记表》"备注"栏中注明。

《债权申报登记表》和债权申报材料由管理人保存,供利害关系人查阅。

第四章 债权审查

第一节 审查原则

第十一条 【审查原则】管理人在审查债权时应当坚持形式审查和实质审查相结合的原则。

第十二条 【形式审查】管理人对债权人的债权申报形式进行审查,包括是否采用书面形式、是否在申报期限内申报、是否提交了证实债权申报主体资格、证实债权是否成立、债权数额和有无财产担保的证明材料。

第十三条 【实质审查】管理人应当根据下列原则对债权申报的实体内容进行审查:

(一)有生效法律文书确认的,应当根据生效法律文书确认债权,但超过申请执行时效的债权不列入破产债权;

(二)无生效法律文书确认,但证据真实、合法、充分,或者虽然证据不足,但债务人财务记录有明确记载或者有其他证明文件的,应当根据证据、财务记录或者其他证明文件确认债权。

其中,属于破产债权的有:

1. 破产申请受理前发生的无财产担保的债权;

2. 破产申请受理前发生的虽有财产担保但是债权人放弃优先受偿的债权;

3. 破产申请受理前发生的虽有财产担保但是债权数额超过担保物价值部分的债权;

4. 票据出票人被宣告破产,付款人或者承兑人不知其事实而向持票人付款或者承兑所产生的债权；

5. 管理人解除合同，对方当事人依法或者依照合同约定产生的对债务人可以用货币计算的债权；

6. 债务人的受托人不知债务人已被人民法院裁定受理破产申请之事实，或虽然知道该事实，但为债务人的利益继续处理委托事务所发生的债权；

7. 债务人发行债券形成的债权；

8. 债务人的保证人代替债务人清偿债务后依法可以向债务人追偿的债权；

9. 债务人的保证人按照《中华人民共和国担保法》第三十二条的规定预先行使追偿权而申报的债权；

10. 债务人为保证人的，在破产宣告前已经被生效的法律文书确定承担的保证责任；

11. 债务人在破产申请受理前因侵权、违约给他人造成财产损失而产生的赔偿责任；

12. 财政、扶贫、科技管理等行政部门通过签订合同，按有偿使用、定期归还原则发放的款项；

13. 人民法院认可的其他债权。

以上第5项债权以实际损失为计算原则。违约金不作为破产债权，定金不再适用定金罚则。

不属于破产债权的有：

1. 行政、司法机关对破产企业的罚款、罚金以及其他类似惩罚性费用，包括但不限于未执行的滞纳金和没收财产等有关费用；

2. 人民法院受理破产案件后债务人未支付应付款项的滞纳金，包括债务人未执行生效法律文书应当加倍支付的迟延利息和劳动保险金的滞纳金；

3. 人民法院受理破产申请后的债务利息；

4. 债权人参加破产程序所支出的费用；

5. 破产企业的股权、股票持有人在股权、股票上的权利；

6. 破产财产最后分配开始后向管理人申报的债权；

7. 已过诉讼时效且不存在诉讼时效中止、中断、延长情形的债权；

8. 超出法定申请强制执行期限的债权；

9. 因管理人或债务人依据企业破产法第十八条的规定解除合同，对方当事人申报的违约金债权和适用定金罚则的债权；

10. 债务人开办单位对债务人未收取的管理费、承包费；

11. 政府无偿拨付给债务人的资金；

12. 相关法律、法规、司法解释规定的不属于破产债权的其他情形。

不属于破产债权的权利,管理人也应当对当事人的申报进行登记。

第二节 债权审查方法

第十四条 【审查方法】管理人在审查债权时,应当遵循以下要求:

(一)在债权审核之前,管理人可以预先制定《债权审核原则》,该《债权审核原则》应当是现有的法律、法规、司法解释、判例及立法精神的汇编;

(二)债权人提交的债权申报材料与原件进行核对;

(三)证据材料保存在政府有关部门的,管理人可以向有关政府部门调查核实;

(四)要求债务人提供与申报债权相关的财务资料及档案材料;

(五)聘请会计师就申报债权相关的财务资料进行审计和调查;

(六)要求债务人通过自查方式提交债权审查意见;

(七)必要时可以向债务人的法定代表人、企业管理人员、财务人员进行必要的询问,并制作询问笔录;

(八)要求债权人提供补充资料及书面说明;

(九)向债权人进行调查和询问,并制作调查和询问笔录;

(十)要求债权人与债务人进行对账;

(十一)向有关部门和单位发出《征询函》;

(十二)其他有利于查明债权的方法。

第三节 审查内容

第十五条 【主体审查】管理人对债权申报主体进行审查,重点审查证明债权申报主体的证明文件是否齐备、是否符合法律规定的要求。

第十六条 【时间审查】管理人对债权申报时间的审查,主要审查债权是否在债权申报期限内申报和债权是否在诉讼时效期间内申报。

第十七条 【事实审查】管理人对债权发生事实的审查,应当对债权发生的时间、经过,作全面的实质审查,即对证明债权事实发生和存在的各种证据的审查:

(一)对证明债权发生的合同、协议等审查,主要对合同、协议等是否成立、是否生效进行实质审查,如有需要应进行必要的调查、核实。

(二)对债权转让文件的审查,主要审查债权转让文件是否能证明债权已合法的转移,债权转让文件包括但不限于相关转让协议、确认函、转让明细清单及通知债务人的证据等。

(三)对人民法院的判决书、调解书和仲裁机构的裁决书进行审查,主要审查判决书、裁决书是否发生法律效力,对判决书、裁决书是否已经送达给债务人、债务人是否提出上诉或者申诉,债权人是否申请了强制执行等,必要时应向法院和仲裁机构进行核实。

(四)对债务人单方出具的欠款凭证、收款收据、债务确认函、转账凭证、往来函件等证据审查,应审查这些证据是否真实、合法;是否能够单独或与其他证据结合并足以证明债权的存在。

第十八条　【数额审查】管理人对申报债权数额的审查包括:

(一)债权人对债权金额的计算是否有事实或者法律依据。

1. 债权人依据合同、协议书、判决书、裁决书等债权文书计算债权金额的,要按照债权文书约定或确定的债权计算依据进行审查。

2. 债权人没有按照债权文书约定或确定的债权计算依据计算债权金额的,管理人应当予以纠正。

3. 约定的债权计算标准不符合法律法规的强制性规定,管理人应当按照法律法规的规定对债权人的债权金额进行纠正并重新计算。

4. 申报债权包含利息的,利息计算至法院裁定受理破产申请之日;如债权人与债务人有减免利息约定的,从其约定;申报人计算利息应以合同约定或生效法律文书确认的利率计算,除非该利率约定违反法律规定;利率约定不明的,按人民银行同期的一年期贷款利率计息。

5. 申报的债权利息中包含逾期贷款利息的,该利息超出中国人民银行同期的一年期贷款利息的部分不确认为破产债权;申报的债权利息中包含罚息或复利的均不予确认;申报的债权包含违约金、定金的,以实际损失为限;对于资金被债务人占用的,其利息损失以中国人民银行同期的一年期贷款利息为限,超出部分不确认为破产债权;因债务人的违约行为受到实际损失而申报债权的,如无生效判决确认该损失,管理人不予确认;申报的债权包含债务人未支付的应付滞纳金部分不予确认。

债权已取得生效法律文书,该文书已明确的债权具体金额部分,可予确认,但该文书明确确认的复利、滞纳金等不予认可。债权已取得生效法律文书,该文书仅列明债权的计算方法的,依照文书计息至还款期限届满,但其逾期利息的计算,超出中国人民银行同期的一年期贷款利息部分不予确认,复利、滞纳金等不予确认。

如债权人计算了破产申请受理后的利息、罚息、违约金、滞纳金等,管理人应当予以纠正。

(二)审查债权人对特殊债权金额的计算是否符合法律规定。

1. 未到期债权在破产申请受理时视为到期。如该债权是附利息的,只需合并计算债权本金和该本金截止到破产申请受理时产生的利息。破产申请受理后的利息不应当记入破产债权。申报债权时未申报应付利息和违约金的,推定其放弃申报。

2. 附生效条件的破产债权,应当按照未到期的破产债权计算债权金额;附解除条件的破产债权,应当按照普通破产债权计算债权本金和该本金截止到破产申请受理时产生的利息。

3. 债权人因债务人或者管理人解除合同而产生的损害赔偿请求权的破产债权金额,应当仅限于解除合同行为给债权人造成的直接的、现实的、可计算的损失。如有争议应依据人民法院的生效判决来确认。

4. 对于债务人与非金融企业之间的资金拆借而形成的债权,只确认本金,利息不予确认。对于债务人向自然人借款而形成的债权,本金予以确认,利息从其约定,但利率超出中国人民银行同期一年期贷款利率四倍的,该部分利息不予确认。

5. 债务人退出联营应当对该联营企业的债务承担责任的,联营企业的债权人对该债务人享有的债权应予以确认。

6. 政府无偿拨付给债务人的资金不列为破产债权。但财政扶贫、科技管理等行政部门通过签订合同,按有偿使用、定期归还原则发放的款项,可以列为破产债权。

第四节　特殊债权的审查认定

第十九条　【担保债权】对于债权人申报的对债务人的特定财产享有担保权的债权的审查包括但不限于:

(一)债权人申报主体的资格、申报人与债务人之间的债权债务关系、债权担保是否合法、是否进行财产担保登记,必要时应到相关登记部门进行调查核实。

(二)同一担保财产有多项担保权存在的受偿顺序。

(三)在人民法院受理破产申请前一年内,债务人有无对没有财产担保的债务提供财产担保,若有,管理人应依法行使撤销权。

(四)担保财产的价值。

(五)担保权的受偿范围。

(六)担保财产的价值小于担保债权金额的,以担保财产的价值为限,债权金额超过担保财产价值的债权部分作为普通债权。

(七)行使优先受偿权利未能完全受偿的,其未受偿的债权作为普通债权;放弃优先受偿权利的,其债权作为普通债权。

第二十条　【税款债权】税务机关就破产企业欠缴的税款及因此产生的滞纳金向管理人申报债权的,管理人应按照以下方法进行处理:

(一)债务人在人民法院裁定受理破产申请前所欠税款及补偿性质的利息应依法确认

并列为优先债权，但其中包含的罚款、罚金应予剔除，不列为破产债权。

（二）债务人在人民法院裁定受理破产案件前因欠缴税款产生的滞纳金应依法确认并列为普通债权；对于破产案件受理后因欠缴税款产生的滞纳金应予剔除，不列为破产债权，但管理人也应当对税务机关的申报进行登记。

税务机关申报债权，管理人可以凭税务机关自己做出的生效行政决定、上级机关做出的生效行政复议决定或者人民法院的生效行政裁判文书等依法确认。

第二十一条　【附条件、附期限债权】对附条件、附期限的债权审查，应当重点审查债权所附条件和期限。

破产申请受理前成立的附解除条件的债权，应当认定为破产债权，该债权人在债权人会议上享有表决权；破产申请受理前成立的附生效条件的债权，应当认定为破产债权，该债权人在债权人会议上不享有表决权。

附开始期限的债权，不论其所附期限是否到来，在破产申请受理时，均视为已经到期，都属于破产债权。

附终止期限的债权，在破产申请受理时所附期限未到来，该债权为破产债权。

第二十二条　【诉讼、仲裁未决债权】对债权人申报的正在诉讼、仲裁尚未裁决的债权，管理人不需对该债权进行实质审查，但需对其进行申报登记，待法院或仲裁机构作出裁决后，依据裁决结果认定其债权是否成立以及债权金额。

对于上述债权，管理人可在第一次债权人会议召开之前，向人民法院申请给予其临时表决权。

第二十三条　【委托合同债权】因债权人继续履行委托合同而产生的债权应同时符合以下条件：

（一）委托合同依法成立；

（二）受托人不知债务人破产之事实，或虽然知道该事实，但为了债务人的利益不得不继续处理委托事务；

（三）受托人继续处理委托事务；

（四）债权金额仅限于继续处理委托事项而产生的债务人应当支付的费用。

第二十四条　【票据债权】因票据付款或承兑而产生的债权应同时符合以下条件：

（一）票据的出票人为债务人；

（二）票据的付款人继续付款或承兑；

（三）债权的金额为付款人的付款或者承兑金额。

第二十五条　【连带债权】申报的债权是连带债权的，应当说明：

（一）连带债权人可以由其中一人代表全体连带债权人申报债权，也可以共同申报债权。

(二)债务人的保证人或者其他连带债务人已经代替债务人清偿全部或者部分债务的,可以就其对债务人已清偿部分的求偿权向管理人申报债权。

(三)债务人的保证人或者其他连带债务人尚未代替债务人清偿债务的,可以就其对债务人尚未清偿部分的将来求偿权向管理人申报债权。但是,债权人已经向管理人申报全部债权的除外。

(四)债务人是连带债务人时,债权人可以向管理人申报债权。连带债务人数人被人民法院裁定受理破产申请的,债权人可以分别地向债务人和其他连带债务人的管理人申报其全部债权。债权人未申报债权的,其他连带债务人可就将来可能承担的债务申报债权。

第二十六条 【本金、利息的清偿顺序】抵押物折价或者拍卖、变卖所得价款的清偿顺序:

(一)若通过执行程序偿还,在执行款不足以偿付全部债务的情况下,应当根据"并还原则",即按比例清偿法律文书确定的金钱债务与迟延履行期间的债务利息;

(二)若通过非执行程序偿还,则应适用"先还利息,后还本金"的原则,即先清偿迟延履行期间的债务利息,后清偿法律文书确定的金钱债务。

第二十七条 【不应计息的债权】诉讼、仲裁裁决确定的诉讼费、仲裁费、保全费、律师代理费等不应该计入债权本金计息。

第二十八条 【汇率折算】申报的债权以外币为结算货币的,汇率折算以法院裁定受理破产申请之日的人民银行公布的外汇牌价中间价折算。

第五节 债权审查阶段及形成文件

第二十九条 【债权审查三阶段】管理人在接收债权申报后,一般可以就债权审查安排三个阶段,债权初步审查阶段、债权审查复核阶段、债权审查确认阶段。

第三十条 【初步审查】第一阶段:债权初步审查,制作《债权初步审核函》[见附件五]根据不同债权的审查标准,管理人依法对已申报的债权进行初审,逐一制作《债权初步审核函》,并将《债权初步审核函》书面通知债权人。《债权初步审核函》应当记载:

(一)申报情况,包括但不限于债权人名称、申报债权数额及申报证据、有无财产担保、债权发生概述;

(二)审查情况,包括但不限于债务人的意见、管理人查明的基本事实、管理人对该债权的审查结果、审查差异说明及不予认定的事实和理由等其他需要说明的事项;

(三)对于个别无法定性或者债权构成复杂的、债权金额较难认定的债权,管理人应当联络债权人进一步补充申报资料。同时，管理人应当告知债权人，如对《债权初步审核函》存有异议，应当在规定时间内向管理人提出书面异议并附上相应证据材料。

第三十一条　【审查复核】第二阶段：债权审查复核，制作《债权复审通知书》[见附件六]

若债权人对《债权初步审核函》存有异议，管理人应当自收到书面异议及相应证据材料之后，及时进行复核，并以《债权复审通知书》形式予以书面回复。回复内容应根据复核情况作出维持原审查结论或作相应调整的复审结论。通知书应理由充分，法律依据明确，并告知债权人如仍有异议的，可依法向人民法院提起诉讼。

第三十二条　【审查确认】第三阶段：债权审查确认，形成债权人会议核查的《债权表》[见附件七]

（一）管理人根据《债权初步审核函》、《债权复审通知书》的记载，及债权人的确认或反馈意见进行复查，编制并最终形成《债权表》，作为管理人债权审查的书面文件，提交第一次债权人会议核查债权。《债权表》应当记载债权人名称、申报债权金额、审查债权金额、有无财产担保、备注说明等事项。

（二）根据破产案件的不同情况及管理人对分类债权审查的结果，《债权表》的形式可以适当变化。在破产清算案件中，若破产债权简单、明确，可以以一张总表的形式反映；若破产债权人数较多、债权债务关系复杂，根据《企业破产法》分组债权表决程序的需要，可以在总表基础上，细化出《普通债权表》、《有财产担保债权表》、《税收款债权表》、《无表决权组债权表》、《劳动债权表》等若干债权附表。在债权分类基础上，明确不同类别组债权审查结果，便于债权人会议分组表决的债权额统计。

第五章　债权确认流程

第三十三条　【债权确认两大程序】根据《企业破产法》的规定，债权确认分为非诉程序、诉讼程序两大程序。非诉程序是指通过债权人会议核查及人民法院裁定方式确认，诉讼程序是指在债权人或债务人对债权表有异议的情况下通过人民法院判决方式确认债权。

第三十四条　【非诉程序】债权确认非诉程序：债权人、债务人对管理人编制《债权表》记载无异议的，在非诉程序中经债权人会议核查，由受理破产案件的人民法院裁定后直接确认，《债权表》记载的无异议债权，通过非诉程序得到确认。

第三十五条　【诉讼程序】债权确认诉讼程序：债权人、债务人对管理人编制《债权表》记载有异议的，可以向受理破产案件的人民法院提起债权确认之诉。债权异议权，赋予被异议的债权人、债务人和其他债权人。即债权异议，包括债权人对自己债权的异议、对《债权表》中记载的他人债权的异议、债务人对《债权表》记载事项的异议。

债权确认诉讼程序,应当以相对人为被告启动债权确认诉讼。如果人民法院裁定异议不成立,则管理人原审查的债权列入《债权表》,作为破产债权参与分配;如果人民法院裁定异议成立,则该债权经人民法院裁定后,应将调整后的债权列入《债权表》,重新进入破产债权参与分配。

第三十六条 【债权异议】债权异议的处理:根据《企业破产法》规定,管理人在债权审查基础上应制作《债权表》,并将《债权表》提交债权人会议进行核查,为便于债权人会议顺利和有序召开,可以要求对《债权表》有异议的债权人或债务人当场填写书面的《债权异议申请表》[见附件八],并当场收集后进行宣读。

在债权人会议结束后,管理人可以要求有异议的债权人提交正式的债权异议表,详细说明异议的具体事实与理由,并附带相关证据材料。管理人应在合理期限内对有异议债权进行审查,并向异议人发出书面审查意见,并告知异议人在合理期限内(十五日内)向人民法院提出确认之诉,以防止相对人滥用债权异议权,导致破产程序的拖延。

第三十七条 【临时表决权】对于债权是否存在,债权性质如何以及债权数额多少等内容有一项或多项内容没有得到证实的债权,管理人应当在第一次债权人会议前向人民法院提出书面意见,人民法院可以为其临时确定债权额,债权人按照人民法院临时确定的债权性质和数额,参加债权人会议,行使投票表决权。

第三十八条 【债权确认法律后果】债权确认,一般产生三方面的法律后果:

(一)被确认的债权,债权人获得参加破产程序的债权人资格,有权出席债权人会议,依据其被确认的债权性质,及债权数额等在债权人会议中享有投票表决权;在破产财产分配时,参加同类债权的清偿顺位,并以此计算获得清偿数额。

(二)债权未被确认的债权,及经过债权人会议核查,且经人民法院确定不属于破产债权的,债权人不得参与后续的破产程序。

(三)债权不能确定或者尚未确定的债权,经人民法院临时确认债权的,债权人按照人民法院临时确定的债权性质和债权数额,在债权人会议行使表决权。但是,如果最终被确认不属于破产债权的,则不得参加破产财产分配,已经获得的分配,应当予以返还;如果最终确定为破产债权的,则按照最终确认的债权性质和债权数额参加表决或分配,已经按临时债权额行使的表决权不再纠正,但分配财产时应当按最终确定的债权比例进行。

第六章 附件(略)

延伸阅读：相关规定

浙江省律师协会破产案件中债权申报及审查流程参考

（浙江省律师协会　会议审议通过）

目　　录

六、债权确认单

七、债权表

第一部分 概 述

债权申报及审查,是破产程序中一项重要制度,它是债权人参加破产程序并行使权利的前提,也是从根本上保障债权人和债务人利益的有效手段。《中华人民共和国企业破产法》(以下简称《企业破产法》)确立了由管理人作为债权申报的接受登记机关,对破产债权进行审查的制度。管理人对申报债权不仅需要形式审查,还需要实质性审查。管理人对债权的登记、审查,可以大量减少异议债权的出现,而且对破产程序的顺利进行起着至关重要的作用。

根据《企业破产法》第六章"债权申报"的规定,结合破产案件中管理人工作实务,现将破产案件中债权申报及管理人审查操作流程图示如下:

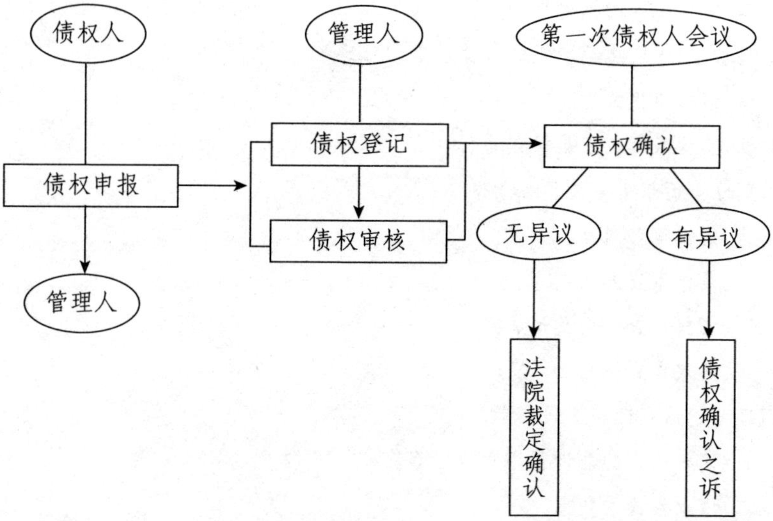

如上所述,债权申报及审查操作流程,主要分为债权申报、债权审查、债权确认三大阶段,现就各阶段操作流程作以下介绍。

第二部分 债权申报流程参考

债权申报,是指债权人在破产程序开始后,在法律规定的债权申报期限内,依照法定的要求和程序,向法院指定的管理人申请登记债权,以表明其参加破产程序的意思表示。

一、破产债权范围

破产债权，是指基于破产申请受理前的原因成立的，经依法申报确认，并可由破产财产获得清偿的可强制执行的财产请求权。同时为维护社会公平，《企业破产法》特别规定某些在破产申请受理后原因发生的债权也属于破产债权，但该部分因破产申请受理后原因发生的债权必须有法律明确规定才能作为破产债权。

（一）根据《企业破产法》的规定，破产债权范围如下：

1. 破产申请受理前成立的无财产担保的债权；

2. 破产申请受理前成立的有财产担保的债权；

3. 未到期的债权[《企业破产法》第46条]；

4. 附利息的债权[《企业破产法》第46条]；

5. 附生效条件或附解除条件的债权[《企业破产法》第46条]；

6. 附始期债权[《企业破产法》第46条]；

7. 诉讼、仲裁未决的债权[《企业破产法》第46条]；

8. 债务人的保证人和其他连带债务人，因代替债务人清偿债务取得的求偿权[《企业破产法》第51条]；

9. 债务人的保证人和其他连带债务人，尚未代替债务人清偿债务取得的将来求偿权，但债权人已经向管理人申报全部债权人的除外[《企业破产法》第51条]；

10. 解除双方均未履行完毕的合同后形成的损害赔偿请求权[《企业破产法》第53条]；

11. 因委托合同产生的债权[《企业破产法》第54条]；

12. 票据追索权[《企业破产法》第55条]；

13. 税款债权；

14. 其他合法的请求权。

（二）不需要申报的债权

涉及债务人所欠职工的工资和医疗、伤残补助、抚恤费用，所欠的应当划入职工个人账户的基本养老保险、基本医疗保险费用，以及法律、行政法规规定应当支付给职工的补偿金的劳动债权，职工不必申报，由管理人调查后列出清单并予以公示。职工对清单记载有异议的，可以要求管理人更正；管理人不予更正的，职工可以向人民法院提起诉讼。

二、债权申报的期限

人民法院在受理破产申请后，应当确定债权人申报债权的期限。债权申报期限自人民法院发布受理破产申请公告之日起计算，最短不得少于三十日，最长不得超过三个月。

管理人应当根据人民法院发布的破产申请公告中载明的申报期限作为该案件中最终的债权申报期限,如债权申报期最后一日是节假日的,以节假日后的第一日为期间届满的日期。债权申报期不包括在途时间,诉讼文书在期满前交邮的,不算过期。

管理人应当在人民法院公告的申报债权的期限和地点,接收债权人的债权申报材料。

三、未申报或逾期申报的法律后果

根据《企业破产法》规定,逾期未申报或逾期债权的法律后果主要包括:

(一)债权人未申报债权,将丧失《企业破产法》规定的债权人参与破产程序的所有程序性权利,包括参加债权人会议权利、表决权、异议权、接受分配财产权利等。

(二)债权人未按期申报,已分配的财产不对其补充分配。即便其在破产财产最后分配前补充申报,此前已进行的分配仍不再对其补充分配,且债权人还应承担因审查和确认补充申报债权的相关费用。

(三)如债务人进入重整程序,债权人未按期申报债权,在重整计划执行期内债权人不得行使任何要求偿债的权利。但债权人并未丧失其要求偿债的实体权利,其仍有权在重整计划执行完毕后,按照重整计划规定的同类债权的清偿条件行使权利。

(四)如债务人进入破产和解程序,债权人未按期申报债权,在和解协议计划执行期内债权人不得行使任何要求偿债的权利。但债权人并未丧失其要求偿债的实体权利,其仍有权在和解协议执行完毕后,按照和解计划规定的清偿条件行使权利。

因此,债权人逾期未申报债权,并不导致其债权消灭的后果,在破产财产分配完成前仍有补充申报债权而参加破产程序的权利。因此,逾期申报的债权不因超过申报期限而导致其实体权利的丧失,而仅仅是破产法规定的程序性权利丧失以及部分实体性权利暂时冻结行使。

四、债权申报文件

(一)债权申报文件目录

《企业破产法》第49条规定,债权申报应当采取书面形式,债权申报内容应当包括债权人合法有效的身份证明、债权证明文件及相关证据。管理人在接受债权申报时,应当要求债权人提供以下文件:

申报债权文件目录

1.	债权申报表(可以另附债权申报书)
2.	债权基础文件(合同、协议、欠条等)
3.	债权人的支付凭证(付款证明、发货记录等)

续表

4.	债权人请求偿债的证明
5.	担保文件、担保登记证明
6.	债务人已偿还部分债务的证明
7.	法院、仲裁机构文书
8.	身份证明(个人提交身份证、公司/企业提交企业法人营业执照等)
9.	申报人授权委托书

(二)债权申报示范文本

为规范债权申报的文书统一,管理人应向债权人提供债权申报示范文本,可参考的内容及形式如下:

1. 债权申报表[见附件一]

债权申报表系债权人向管理人书面提交债权申报的证明文件。内容包括:债权人名称、申报债权数额、申报债权时间、债权发生事实、债权到期日、有无财产担保、是否为连带债权、有无连带债务人、是否为求偿权或将来求偿权申报债权、债权是否附有条件和期限等情况。当然,债权人有权在债权申报表后另附债权申报书,就申报债权的事实、理由以及申报要求详细说明。

2. 债权申报文件清单[见附件二]

债权申报文件清单系债权人申报债权所依据的证据清单,清单应包括但不限于:债权基础文件(合同、协议、欠条等),债权人的支付凭证(付款证明、发货记录等),债权人请求偿债的证明、财产担保证明、债务人已偿还部分债务的证明、法院及仲裁机构文书等文件。

3. 债权人地址送达确认书[见附件三]

申报人应如实填写债权人的联系人姓名、联系地址、联系方式等确认信息。有委托代理人的,还应载明代理人的姓名、住址、联系方式及授权委托书等事项。

(三)申报债权登记造册

在债权申报阶段,管理人对申报债权的登记、审查,仅是一种形式上的审查。管理人仅审查债权申报资料是否具备法定的形式要件,而不对债权本身进行实质审查。管理人接受债权申报后应作相应的债权登记,根据债权人提交的债权申报文件,登记造册并形成《债权申报登记表》[见附件四]。

登记造册的项目包括但不限于:债权人、住所、邮编、联系人、联系电话、申报债权金额、债权性质、债务人提供财产担保情况、其他担保情况、基本情况以及其他必要的事项。债权申报登记表中“债权性质”按普通债权、有财产担保债权、税款债权进行区分,“财产担保情况”应填写债务人以自身的财产提供担保情况,“其他担保情况”应填写与申报债权相关的除债务人以自身的财产提供担保以外的其他担保情况,如出现未到期债权、附条件债权、附期限债权、诉讼及仲裁未决债权应在“备注”栏中注明。

五、管理人债权申报操作指引

管理人在接受申报债权登记时,应当注意以下问题:

(一)连带债权人可以由其中一人代表全体连带债权人申报债权,也可以共同申报债权。

(二)债务人的保证人或者其他连带债务人已经代替债务人清偿全部或者部分债务的,可以就其对债务人已清偿部分的求偿权向管理人申报债权。

债务人的保证人或者其他连带债务人尚未代替债务人清偿债务的,可以就其对债务人尚未清偿部分的将来求偿权向管理人申报债权。但是,债权人已经向管理人申报全部债权的除外。

(三)债务人是连带债务人时,债权人可以向管理人申报债权。债务人和其他连带债务人都被人民法院裁定受理破产申请的,债权人可以分别地向债务人和其他连带债务人的管理人申报其全部债权。

(四)债务人是委托合同的委托人,受托人在人民法院受理破产申请后,不知债务人破产事实而继续处理委托事务的,受托人可以就其继续处理事务所产生的请求权向管理人申报债权。法律另有规定的除外。

(五)在委托合同约定受托人在人民法院受理破产申请后仍须继续处理委托事务的情形下,即使受托人知道债务人破产事实,受托人在管理人或者债务人解除合同前依据委托合同约定继续处理委托事务的,受托人可以就其继续处理事务所产生的请求权向管理人申报债权。

(六)在停止处理委托事务将损害债务人利益的情形下,无论受托人是否知道债务人破产事实,受托人在管理人或者债务人要求其停止处理委托事务之前为债务人利益而继续处理事务所产生的请求权,管理人可以将其作为共益债务清偿。

(七)债权人应如实填写债权申报表,并由债权人签字或盖章。

(八)债权人应提交债权人的主体资格文件,包括个人身份证明或企业法人营业执照等。

1. 债权人为法人的,要求其提交营业执照原件,管理人核对后留存经加盖公章的营业执照复印件;

2. 债权人为自然人的，要求其提交合法有效的身份证明，管理人核对原件后留存复印件。

（九）债权人委托他人申报债权的，应提交委托人签字盖章的授权委托书及受托人的身份证明。

（十）债权人申报债权时应提交相关申报材料，管理人应就债权人提交的申报文件是否完整和齐备做审查。如申报文件不完整或者有缺陷，管理人应当及时告知申报人，要求其对申报文件或证据材料进行补正。

（十一）管理人在接受债权人提交的申报文件时，应要求债权人或受托人在其提交的证据材料复印件上签章确认，并由管理人就复印件与原件逐一进行核对。

（十二）管理人接受债权申报后应作申报债权登记，登记造册制作《申报债权登记表》；

（十三）债权人申报债权时应如实填写债权申报文件清单，注明提交资料的名称、数量等，并应签字或盖章。

（十四）债权人提出要求取得债权申报回执时，管理人应当出具。

（十五）管理人在受理债权申报后应及时归档成册，债权申报文件由管理人保存，并供利害关系人查阅。

（十六）债权人申报债权时应填写联系方式及地址确定书，以便日后管理人与债权人联系。

第三部分　债权审查流程参考

债权人向管理人申报债权后，对于债权的债权性质、债权数额、债权有无财产担保、担保物价值预计是否足以清偿担保债权等事实，均不以债权申报为准，必须经过法律规定的管理人审查、债权人会议核查程序并经人民法院裁定确认后，方成为破产债权。

管理人对债权的审查，是债权人会议核查以及人民法院裁定确认债权的前置程序。

一、债权审查内容

管理人在接收债权申报材料后，需对债权人申报债权的真实性、合法性和时效性等进行全面审查：

（一）真实性

管理人应当就债权人申报的债权是否真实存在进行审查，特别应注意申报债权是否属于“虚构债务或者承认不真实的债务”情形；

(二)合法性

管理人应当就债权人申报的债权是否符合法律规定及合同约定进行审查;

(三)时效性

管理人应当就债权人申报的债权是否存在超过诉讼时效等情形进行审查。

二、债权审查方法

(一)债权人提交的债权申报材料与原件进行核对;

(二)证据材料保存在政府有关部门的,管理人可以向有关政府部门调查核实;

(三)要求债务人提供与申报债权相关的财务资料及档案材料;

(四)聘请会计师就申报债权相关的财务资料进行审计和调查;

(五)要求债务人通过自查方式提交债权审查意见;

(六)有必要时可以向债务人的法定代表人、企业管理人员、财务人员进行必要的询问,并制作询问笔录;

(七)要求债权人提供补充资料及书面说明;

(八)向债权人进行调查和询问,并制作调查和询问笔录;

(九)要求债权人与债务人进行对账;

(十)有权向有关部门和单位发出《征询函》;

(十一)其他有利于查明债权的方法。

三、债权审查阶段及形成文件

管理人在接收债权申报后,一般可以就债权审查安排三个阶段,债权初步审查阶段、债权审查复核阶段、债权审查确认阶段。上述债权审查阶段内容及操作流程,图示如下:

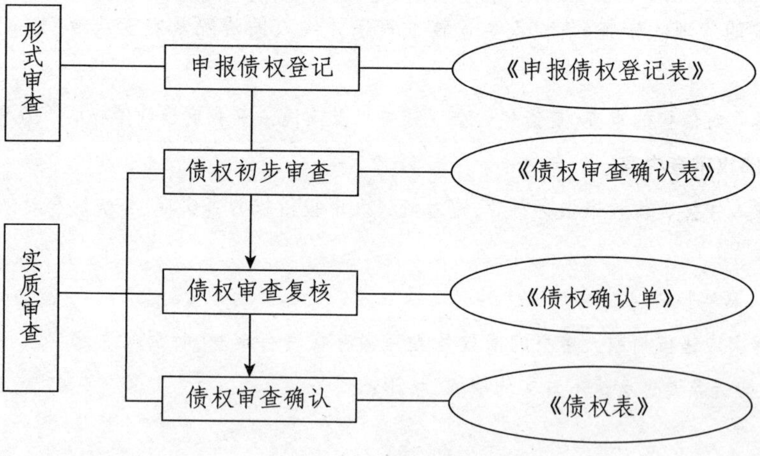

（一）第一阶段：债权初步审查，制作《债权审查确认表》［见附件五］

根据不同债权的审查标准，管理人依法对已申报的债权进行初审，逐一制作《债权审查确认表》。《债权审查确认表》应当记载债权人名称、申报债权数额及申报证据、有无财产担保、债权发生概述、债务人确认意见、管理人审查意见、审查差异说明、及不予认定的事实和理由等其他需要说明的事项，作为管理人债权审查的工作底稿，便于日后查阅。在债权初步审查过程中，应全面记录债权信息，并归纳及总结出该债权存在问题及初步审查意见，以便为第二阶段审查复核做好准备。

（二）第二阶段：债权审查复核，制作《债权确认单》［见附件六］

管理人应当对逐笔债权提出审查意见并载明审查依据及沟通过程；对于个别无法定性或者债权构成复杂的、债权金额较难认定的债权，管理人应当联络债权人进一步补充申报资料。

根据《债权审查确认表》的初步审查结果，管理人应当对逐笔债权制作《债权确认单》，载明申报债权金额、管理人审查金额、审查意见，并将《债权确认单》书面通知债权人。如债权人仍有异议的，管理人应当告知债权人有权在第一债权人会议上提出书面异议或依法向人民法院提起诉讼。

（三）第三阶段：债权审查确认，形成供债权人会议核查的《债权表》［见附件七］

管理人根据《债权审查确认表》的记载，及债权人对《债权确认单》的确认或反馈意见进行复查，编制并最终形成《债权表》，作为管理人债权审查的书面文件，提交债权人会议核查债权。《债权表》应当记载债权人名称、申报债权金额、审查债权金额、有无财产担保、备注说明等事项。《债权表》是管理人经债权审查确认后对《债权审查表》的细化，应尽可能简明、翔实反映管理人债权审查结果，供债权人会议核查。

为便于债权人会议核查债权，从实务角度考虑，管理人应就每一笔债权出具债权核查意见，主要做法包括：(1)在债权表中直接列明债权基本情况及核查意见；(2)在债权表后附每一笔债权基本情况及核查意见。

根据破产案件的不同情况及管理人对分类债权审查的结果，《债权表》的形式可以适当变化。在破产清算案件中，若破产债权简单、明确，可以通过一张总表的形式反映；在破产重整案件中，根据《企业破产法》分组债权表决程序的需要，可以在总表基础上，细化分出《普通债权表》、《有财产担保债权表》、《无表决权组债权表》、《劳动债权表》等若干债权附表。在债权分类基础上，明确不同类别组债权审查结果，便于债权人会议分组表决的债权额统计。

四、债权审查原则

根据《企业破产法》的规定，管理人对债权的审查原则主要包括如下：

1. 申报债权必须有充分、确实证据证明。凡债务人财务资料无记载的,且债权人提供的其他证据不充分的,均不予确认。

2. 申报债权必须是在诉讼时效内的债权,凡超过诉讼时效或执行时效的,又无时效中断或中止证据的,不予确认。

3. 债权申报时包括利息、罚息、违约金、滞纳金的,其计算到破产受理日为止。

4. 债权申报为外币时,以破产受理日市场汇率中间价为准进行折算。

5. 申报债权时但未明确提出利息数额的,按其约定的合法利率或中国人民银行同期贷款利率计算。

6. 申报债权时未申报应付利息和违约金的,推定其放弃申报。

7. 银行同期贷款利率的计算,每年按365天计算,在该期间内中国人民银行公布的基准利率有变动的,分期计算。

8. 对债务人的特定财产享有担保权的债权,除审查其担保是否合法成立外,应重点审查提供担保是否有本指引规定的可以依法撤销的情形、债权金额是否存在超过担保财产价值的情形,超过部分作为普通债权处理。

9. 债权人提交具有强制执行效力的法律文书的,则依据法律文书中直接确认的债权金额和财产担保的内容,管理人无须实质审查可直接予以确认债权及其性质。

10. 附期限的债权,视为破产宣告时已到期,作为破产债权申报。但附终期的债权应不予认定。

11. 债权人申报的债权不是以金额计算的,管理人可以按市场价值确认其债权金额。

第四部分　债权确认流程参考

债权确认,是管理人将债权审查结果提交债权人会议核查债权,并经人民法院裁定确认债权的程序。债权确认,是对当事人实体民事权利的裁判,系将申报债权固定为有效的破产债权,是债权人在破产分配中的公平受偿的必要条件。

一、债权确认的非诉程序和诉讼程序

根据《企业破产法》的规定,债权确认分为非诉程序、诉讼程序两大程序。非诉程序是指通过债权人会议核查及人民法院裁定方式确认,诉讼程序是指在债权人或债务人对债权表有异议的情况下通过人民法院判决方式确认债权。

1. 债权确认非诉程序

债权人、债务人对管理人编制《债权表》记载无异议的,在非诉程序中经债权人会议核查,由受理破产案件的人民法院裁定后直接确认。

2. 债权确认诉讼程序

债权人、债务人对管理人编制《债权表》记载有异议的,可以向受理破产案件的人民法院提起债权确认之诉。债权异议权,赋予被异议的债权人、债务人和其他债权人。即债权异议,包括债权人对自己债权的异议、对《债权表》中记载的他人债权的异议、债务人对《债权表》记载事项的异议。

债权确认诉讼程序,应当以相对人为被告启动债权确认诉讼。如果人民法院裁定异议不成立,则管理人原审查的债权列入《债权表》,作为破产债权参与分配;如果人民法院裁定异议成立,则该债权经人民法院裁定后,应将调整后的债权列入《债权表》,重新进入破产债权参与分配。

二、债权异议的处理

根据《企业破产法》规定,管理人在债权审查基础上应制作《债权表》,并将《债权表》提交债权人会议进行核查,为便于债权人会议顺利和有序召开,可以要求对《债权表》有异议的债权人或债务人当场填写书面的异议表[附件八],并当场收集后进行宣读异议人名单。在债权人会议结束后,管理人可以要求有异议的债权人提交正式的债权异议表,详细说明异议的具体事实与理由,并附带相关证据材料。管理人应在合理期限内对有异议债权进行审查,并向异议人发出书面审查意见,并告知异议人在合理期限内向人民法院提出确认之诉,以防止相对人滥用债权异议权,导致破产程序的拖延。

三、对尚未确定债权的处理

对于债权是否存在,债权性质如何以及债权数额多少等内容有一项或多项内容没有得到证实的债权,管理人应当在债权人会议前向人民法院提出书面意见,人民法院可以为其临时确定债权额,债权人按照人民法院临时确定的债权性质和数额,参加债权人会议,行使投票表决权。

四、债权确认的法律后果

债权确认,一般产生三方面的法律后果:

(一)被确认的债权,债权人获得参加破产程序的债权人资格,有权出席债权人会议,依据其被确认的债权性质及债权数额等在债权人会议中享有投票表决权;在破产财产分配时,参加同类债权的清偿顺位,并以此计算获得清偿数额。

(二)债权未被确认的债权,及经过债权人会议核查,且经人民法院确定不属于破产债权的,债权人不得参与后续的破产程序。

(三)债权不能确定或者尚未确定的债权,经人民法院临时确认债权的,债权人按照人民法院临时确定的债权性质和债权数额,在债权人会议行使表决权。但是,如果最终被确认不属于破产债权的,则不得参加破产财产分配,已经获得的分配,应当予以返还;

如果最终确定为破产债权的,则按照最终确认的债权性质和债权数额参加表决或分配,已经按临时债权额行使的表决权不再纠正,但分配财产时应当按最终确定的债权比例进行。

第五部分 附件(略)

第四章　破产财产清理

破产程序的实质是债务清偿，债务清偿不仅需要对债务进行核查，还需要对债务人的财产进行清理。对债务人财产进行清理是破产管理人的一项重要职责。债务人财产是清偿破产债权的责任财产，对债权人利益的保护具有十分重要的意义。破产管理人应对债务人所有的财产，包括由债务人占有的财产和不由债务人占有的财产进行管理，确定破产财产的范围。

第一节　破产财产的概念

一、破产财产的含义

对破产财产的含义，学界有着不同理解。有学者认为，对于破产财产的含义，可以从形式上和实体上两个不同的角度进行界定。“从形式意义上来讲，破产财产是指在破产程序中用于破产清偿还债的破产人的财产，其着眼点在于财产的分配程序与去向。”“从实体意义上来讲，破产财产是指在破产宣告或者破产申请时以及破产程序终结前（视所采立法原则而定），破产人所有的供破产清偿的全部财产，其着眼点是财产的构成与来源。”①

① 王欣新：《破产法专题研究》，法律出版社 2002 年版，第 132 页。

也有学者认为,对于破产财产的含义,可以从程序法和实体法两个角度进行界定。“从程序法角度,破产财产乃指破产宣告后能够依破产程序分配于破产债权人的破产人所有财产的总称。”“从实体法角度,破产财产则指破产人在破产宣告时及在破产程序进行中,所有可得扣押财产的总称。”①有学者认为:“破产财产,是指破产宣告时至破产程序终结期间,归破产管理人占有、支配并用于破产分配的破产人的全部财产的总和。”②有学者认为:“破产财产是指破产宣告后保证破产财产分配的顺利进行,依法由破产清算组组织和管理起来的破产人的全部财产。”③也有学者认为:“一般认为,所谓破产财产,是指破产程序开始时由债务人所有的财产及财产权利所构成的财产性集合体。它是供破产债权人分配的财产,决定着各债权人的实际利益。”④

《企业破产法》第30条规定,破产申请受理时属于债务人的全部财产,以及破产申请受理后至破产程序终结前债务人取得的财产,为债务人财产。第107条第2款规定,债务人被宣告破产后,债务人称为破产人,债务人财产称为破产财产。对于债务人财产、破产财产与债务人的财产,有学者认为,三者之间存在差异。“债务人的财产是指债务人所有的全部财产。由于民法体系要求债务履行需要完全履行,因此,债务人对债务履行所负有的义务范围覆盖了属于债务人所有的全部财产。……债务人财产是破产法体系中的概念范畴。与破产财产的概念相同,债务人财产的概念有选择地划定了债务人依据破产程序所需要用来清偿债务的财产范围。其范围小于债务人的财产,并且二者之间的差额体现了破产法立法对债务人的保护政策,进而与债务人的财产之间存在本质区别。……从破产程序的进行来看,债务人财产是介于债务人的财产和破产财产之间的过渡范畴。……破产财产更加直接地指向了债权人的最终受到清偿和最终的破产分配,而债务人财产的概念则更为关注破产法体系在债务人的财产中进行挑拣和筛选用于清偿债务的财产范围。从债务人财产和破产财产的价值变化上来看,二者之间的差额主要体现在破产期间所需要随时支出的破产费用和

① 汤维建:《破产程序和破产立法研究》,人民法院出版社2011年版,第253页。
② 邹海林:《破产程序和破产法实体制度比较研究》,法律出版社1995年版,第247页。
③ 范健主编:《商法》,高等教育出版社2007年版,第341页。
④ 孙学亮:《论破产财产的界定》,载《天津商业大学学报》2012年第4期。

共益债务。"①

笔者认为,从制度功能的角度界定,破产财产应当是指破产宣告后至破产程序终结前属于债务人所有,并用于向破产债权人分配的用于清偿破产债权的财产。

破产财产不同于债务人财产,两者的主要区别如下:第一,性质不同。破产财产用于清偿债务人的债务,属于可执行财产;债务人财产并不一定用于清偿债务人的债务,不一定属于可强制执行财产。第二,范围不同。破产财产的范围为债务人被宣告破产后的财产;债务人财产包括破产申请受理时属于债务人的财产和破产程序终结前所取得的财产。第三,目的不同。破产财产完全用于清偿债务人的债务,利益主体为债权人;而债务人财产除用于清偿债务人的债务外,还可用于其他目的,利益主体并不完全是债权人。第四,处理方式不同。破产财产处理方式为以变价的方式变现,而债务人财产并不一定需要变价变现。

破产财产可以依据不同的标准进行类型划分。依据破产程序的不同阶段,可以区分为法定财产、现有财产和分配财产。法定财产是与自由财产相对应的概念,是指依据破产法律规定,在破产程序中确定属于债务人所有的全部财产的总和。现有财产亦称实在财产,是指破产管理人在破产宣告后管理和占有的财产总和。分配财产是指在破产程序中,用于清偿破产债权而可供分配的财产总和。依据财产的形态,则可以将其分为现金、有形财产和无形财产。

二、破产财产的特征

破产财产具有以下特征。

1. 破产财产必须是财产或财产性权利

财产是指具有经济价值的物或者权利,包括积极财产和消极财产。积极财产如物权、债权、动产、不动产、有形财产、无形财产,消极财产则指负债。破产财产不包括负债,而仅指积极财产。破产财产由于必须用于分配,所以必须是可以转让、可以量化的财产或者财产性权利。无法量化、不可转让的权利或者专属破产人的人身权利,不属于破产财产的范畴。例如,破产人的著作权、专利权、商标权及商号等无形财产可以量化,可以转让,属于破产财产;而荣誉权、信誉信用等

① 王欣:《破产财产制度研究》,吉林大学商学院2013年博士学位论文,第6页。

无法转让的商业信息等,则因为不可转让、不可量化而不应当列入破产财产的范畴。

2. 破产财产具有可强制执行性

破产财产用于清偿债务,必须分配于破产债权人,所以必须是可供强制执行的财产。不能强制执行,专属于破产人的财产,不属于破产财产。一般而言,企业法人所有的财产,原则上都是可以强制执行的财产。如果法律规定不能扣押变现的财产,则不属于破产财产。例如,对于通过划拨方式取得的土地使用权,债务人虽然享有使用权,但在债务人破产时,不能当然地作为破产财产而用于清偿破产债权。

3. 破产财产必须是属于债务人所有或者由债务人经营管理的财产

破产财产为债务人的财产,债务人不享有所有权或者经营管理的财产不属于破产财产。《企业破产法》第30条规定,破产申请受理时属于债务人的全部财产,以及破产申请受理后至破产程序终结前债务人取得的财产,为债务人财产。凡是不属于债务人所有或者经营管理的财产,虽然为债务人占有、使用,也不属于债务人财产。破产案件受理后至破产程序终结前债务人所取得的财产,在理论上称为"新得财产",属于破产财产。

4. 破产财产具有总括性

破产财产的功能在于清偿债务人的全部债务,包括债务人所有的财产,具有总括性。债务人的财产,无论是有形财产还是无形财产,只要能变现,能用于分配给债权人,都应当归入破产财产。

5. 破产财产具有动态性

破产财产的动态性是指破产财产的范围在破产程序中存在变化,即从破产宣告后至破产程序终结前及破产程序终结后追加分配的整个过程,破产财产的范围并不固定,具有动态性。

三、破产财产的性质

对于破产财产的性质,理论上向来有主体说和客体说之争。主体说认为,破产财产构成权利主体,形成财团法人,称为破产财团,可以享受权利,承担义务。客体说认为,破产财产是法律上的客体,其权利主体是破产人。破产人在破产宣告后丧失对破产财产的管理处分权,但并不丧失所有权。此外,也有学者主张信托说。①

1. 主体说

主体说认为破产财产构成破产财团,是一种财团法人。破产财产与财团法人的相似性表现在以下几个方面:第一,破产财产(财团)的原所有权人因破产宣告而丧失处分权,由破产管理人控制与财团法人无社员、无意思机关,其意思由捐助人形成相类似。第二,破产财产(财团)的存在目的在于公平清偿债务以满足破产债权人的清偿要求,与财团法人不以营利为目的相类似。第三,破产财产(财团)虽然为破产管理人所管控,但始终在人民法院监督之下,与财团法人设有法院得宣告董事行为无效之规定类似。主体说可以划分为以下几类:第一,特别财团说。此说是由德国学者黑尔威格所提出的,认为破产财产在破产宣告后形成一个"特别财团",此"特别财团"的权利主体仍然是破产人,但依法律的特别规定,与法人暂时处于相同的性质而已。破产管理人仅仅是破产财产的代理人。第二,法人说。此说由德国学者霍尔维茨提出,其认为破产宣告后,基于清算的目的而剥夺了破产人对破产财产的管理处分权,破产财产由此而取得法人资格,破产管理人是其法定代表。第三,临时法人说。临时法人说认为,破产管理人在破产宣告后作为破产财团的管理机构具有法人资格,享有处分破产财产的权利。第四,法人人格财团说。法人人格财团说认为,破产财产符合民法上所谓的无法人人格财团的特征。无法人人格财团,是指以供一定目的使用的财产为中心而营运的组织。②

主体说将破产财产视为享有权利主体资格的财团法人,在法理上的障碍是,破产人在破产宣告后主体资格并没有消灭,而仅仅是被剥夺了对破产财产的管理处分权,并没有被剥夺自己财产的所有权,因为对于破产债权人公平清偿而言,只需要对所有权进行限制即剥夺管理处分权即可,并不需要另行确定新的权利主体。此外,主体说将破产财产视为财团法人与我国现行法律体系并不吻合,因为我国现行法律体系中并没有明确承认财团法人为民事主体。

2. 客体说

客体说认为,破产财产仅为权利客体,其所有人为破产人,因为破产人虽因

---

① 参见傅穹、王欣:《破产债务人财产制度的法律解释》,载《社会科学研究》2013 年第 5 期。

② 参见张庆:《破产财产法律性质研究》,载《新学术》2007 年第 4 期。

破产宣告而丧失了对自己所有财产的管理处分权,但并不丧失所有权人的地位。客体说将破产财产定位为权利客体,仍然为破产人所有,但从功能上来看,破产人并不是破产财产最重要的利害关系人,最重要的利害关系应为破产债权人。

3. 信托说

信托说认为,从债务人(破产企业)、破产管理人和债权人三者在破产程序中的法律关系来看,债务人(破产企业)类似于信托关系中的委托人,破产管理人类似于信托关系中的受托人,破产债权人类似于信托关系中的受益人。债务人(破产企业)将财产交给受托人即破产管理人进行经营管理。

主体说、客体说、信托说三者之争的实际意义在于在破产程序中,应当由谁来维护和关注破产财产的利益,当破产财产发生损失时,应当由谁来承担。[①]

四、破产财产的范围

(一)破产财产范围的确定标准

破产财产的范围,需要从时间和空间两个方面来进行界定。从时间上界定破产财产,世界各国立法大致有两种不同的立法例:一是固定主义;二是膨胀主义。固定主义认为应当以受理破产申请回执宣告债务人破产为时间点来确定破产财产的范围,即破产申请受理时或者破产宣告时属于债务人的财产为破产财产。膨胀主义认为应当以破产程序终结为时间点确定破产财产的范围,即破产程序开始后至破产程序终结前的时间内债务人新取得的财产都属于破产财产。固定主义和膨胀主义对立的焦点在于,破产程序开始以后债务人所取得的财产是否属于破产财产,这一差别对于法人债务人而言意义不是很大,因为法人债务人在破产程序终结后将被注销,但对于自然人债务人破产意义重大。从空间上界定,实际上就是债务人境内的财产与境外的财产是否均归入破产财产的问题。对此问题,《企业破产法》第 5 条规定:"依照本法开始的破产程序,对债务人在中华人民共和国领域外的财产发生效力。对外国法院作出的发生法律效力的破产案件的判决、裁定,涉及债务人在中华人民共和国领域内的财产,申请或者请求人民法院承认和执行的,人民法院依照中华人民共和国缔结或者参加的国际条约,或者按照互惠原则进行审查,认为不违反中华人民共和国法律的基本原则,

① 参见王东敏:《新破产法疑难解读与实务操作》,法律出版社 2007 年版,第 158 页。

不损害国家主权、安全和社会公共利益，不损害中华人民共和国领域内债权人的合法权益的，裁定承认和执行。”

（二）破产财产范围的具体构成

关于破产财产的具体范围，《企业破产法》第30条规定，破产申请受理时属于债务人的全部财产，以及破产申请受理后至破产程序终结前债务人取得的财产，为债务人财产。《最高人民法院关于审理企业破产案件若干问题的规定》第64条规定：“破产财产由下列财产构成：（一）债务人在破产宣告时所有的或者经营管理的全部财产；（二）债务人在破产宣告后至破产程序终结前取得的财产；（三）应当由债务人行使的其他财产权利。”

《最高人民法院关于审理企业破产案件若干问题的规定》第71条规定：“下列财产不属于破产财产：（一）债务人基于仓储、保管、加工承揽、委托交易、代销、借用、寄存、租赁等法律关系占有、使用的他人财产；（二）抵押物、留置物、出质物，但权利人放弃优先受偿权的或者优先偿付被担保债权剩余的部分除外；（三）担保物灭失后产生的保险金、补偿金、赔偿金等代位物；（四）依照法律规定存在优先权的财产，但权利人放弃优先受偿权或者优先偿付特定债权剩余的部分除外；（五）特定物买卖中，尚未转移占有但相对人已完全支付对价的特定物；（六）尚未办理产权证或者产权过户手续但已向买方交付的财产；（七）债务人在所有权保留买卖中尚未取得所有权的财产；（八）所有权专属于国家且不得转让的财产；（九）破产企业工会所有的财产。”

对于担保财产是否属于破产财产，《企业破产法》没有明确规定，理论上也有两种截然不同的观点。第一种观点认为，设定了担保物权的财产不属于破产财产，因为担保物权人可以直接针对设定担保物权的财产行使优先权。当然，担保物权人行使优先权时，按照规定必须对担保物进行评估、拍卖（或变现）评估、拍卖（变现）的结果有可能低于所担保的债权，也有可能高于所担保的债权。对于担保物高于所担保债权的情形，担保物权人行使优先受偿权后的剩余部分当然属于破产财产。第二种观点认为，设定了担保物权的财产属于破产财产，只不过担保物权人可以行使优先权罢了。这两种观点虽然在理论上尚有争议，但对于实务操作中结果的影响却不大。

债务人的某个债权人在破产受理之前已经申请对债务人强制执行，人民法院依法强制拍卖了债务人的某项（些）财产后，价款尚未分配或者尚未分配完毕时,债务人被人民法院裁定受理破产,对于这些尚未分配的拍卖价款是否应当列入破产,理论上存在争议。一种观点认为,人民法院应债权人申请而对债务人的财产进行强制执行,拍卖后即意味着强制执行的完结,故价款虽然尚未分配,但已经属于申请强制执行的债权人,不应列入破产财产。另一种观点认为,执行款尚未分配就意味着强制执行程序尚未完结,根据《企业破产法》第 19 条"人民法院受理破产申请后,有关债务人财产的保全措施应当解除,执行程序应当中止"的规定,所以应当列入破产财产。[①] 两种观点争论的焦点在于对强制执行程序完结的理解,从有利于督促债权人及时行使权利的角度而言,笔者认为应当赞同第一种观点,即不应列入破产财产,以充分保护申请强制程序债权人的权益。

《公司法》第 28 条规定:"股东应当按期足额缴纳公司章程中规定的各自所认缴的出资额。股东以货币出资的,应当将货币出资足额存入有限责任公司在银行开设的账户;以非货币财产出资的,应当依法办理其财产权的转移手续。股东不按照前款规定缴纳出资的,除应当向公司足额缴纳外,还应当向已按期足额缴纳出资的股东承担违约责任。"《企业破产法》第 35 条规定:"人民法院受理破产申请后,债务人的出资人尚未完全履行出资义务的,管理人应当要求该出资人缴纳所认缴的出资,而不受出资期限的限制。"《最高人民法院关于审理民事案件适用诉讼时效制度若干问题的规定》第 1 条第 3 项已明确规定,当事人对基于投资关系产生的缴付出资请求权提出诉讼时效抗辩的,人民法院不予支持。根据这一规定,债务人的出资人应当缴纳而尚未缴纳的出资,属于破产财产,破产管理人应当依法请求出资人缴纳。

五、破产财产的管理

破产管理人接管破产企业,接管债务人的财产后,应当依法对债务人的财产进行包括但不限于调查、清查、清收、追取、保管、保全等一系列管理活动。破产管理人对债务人(破产企业)的财产进行管理的主要任务在于依法确认哪些财产属于债务人的财产,即应当归入破产财产;哪些不属于债务人的财产,即对不由债务人占有或者控制,但依法应当归入破产财产的财产予以追回。

(一)债务人财产状况调查

破产管理人接受人民法院指定后,应当对债务人的财产状况进行调查。破

---

① 参见余俊福主编:《中国破产管理人实务》,法律出版社 2015 年版,第 119 页。

产管理人对债务人财产调查的范围包括但不限于:(1)债务人的出资情况,包括出资人名册、出资协议、公司章程、验资报告及实际出资情况、非货币财产出资的批准文件、财产权属证明文件、权属变更登记文件、历次资本变动情况及相应的验资报告。(2)债务人的货币财产状况,包括库存现金、银行存款及其他货币资金。(3)债务人的债权状况,包括债权的形成原因、形成时间、具体债权内容、债务人的债务人实际状况、债权催收情况、债权是否涉及诉讼或仲裁、是否已过诉讼时效、已进入诉讼或仲裁的债权的履行期限等内容。(4)债务人的存货状况,包括存货的存放地点、数量、状态、性质及相关凭证。(5)债务人的设备状况,包括设备权属、债务人有关海关免税的设备情况。(6)债务人的不动产状况,包括土地使用权、房屋所有权、在建工程的立项文件、相关许可、工程进度、施工状况及相关技术资料。(7)债务人的对外投资状况,包括各种投资证券、全资企业、参股企业等资产情况。(8)债务人分支机构的资产状况,包括无法人资格的分公司、无法人资格的工厂、办事处等分支机构的资产情况。(9)债务人的无形资产状况,包括专利权、商标权、著作权、许可或特许经营权情况。(10)债务人的营业事务状况。(11)债务人与相对人均未履行完毕的合同情况。

破产管理人调查债务人财产状况调查后,应当根据调查内容制作债务人财产状况报告。债务人财产状况报告应当能够反映债务人各项财产的权属状况、实际现状和账面价值等基本情况。

破产管理人认为有必要,并经人民法院许可,可以聘请有资质的专业机构对债务人财产进行专项审计和评估。专业机构对财产专项的审计和评估报告,可以作为调查财产状况和制作债务人财产状况报告的财务依据。

破产管理人可以要求债务人的有关人员协助管理人对债务人财产状况进行调查。债务人的有关人员拒绝协助的,管理人可以请求人民法院强制有关人员协助。

破产管理人非因自身原因无法全面调查债务人财产状况的,应当就无法调查的情况在债务人财产状况报告中作出说明。

破产管理人制作债务人财产状况报告后,应当及时地提交给人民法院、债权人会议或债权人委员会。

(二)接收债务清偿或者财产交付

破产管理人接管债务人财产后,应当书面通知债务人的债务人及时清偿债务。书面通知的内容应当载明人民法院受理破产申请的时间,债务人的债务人应当清偿的债务金额,限定清偿债务的时间和方式,不清偿债务的法律责任等。债务人的债务人拒绝清偿债务的,管理人有权代表债务人向人民法院起诉。

债务人的债务人在人民法院受理破产申请后向破产管理人清偿债务的,或者债务人的财产持有人在人民法院受理破产申请后向破产管理人交付财产的,破产管理人已接管债务人财产的,应当及时接收;如果还没有接管债务人财产,同时又不具备接收债务清偿或者财产交付条件的,应要求债务人接收。

破产管理人接管债务人财产后,应当书面通知债务人的财产持有人及时交付财产。书面通知的内容应当载明人民法院受理破产申请的时间,债务人的财产持有人应当交付的财产品名、规格、数量及状况,限定交付财产的时间和方式,不交付财产的法律责任等。债务人的财产持有人拒绝交付财产的,管理人有权代表债务人向人民法院起诉。

债务人的债务人没有清偿债务或故意向债务人清偿债务,债务人的财产持有人没有交付财产或故意向债务人交付财产,使债权人损失受到损失的,管理人有权要求债务人的财产持有人重新清偿债务、交付财产或者赔偿损失。

(三)保管或者处分债务人的财产

破产管理人对其接管的债务人财产依法负有谨慎管理和处分的职责。破产管理人接管债务人财产前,债务人有关人员就债务人财产管理和处分进行请示的,应当依法并谨慎地作出决定;发现债务人有关人员在人民法院受理破产清算申请后对债务人财产有不当管理和处分,并造成债务人财产损失的,应当依法予以制止和纠正。

破产管理人接管债务人财产后,应当根据各类资产的不同性质,采取合理的管理和处分措施,包括但不限于:(1)债务人的财产权属关系存在争议或者尚未确定的,应当依法确权或者明确;(2)债务人的财产闲置并具备对外出租条件的,经人民法院许可或者债权人会议同意,可以对外出租;(3)债务人的财产易于流失的,应当指定专人负责和保管;(4)债务人的财产易损、易腐、价值明显减少、不适合保管或者保管费用较高的,应当依法及时变卖;(5)债务人的现金、银行存款及有价证券等,应当指定专人保管与核算,并严格执行财务管理制度;(6)债务人出资拥有的股份资产,应当及时通知被投资企业,并依法行使出资人权利;(7)债务人的财产权利如不依法登记或者及时行使将会丧失的,应当及时予以登记或者行使；（8）债务人的财产需要办理保险的，应当对其办理必要的保险手续。

破产管理人在第一次债权人会议召开之前，对债务人财产的管理和处分有下列行为之一的，应当事先取得人民法院的许可：（1）涉及土地、房屋等不动产权益的转让；（2）探矿权、采矿权、知识产权等财产权的转让；（3）全部库存或者营业的转让；（4）借款；（5）设定财产担保；（6）债权和有价证券的转让；（7）履行债务人和对方当事人均未履行完毕的合同；（8）放弃权利；（9）担保物的取回；（10）对债务人利益有重大影响的其他财产处分行为。

破产管理人在第一次债权人会议召开之后，有上述行为之一的，应当及时报告债权人委员会；未设立债权人委员会的，应当及时报告人民法院。

六、追收对外的债权

债务人的债权是债务人财产的重要组成部分。破产管理人及时追收债务人的对外债权，对于保证破产债权人利益的实现具有十分重要的意义。破产管理人对外追收债权的成果，直接关系到债权人的权益，体现了破产管理人的工作效率，是考核破产管理人工作的重要指标。破产管理人应当尽到勤勉义务，最大限度地追收债务人的对外债权，以确保破产财产的最大化。

1. 尽职调查

破产管理人接管破产企业后，应当对债务人的对外债权开展尽职调查，尽可能地将债务人的对外债权追收回来。债务人对外债权的尽职调查主要包括两个方面的工作：第一，查找债务人对外债权的书面凭证。债务人的对外债权，必须有证据材料证明，没有必要的证据材料，债权债务关系就难以得到证明。破产管理人查找债务人对外债权的书面凭证，首先应当根据债务人的财务资料，包括但不限于转账凭证、对账单、审计报告等材料；其次应当查找相关证据，包括但不限于合同原件、欠条等材料。破产管理人根据尽职调查结果，应当制作债务人对外债权一览表。第二，查清债务人对外债权的债务人的基本情况，包括但不限于债务人名称、住所地、法定代表人、工商注册登记资料、通信方式等内容。

2. 私力追收

私力追收是指破产管理人以非诉讼方式追收债务人的对外债权。破产管理人拟采用私力追收的，应当向债务人发出清偿债务通知书，通知债务人在一定期限内向破产管理人清偿债务。债务清偿通知书的内容应当包括债务人的名称、债务金额、偿还期限及提出异议的期限,破产管理人的联系人、联系方式等。

3. 诉讼追收

诉讼追收是指破产管理人通过诉讼途径向债务人的债务人主张债权,要求债务人的债务偿还债务的对外债权追收方式。诉讼追收相对于私力追收来说,成本要高些。因此,对于破产管理人来说,是否采用诉讼方式追收对外债权,应当根据案件的实际情况,对债权的基础证据进行审核,并对可能存在的诉讼法律风险进行评估,最终决定是否采用诉讼方式追收债务人的对外债权。

4. 聘请律师

破产管理人追收债务人的对外债权,可以自行追收,也可以聘请专业律师追收。一般而言,管理人自行追收,有利于降低债权的追收成本,降低破产费用,增加破产财产的分配额度。但是,在特殊情形下,破产管理人自行追收并不一定是最好的对外债权追收方式,必要时聘请专业律师追收对外债权,可能会提高债权追收效率,降低追收成本。破产管理人应当根据案件的实际情况,作出是否聘请专业律师追收对外债权的决定。

5. 特殊债权

破产管理人除应当追收债务人的对外债权外,还应当追收债务人的特殊债权。破产管理人管理追收特殊债权,包括追收出资和追回财产。《企业破产法》第 35 条规定,人民法院受理破产申请后,债务人的出资人尚未完全履行出资义务的,管理人应当要求该出资人缴纳所认缴的出资,而不受出资期限的限制。破产管理人应当核查破产企业的验资报告,发现有出资人未按照约定缴纳出资的,应当及时追缴。《企业破产法》第 36 条规定,债务人的董事、监事和高级管理人员利用职权从企业获取的非正常收入和侵占的企业财产,管理人应当追回。

延伸阅读：典型案例

YL公司与HL经营公司
追收未缴出资纠纷、股东出资纠纷
二审民事判决书

原审法院认为：HL经营公司破产管理人认为债务人HL经营公司的出资人YL公司未履行出资义务，而予以追收，属追收未缴出资纠纷，而YL公司是在香港注册成立的公司，故本案属涉港追收未缴出资纠纷。YL公司曾对原审法院主管本案提出异议，原审法院裁定予以驳回，该裁定已发生法律效力，现各方当事人对原审法院行使管辖权没有提出异议，原审法院有权予以审理。

本院认为：本案是追收未缴出资纠纷。上诉人YL公司是在香港注册成立的公司，现双方当事人对原审法院行使本案管辖权和适用中国法律作为处理本案纠纷的准据法均无异议，本院对此予以确认。HL经营公司设立于1993年2月21日，存续至今。故其设立时适用当时生效的法律规定；在其存续期间颁布及修改的法律与设立时生效法律无冲突的亦应予以适用。根据双方当事人的诉辩意见，本案的争议焦点为：YL公司是否应承担向HL经营公司补缴出资的义务。其中包括：(1)RK公司是否已依法履行了向HL经营公司出资的义务。(2)YL公司是否知道或应当知道RK公司未依法履行向HL经营公司出资的义务。

关于RK公司是否已依法履行了向HL经营公司出资的义务的问题。《出资及资金往来审核报告》虽作了1997年12月RK公司退出HL经营公司时注册资本已缴足的表述，但该审核报告同时称，通过对MH公司的实收资本及相关科目进行审计，发现RK公司的出资并未实际到位。因此，对该审核报告的结论应按实际情况进行解读。审核报告记载，RK公司的出资分为实物出资及货币出资，其中实物出资是HL股份以划拨固定资产给HL经营公司的形式完成；货币出资是由HL股份代垫，验资后再划回HL股份。上述出资方式中，以货币垫资在验资后将资金划回的行为，违反了公司法关于不得抽逃出资的规定。YL公司认为2.4万瓶包装生产线设备、4万瓶包装线设备及易拉罐包装线设备是HL股份代RK公司垫资的资产。但从4万瓶包装线设备及易拉罐包装线设备被HL股份用于抵押的情况来看，上述设备的所有权人并非HL经营公司。至于2.4万瓶包装生产线设备，一是因HL股份自身亦负有向HL经营公司出资的义务及约定以HL啤酒厂的全部资产作价投入HL经营公司，YL公司未能举证证实该部分设备是HL股份的出资部分还是

代RK公司垫资部分。二是1990年《中华人民共和国中外合资经营企业法》第三条规定:“合营各方签订的合营协议、合同、章程,应报国家对外经济贸易主管部门(以下称审查批准机关)审查批准。”根据合资经营合同、公司章程及韶关市对外经济工作委员会的批复要求,RK公司应以货币出资,其以固定资产出资亦并不符合上述要求。因此,YL公司称RK公司已履行完出资义务的主张,缺乏证据支持,本院不予采纳。

关于YL公司是否知道或应当知道RK公司未依法履行向HL经营公司出资的义务的问题。RK公司将HL经营公司的股权转让给YL公司时,HL经营公司经营状况良好,RK公司转让股权不收受任何对价,不符合常情常理。YL公司作为股权受让方有对前股东是否缴足注册资本负有谨慎注意义务。受让股权后,YL公司接手HL经营公司,亦有条件对上述情况进行了解。故YL公司称无法得知RK公司未出资的主张,理据不足,本院不予采纳。

综上所述,YL公司的上诉理由不能成立,本院予以驳回。原审判决认定基本事实清楚,适用法律正确,审判程序合法。依照《中华人民共和国民事诉讼法》第一百七十条第一款第(一)项之规定,判决如下:

驳回上诉,维持原判。

二审案件受理费131,573.54元,由YL公司负担。

本判决为终审判决。

——摘自:广东省高级人民法院民事判决书

(2014)粤高法民二破终字第104号

6. 异议债权

《最高人民法院关于审理企业破产案件若干问题的规定》第73条规定,破产企业的债务人和财产持有人有异议的,应当在收到通知后的7日内提出,由人民法院作出裁定。破产企业的债务人和财产持有人在收到通知后既不向清算组清偿债务或者交付财产,又没有正当理由不在规定的异议期内提出异议的,由清算组向人民法院提出申请,经人民法院裁定后强制执行。

第二节　破产财产清查

一、破产取回权

(一)破产取回权的含义

破产取回权,是指在破产程序中,在对债务人财产范围进行清理时,对于不属于债务人但由债务人占有或者支配的财产,其所有权人或者其他权利人不依照破产程序,通过破产管理人直接将该财产予以取回的权利。破产取回权制度是物的返还请求权在破产程序中的一种表现形式。破产取回权从某种意义上来说是对破产管理人误将他人财产当作债务人财产归入破产财产的一种补救措施,是为了消除或者纠正权利所有与事实占有不一致现象的一种权利救济制度。非债务人的财产当然不能归入破产财产,用于清偿债务人的债务,否则就会损害财产权利人的利益。破产取回权制度对于维护权利人的合法权益,确保破产程序的顺利进行具有重要意义。

破产取回权可以分为一般取回权和特殊取回权。一般取回权是指权利人针对标的物由债务人占有的情形而行使的破产取回权;特殊取回权是指权利人针对标的物应由债务人占有但债务人并未实际占有的情形而行使的破产取回权。

(二)破产取回权的特征

破产取回权作为物的返还制度在破产程序中的具体体现形式,具有如下几个方面的特征。

1. 破产取回权的主体是债务人和破产管理人以外的其他财产权利人

破产取回权的权源基础在于物的返还制度,在于民法上的所有权或者其他权利,因此,破产取回权的权利主体为标的物的所有权人或者权利人,不是标的物的所有权人或者权利人当然无权行使取回权。破产取回权的标的物不属于债务人,如果属于债务人所有,则可能属于破产财产,不产生由他人取回的问题。

2. 破产取回权的相对人是破产管理人而非债务人

取回权人虽然是基于破产程序取回自己的财产,但既不需要申报,也不需要等待破产财产的变价和分配,可以直接主张,不以诉讼方式为必要。由于债务人所占有的财产在破产受理后由破产管理人管理,因此,取回权人行使权利应以破产管理人为相对人,而不能以债务人为相对人。破产管理人在清理债务人财产的过程中,如果认为某项(些)财产不属于债务人所有,不应归入破产财产,则可以直接通知权利人取回,权利人不及时取回的,可以依法予以提存。当然,取回权人行使取回权时,破产管理人拒绝的,可以提起取回权确认之诉,依法由人民法院确认。

3. 取回权只能针对特定财产行使

取回权是物的返还请求权在破产程序中的体现,根据物权法原理,物的返还请求权以物的存在为前提,标的物如果不存在,则取回权的基础消失,取回权由此转变为损害赔偿请求权。损害赔偿请求权是债权,属于破产债权的范围,权利人应当依法向破产管理人申报。破产取回权的标的物只能是特定物,种类物在未特定之前,不得成为取回权的标的。

4. 破产取回权的标的物由债务人占有或者控制

标的物如果不由债务人占有,当然也就不存在由他人从债务人处取回的问题。债务人对标的物的占有或者控制应当理解为基于物权占有关系,即债务人占有,或者基于合同关系应当由债务人占有但未为债务人占有的财产。标的物不应由债务人占有且不为债务人占有的,财产权利人不得行使破产取回权。

(三)破产取回权的性质

对于破产取回权的性质,理论上有“实体法上的请求权说”和“诉讼法上的异议权说”两种不同的观点。实体法上的请求权说以物的返还请求权为理论基础,认为破产取回权是物的返还请求权在破产程序中的体现,破产取回权并非基于破产法而新设的权利。诉讼法上的异议权说以破产程序为特殊的强制执行程序作为理论基础,认为破产取回权类似于强制执行程序中案外第三人的异议权。实体法上的请求权说为理论上的通说,已为多数学者所采纳。①

(四)一般取回权

《企业破产法》第 38 条规定:“人民法院受理破产申请后,债务人占有的不属于债务人的财产,该财产的权利人可以通过管理人取回。但是,本法另有规定的除外。”根据《最高人民法院关于审理企业破产案件若干问题的规定》第 72 条的规定,债务人基于仓储、保管、加工承揽、委托交易、代销、借用、寄存、租赁等法律关系占有、使用的他人财产,财产权利人有权取回。此外,以下财产也是取回权的标的物:(1)特定物买卖中,尚未转移占有但相对人已完全支付对价的特定物;(2)尚未办理产权证或者产权过户手续,但已向买方交付的财产;(3)债务人在所有权保留买卖中尚未取得所有权的财产;(4)所有权专属于国家且不得转让的财产;(5)破产企业工会所有的财产。

债务人占有或者控制他人的财产,可以是合法占有,也可以是非法占有。债务人非法占有是指债务人通过合同诈骗、非法侵占等违法犯罪行为而占有或者

① 参见王东敏:《新破产法疑难解读与实务操作》,法律出版社 2007 年版,第 228 页。

控制他人财产。

取回权人向破产管理人请求取回自己的财产时，应当提交书面申请和相应的证明所欲取回的财产属于自己所有的证据材料。破产管理人应当对取回权人所提交的材料进行审查，破产管理人认为申请人所提交的材料能够证明其享有取回权的，应当作出同意其取回的书面决定。破产管理人作出同意取回权人取回财产的决定属于《企业破产法》规定的对债权人权益有重大影响的行为，需要根据法律规定及时报告债权人委员会，未设债权人委员会的，应当向债权人会议和人民法院报告。

取回权虽然以物的返还请求权为权源基础，但其行使有时间限制，即必须在破产申请受理后，破产财产按照破产程序分配前行使，且不存在中止、中断和延长的事由。

取回权人在行使取回权时，如果取回权人基于其与债务人所签订的合同，应当履行相应的义务（如支付保管费），则在其未履行相应义务之前，破产管理人有权予以拒绝。

一般取回权的标的物如果存在多个权利主体，就有可能出现多个权利主体均向破产管理人请求取回标的物的情形，对此，有学者认为，由于各个权利主体之间没有优先劣后之分，所以当出现两个以上主体同时请求返还的情形时，破产管理人可以选择任何一个有权主体进行履行。①

融资租赁合同的出租人对于租赁标的物享有所有权，当然可以基于所有权而享有一般取回权。《合同法》第 242 条规定："出租人享有租赁物的所有权。承租人破产的，租赁物不属于破产财产。"融资租赁合同的出租人可以基于一般取回权而保障自己的所有权，但并不排除可以采取其他手段来保障权利。《最高人民法院关于审理融资租赁合同纠纷案件若干问题的规定》第 17 条规定："在承租人破产时，出租人可以将租赁物收回；也可以申请受理破产案件的法院拍卖租赁物，将拍卖所得款用以清偿承租人所欠出租人的债务。租赁物价值大于出租人债权的，其超出部分应退还承租人；租赁物价值小于出租人债权的，其未受清偿的债权应作为一般债权参加破产清偿程序，或者要求承租人的保证人清偿。"第

---

① 参见周艺燕：《企业破产的一般取回权制度——基于〈企业破产法〉第 38 条的解读》，载《山西政法管理干部学院学报》2007 年第 4 期。

18 条规定:“在承租人破产时,出租人可以作为破产债权人申报债权,参加破产程序;出租人的债权有第三人提供保证的,出租人也可以要求保证人履行保证责任。”第 19 条规定:“出租人在参加承租人破产清偿后,其债权未能全部受偿的,可就不足部分向保证人追偿。”因此,对于融资租赁合同的出租人,可以在上述几种途径中选择一种途径来保护自己的权利。

(五)特殊取回权

特殊取回权是相对于一般取回权而言的,是指对于本应由债务人占有但基于种种原因而未为债务人占有的财产,财产权利人有权在破产程序中向财产控制人取回的情形。特殊破产取回权包括出卖人取回权、行纪人取回权和代偿取回权三种类型。

1. 出卖人取回权

出卖人取回权,是指出卖人将货物发送买受人而买受人未收到货物且未付清全部价款时,债务人被人民法院受理破产申请,出卖人可以依据破产法的规定取回尚处于运输途中的货物的权利。《企业破产法》第 39 条规定,人民法院受理破产申请时,出卖人已将买卖标的物向作为买受人的债务人发运,债务人尚未收到且未付清全部价款的,出卖人可以取回在运途中的标的物。但是,管理人可以支付全部价款,请求出卖人交付标的物。

出卖人取回权的制度价值在于保障出卖人的权益,因为买受人在尚未收到货物且未付清全部价款的情形下向人民法院受理破产申请,如果不允许出卖人取回其已经发送的货物,则其只能依据破产债权申请受偿,这无疑是将出卖人的财产(货物)用来偿还其他破产债权,对于出卖人来说显然有失公平。

出卖人取回权的成立要件有以下几点:第一,出卖人已经发送货物但尚未为买受人即债务人所收取。债务人如果已经收到出卖人发送的货物,则出卖人不得行使取回权。出卖人如果未收到买受人即债务人应当支付的货款,则构成破产债权,出卖人应当依法申报破产债权。对于买受人即债务人是否收到货物,不能依据债务人是否取得标的物所有权进行判断,而应当依据《合同法》有关货物占有转移规则认定,即除法律另有规定或者当事人另有约定外,出卖人将货物交付给第一承运人时,标的物所有权发生转移。因此,债务人取得货物所有权并不等于其已收到货物。第二,出卖人发送货物的时间在破产申请受理之前,即货物运输在途时买受人被人民法院受理破产申请。人民法院受理破产申请后,出卖人才向买受人发送货物的,由破产管理人决定是否继续履行合同或者解除合同,出卖人不享有取回权。第三,买受人尚未付清全部货款,如果付清了全部价款,则对出卖人利益不产生影响,当然就没有赋予出卖人取回权的必要。债务人未付清全部货款包括债务人根本就没有支付任何价款和债务人支付了部分价款两种情形。债务人未付清全部价款是指债务人未支付全部价款的事实状态,而不论其是否已经按照合同约定分期分批支付了自己所应当支付的价款。债务人即使按照合同约定的价款支付义务完全履行了,但只要未支付全部价款,仍然构成未付清全部价款。第四,出卖人的取回权以破产管理人不支付全部价款为前提,破产管理人如果同意支付全部价款,则出卖人不能再行使取回权。

对于买受人提前在途中受领出卖人已经发送在途的货物,是否会对出卖人取回权产生影响的问题,理论上有三种不同的观点,第一种观点认为对出卖人的取回权没有影响,即出卖人可以行使取回权;第二种观点认为会对出卖人的取回权产生影响,即出卖人不能行使取回权;第三种观点认为应当根据买受人是否善意进行判断,若买受人是善意的,则出卖人不可再行使取回权;若买受人是恶意的,则出卖人可以行使取回权。笔者认为,从保护出卖人的权益角度考虑,应当赞同第一种观点,即无论买受人是否为善意,都不影响出卖人的取回权。

2. 行纪人取回权

行纪人取回权,是指行纪人受委托人的委托购入货物,并将货物发送委托人,委托人在未收到货物且未付清货款时被人民法院受理破产申请进入破产程序的,行纪人就所发送的货物比照出卖人取回权的规定进行取回的权利。由于行纪人与出卖人的地位类似,故有的国家在破产法中明确规定了行纪人的取回权,但我国《企业破产法》对于行纪人的取回权未作明确规定,在破产法实践中一般是比照出卖人取回权的规定处理。

3. 代偿取回权

代偿取回权,以一般取回权为权源基础,是一般取回权的变种,是指一般取回权的标的物被非法转让时,一般取回权人有权取回转让所得的对待给付财产。一般取回权由此转换为代偿取回权。《企业破产法》对于代偿取回权未作明确规定,但学理上有学者认为,《最高人民法院关于审理企业破产案件若干问题的规定》第 72 条第 3 款的规定即“债务人转让上述财产获利的,财产权利人有权要求债务人等值赔偿”隐含了代偿取回权的内容。①

延伸阅读：典型案例

杨某与北京Y房地产开发有限公司所有权确认纠纷一审民事判决书

(节选)

本院认为:人民法院受理破产申请后,管理人对破产申请受理前成立而债务人和对方当事人均未履行完毕的合同有权决定解除或者继续履行,并通知对方当事人。管理人自破产申请受理之日起两个月内未通知对方当事人,或者自收到对方当事人催告之日起三十日内未答复的,视为解除合同。杨某与Y公司(北京Y房地产开发有限公司。——笔者注)之间的《商品房买卖合同》成立于破产申请受理前,但杨某已经履行了全部合同义务,故不属于债务人和对方当事人均未履行完毕的合同,Y公司破产案件的管理人无权决定解除或者继续履行。现Y公司以管理人没有向杨某发出继续履行或解除合同的通知为由,反诉要求确认Y公司与杨某于2001年11月12日签订的《商品房买卖合同》已经于2007年8月1日解除,没有法律依据,本院不予支持。

根据《最高人民法院关于审理企业破产案件若干问题的规定》第七十一条第(五)项的规定,特定物买卖中,尚未转移占有但相对人已完全支付对价的特定物不属于破产财产。本案诉争的7C号房屋,虽然尚未转移占有,但杨某已经支付了全部房款,故应不属于债务人财产。7C号房屋目前虽然登记在Y公司名下,但Y公司负有向杨某转移所有权的合同义务。鉴于Y公司已经进入破产程序的特定事实,杨某起诉要求确认7C号房屋归其所有,Y公司配合其行使取回权,将7C号房屋的所有权登记到杨某名下,本院予以支持。《最高人民法院关于审理企业破产案件若干问题的规定》第七十一条第(五)项与《最高人民法院关于适用〈中华人民共和国企业破产法〉若干问题的规定(二)》并不抵触,故Y公司有关《最高人民法院关于审理企业破产案件若干问题的规定》第七十一条因与《中华人民共和国物权法》《中华人民共和国企业破产法》及《最高人民法院关于适用〈中华人民共和国企业破产法〉若干问题的规定(二)》第二条相矛盾的答辩意见,现无法律依据,本院不

① 参见范健、王建文:《破产法》,法律出版社2009年版,第164页。

予采信。

D资产公司作为债权人已经向Y公司破产案件的管理人申报债权,D资产公司通过破产程序获得部分偿还后,产生的法律后果是Y公司对实际偿还D资产公司的部分取得向杨某的追偿权,D资产公司对于未获偿还部分有权继续向杨某主张。进而可知,D资产公司作为债权人申报债权并不是免除了杨某的债务,杨某仍负有对全部债务的最终偿还义务。D资产公司作为债权人申报债权与杨某行使取回权是两个独立的法律关系,所以D资产公司申报债权,并不妨碍杨某行使取回权,也不导致杨某丧失取回权。

综上所述,依据《中华人民共和国企业破产法》第十八条第一款、第三十八条、《最高人民法院关于审理企业破产案件若干问题的规定》第七十一条第(五)项、《最高人民法院关于适用〈中华人民共和国企业破产法〉若干问题的规定(二)》第二条、第四十八条的规定,判决如下:

一、坐落于北京市西城区7C号商品房归杨某所有;

二、Y公司配合杨某行使取回权,于本判决生效后七日内将坐落于北京市西城区7C号商品房的所有权过户到杨某名下;

三、驳回Y公司的反诉请求。

——摘自:北京市第一中级人民法院民事判决书

(2014)一中民初字第5482号

延伸阅读:典型案例

A机械有限公司与S汽车零部件有限公司管理人一审民事判决书

本院认为,《企业破产法》第三十八条规定:"人民法院受理破产申请后,债务人占有的不属于债务人的财产,该财产的权利人可以通过管理人取回。但是,本法另有规定的除外。"据此,在破产程序开始时,对于债务人占有的不属于债务人的财产,财产权利人可不依破产程序而直接向破产管理人主张取回。权利人行使破产取回权的权利基础必须是其对取回权的标的物享有所有权或者其他物权,实现取回权的重要前提是由管理人对取回权的标的物管理支配。本案中,原告A公司(A机械有限公司。——笔者注)对送交给S公司(S汽车零部件有限公司。——笔者注)的9293只气缸套依法享有取回权。本案争议的焦点是9293只气缸套至本院现场勘验时仅剩余264只,短少了9029只,该部分气缸套是否是在管理人管理期间所灭失?管理人是否应当承担赔偿责任?

S公司所收原告的9293只气缸套,在其相关人员2012年9月28日确认时已经注明既未入库,又未入账,对此双方均无异议;本院2013年1月18日裁定受理S公司破产清算一案后,被告委托江苏中鸿永信会计师事务所有限公司对S公司的在制品进行盘点,盘点时确认气缸套数量为8654只,但未注明规格型号及生产厂家;在S公司破产重整过程中,被告于2013年7月16日将包括8654只气缸套在内的破产资产移交给投资人,移交清单上亦未注明气缸套的规格型号及生产厂家,正因如此,被告代理人在庭审中承认尚有气缸套8654只,且在本院(2013)泰商初字第0692号案件审理过程中曾经协调,由被告及投资人返还原告气缸套8654只,原告补偿被告15,000元。但是,在本院承办人至现场进行勘验时才发现,存放于S公司的8654只气缸套中,由原告生产供应的气缸套仅剩余264只,其余气缸套为扬州、烟台厂商生产供应。由此可见,被告作为管理人在接管破产财产时接受的气缸套仅有8654只(其中原告生产供应的仅剩余264只,其余为扬州、烟台厂商生产供应),其在移交破产财产给投资人时也是8654只气缸套,因此不能认定被告在管理期间原告生产供应的气缸套发生了灭失;即使原告的9293只气缸套发生短少或灭失,也是在被告接管S公司破产财产前所发生。综上,原告主张被告对灭失的9029只气缸套承担赔偿责任之诉求,依据不足,本院不予支持。至于剩余的264只A01气缸套,本院在(2013)泰商初字第0692号案件审理过程中,原告明确表示不愿取回,应视为对该项权利的放弃,且该264只气缸套已经移交给了投资人,现原告再次主张对264只气缸套行使取回权,本院亦不予支持,原告可另行通过合法途径主张自己的权利。据此,依照《中华人民共和国物权法》第三十六条、《中华人民共和国企业破产法》第三十八条、《中华人民共和国民事诉讼法》第六十四条第一款、第一百四十二条、《最高人民法院关于民事诉讼证据的若干规定》第二条、第九条之规定,判决如下:

驳回原告A公司的诉讼请求。

案件受理费6120元,由原告A公司负担(此款原告已缴纳)。

——摘自:江苏省泰兴市人民法院民事判决书

(2014)泰商初字第0871号

延伸阅读：典型案例

最高人民法院关于河南省高级人民法院就郑州亚细亚五彩购物广场有限公司破产一案中董桂琴等50家商户能否行使取回权问题请示的答复

(2003)民二他字第14号

河南省高级人民法院：

你院(2003)豫法民二函字第02号请示收悉。经研究，答复如下：

原则同意你院不支持董桂琴等50家商户行使取回权的第二种意见。董桂琴等50家商户与亚细亚五彩购物广场有限公司(以下简称五彩购物广场)形成了委托收取销售货款的关系，现有证据不能证明五彩购物广场对所收取的货款开立专门账户加以管理，即五彩购物广场代收的货款没有特定化。由于货币作为动产的特殊属性，董桂琴等50家商户对没有特定化的货款不具有所有权关系，在企业破产还债程序中不能行使取回权，可以以普通债权人的身份参与破产财产的分配。望你院并郑州中院做好当事人的工作。

此复

延伸阅读：相关规定

时任最高人民法院民二庭庭长宋晓明在全国法院证券公司破产案件审理工作座谈会上的总结讲话

(2007年11月20日)

(摘录)

五、关于取回权问题

根据《企业破产法》第38条的规定，人民法院受理破产申请后，债务人占有的不属于债务人的财产，该财产的权利人可以通过管理人取回。在证券公司的破产案件中，取回权问题突出表现在委托理财相关账户中资产的取回。该问题十分敏感，也很复杂，极易引发道德风险、社会矛盾和攀比效应，务必审慎、严格。处理取回权的关键是要区分委托理财账户内资产权属。人民法院在审理中应当区分以下情况:(1)独立封闭运行账户内的资产权属。在独立封闭证券账户和资金账户内运作的委托资产,能与证券公司的自有资产及其他客户资产相区别的,委托理财账户内资产应归属于委托人所有,委托人可以行使取回权。(2)用于质押的配资账户内资产权属。在三方监管委托理财合同场合,合同约定受托人或监管人提供用于质押的配资账户的,若配资账户内资产与委托理财账户内资产相互独立,配资账户内资产归受托人、受托人的其他委托人或监管人所有,委托理财账户内资产归委托人所有,双方各自取回。若委托理财账户内资产与配资账户内资产发生混同,双方按照权属比例分配账户内资产。(3)委托资产被挪用后的权属。受托人挪用委托资产的,若被挪用后的委托资产与其他客户资产发生混同,但独立于受托人自有资产的,委托资产与其他客户资产不属于受托人对其他债权人的责任财产范围,委托人与其他客户可以按照资产比例享有取回权。(4)委托资产产生盈利的,如果委托合同中约定有盈利分享比例,可参照该约定比例,分割盈利,归属于证券公司的部分作为破产财产分配给普通债权人。(5)如果证券公司违规挪用客户资金和证券,关系清楚、财产并未混同,管理人追回后,可由相关权利人行使代偿性取回权。此外,在确定客户取回权时,对于证券公司已经支付给客户的高息、固定回报、好处费等应当从取回财产中扣除。对于资金的取回权,虽然证券公司账面上有所记载,如果已经形成资金混同,债权人不能行使取回权,而应当通过申报债权的方式处理。

二、破产别除权

(一)破产别除权的含义

破产别除权,又称破产优先受偿权,是指在破产程序开始前就债务人特定财产设定了担保物权的债权人,在破产程序开始后可以不依破产程序而对设定了担保物权标的物的特定财产优先受偿的权利。破产别除权以担保制度为基础,为大陆法系国家所采用,在英美法系国家被称为"担保债权"。《企业破产法》第109条规定,对破产人的特定财产享有担保权的权利人,对该特定财产享有优先受偿的权利。破产别除权人为债权人的一种,相较一般的债权人而言,破产别除权人因自己对债务人的特定财产享有担保物权或者法定特别优先受偿权而优先于一般债权人就特定财产优先受偿。

(二)破产别除权的特征

破产别除权是担保物权制度在破产程序中的运用,并非是由破产法所新创设的权利,其具有以下几个方面的特征。

1. 破产别除权是以担保物权为基础的权利

破产别除权是担保物权在破产程序中的具体运用,体现的是担保物权的支配权能,具有排他性及优先效力。由于破产别除权以担保物权为基础,因此,担保物权的标的物消灭当然也就意味着破产别除权的消灭。担保债权人的债权只能作为破产债权受偿。当然,担保物权标的物如果系因第三人过错而消灭,第三人对此负有赔偿责任的,则在赔偿范围内,担保债权人对于赔偿金额依然享有优先受偿权。《企业破产法》第37条规定:"人民法院受理破产申请后,管理人可以通过清偿债务或者提供为债权人接受的担保,取回质物、留置物。前款规定的债务清偿或者替代担保,在质物或者留置物的价值低于被担保的债权额时,以该质物或者留置物当时的市场价值为限。"破产别除权与破产取回权的区别在于,破产别除权是债权人针对他人即债务人的特定财产所享有的权利,而破产取回权是权利人针对自己的特定财产而享有的权利。

2. 破产别除权是针对债务人设定担保的特定财产行使的权利

破产别除权的标的物为债务人设定了担保的特定财产。由于担保债权人针对此特定财产具有优先受偿的权利,因此,即使在破产财产不足以支付破产费用的情况下,也不得从此担保财产中支付,即破产别除权不受影响。当然,担保财产在清偿担保债权后尚有余额的,列入破产财产,可以用来支付破产费用或者清偿破产债权。

3. 破产别除权是不依破产程序而行使的权利

破产别除权行使的权利基础在于担保物权,不受破产宣告的影响。对于权利人而言,虽然需要以破产管理人为相对人行使,但并不依破产程序而个别受偿。

4. 破产别除权的权利基础即担保物权必须在破产申请受理前的一定期间合法成立

《企业破产法》第31条规定,人民法院受理破产申请前1年内,对没有财产担保的债务提供财产担保的,管理人有权请求人民法院予以撤销。根据这一规定,违反这一时间限制规定而设立的担保物权,不能优先受偿。

(三)破产别除权的基础

破产别除权以担保物权为基础,权利基础为物的担保。担保物权可以分为典型担保物权和非典型担保物权。典型担保物权包括抵押权、质权和留置权;非典型担保物权包括优先权、让与担保和所有权保留。对于以典型担保物权为基础的破产别除权,理论及实务上均无争议,但对于其他担保物权是否属于破产别除权的基础,理论界仍存在争议。

1. 担保物权

第一,抵押权。《物权法》第179条规定:"为担保债务的履行,债务人或者第三人不转移财产的占有,将该财产抵押给债权人的,债务人不履行到期债务或者发生当事人约定的实现抵押权的情形,债权人有权就该财产优先受偿。前款规定的债务人或者第三人为抵押人,债权人为抵押权人,提供担保的财产为抵押财产。"《担保法》第33条规定:"本法所称抵押,是指债务人或者第三人不转移对本法第三十四条所列财产的占有,将该财产作为债权的担保。债务人不履行债务时,债权人有权依照本法规定以该财产折价或者以拍卖、变卖该财产的价款优先受偿。前款规定的债务人或者第三人为抵押人,债权人为抵押权人,提供担保的财产为抵押物。"《中华人民共和国海商法》(以下简称《海商法》)第11条规定:"船舶抵押权,是指抵押权人对于抵押人提供的作为债务担保的船舶,在抵押人不履行债务时,可以依法拍卖,从卖得的价款中优先受偿的权利。"《民用航空法》第16条规定:"设定民用航空器抵押权,由抵押权人和抵押人共同向国务院民用航空主管部门办理抵押权登记;未经登记的,不得对抗第三人。"第17条规定:"民用航空器抵押权设定后,未经抵押权人同意,抵押人不得将被抵押民用航空器转让他人。"

第二,质权。《物权法》第208条规定:"为担保债务的履行,债务人或者第三人将其动产出质给债权人占有的,债务人不履行到期债务或者发生当事人约定的实现质权的情形,债权人有权就该动产优先受偿。前款规定的债务人或者第三人为出质人,债权人为质权人,交付的动产为质押财产。"《担保法》第63条规定:"本法所称动产质押,是指债务人或者第三人将其动产移交债权人占有,将该动产作为债权的担保。债务人不履行债务时,债权人有权依照本法规定以该动产折价或者以拍卖、变卖该动产的价款优先受偿。前款规定的债务人或者第三人为出质人,债权人为质权人,移交的动产为质物。"《物权法》第223条规定:"债务人或者第三人有权处分的下列权利可以出质:(一)汇票、支票、本票;(二)债券、存款单;(三)仓单、提单;(四)可以转让的基金份额、股权;(五)可以转让的注册商标专用权、专利权、著作权等知识产权中的财产权;(六)应收账款;(七)法律、行政法规规定可以出质的其他财产权利。"

第三，留置权。《担保法》第 82 条规定："本法所称留置，是指依照本法第八十四条的规定，债权人按照合同约定占有债务人的动产，债务人不按照合同约定的期限履行债务的，债权人有权依照本法规定留置该财产，以该财产折价或者以拍卖、变卖该财产的价款优先受偿。"《物权法》第 230 条规定："债务人不履行到期债务，债权人可以留置已经合法占有的债务人的动产，并有权就该动产优先受偿。前款规定的债权人为留置权人，占有的动产为留置财产。"《海商法》第 25 条规定："船舶优先权先于船舶留置权受偿，船舶抵押权后于船舶留置权受偿。前款所称船舶留置权，是指造船人、修船人在合同另一方未履行合同时，可以留置所占有的船舶，以保证造船费用或者修船费用得以偿还的权利。船舶留置权在造船人、修船人不再占有所造或者所修的船舶时消灭。"

2. 法定优先权

法定优先权是指特定债权人依据法律直接规定，就债务人的特定财产或者全部财产享有优先于其他债权人受偿的权利。法定优先权根据权利人行使权利所针对的债务人财产范围的不同，可以分为一般优先权和特别优先权，前者以债务人全部财产为标的，后者以债务人的特定财产为标的。一般优先权不构成破产别除权的基础，特别优先权为破产别除权的基础，主要包括以下几类。

第一，国有土地使用权出让金优先权。《担保法》第 56 条规定："拍卖划拨的国有土地使用权所得的价款，在依法缴纳相当于应缴纳的土地使用权出让金的款额后，抵押权人有优先受偿权。"《城市房地产管理法》第 51 条规定："设定房地产抵押权的土地使用权是以划拨方式取得的，依法拍卖该房地产后，应当从拍卖所得的价款中缴纳相当于应缴纳的土地使用权出让金的款额后，抵押权人方可优先受偿。"

第二，建筑工程价款优先受偿权。《合同法》第 286 条规定，发包人未按照约定支付价款的，承包人可以催告发包人在合理期限内支付价款。发包人逾期不支付的，除按照建设工程的性质不宜折价、拍卖的以外，承包人可以与发包人协议将该工程折价，也可以申请人民法院将该工程依法拍卖。建设工程的价款就该工程折价或者拍卖的价款优先受偿。《最高人民法院关于建设工程价款优先受偿权问题的批复》[2002 年 6 月 11 日最高人民法院审判委员会第一二二五次会议通过，法释（2002）16 号]指出："上海市高级人民法院：你院沪高法（2001）14 号《关于合同法第 286 条理解与适用问题的请示》收悉。经研究，答复如下：

一、人民法院在审理房地产纠纷案件和办理执行案件中，应当依照《中华人民共和国合同法》第二百八十六条的规定，认定建筑工程的承包人的优先受偿权优于抵押权和其他债权。二、消费者交付购买商品房的全部或者大部分款项后，承包人就该商品房享有的工程价款优先受偿权不得对抗买受人。三、建筑工程价款包括承包人为建设工程应当支付的工作人员报酬、材料款等实际支出的费用，不包括承包人因发包人违约所造成的损失。四、建设工程承包人行使优先权的期限为六个月，自建设工程竣工之日或者建设工程合同约定的竣工之日起计算。五、本批复第一条至第三条自公布之日起施行，第四条自公布之日起六个月后施行。此复。”

第三，船舶优先权。《海商法》第 21 条规定：“船舶优先权，是指海事请求人依照本法第二十二条的规定，向船舶所有人、光船承租人、船舶经营人提出海事请求，对产生该海事请求的船舶具有优先受偿的权利。”第 22 条规定：“下列各项海事请求具有船舶优先权：（一）船长、船员和在船上工作的其他在编人员根据劳动法律、行政法规或者劳动合同所产生的工资、其他劳动报酬、船员遣返费用和社会保险费用的给付请求；（二）在船舶营运中发生的人身伤亡的赔偿请求；（三）船舶吨税、引航费、港务费和其他港口规费的缴付请求；（四）海难救助的救助款项的给付请求；（五）船舶在营运中因侵权行为产生的财产赔偿请求。载运 2000 吨以上的散装货油的船舶，持有有效的证书，证明已经进行油污损害民事责任保险或者具有相应的财务保证的，对其造成的油污损害的赔偿请求，不属于前款第（五）项规定的范围。”第 29 条规定：“船舶优先权，除本法第二十六条规定的外，因下列原因之一而消灭：（一）具有船舶优先权的海事请求，自优先权产生之日起满一年不行使；（二）船舶经法院强制出售；（三）船舶灭失。前款第（一）项的一年期限，不得中止或者中断。”

第四，民用航空器优先权。《民用航空法》第 19 条规定：“下列各项债权具有民用航空器优先权：（一）援救该民用航空器的报酬；（二）保管维护该民用航空器的必需费用。前款规定的各项债权，后发生的先受偿。”

3. 定金

定金是金钱担保，是否构成破产别除权基础，理论上有不同观点。有学者认为，定金原则上不属于破产别除权的权利基础，但对于已经特定化的定金可以作为破产别除权权利基础对待。[①] 有学者认为,在破产程序中,对应双倍返还的定金债权,应当作为破产债权处理;但定金表现为特定物的,则可以成为破产别除权的权利基础。[②] 笔者认为,判定定金是否可以作为破产别除权的权利基础,关键在于金钱是否可以经特定化而成为特定物。从性质上来说,金钱为种类物而非特定物,但可以通过特定方式而转化为特定物,因此,交付的定金如果经过特定化而成为特定物,可以成为破产别除权的权利基础。

4. 所有权保留

所有权保留,是指当事人约定保留标的物所有权作为担保价款债务履行的担保。所有权保留的基本特征是标的物的占有转移于债务人,但债务人未给付全部或者约定的部分价款时,标的物所有权不发生转移,只有在债务人付清全部价款后,标的物所有权才发生转移。《合同法》第134条规定,当事人可以在买卖合同中约定买受人未履行支付价款或者其他义务的,标的物的所有权属于出卖人。对于所有权保留的性质,理论上有三种不同的观点:[③]一是附条件的所有权转移说。附条件的所有权转移说认为,出卖人保留标的物所有权,只有待约定的条件成就时标的物所有权才发生转移,在所有权未发生转移之前,买受人只能是占有、使用标的物。二是担保权说。担保权说认为,出卖人保留所有权乃是一种与质权无异的担保物权,是非占有的质权。三是法定所有权说。法定所有权说认为,出卖人保留的所有权为法定所有权,法定所有权的特征在于买受人不履行债务时可依法定所有权取回标的物,买受人虽然享有标的物的占有、使用权能,但仅仅是一种实益所有权,只有当其付清全部价款时才能取得全部所有权。

对于所有权保留是否可以作为破产别除权的基础,有学者认为,在所有权保留法律关系中,若买受人破产,出卖人可以保留对标的物所有权为由,对标的物行使破产取回权。[④] 对此,笔者表示赞同,但所有权保留到底应为破产别除权还是破产取回权的基础,有待立法或者司法解释的明确确认。

(四)破产别除权的行使

破产别除权人行使破产别除权,应当依法进行破产债权申报。《企业破产

---

① 参见韩长印主编:《破产法学》,中国政法大学出版社2007年版,第147页。

② 参见王欣新:《破产法》(第2版),中国人民大学出版社2007年版,第408~409页。

③ 参见范健、王建文:《破产法》,法律出版社2009年版,第142页。

④ 参见王欣新:《破产法》(第2版),中国人民大学出版社2007年版,第406页。

法》第49条规定,债权人申报债权时,应当书面说明债权的数额和有无财产担保,并提交有关证据。申报的债权是连带债权的,应当说明。当然,破产别除权人如果占有担保物,则其不进行债权申报,并不影响其行使破产别除权,即仍然可以按照《担保法》及相关司法解释的规定行使权利。

延伸阅读：典型案例

上海S工程建设有限公司与H钢铁有限公司破产债权确认纠纷一审民事判决书

本院认为,本案案由应确定为破产别除权纠纷。《中华人民共和国合同法》第二百八十六条规定,发包人逾期不支付建设工程施工合同工程价款的,除按照建设工程的性质不宜折价、拍卖的以外,承包人可以与发包人协议将该工程折价,也可以申请人民法院将该工程依法拍卖。建设工程的价款就该工程折价或者拍卖的价款优先受偿。本案中,原、被告双方对被告至今尚欠原告工程款人民币890,000元之事实无争议,双方争议的焦点问题是该价款能否认定为优先受偿权。原告S公司(上海S工程建设有限公司。——笔者注)认为其已于2011年11月24日就上述工程款向人民法院提起诉讼,要求被告支付拖欠的工程款。起诉时在工程竣工后六个月内;虽然起诉时并未明确要求行使建设工程价款优先受偿权,但起诉要求被告支付工程款应视为其已经向被告主张过建设工程价款优先受偿权,本案债权应认定为优先受偿权。被告H公司(H钢铁有限公司。——笔者注)则认为原告在2011年11月24日起诉时并未主张建设工程价款优先受偿,直到2012年7月2日才提出建设工程价款优先受偿。此时距2011年10月10日竣工日期已超过六个月,对原告S公司申报890,000元工程款,只能认定为普通债权,而不是优先权。对此,本院认为,最高人民法院《关于建设工程价款优先受偿权问题的批复》明确规定,建设工程承包人行使优先权的期限为六个月,自建设工程竣工之日或者建设工程合同约定的竣工之日起计算。该六个月期限为除斥期间,除斥期间一旦届满,优先权归于消灭。原告S公司直到2012年7月2日才申请建设工程价款优先受偿,已经超过六个月的期限,优先受偿权已经丧失。原告关于起诉要求被告支付工程款,等同于行使了优先权的主张,没有法律依据。被告的管理人对本案所涉890,000元工程欠款系普通债权而非优先权的认定,符合法律规定。而且本案所涉的大部分施工工程是对他人所有的财产的维修和改建,是一种添附行为,其成果属从物,与主物不能或不宜分割。只有在主物即浙江G金属有限公司资产处置时,才能实现原告承揽施工项目的货币价值,从这个角度上看,原告承揽施工所完成的建筑物在本案中不具备变卖的条件。综上,原告的诉讼请求不符合法律规定,本院不予支持。据此,依照《中华人民共和国合同法》第二百八十六条、《中华人民共和国企业破产法》第五十八条之规定,判决如下:

驳回原告S公司的诉讼请求。

本案案件受理费减半收取人民币40元,由原告S公司负担。

——摘自:浙江省建德市人民法院民事判决书

(2013)杭建商初字第400号

延伸阅读:典型案例

Y国际租赁有限公司与N银行、L麻棉纺织印染厂有限公司等二审民事判决书

本院认为,本案双方争议的焦点问题是:N银行对涉案18台设备的抵押权是否善意取得,是否对抵押物享有优先受偿权。

涉案18套设备系L公司(L麻棉纺织印染厂。——笔者注)与Y公司(Y国际租赁有限公司。——笔者注)于2011年11月8日签订4份《融资租赁合同》而取得的租赁物,双方合同明确约定不得以任何方式影响远东公司依法依约对租赁物件的所有权,L公司绝不出售、转让、分租、转租租赁物件,不在租赁物件上设置任何抵押权或其他担保权益。但L公司未经Y公司同意,将租赁物18套设备抵押给N银行并办理抵押登记。同时,L公司在被Y公司因融资租赁合同纠纷起诉至浦东法院,并在2013年5月8日收到浦东法院送达的保全裁定及查封、扣押设备清单,且向浦东法院作出“不会对查封的财产有转移、毁损、抵押等行为,若有违反,愿意承担相应法律责任”的承诺的情况下,仍将查封财产抵押给N银行,明显损害了Y公司的合法权益,L公司应承担相应的民事责任。

但作为抵押权人N银行,其对涉案18台设备的抵押权系善意取得,理由是:首先,N银行是基于与L公司的借款合同而设立的抵押,合同约定的借款已依约发放,抵押物已依法办理抵押登记。其次,N银行并不知道抵押设备为租赁物。涉案18台设备虽是L公司的租赁物,其并未取得所有权,但依据L公司与Y公司的《融资租赁合同》约定,卖方出具抬头为L公司的租赁物件发票,L公司取得发票抵扣联用于增值税抵扣用途,发票联由Y公司保管直至租赁期结束,L公司愿意对因此发票事宜而引起的对Y公司租赁物件所有

权的任何损害给予解释、说明,直至补偿Y公司损失。该约定对于合同双方具有约束力,但对于第三人无从知晓,除非明确告知。另外,《融资租赁合同》一般条款中有约定L公司应在租赁物件上附设Y公司作为所有者的标志,但L公司没有设置,Y公司也未予以要求。L公司将租赁设备抵押给N银行时,并未告知设备的真实状况,其提供了其自己为购买人的发票抵扣联原件,也有发票联的复印件,N银行也从税务部门的查询系统查询到L公司提供的税票真实性,且设备由L公司占有使用。此情况下,N银行有理由相信L公司系抵押设备所有权人,其也尽到了合理审查及注意义务。Y公司现也没有证据证明N银行是明知L公司将租赁设备进行抵押。最后,N银行也不知道抵押设备为查封财产。浦东法院于2013年4月22日作出的(2013)浦民六(商)初字第3366号、3367号、3368号、3369号4份民事裁定书,内容是冻结L公司等6被告银行存款共666.213863万元或查封、扣押其相应价值的财产。同年5月8日,浦东法院向N银行送达了上述裁定并发出协助冻结存款通知书,但裁定及协助通知书仅是冻结L公司的银行存款,浦东法院制作的查封、扣押财产清单仅送达给了L公司,浦东法院也未在查封设备上加贴封条或者采取其他足以公示查封的适当方式。此情况下,N银行无从知晓抵押设备属于被查封的财产。故N银行对涉案设备抵押权构成善意取得。另外,1号《最高额抵押合同》担保的《借款合同》的借款期限至2013年9月16日,9号最高额抵押合同担保的《借款合同》的借款期限自2013年9月27日起,虽间隔11天,但前份借款合同项下的借款L公司尚有利息21万余元未还。根据《中华人民共和国担保法》第五十二条"当事人约定的或者登记部门要求登记的担保期间,对担保物权的存续不具有法律约束力。抵押权与其担保的债权同时存在,债权消灭的,抵押权也消灭"的规定,因N银行的该笔债权还存在,其抵押权也因此而存在。故N银行对涉案18台设备的抵押权是连续享有的。

根据最高人民法院《关于审理融资租赁合同纠纷案件适用法律问题的解释》第九条规定"承租人或者租赁物的实际使用人,未经出租人同意转让租赁物或者在租赁物上设立其他物权,第三人依据物权法第一百零六条的规定取得租赁物的所有权或者其他物权,出租人主张第三人物权权利不成立的,人民法院不予支持,但有下列情形之一的除外:(一)出租人已在租赁物的显著位置作出标识,第三人在与承租人交易时知道或者应当知道该物为租赁物的……(四)出租人有证据证明第三人知道或者应当知道交易标的物为租赁物的其他情形",本案不存在上述除外情形。故对Y公司上诉主张撤销N银行对涉案18套设备抵押权的请求,依法不予支持。

综上,Y公司的上诉请求没有充分的事实和法律依据,本院不予支持。原审判决认定事实清楚,适用法律正确,依法应予维持。依照《中华人民共和国民事诉讼法》第一百七十条第一款(一)项的规定,判决如下:

驳回上诉,维持原判。

二审案件受理费206,450元,由Y公司负担。

本判决为终审判决。

——摘自:湖南省高级人民法院民事判决书

(2015)湘高法民二终字第110号

三、破产撤销权

(一)破产撤销权的含义

破产撤销权,又称否认权或破产追回权,是指在破产程序中,破产管理人所拥有的,对债务人在破产程序开始前一定时期内所实施的有害于债务人财产从而对全体债权人公平清偿行为有害的行为,在破产程序开始后有申请人民法院予以撤销并将其利益归入破产财产的权利。破产撤销权以公平清偿原则为法理基础,主要目的在于防止债务人在丧失债务清偿能力的情形下,不惜以牺牲债权人利益为代价而无偿或者以不合理的价格处分自己的财产。

破产撤销权是债权人撤销权在破产程序中的具体体现。《合同法》第74条规定,因债务人放弃其到期债权或者无偿转让财产,对债权人造成损害的,债权人可以请求人民法院撤销债务人的行为。债务人以明显不合理的低价转让财产,对债权人造成损害,并且受让人知道该情形的,债权人也可以请求人民法院撤销债务人的行为。撤销权的行使范围以债权人的债权为限。债权人行使撤销权的必要费用,由债务人负担。

(二)破产撤销权的特征

破产撤销权虽然是债权人撤销权在破产程序中的延伸,但与债权人撤销权相比,具有如下几个方面的特征。

1. 破产撤销权具有独立性

债权人的撤销权以保护债权人利益为限,不具有独立性,附属于债权,不能脱离债权而单独存在。破产撤销权则并不依附于债权,不以保护债权人利益为限,破产管理人亦可因此而受益,可以独立存在。

2. 破产撤销权的行使主体为破产管理人

债权人撤销对于债权人而言仅为权利,因此,对于债权人而言,可以放弃,也可以不行使。破产撤销权对于行使主体即破产管理人而言为职权,兼具有权利与义务性,破产管理人不能怠于行使,否则需要承担相应的责任。《企业破产法》第130条规定,管理人未依照本法规定勤勉尽责,忠实执行职务的,人民法院可以依法处以罚款;给债权人、债务人或者第三人造成损失的,依法承担赔偿责任。

3. 破产撤销权行使的限定性

破产撤销权的行使主体为破产管理人,且必须向人民法院申请,以提起破产撤销权之诉的途径进行。撤销权的行使都有一定的期限。《合同法》第55条规定,具有撤销权的当事人自知道或者应当知道撤销事由之日起1年内行使撤销权。破产撤销权的行使期间为破产程序进行期间,即自破产申请受理后至破产程序终结前。

(三)破产撤销权的范围

《企业破产法》第31条规定:"人民法院受理破产申请前一年内,涉及债务人财产的下列行为,管理人有权请求人民法院予以撤销:(一)无偿转让财产的;(二)以明显不合理的价格进行交易的;(三)对没有财产担保的债务提供财产担保的;(四)对未到期的债务提前清偿的;(五)放弃债权的。"第32条规定:"人民法院受理破产申请前六个月内,债务人有本法第二条第一款规定的情形,仍对个别债权人进行清偿的,管理人有权请求人民法院予以撤销。但是,个别清偿使债务人财产受益的除外。"破产撤销权的具体适用范围包括以下几个方面。

1. 无偿转让财产行为

无偿转让财产,是指债务人将自己的财产无偿转让或者赠与他人。无偿转让并不以形式上的无偿为限,形式上有偿但实质上无偿的行为亦是无偿转让行为。无偿转让财产的行为不以债务人主观上存在恶意为限,只需要客观上存在无偿转让行为即可。对于相对人来说,无偿转让财产的行为并不要求其具有恶意,即使相对人为善意,仍可撤销。无偿转让包括有形财产的转让和无形财产的转让。

2. 以明显不合理价格低价转让财产

以明显不合理价格低价转让财产又称非正常交易,是指债务人明显违反经济常识,贱卖财产。根据《最高人民法院关于适用〈中华人民共和国合同法〉若干问题的解释(二)》第19条的规定,对于"明显不合理的低价"的认定,人民法院应当以交易当地一般经营者的判断,并参考交易当时交易地的物价部门指导价或者市场交易价,结合其他相关因素综合考虑予以确认。转让价格达不到交易时交易地的指导价或者市场交易价70%的，一般可以视为明显不合理的低价。

3. 放弃债权

放弃债权可以分为积极放弃债权和消极放弃债权。积极放弃债权是指债务人主动明示放弃债权，例如，与债务人签到免除债务协议，拒绝受领债务人的清偿等；消极放弃债权包括对债权不采取保全措施，放任债权超过诉讼时效等。放弃债权可以分为通过诉讼程序的放弃和不通过诉讼程序的放弃。债权人通过诉讼程序放弃债权是指在诉讼程序中由人民法院主持达成调解协议以及对人民法院作出的一审判决、裁定不依法提起上诉，对人民法院签发的支付令不依法提出异议、诉讼抗辩等。债权人未通过诉讼程序放弃债权是指当事人自行达成债权免除协议。

4. 提前清偿未到期的债务

对于一般债权而言，提前清偿是被允许的，但对于破产企业而言，提前清偿债务意味着对于部分破产债权给予特殊优惠，破坏了破产程序对全体破产债权人公平清偿的原则。债务人提前清偿未到期债务，是否包括清偿未到期的担保债务，理论上值得研究，从保护债权人利益的角度而言，应由破产管理人根据担保财产的具体情况决定，因为担保财产增值的提前清偿无疑会造成债权人利益的损害。

5. 为原来未提供担保的债务提供担保

债务人以自己所有的财产在破产程序开始后为自己或者他人债务提供担保，对于其他破产债权人来说即意味着破产财产的减少，违反了破产程序公平清偿全体破产债权人利益的制度目的，无论债务人为此种行为的目的如何，都应当予以撤销。为债务提供担保，是指为债务提供财产担保，而不应当包括保证担保，因为保证担保并不具有破坏破产程序公平清偿债务人所负债务的基本规则。

6. 优先性个别清偿行为

债务人在人民法院受理破产申请前6个月内对个别债权人为清偿行为，相对于其他债权人而言获得了额外利益，不符合破产程序公平清偿原则。债务人对个别债权人优先清偿，必须具有损害债权人整体利益的恶意。若债务人个别清偿对债权人整体利益而言有利，不具有损害债权人整体利益的恶意，自然不得撤销。例如，在房屋交易价值上升的情形下，债务人清偿房屋购买款而获得房屋所有权，就属于有利于债权人整体利益的行为。对于债务人是否出于恶意，是一个主观判断问题,应当从严把握。

(四)破产撤销权的行使

破产撤销权应以诉讼方式行使,《企业破产法》第21条规定,人民法院受理破产申请后,有关债务人的民事诉讼,只能向受理破产申请的人民法院提起。据此可知,破产撤销权之诉,由受理破产案件的人民法院管辖。

破产撤销权诉讼以破产管理人为原告,以债务人为被告,以受益人为第三人。但是,存在的问题是,由于破产程序中破产管理人应当代表债务人参与诉讼,因此会出现在破产撤销诉讼中的破产管理人既是原告又要代表被告的问题。

在实务中,如果出现债权人认为破产管理人应当行使破产撤销权而破产管理人拒绝的情形,债权人只能请求人民法院强制破产管理人履行职责。对于破产管理人行使破产撤销权的诉讼时效,《企业破产法》未作明确规定,从解释论的角度来说,其当然适用诉讼时效的一般规定。

破产撤销权由破产管理人行使,撤销权由债权人行使,破产管理人的破产撤销权并不必然排斥债权人的撤销权。如果债权人对债务人实施的行为具有撤销权,则该撤销权并不因债务人进入破产程序而无效,此时可能出现债权人的撤销权与破产管理人的撤销权重合的问题。《最高人民法院关于适用〈中华人民共和国合同法〉若干问题的解释(一)》第25条规定:"两个或者两个以上债权人以同一债务人为被告,就同一标的提起撤销权诉讼的,人民法院可以合并审理。"因此,当出现债权人撤销权和破产管理人撤销权诉讼重合时,人民法院应当合并审理。

破产撤销权行使后,依法产生相应的民事法律后果,即债务人的行为被依法撤销后,自始无效,应当恢复原状。

延伸阅读:典型案例

上诉人孙某、陈某与被上诉人D置业有限公司管理人破产撤销权纠纷案

本院认为,综合双方当事人举证、质证及诉辩意见,本案二审争议的焦点为:一、涉案

车辆是否属D公司(D置业有限公司。——笔者注)所有,若属于,D公司转让涉案车辆的价格是否属于“明显不合理”范畴,应否撤销;二、陈某以D公司拖欠其工资抵销其应付的涉案车辆转让款10万元,是否属于“利用职权从企业获取的非正常收入”,D公司管理人是否应当追回。

关于焦点一。涉案车辆陈某出资购买后,又以“购车费用”“车辆保险费”为领款事由在D公司报销购车费用,故涉案车辆系D公司出资购买。且陈某与D公司签订的《二手机动车转让协议书》,也明确认可了D公司系涉案车辆所有人。因此,涉案车辆系D公司出资购买,属于D公司所有。至于陈某在收到向梅某的借款744,426元后,实际支出是否超过所借款项,能否抵销D公司购车款,均与本案无关。D公司因出资取得车辆所有权后,于2013年6月28日与陈某签订《二手机动车转让协议书》,将涉案车辆转让给陈某,但转让价格10万元与车辆折旧后实际价值172,173.32元相比,明显不合理,且该转让行为在原审法院受理债权人申请D公司破产前一年内,故原审判决撤销D公司与孙某(按陈某指定)的《二手机动车转让协议书》,并判决孙某返还车辆,符合《企业破产法》的相关规定。

关于焦点二。根据《最高人民法院关于适用〈中华人民共和国企业破产法〉若干问题的规定(二)》第二十四条第一款第(二)项的规定,在破产企业普遍拖欠职工工资情况下,其董事、监事、高级管理人员利用职权获取的工资性收入,人民法院应当认定为《企业破产法》第三十六条规定的“非正常收入”,管理人应当追回。本案中,D公司管理人在原审中提供了《D公司职工债权公示表》一份,证明自2013年1月起D公司已全面拖欠职工工资,陈某作为D公司副总经理,以10万元工资抵销应付的涉案车辆转让款,应当属于“利用职权从企业获取的非正常收入”,D公司管理人应当追回,陈某依法应予返还。陈某若确有证据证明D公司拖欠其该部分工资,可依据《企业破产法》相关规定另行申报债权。

综上,孙某、陈某的上诉理由不能成立,其上诉请求应予驳回。原审判决认定事实清楚,适用法律正确,应予维持。依照《中华人民共和国民事诉讼法》第一百七十条第一款第(一)项、第一百七十五条之规定,判决如下:

驳回上诉,维持原判。

二审案件受理费3780元,由孙某、陈某负担。

本判决为终审判决。

——摘自:安徽省高级人民法院民事判决书

(2015)皖民二终字第00293号

延伸阅读：典型案例

J房地产综合开发有限公司
破产管理人与林某破产撤销权纠纷

原审法院认为:《企业破产法》第三十一条列举了涉债务人财产处分的五种可撤销情形,其立法目的在于对债务人欺诈性行为及偏颇清偿行为进行调整,以使债务人破产财产最大化和保证债权人得到公平受偿。因该权利的行使条件较一般民事撤销权之行使条件更为宽泛,相对人在日常交易中往往难以预料,故该权利的行使将在一定程度上使善意相对人的既得利益遭受"意外损害",进而影响交易安全。也因此,破产撤销权的行使应严格以法律规定的范围为限,不得任意作扩大或类推之解释。就《企业破产法》第三十一条第(一)项"无偿转让财产"及第(三)项"对没有财产担保的债务提供财产担保"的规定而言,其立法语言上均含有"财产"一词,故应理解为该两项规定针对的仅仅是债务人对其"财产"进行处分的行为。反言之,如该两项规定的立法本意中涵盖了债务人提供保证等情形,则完全可表述为"无偿行为"或"对外提供担保",而无须用"转让财产"及"财产担保"加以限制。具体而言,《企业破产法》第三十一条第(一)项规定的"无偿转让财产"中应包含"无偿"和"转让财产"两个要件,但本案中J公司(J房地产综合开发有限公司。——笔者注)对外提供担保的行为,因可取得对李某的追偿权而不符合"无偿"的构成要件,且亦非向林某"转让"J公司财产。《企业破产法》第三十一条第(三)项规定的"对没有财产担保的债务提供财产担保"中的"财产担保",应指债务人在"财产"上设立可以排除一般债权人平等受偿权的"抵押、质押"等担保物权的行为,而本案中J公司提供的"保证"并非同一概念。本案中J公司向林某的债权提供担保,并未发现林某或J公司存有恶意,且从该担保行为设立时乃至今日,均无法判定该行为必然会对债权人之利益造成直接的、确定的损害。在此种情形下,如仍赋予破产管理人享有撤销权,不仅将导致保证债权处于"突然遭受不幸"的不公平状态,不利于保证制度的实施,且在以保证债权为主的破产案件中,将可能形成从"符合破产条件而受理破产案件"到"撤销保证而不符合破产条件"的怪圈,甚至诱发债务人任意对外担保,再利用破产制度剔除保证债务的道德风险。综上,J公司管理人认为J公司为林某债权提供保证的行为应予撤销,但未提供充分证据证明,事实和法律依据不足,应予以驳回。据此,依照《中华人民共和国民事诉讼法》第六十四条第一款的规定,判决:驳回J公司管理人的诉讼请求。一审案件受理费2300元,由J公司管理人负担。

本院认为,J公司于2014年6月5日向林某出具一份《担保书》,为李某债务承担保证责任,该《担保书》已为债权人林某接受,J公司与林某之间的保证合同成立,保证合同的约定系双方当事人的真实意思表示,内容未违反法律、行政法规的强制性规定,是有效的,双方均应按保证合同约定履行义务。

可撤销的行为是指对债务人在破产申请受理前一定期限内所为的有害于破产债权人整体利益的行为予以撤销,使其失去效力的行为。为维护正常交易秩序的稳定性,管理人可撤销的行为必须限定于《企业破产法》第三十一条、第三十二条明文规定的行为。而《企业破产法》第三十一条第(一)项规定"无偿转让财产",是以无对价的方式将债务人财产让渡给他人的行为。例如,直接将债务人财产赠与他人。在破产程序中,有财产担保的债权较之普通债权优先受偿,债务人在人民法院受理破产申请前一定期限内对没有财产担保的债务提供财产担保,意味着本应用于集体清偿的财产变成了有财产担保的债权人优先受偿的标的,从而使普通债权人通过破产程序所能够获得的清偿数额减少,这显然是不符合通过破产程序实现公平清偿的目标。故《企业破产法》第三十一条第(三)项将"对没有财产担保的债务提供财产担保的"规定为可撤销行为。J公司为李某债务提供担保的行为系增加J公司的债务而非无偿转让财产行为,且J公司依法亦有权在承担担保责任之后向李某追偿。J公司管理人认为因J公司难以实现追偿权故主张J公司提供担保的行为系无偿,不符合《企业破产法》第三十一条第(一)项规定的情形。林某的保证债权来源系因J公司为李某的债务提供担保,林某作为申报债权人并不享有优先于J公司普通债权受偿的权利,亦不符合《企业破产法》第三十一条第(三)项规定的可撤销的情形。

综上,本院认为,本案中J公司为他人债务提供担保,不属于《企业破产法》第三十一条第(一)、(三)项规定的可撤销的情形。管理人要求撤销J公司出具的《担保书》缺乏法律依据。原审法院驳回J公司管理人诉讼请求并无不当,应予以维持。依照《中华人民共和国民事诉讼法》第一百七十条第一款第(一)项之规定,判决如下:

驳回上诉,维持原判。

二审案件受理费2300元,由J公司破产管理人负担。一审案件受理费的负担按一审判决执行。

本判决为终审判决。

——摘自:福建省高级人民法院民事判决书(2016)闽民终48号

延伸阅读:典型案例

许某与A集团管理人撤销之诉纠纷
二审民事判决书

本院经审理认为,本案是A集团管理人以A集团与许某之间存在不合理价格交易为由,请求法院撤销双方签订的《商品房买卖合同》,因此,本案属于撤销之诉纠纷。综合双方当事人上诉及答辩情况,本案二审争议的焦点为:1. 双方是否存在不合理价格交易行为,案涉合同应否撤销;2. 本案所涉400万元款项是否属于本案的审理范围;3. 本案所收诉讼费用是否合法。

关于双方是否存在不合理价格交易行为,案涉合同应否撤销的问题。

首先,从双方签订的合同及协议的内容看,案涉《商品房买卖合同》约定,由A集团将××××第1号A座4号商住楼第四层共18间商铺,建筑面积共计2916.56平方米(套内面积1964.22平方米)以400万元的价格转让给许某。合同还约定了付款及交房的具体办法。而双方签订的《补充协议》约定:A集团将××××第1号A座4号商住楼第四层共计2916平方米,总价以400万元抵押给许某,抵押时间为半年(2012年4月16日到2012年10月16日);A集团同意按月计息给许某,月息5%计,每月共计利息20万元,每月付息一次;A集团在抵押时间内(2012年4月16日到2012年10月16日)向许某还清400万元,该抵押房屋购买无效,若A集团到期未能向许某还清款项,A集团在15个工作日内,为许某办理房产证。根据上述约定,补充协议的内容实际对《商品房买卖合同》的内容进行了变更,案涉400万元的转让款变更为借款;案涉商铺变更为借款抵押物;房屋的转让是以还清借款为前提,即若A集团在借款期限内,还清借款,则不发生房屋转让,若A集团借款期限内未还清款项,则发生房屋转让。由此,双方当事人之间的法律关系由买卖房屋关系已转变为抵押借款关系。其次,从合同的履行来看,合同签订后,许某依约向A集团支付了400万元款项,但在合同履行内并未要求A集团办理房屋过户手续,而是在合同履行期内,分别于2012年6月、7月、8月、9月、10月收取A集团支付的20万元,共计100万元。基于上述事实,本院认为,双方虽然签订的合同名为《商品房买卖合同》及《补充协议》,实质却为抵押借款法律关系。据此,一审判决认定双方为借贷关系具有事实依据,本院予以支持。许某上诉主张双方仍然是商品房买卖合同关系理据不足,本院不予支持。

由于A集团未能在借款履行期限内还清400万元款项,根据合同约定,A集团将以争讼的18间商铺作为抵偿。对此,A集团管理人主张该交易行为存在明显不合理价格,有损其他债权人利益。为此,向一审法院提交了一份湛江市千福田土地房地产评估有限公司作出的《A集团有限公司位于××开发区人民大道中××号××××居住小区1号A座4号商住楼的商铺及办公室房地产估价报告》[湛千福田房估字(2013)03291号]以证明其主张。该报告评估结论为,××××第1号A座4号商住楼第四层共18间商铺评估单价为人民币12,450元/平方米,该商铺建筑面积共计2916.56平方米,评估总价为人民币36,311,200元。显而易见,400万元仅是3600多万元的九分之一,价格相差极大,属于明显不合理价格交易。虽然该报告是由A集团管理人单方委托,但该报告是由具有合法资质的湛江市千福田土地房地产评估有限公司作出的,且是在A集团破产重整过程中由法院通过摇珠程序确定的评估公司,对此,许某亦未提供相反证据予以反驳,因此,该报告具有证明力。一审法院据此认定将价值3000多万元的房产抵偿400万元债务,属于以明显不合理的价格进行交易的行为且发生于A集团申请破产重整前一年内,符合《中华人民共和国企业破产法》第三十一条规定,并判决撤销双方签订的《商品房买卖合同》于法有据,本院予以维持。许某主张400万元交易价格合理但未提供证据证实,且在一审庭审时,许某方亦认可该交易价格差距过大,明确同意A集团撤销争讼的合同,有一审庭审笔录为证,故对于许某该上诉请求,本院不予采纳。

综上,许某的上诉理由不能成立,本院不予支持。一审判决认定事实清楚,适用法律正确,应予维持。依照《中华人民共和国民事诉讼法》第一百七十条第一款第(一)项、第一百七十五条之规定,判决如下:

驳回上诉,维持原判。

二审案件受理费38,800元,由上诉人许某负担。

本判决为终审判决。

——摘自:广东省高级人民法院民事判决书

(2014)粤高法民终字第11号

四、破产抵销权

(一)破产抵销权的含义

破产抵销权,是指债权人在破产申请受理前对债务人负有债务的,无论是否已经到了清偿期,标的是否相同,都可以向破产管理人主张相互抵销的权利。对于作为破产债权人的抵销权人而言,破产抵销权实质上是一种优先受偿权,因为相比其他破产债权人来说,抵销权人行使抵销权所抵销的债权所获得的清偿比例为全额清偿,享受了优于一般债权人的待遇。《企业破产法》第40条规定,债权人在破产申请受理前对债务人负有债务的,可以向管理人主张抵销。破产抵销权以民法上的抵销权为权源基础,但与民法上的抵销权相比,破产抵销权在破产程序中具有更为重要的意义。对于民法上的抵销权来说,双方当事人都具有支付能力,而行使抵销权只具有节省时间和费用的功能。

债权人如果不享有抵销权,则会出现债权人对于债务人所享有的债权(如果不属于担保债权的普通破产债权)只能按比例受偿,而债权人对债务人所负的债务则要全面履行的局面,这显然有违公平原则,因为同是债权债务,且当事人相同,一方的债务需要全面清偿,而另一方的债务却只能部分清偿。破产法基于"自然公平"的原则,设立了破产抵销权制度。破产抵销权的制度功能主要体现在两个方面:第一,行使破产抵销权的破产债权人不必参与破产程序,接受破产财产的分配即可获得清偿,简化了抵销权人参与破产的程序,节省了破产费用;第二,抵销权人行使抵销权时,相当于以对方的债权为自己的债权设质,优先于其他债权人受偿,具有担保功能。

(二)破产抵销权的特征

破产抵销权以民法上的抵销权为基础,是民法上的抵销权在破产程序中的延伸,与民法上的抵销权相比,具有如下几个方面的特征。

1. 破产抵销权的主体为破产债权人

民法上的抵销权的行使具有双向性,即互负债务的任何一方当事人都可以主张抵销,而破产抵销权的行使主体只能是破产债权人,作为债务人的破产企业不能主动抵销。

2. 破产抵销权不受债务种类和履行期限或者条件的限制

民法上的抵销权行使有严格的条件限制,否则会损害债务履行期未届满一方当事人所享有的期限利益。《合同法》第99条规定,当事人互负到期债务,该债务的标的物种类、品质相同的,任何一方可以将自己的债务与对方的债务抵销,但依照法律规定或者按照合同性质不得抵销的除外。当事人主张抵销的,应当通知对方。通知自到达对方时生效。抵销不得附条件或者附期限。破产抵销权行使的条件相对来说要宽松些,无论债务是否到期,是否种类相同,是否有条件限制,都可以抵销。

3. 破产抵销权主张抵销的债务必须成立于破产申请受理之前

如果允许破产申请受理后所负债务进行抵销,将会直接损害其他破产债权人的利益,而且可能出现破产债权人为行使破产抵销权而故意对债务人即破产人负债,从而导致破产抵销权滥用。因此,破产抵销权的主动债权和被动债权都应当发生在破产申请受理之前,发生于破产申请受理后的债权债务不得抵销。

(三)破产抵销权的范围

破产抵销权行使从债权清偿的角度来说是一种完全清偿,这种完全清偿对于其他破产债权人来说构成了一种不利益,因为破产抵销权人行使破产抵销权的结果是导致了破产财产的减少,避免了抵销权人与其他债权人一样按比例获得清偿。为了防止破产抵销权被滥用,法律对破产抵销权的适用范围有严格规定。依法不得抵销的债权包括以下情形:债务人的债务人在破产申请受理后取得他人对债务人的债权;债务人的债务人已知债务人有不能清偿到期债务或者破产申请的事实,但对债务人取得的债权,债务人的债务人因为法律规定或者有破产申请1年前所发生的原因而取得债权的除外。依法不得抵销的债务包括:债权人已知债务人有不能清偿到期债务或者破产申请的事实,对债务人负担债务的;但是,债权人因为破产申请1年前所发生的原因而负担债务的除外。《企业破产法》第40条规定:"债权人在破产申请受理前对债务人负有债务的,可以向管理人主张抵销。但是,有下列情形之一的,不得抵销:(一)债务人的债务人在破产申请受理后取得他人对债务人的债权的;(二)债权人已知债务人有不能清偿到期债务或者破产申请的事实,对债务人负担债务的;但是,债权人因为法律规定或者有破产申请一年前所发生的原因而负担债务的除外;(三)债务人的债务人已知债务人有不能清偿到期债务或者破产申请的事实,对债务人取得债权的;但是,债务人的债务人因为法律规定或者有破产申请一年前所发生的原因而取得债权的除外。"

(四)破产抵销权的行使

破产抵销权的行使主体是破产债权人,破产管理人不得主动行使破产抵销权。由于破产抵销权行使会造成破产财产的减少,对其他破产债权人不利,为确保破产抵销权不被滥用,破产抵销权的行使必须遵循严格的程序。首先,破产债权人必须在破产财产最终分配前行使抵销权。破产债权人在破产财产分配之后主张抵销的,其对债务人的债务作为破产财产收回,其对债务人所享有的债权则作为普通破产债权参与分配。其次,破产债权人行使抵销权的破产债权必须依破产程序进行债权申报。最后,破产撤销权所抵销的破产债权必须获得破产管理人的承认,得到债权人会议确认。破产管理人不予承认的,则破产债权人只能通过诉讼程序,请求人民法院依法确认。

延伸阅读:典型案例

C数码科技有限公司破产管理人与J银行破产抵销权纠纷二审民事判决书

原审法院审理认为,破产法解释(二)[《最高人民法院关于适用〈中华人民共和国企业破产法〉若干问题的规定(二)》。——笔者注]第四十二条第二款规定,管理人对抵销主张有异议的,应当在约定的异议期限内或者自收到主张债务抵销的通知之日起三个月内向人民法院提起诉讼。所以,C公司(C数码科技有限公司。——笔者注)管理人具有原告诉讼主体资格,有权提起本案诉讼。《企业破产法》第四十条规定:"债权人在破产申请受理前对债务人负有债务的,可以向管理人主张抵销。但是,有下列情形之一的,不得抵销:(一)债务人的债务人在破产申请受理后取得他人对债务人的债权的;(二)债权人已知债务人有不能清偿到期债务或者破产申请的事实,对债务人负担债务的;但是,债权人因为法律规定或者有破产申请一年前所发生的原因而负担债务的除外;(三)债务人的债务人已知债务人有不能清偿到期债务或者破产申请的事实,对债务人取得债权的;但是,债务人的债务人因为法律规定或者有破产申请一年前所发生的原因而取得债权的除外。"J银行对C公司享有的债权,已向C公司管理人申报,并经C公司管理人审查确认。J银行主张抵销的债务是C公司在破产申请受理前向该行交纳的开立信用证保证金。开立信用证保证金的目的是确保开证申请人在开证行对外付款后能按约足额向开证行付款,减轻开证行的垫付融资风险。存款人提供存款为信用证开立作质押担保,开证行向存款人按约计付存款利息,开证行与保证金交纳人即存款人之间形成以存款作为质押物的质押合同关系。存款在质押期间,存款人不能行使处分权。而当存款在其担保的债务得以完全履行之后,其担保功能灭失,存款人对该存款被限制的权利解禁,存款人原作为开证行储户的取款自由等权利恢复,开证行与存款人的质押合同关系转换到储蓄合同关系。C公司于2010年向被告交纳的开立信用证保证金,在其担保的主债务得以清偿后,C公司与J银行之间就该保证金的质押合同关系转变为储蓄存款合同关系,C公司依储蓄存款合同对J银行享有债权。C公司对J银行享有的前述债权形成于C公司被申请破产受理一年前,不存在《企业破产法》第四十条规定的不得抵销情形,且J银行对C公司亦享有到期金融债权,故该行依法享有抵销权。破产法解释(二)[《最高人民法院关于适用〈中华人民共和国企业破产法〉若干问题的规定(二)》——笔者注]第四十一条第一款规定,债权人依据破产法第四十条的规定行使抵销权,应当向管理人提出抵销主张。该规定说明抵销主张发生于破产管理人确定之后,由债权人向管理人提出。C公司管理人以J银行抵销主张发生在C公司被申请破产受理之后为由,提出该抵销系被告利用自身便利条件的个别受偿行为,违背了破产法规定的债权公平受偿原则的主张,与法不符,不予支持。J银行的破产抵销权是基于其与C公司存在互负债务,该行向C公司管理人申报的债权经审查确认是行使抵销权的前提条件之一。现J银行对C公司享有的债权大于其对C公司负有的债务,主张全部抵销并无不当。J银行对C公司存款的扣划属于单方行为,不产生破产抵销的法律后果,若扣划有误,C公司管理人仍享有返还请求权。故J银行在扣划后再向管理人提出破产抵销权主张,对C公司的其他债权人的债权得以公平清偿不构成实质损害。据此,依照《中华人民共和国企业破产法》第四十条之规定,判决如下:驳回C公司破产管理人的诉讼请求。本案受理费17,872元,由原告C公司破产管理人负担。

本院认为,本案的主要争议焦点在于J银行就案涉1,417,286.15元是否有权行使破产抵销权,即J银行是否具备了行使破产抵销权的实体条件和程序条件。

首先,对于上诉人提出的本案焦点在于被上诉人扣款行为应适用《企业破产法》第十六条作无效处理还是适用《企业破产法》第四十条作破产抵销权处理。由于破产抵销制度的本质是破产债权人只能依破产程序按债权清偿比例受偿的例外,且J银行已经明确向C公司管理人提出了破产抵销权主张,因此,本案应重点并优先依照《企业破产法》第四十条审查J银行破产抵销权的行使条件是否具备,如果尚不具备,则应认定无效并退回相应款项,从而产生与《企业破产法》第十六条个别清偿无效相同的法律后果;如果具备,则J银行在抵销的范围内得到全额清偿。

其次,对于J银行就案涉1,417,286.15元是否有权行使破产抵销权的问题,具体分析如下:

1. 实体上,债权人行使破产抵销权应当符合以下条件:(1)双方存在互负债权债务关系;(2)时间上债权人应当是在破产申请受理前对债务人企业负有债务;(3)对于特定期限内成立的债务,债权人主观上需无恶意,即非已知债务人有不能清偿到期债务或者破产申请的事实而对债务人负担债务。债务人破产受理前特定期限内成立的债权债务能否抵销,要以对方当事人是否有恶意作为区分标准。当事人为恶意者,其抵销权的行使应被认定为无效;反之,则可以行使抵销权。具体到本案中:(1)双方存在互负债权债务关系。案涉1,417,286.15元为J银行对C公司所负债务,在C公司偿付了信用证项下应付款项后,C公司与J银行之间就该笔保证金的法律关系为储蓄存款合同关系,C公司依储蓄存款合同对J银行享有债权。(2)该笔债务成立于破产申请受理日即2013年7月19日之前。至于上诉人所提出的“1,417,286.15元被扣款总额,包括保证金本金、保证期间定期利息、转为储蓄后的利息,其中的利息部分,非但不是破产申请受理一年前,甚至是延伸至破产申请受理之后所形成的”,对此,因利息属于本金的孳息,该笔债务的成立时间应以本金债务的成立时间为准,应认定案涉债务成立于破产申请受理日即2013年7月19日之前。(3)债权人J银行主观上无恶意。首先,该笔保证金所涉信用证到期付款日分别为2010年10月27日、2010年11月11日、2010年12月16日、2011年3月17日,远早于破产案件受理日即2013年7月19日;其次,根据二审查明的事实,在2012年12月之前,C公司经营尚属正常,而信用证到期付款日远早于这一时间点;最后,债权人主观上存有恶意的举证责任在于主张破产抵销权无效的一方,在案证据无法证明J银行是在已知债务人有不能清偿到期债务或者破产申请的事实而对债务人负担该笔债务。因此,本案适用《企业破产法》第四十条,而不应适用《企业破产法》第十六条。至于上诉人提出的“一审判决事实认定错误”的理由也不成立。因为本案所涉的“法院受理破产申请日”应为2013年7月19日的事实已在一审判决书的事实部分作了认定,即“另外,本院(温州中院)查明的其他事实与原告(即上诉人)诉称的事实一致”。

2.破产抵销权行使的程序条件是债权人据以主张抵销的债权在破产程序中必须依法申报并最终经人民法院裁定确认。通过管理人审查和债务人、债权人会议核查等程序,可以保证抵销债权的真实性、合法性和准确性,从而防止利用虚假债权侵蚀破产财产从而损害全体债权人利益的情况发生。因此,未经依法申报的债权不能主张抵销,并且最终抵销的债权必须是经人民法院裁定确认的债权。本案中,J银行申报并经C公司破产管理人审查确认的对C公司享有的债权金额为人民币25,311,292.49元、6,861,027.78美元。虽然该笔债权尚未经法院裁定确认,程序上存有瑕疵,但在该笔债权已经C公司破产管理人审查确认,其真实性、合法性和准确性能得到保障且债权数额远大于所欲抵销的债务数额的情况下,该程序瑕疵尚不构成破产抵销权行使的实质性障碍。

综上,J银行就案涉1,417,286.15元有权行使破产抵销权。一审判决认定事实基本清楚,适用法律正确,实体处理并无不当。依照《中华人民共和国民事诉讼法》第一百七十条第一款第(一)项之规定,判决如下:

驳回上诉,维持原判。

二审案件受理费17,872元,由C公司破产管理人负担。

本判决为终审判决。

——摘自:浙江省高级人民法院民事判决书

(2014)浙商终字第27号

延伸阅读：典型案例

张某与F建筑公司破产抵销权纠纷
二审民事判决书

一审法院判决认定：破产抵销权是指破产债权人在破产程序开始前对破产人负有债务的，不论债的标的、种类、品质是否相同和债务是否到期，均得于清算分配完成前以破产债权抵销其所负债务的权利。根据法律规定，债权人在破产申请受理前对债务人负有债务的，可以向管理人主张抵销。因此，债权人主张抵销的前提条件是对债务人所负债务应当在破产申请受理之前已经成立，否则不得抵销。本案中，张某对F公司(F建筑公司。——笔者注)所负债务系经北京市第二中级人民法院于2013年8月14日作出的(2013)二中民终字第08565号民事判决书确认成立，而F公司已于2009年12月30日经法院立案受理其破产申请并宣告破产，故张某主张抵销债务的请求，缺乏法律依据，法院不予支持。据此，一审法院依照《中华人民共和国企业破产法》第四十条之规定判决：驳回张某的诉讼请求。

本院认为：根据《中华人民共和国企业破产法》第四十条规定，债权人在破产申请受理前对债务人负有债务的，可以向管理人主张抵销。张某上诉称F公司于2009年5月12日被法院扣划了执行案款，该款系F公司代张某清偿，因此张某对F公司的债务形成时间为2009年5月12日，远早于F公司的破产受理时间2009年12月30日，张某对F公司的债务属于破产受理前的债务，应予以抵销其对F公司的债权。从本案现有证据来看，F公司于2009年5月12日被法院扣划了执行案款，但当时张某并不认可此笔执行案款应由其负担，否认F公司享有追偿权，双方为此产生纠纷诉至法院，法院最终于2013年8月14日形成终审判决，认定F公司享有追偿权，确认双方债权债务关系。张某现主张应将该笔债务形成时间追溯至2009年5月12日，缺乏法律依据，本院不予以支持，张某所称该笔债务应予以抵销其对F公司的债权，不符合破产抵销权的法律要件，本院亦不予以支持。

张某上诉称本案按财产案件收取诉讼费错误，应退还多收的费用。因本案张某主张以其享有F公司的金钱债权抵销其对F公司负担的金钱债务，具有财产给付内容，一审法院按财产案件收取诉讼费用，并无不当。故本院对张某的此项上诉意见不予以采纳。

综上，一审法院认定事实清楚，适用法律正确，处理结果并无当，本院予以维持。依照《中华人民共和国民事诉讼法》第一百七十条第一款第(一)项之规定，判决如下：

驳回上诉，维持原判。

一审案件受理费8278元,由张某负担(已交纳)。

二审案件受理费8278元,由张某负担(已交纳)。

本判决为终审判决。

——摘自:北京市第二中级人民法院民事判决书

(2014)二中民(商)终字第11004号

第三节 破产费用和共益债务

一、破产费用

(一)破产费用的含义

破产费用,是指在破产程序进行中,出于保障破产程序的顺利进行和维护债权人利益的需要,而由破产管理人以债务人财产随时支付的费用。破产费用的特征主要体现在如下几个方面:第一,破产费用具有必需性。破产程序的正常进行,必然需要一些费用,这些费用显然是保障破产程序正常所必需的,如果不支付必要费用,破产程序就无法进行下去。第二,破产费用具有共同性。破产程序开始后,破产管理人为债权人利益,清理债务人的财产,对某些财产进行变价处理,都是为了所有债权人的共同利益,并不是为了某个债权人的利益,由此而支付的费用对于所有债权人来说都是必需的,具有共同性。第三,破产费用具有成本性。破产费用是保障破产程序顺利推进的职务基础,是破产程序正常进行所花费的成本。破产程序开始之前所发生的费用,由于并不是为了保障破产程序顺利进行所必需的,所以不属于破产费用。例如,申请人向人民法院提出破产申请,但人民法院不予受理所花费的费用,不得作为破产费用。第四,破产费用需要随时支付。破产费用依据破产程序进行的状况而随时支付,如果不根据破产程序进行的状况随时支付破产费用,破产程序就会因此而受到影响。

(二)破产费用的范围

《企业破产法》第41条规定:"人民法院受理破产申请后发生的下列费用,为破产费用:(一)破产案件的诉讼费用;(二)管理、变价和分配债务人财产的费用;(三)管理人执行职务的费用、报酬和聘用工作人员的费用。"《全国法院破产审判工作会议纪要》指出,"管理人经人民法院许可聘用企业经营管理人员,或者管理人确有必要聘请其他社会中介机构或人员处理重大诉讼、仲裁、执行或审计等专业性较强工作，如所需费用需要列入破产费用的，应当经债权人会议同意”。

1. 破产案件的诉讼费用

一是破产申请费用。当事人申请破产的，应当交纳申请费。《诉讼费用交纳办法》第14条第6项规定，破产案件依据破产财产总额计算，按照财产案件受理费标准减半交纳，但是，最高不超过30万元。《诉讼费用交纳办法》第13条第1款第1项规定，财产案件根据诉讼请求的金额或者价额，按照下列比例分段累计交纳：(1)不超过1万元的，每件交纳50元；(2)超过1万元至10万元的部分，按照2.5%交纳；(3)超过10万元至20万元的部分，按照2%交纳；(4)超过20万元至50万元的部分，按照1.5%交纳；(5)超过50万元至100万元的部分，按照1%交纳；(6)超过100万元至200万元的部分，按照0.9%交纳；(7)超过200万元至500万元的部分，按照0.8%交纳；(8)超过500万元至1000万元的部分，按照0.7%交纳；(9)超过1000万元至2000万元的部分，按照0.6%交纳；(10)超过2000万元的部分，按照0.5%交纳。当事人申请破产的申请费不由申请人预交，而是破产清算后交纳，从破产财产中支付。

二是其他诉讼费用。其他诉讼费用包括：(1)证人、鉴定人、翻译人员、理算人员出庭费用。《诉讼费用交纳办法》第6条第3项规定，证人、鉴定人、翻译人员、理算人员在人民法院指定日期出庭发生的交通费、住宿费、生活费和误工补贴。第11条规定，证人、鉴定人、翻译人员、理算人员在人民法院指定日期出庭发生的交通费、住宿费、生活费和误工补贴，由人民法院按照国家规定标准代为收取。当事人复制案件卷宗材料和法律文书应当按实际成本向人民法院交纳工本费。第12条规定，诉讼过程中因鉴定、公告、勘验、翻译、评估、拍卖、变卖、仓储、保管、运输、船舶监管等发生的依法应当由当事人负担的费用，人民法院根据谁主张、谁负担的原则，决定由当事人直接支付给有关机构或者单位，人民法院不得代收代付。人民法院依照《民事诉讼法》第11条第3款规定提供当地民族通用语言、文字翻译的，不收取费用。(2)破产公告费用。破产程序中，根据法律规定，需要在《人民法院报》和当地有影响的媒体上对外发布一些公告，以便相关利害关系人知晓相关情况，具有共同性，因此应当从债务人财产中支付。(3)其他相关费用，如债务人的财产如果需要保管所产生的保管费用，人民法院为查清相关事实而支付的鉴定、勘验费用等。

三是有关案件诉讼费用。破产程序进行过程中，通常会出现一些与债务人有关的民事诉讼案件,如果依法应当由债务人承担案件诉讼费用,则这些费用显然应当从债务人的财产中支付,从而属于破产费用。

2. 管理、变价和分配债务人财产的费用

一是管理费用。管理债务人财产的费用是指破产管理人受聘担任破产管理人后管理债务人财产所花费的各种费用,主要包括:第一,接收债务人财产的费用。债务人将财产移交给破产管理人,破产管理人将债务人分散于不同地方的财产集中而产生的运输、搬迁费用。第二,债务人财产的清理费用。破产管理人接管债务人的财产后,需要对债务人的财产进行清理、登记而产生的费用。第三,债务人财产的保管费用。破产管理人为保管债务人财产而雇佣看守人员、租用他人场地,将有关财产予以寄存等所产生的费用。第四,债务人财产的维护、保养、修缮费用。债务人财产的维护、保养和修缮费用包括但不限于为防止财产老化而支付的费用,车辆、船舶等财产的登记年检费用以及更换、增设消防设施的费用等。第五,债务人财产的保险费用。破产管理人为防止债务人财产遭受意外损害,可以购买相应的保险,因此而支付相应的保险费亦在此范围内。第六,破产管理人因管理债务人财产而需支付的其他费用。

二是变价费用。变价费用主要包括:第一,财产评估费用。债务人的财产在变价前,需要进行价值评估,以确保财产在变价时不被低估,为此,破产管理人聘请专业机构或者人员对债务人财产评估需要花费相应的费用。第二,拍卖、变卖费用,包括破产管理人拍卖、变卖债务人财产所需支付的公告费、财产介绍费、财产交易费、佣金等费用。第三,财产过户费用和相关税费,包括债务人财产变价过户登记费用、支付的营业税、转让说、增值说、印花税等费用。第四,其他应支付的费用。

三是分配费用。分配费用主要包括通知、公告债权人首领财产的费用、将款项存入或者汇给异地债权人而应当由债务人支付的手续费、将债务人的财产提存而需支付的提存费用等。

3. 破产管理人执行职务的费用、报酬和聘用工作人员的费用

一是破产管理人聘用工作人员的费用。工作人员包括专业人员和辅助人员两类。专业人员是指法律、财务、审计、评估、金融、管理、经营等相关专业人员,辅助人员是指了解债务人相关事务,从而对破产管理人处置相关事务提供帮助的人员。《企业破产法》第28条第1款规定,管理人经人民法院许可,可以聘用

必要的工作人员。第41条第3项规定，管理人聘用工作人员的费用，属于破产费用。破产管理人聘用工作人员的费用列入破产费用，必须满足“经人民法院许可”的条件，未经人民法院许可，破产管理人所聘用工作人员的费用，不得列入破产费用。此外，根据《最高人民法院关于审理企业破产案件确定管理人报酬的规定》第14条的规定，律师事务所、会计师事务所通过聘请本专业的其他社会中介机构或者人员协助履行管理人职责的，所需费用从其报酬中支付。破产清算事务所通过聘请其他社会中介机构或者人员协助履行管理人职责的，所需费用从其报酬中支付。

二是破产管理人执行职务的费用。破产管理人执行职务的费用，是指破产管理人在执行职务、履行职责过程中所发生的费用。破产管理人执行职务的费用与管理、变价和分配债务人财产的费用难以区分的，应当根据实际情况确定，具体而言，破产管理人执行职务的费用包括：(1)破产管理人印章刻制费；(2)破产管理人召开债权人会议所需支付的相关费用，如公告费、会议资料文件打印印刷费、电话费、水电费、租用场地费等费用；(3)破产管理人为调查债务人财产而花费的相关费用，如差旅费、通信费等费用；(4)破产管理人办公费；(5)其他费用。

(三)破产费用的清偿

《企业破产法》第43条规定，破产费用和共益债务由债务人财产随时清偿。债务人财产不足以清偿所有破产费用和共益债务的，先行清偿破产费用。债务人财产不足以清偿所有破产费用或者共益债务的，按照比例清偿。债务人财产不足以清偿破产费用的，管理人应当提请人民法院终结破产程序。人民法院应当自收到请求之日起15日内裁定终结破产程序，并予以公告。

破产费用从债务人财产中支付。对于这里所指的“债务人财产”是否包括负有担保物权或者法定特别优先权的财产，在实务操作中可能会产生争议。有学者认为，破产费用应当由债务人财产中的特定财产和非特定财产共同承担，而不仅仅只由不负有担保物权和法定优先权的非特定财产承担。①

① 参见贺小电：《破产法原理与适用》，人民法院出版社2012年版，第402页。

二、共益债务

(一)共益债务的含义

共益债务,是指在破产程序中,为了全体债权人的共同利益或者基于保障破产程序顺利进行的目的而发生的,应当以债务人随时优先受偿的债务。共益债务的特征的主要体现在如下几个方面:第一,共益债务的或然性。共益债务并不是必然发生的,具有或然性的特点。第二,共益债务的目的性。共益债务是为了债权人的共同利益或者基于公平原则和社会公共秩序而发生的债务。第三,共益债务的期限性。共益债务是在破产程序中以下几个方面即破产申请受理后至破产终结前发生的债务。第四,共益债务的优先性。共益债务是为债权人的共同利益及公平原则和社会公共秩序而产生的债务,应当以债务人的财产优先清偿。

(二)共益债务与破产费用的区别

共益债务与破产费用都发生在破产程序中,即破产申请受理后至破产程序终结前的期限内,都以债务人的财产优先清偿、随时清偿。两者的主要区别在于以下几个方面:第一,两者的性质不同。共益债务属于破产程序中发生的实体性债务,破产费用属于破产程序中发生的程序性债务。第二,两者发生的原因不同。共益债务因民事实体行为而发生,破产费用因法定程序性行为而发生。第三,两者发生的概率不同。破产费用的发生具有必然性,而共益债务是基于债务人、破产管理人、债权人的民事实体行为发生的,并不具有必然性。第四,两者的内容不同。共益债务的内容为合同之债、无因管理之债、不当得利之债、侵权损害之债等方面,破产费用包括破产案件的诉讼费用、管理、变价和分配破产财产的费用、管理人执行职务的费用、报酬和聘用工作人员的费用等。

(三)共益债务的范围

《企业破产法》第42条规定:"人民法院受理破产申请后发生的下列债务,为共益债务:(一)因管理人或者债务人请求对方当事人履行双方均未履行完毕的合同所产生的债务;(二)债务人财产受无因管理所产生的债务;(三)因债务人不当得利所产生的债务;(四)为债务人继续营业而应支付的劳动报酬和社会保险费用以及由此产生的其他债务;(五)管理人或者相关人员执行职务致人损害所产生的债务;(六)债务人财产致人损害所产生的债务。"

(四)共益债务的清偿

《企业破产法》第43条规定,破产费用和共益债务由债务人财产随时清偿。债务人财产不足以清偿所有破产费用和共益债务的,先行清偿破产费用。债务人财产不足以清偿所有破产费用或者共益债务的,按照比例清偿。债务人财产不足以清偿破产费用的,管理人应当提请人民法院终结破产程序。人民法院应当自收到请求之日起15日内裁定终结破产程序,并予以公告。

延伸阅读:典型案例

李某与清算事务所、W律师事务所管理人责任纠纷申请再审民事裁定书

本院认为:(一)关于二审判决认定的基本事实是否缺乏证据证明的问题。原告李某、喻某与被告D公司商品房买卖合同纠纷一案的生效判决作出后,双方当事人没有履行判决所确定的李某退还1009号房屋给D公司、D公司退还7,116,766.35元购房款及贷款利息损失284,164.89元给李某的义务。李某向法院申请强制执行,后因D公司申请破产而中止了执行程序。但执行程序中止并不代表双方之间的法律关系未发生变更,李某主张因生效判决未得到执行故双方之间的法律关系应回复到起诉前的状态缺乏法律依据。因此,依据已经发生法律效力的(2004)东民初字第3263号民事判决,1009号房屋的所有权应归属于D公司。根据《中华人民共和国企业破产法》第二十五条的规定,管理人的主要职责包括接管债务人的财产、登记债权、接受对债务人的债权的履行、回收债权人的财产、就有关财产纠纷代表债务人参加诉讼、对破产财产进行变价和分配等工作。清算事务所与W律师事务所在要求李某履行另案生效判决未果、向法院申请强制执行未被受理、向法院提起诉讼被驳回的情况下,自行采取措施收回1009号房屋,属于履行管理人职责的职务行为。根据《中华人民共和国破产法》第四十二条第五项的规定,管理人或相关人员执行职务致人损害所产生的债务为破产企业的共益债务。因此,二审判决认定清算事务所与W律师事务所收回1009号房屋并转移屋内财产的行为系履行管理人法定职责的职务行为,在履行职务过程中所造成的他人损失为D公司的共益债务,并无不当。

(二)关于二审判决认定事实的主要证据是否未经质证的问题。D管理公司于2014年5月13日出具的现场监督证明内容如下:北京市第二中级人民法院:我公司于2011年

3月21日收到北京D公司破产管理人的通知,破产管理人欲将D大厦1009号房屋内的物品,转移至其他房屋封存。因D大厦1009号房屋属于D公司所有,我公司对破产管理人履行职务无异议。当晚,我公司保安员在正常巡场过程中,看见破产管理人带人将1009号房屋的物品全部转移至D大厦1006号房屋。在转移物品的全过程中,没有发现破产管理人将1009号房屋内物品转移他处。破产管理人锁好1006号房门后,在1006号房门上张贴了加盖破产管理人印章的封条。特此说明。现场监督证明的抬头及落款日期显示,该证明系D管理公司在诉讼中向法院出具的证明文书。由于该份证据并非一、二审法院认定本案基本事实的主要证据,一、二审判决中未提及该份证据,故李某关于二审判决符合《中华人民共和国民事诉讼法》第二百条第四项事由缺乏依据。李某在本院再审审查期间提供的两份电话录音材料,由于清算事务所与W律师事务所不予认可其真实性,而受话人亦未出庭作证,故本院不予采信。退一步而言,即使该两份电话录音材料真实,亦只能证明D管理公司未事先收到管理人的通知,不影响二审判决认定的基本事实。因此,李某关于二审判决认定事实的主要证据未经质证的主张不能成立。

(三)关于二审判决适用法律是否确有错误的问题。第一,一、二审法院根据李某的诉讼请求将本案案由确定为管理人责任纠纷,在认定清算事务所与W律师事务所收回1009号房屋的行为系为避免破产财产减损的职务行为、管理人收回1009号房屋过程中造成的损失应由债务人的财产清偿损失的前提下,一审法院向李某释明应追加D公司为责任人,但李某拒不追加,故一、二审法院判决驳回李某关于清算事务所、W律师事务所直接承担管理人责任的诉讼请求,并无不当,也不存在未处理李某实体请求的问题。第二,(2004)东民初字第3263号民事判决解除了D公司与李某之间的商品房买卖合同,故D公司对1009号房屋享有房屋所有权,李某主张以其返还购房款的金钱债权抵销D公司对于1009号房屋的物权缺乏法律依据。破产债权人会议通过决议否决了李某的债权抵销申请,要求管理人收回1009号房屋,该债权人会议决议对李某同样具有约束力。第三,本院再审审查仅针对本案二审判决是否具有《中华人民共和国民事诉讼法》第二百条规定的再审事由,对其他裁判文书的效力不予评判。但从李某提出的数份裁判文书内容来看,并不存在矛盾冲突的问题。(2004)东民初字第3263号民事判决解除了D公司与李某之间的商品房买卖合同,1009号房屋所有权归D公司所有;(2005)二中民破字第4615号协助执行通知书要求北京市国土资源局协助将D公司所有的1009号房屋的国有土地使用权办至受让人北京F投资管理有限公司名下;D公司破产管理人在要求李某返还占用的1009号房屋未果后,向法院起诉要求李某、喻某返还涉诉房屋,法院以其请求所涉法律事实已经另案生效判决处理,故应在另案生效判决的执行程序中主张,并由执行法院决定,符合《中华人民共和国民事诉讼法》关于执行的规定。因此,李某关于二审判决适用法律错误的主张亦不能成立。

综上，李某的再审申请不符合《中华人民共和国民事诉讼法》第二百条第二项、第四项、第六项规定的情形。依照《中华人民共和国民事诉讼法》第二百零四条第一款之规定，裁定如下：

驳回李某的再审申请。

——摘自：最高人民法院民事裁定书

(2015)民申字第1766号

第五章　债权人会议

债权人作为破产程序中最为重要的利害关系人，在破产程序中表达整体意志必须采用会议形式进行。债权人会议能否顺利召开，直接关系破产程序进程的推进。筹备债权人会议、参与相关组织工作，是破产管理人的重要职责。

第一节　债权人会议的组成

一、债权人会议的概念

（一）债权人会议的含义

债权人会议，是指在破产程序中，由全体登记在册的债权人作为参与主体所组成的，表达债权人意志，统一债权人行动，以维护全体债权人共同利益的议事机构。

对于债权人会议的性质，理论上有三种不同的观点。一是债权人团体机关说。这一学说基于破产债权人对破产程序进行中的，如破产财产的增加、破产费用和财团债务的减少、破产财产的拍卖能否获得善价等事项具有共同利益，主张全体债权人构成破产债权人团体，债权人会议则是该团体的机关。这一学说甚至主张债权人团体是一个法人，债权人会议是该法人的机关。二是事实上的集合体说。这一学说主张债权人会议是由法院召集的临时性集合组织。这一学说不承认“债权人团体的机关说”,因为不仅法律没有明确规定债权人会议的民事主体地位,而且债权人之间的利益也并不完全一致。三是自治团体说。这一学说认为,债权人会议并非法人组织,而是非法人性质的特殊社团组织,是表达债权人共同意志的一种自治性团体。第一种学说为日本破产法学界传统学说;第二种学说为日本破产法学界当前通说;第三种学说为我国部分学者所采纳。债权人团体机关说以债权人利益一致性为基础,将债权人视为一种团体,但无论是全体债权人的集合体抑或作为该集合体机关的债权人会议,本身均欠缺在破产程序中取得权利主体或者诉讼主体的条件,相应地,债权人会议作为一个团体的机关的权能也是欠缺的。“事实上的集合体说”看到了作为“债权人团体的机关说”借以建立的债权人共同利益在破产分配之前的不现实的一面,从而指出了债权人会议作为团体机关的条件缺陷,但却走到了另一个极端,仅仅刻画了债权人从事活动的形式,忽视了债权人会议之间的连续性和互相联系的一面,且将其监督会议决议执行的职能置之不顾。“自治团体说”本着债权人自治自助主义的思想,将债权人会议定性为自治组织,符合债权人形成联合的本意以及破产程序中突出债权人地位的内在要求。自治团体有决议职能和执行职能,但债权人会议并不具有执行的权利,既不能自己直接执行其通过的决议,一般也不能对破产管理人发号施令,因此,债权人会议具有自治团体的性质的观点也是有欠缺的。① 从《企业破产法》关于债权人会议的规定来看,笔者认为,宜将债权人会议视为一种特殊自治性组织。

(二)债权人会议的功能

破产程序是对全体债权人债权的总清偿,破产清算程序对于破产债权人而言,事关切身利益,必须给予其参与破产程序的机会。破产债权人参与破产程序,有个别参与和集体参与两种方式。个别参与的优点在于参与人能够在破产程序中充分表达自己的意志,但其缺点在于增加了破产程序的成本,提升了破产程序顺利推进的难度。集体参与的优点在于便于统一各破产债权人的意志和需求,提升了破产程序的效率,但其缺点在于采用多数决原则统一协调各破产债权人的意志,难以保证每个破产债权人的意志在破产程序中都得到充分表达。虽然个别参与和集体参与均有优缺点,但破产程序作为对全体债权人债权的总清

① 参见韩长印:《债权人会议制度的若干问题》,载《法律科学》2000 年第 4 期。

偿程序,只能采用集体参与方式,采用债权人会议的形式。债权人作为全体债权人集体参与破产程序的组织形式,具有如下几方面的功能:第一,有利于公平保护全体债权人的利益。对于债权人而言,一旦债务人被人民法院受理破产申请,即构成了一个利益整体。每个债权人,无论债权金额多少,无论自身身份是国有企业还是民营企业,是自然人还是法人,作为债权人都享有公平受偿的权利。债权人会议作为全体破产债权人参与破产程序的组织,有利于每个债权人了解破产程序的进行状况,了解债务人的财产状况,了解自己债权可能获得清偿的程度,而参与是最有效的保护路径。第二,有利于破产程序的顺利进行。债权人会议作为破产债权人参与破产程序的组织,在事关债权人切身利益的重大事项决策上,采用多数决原则,有利于协调、统一彼此之间可能存在的分歧,避免了在有关问题上反复讨论而无结果的情形的出现,从而有利于破产程序的顺利进行,也有利于提升破产程序的效率。第三,有利于更好地监督破产管理人的工作。破产管理人在破产程序中扮演着重要角色,其工作情况如何将直接关系债权人的利益,需要接受债权人的监督。债权人会议作为全体债权人参与破产程序的组织,无论是在监督力度上还是在监督方式和监督效率上,都要比单个债权人有效得多。

(三)债权人会议的地位

债权人会议作为债权人的自治性组织,依法享有法定职权,代表债权人的共同意志,维护债权人的共同利益,对破产程序中一些重大事项进行表决。人民法院作为破产程序的主导者,一方面,对于债权人会议的法定职权,应当予以尊重,对于债权人会议依法表决的事项,不能随意予以否定;另一方面,人民法院对于债权人会议所作出的决议,有权审查和监督。人民法院对债权人会议决议的审查和监督主要表现在如下几个方面:第一,审查债权。《企业破产法》第58条第2款、第3款规定,债务人、债权人对债权表记载的债权无异议的,由人民法院裁定确认。债务人、债权人对债权表记载的债权有异议的,可以向受理破产申请的人民法院提起诉讼。第二,更换破产管理人。《企业破产法》第22条第2款规定,债权人会议认为管理人不能依法、公正执行职务或者有其他不能胜任职务情形的,可以申请人民法院予以更换。第三,审查债权人会议决议。《企业破产法》第64条第2款规定,债权人认为债权人会议的决议违反法律规定,损害其利益的,可以自债权人会议作出决议之日起15日内,请求人民法院裁定撤销该决议,责令债权人会议依法重新作出决议。第四，审查债务人财产管理、变价方案。《企业破产法》第65条规定，债权人会议有权通过债务人财产管理方案、破产财产变价方案，债权人会议表决未通过的，由人民法院裁定。第五，债权人会议有权通过破产财产分配方案，但是，债权人会议经过两次会议表决未通过的，由人民法院裁定。第六，对于法律没有明确规定由债权人会议行使的职权，人民法院可以决定由债权人会议行使。

破产管理人在破产程序中具有独立法律地位，享有法定职权，依法管理债务人财产，处理债务人的相关事务，直接关系全体债权人合法权益的维护，当然要接受债权人会议的监督。债权人会议对破产管理人的监督主要体现如下几个方面：第一，列席债权人会议，向债权人会议报告职务执行情况。第二，债权人会议有权申请更换破产管理人，审查破产管理人的费用和报酬。第三，破产管理人拟定的债务人财产管理、变价及分配方案，需要经过债权人会议通过。

二、债权人会议的构成

（一）债权人会议成员

《企业破产法》第59条第1款规定，依法申报债权的债权人为债权人会议的成员，有权参加债权人会议，享有表决权。债权人会议应当有债务人的职工和工会的代表参加，对有关事项发表意见。债权人会议成员不同于债权人。债权人成为债权人会议的成员，必须具备三个条件：一是债权人；二是向管理人申报了债权；三是依法申报了债权。债权人会议成员不同于债权人，债权人会议成员一定是债权人，但债权人并不一定是债权人会议成员。债权人的认定，以实体法为依据。非债权人申报债权或者债权人非依法申报债权，都不能取得债权人会议出席成员资格。债权人会议成员为债权人，但债权申报人所申报的债权是否属实，即申报人是否为债权人而具有参加债权人会议的资格，由债权人会议核查确定。因此，第一次债权人会议的出席人员仅仅是申报人，必须经过债权人会议核查确认后才能认定为债权人，具有参加债权人会议的资格。《企业破产法》第59条第2款规定，债权尚未确定的债权人，除人民法院能够为其行使表决权而临时确定债权额的外，不得行使表决权。

一般的劳动债权人，无须履行债权申报程序，是否属于债权人会议成员，理论上有两种不同的观点。否定说认为："只有依法申报债权的债权人才能成为债权人会议成员。职工债权不参加债权申报,亦不作为债权人会议成员。”[①]肯定说认为,职工应当属于债权人会议成员,因为债权人会议决议会对其利益产生实质性影响。因此,如果不允许职工参加债权人会议,则不仅会侵犯其参与权,还可能会损害其实体权利。[②] 有学者阐述了劳动债权人不得成为债权人会议成员的理由:第一,劳动债权人不符合债权人会议成员必须依法申报的基本程序条件,因为劳动债权不需要申报。第二,一些企业劳动债权人很多,如果允许其作为债权人会议成员参会,会产生导致债权人会议在实践中根本无法运作的后果。第三,法律已经给予劳动债权充分保护,劳动债权人不参加债权人会议的,其权利也不会因此受到影响。[③]

债权人会议成员可以分为具有表决权的债权人、具有不完整表决权的债权人和不具有表决权的债权人会议成员。具有表决权的债权人是指依法申报了债权的债权人;具有不完全表决权的债权人是指对债务人财产享有担保物权或者法定特别优先权的破产别除权人没有放弃对特定财产优先受偿权利的债权人;不具有表决权的债权人会议成员是指对债务人的债权还未实际发生,或者已经发生但尚处于争议阶段的债权人。

债权人会议成员,当然有权参与债权人会议。债权人可以委托代理人出席债权人会议,行使表决权。代理人出席债权人会议,应当向人民法院或者债权人会议主席提交债权人的授权委托书。《企业破产法》第59条第4款规定:“债权人可以委托代理人出席债权人会议,行使表决权。代理人出席债权人会议,应当向人民法院或者债权人会议主席提交债权人的授权委托书。”

(二)债权人会议的列席人员

债权人会议的列席人员包括:(1)债务人企业的法定代表人。经人民法院决定,可以包括企业的财务管理人员和其他经营管理人员。(2)破产管理人。《企业破产法》第23条第2款规定,管理人应当列席债权人会议,向债权人会议报告职务执行情况,并回答询问。(3)合议庭成员。破产程序以人民法院为主导,对债务人、债权人、破产管理人都享有监督权,因此,合议庭成员应当列席债权人会议,对债权人会议进行监督与指导。(4)审计、评估、鉴定、翻译人员。债权人可

---

① 王卫国:《破产法精义》,法律出版社2007年版,第172页。
② 参见韩传华:《企业破产法解析》,人民法院出版社2007年版,第238页。
③ 参见贺小电:《破产法原理与适用》,人民法院出版社2012年版,第514~515页。

能会对审计、评估、鉴定、翻译人员进行询问,因此,这些人员应当根据需要列席债权人会议。债务人即破产企业的法定代表人及相关人员列席债权人会议,接受债权人的询问,有利于债权人了解债务人的生产经营、资产等状况,便于债权人和债务人之间沟通,就有关事项达成一致意见,但在实务中,常常会出现法定代表人及相关人员不愿意列席债权人会议,不愿意接受债权人会议询问的情形,这不仅对于债权人与债务人之间的沟通来说具有很大的消极影响,会增加彼此之间的不信任度,而且会使债权人产生债务人借助破产进行逃债的怀疑,使其怀疑破产清算工作的不彻底性,不利于破产程序的顺利进行。为有效制止这种情形的出现,《企业破产法》第 126 条规定,有义务列席债权人会议的债务人的有关人员,经人民法院传唤,无正当理由拒不列席债权人会议的,人民法院可以拘传,并依法处以罚款。债务人的有关人员违反本法规定,拒不陈述、回答,或者作虚假陈述、回答的,人民法院可以依法处以罚款。

(三)债权人会议主席

《企业破产法》第 60 条规定,债权人会议设主席一人,由人民法院从有表决权的债权人中指定。债权人会议主席主持债权人会议。在实务操作中,关于债权人会议主席,应当注意如下几点:第一,债权人会议必设主席,或者说会议主席是债权人会议的必要组成部分,债权人会议不能没有债权人会议主席。第二,债权人会议主席为一人,不能设多名债权人会议主席。《最高人民法院关于审理企业破产案件若干问题的规定》第 39 条规定关于"债权人会议主席由人民法院在有表决权的债权人中指定。必要时,人民法院可以指定多名债权人会议主席,成立债权人会议主席委员会"的规定不再适用。第三,债权人会议主席不由债权人会议选定而由人民法院决定。从法理上分析,债权人会议作为债权人的自治组织,债权人会议主席似乎应当由债权人会议选任。但是,债权人在债务人破产的情形下,相互之间既存在利益的一致性,也可能存在利益的冲突性,由债权人会议选任债权人会议主席并不一定有利于债权人会议的顺利召开;相反地,由人民法院指定债权人会议主席可能更有利于协调债权人之间关系,便于债权人会议的正常召开。第四,债权人会议主席必须由有表决权的债权人担任,无表决权的债权人不能担任债权人会议主席。有表决权的债权人并不仅仅指具有完整表决权的债权人,还包括具有不完整表决权的债权人。第五,从有利于债权人会议顺利召开的角度来说,债权人会议主席宜由具有一定管理、财务或者法律知识,有较强组织领导能力,愿意为全体债权人承担公益性工作的债权人担任。当然,还应当考虑债权人的债权额,在实践中,债权人会议主席多由债权份额最大的债权人担任。第六,债权人会议主席不以自然人为限,法人或者非法人组织都可担任。债权人会议主席如果由非自然人担任,则必须由担任债权人会议主席的组织经得人民法院同意后指定一名自然人担任常任代表,代表担任债权人会议主席的债权人履行债权人会议主席的职务。

三、债权人会议的职权

《企业破产法》第61条第1款规定了债权人会议行使下列职权。

1. 核查债权

破产程序是对债务人所有债务的按比例总清偿,对于单个债权人而言,债务人总债务的增加就意味着自己单个债权所获得的清偿额减少,因此,所有破产债权都应当经过债权人会议的核查。债权人会议对单个债权核查的内容包括证明债权是否成立、是否合法、是否经过诉讼时效、数额大小、有无财产担保、是否为连带债权等的真实性、完整性。

2. 监督破产管理人

破产管理人在破产程序中虽然并不仅仅是债权人利益的代表,但破产管理人的履职状况对于债权人来说无疑具有十分重要的意义。债权人的债权清偿状况虽然主要由债务人财产状况所决定,取决于破产财产状况,但由于破产财产在一定程度上与破产管理人的履职状况有关,为此,有必要赋予债权人会议对破产管理人的监督权。债权人会议对破产管理人的监督主要体现在三个方面:一是监督破产管理人的选任。破产管理人的选任虽然由人民法院负责,但是,债权人会议对于由人民法院任命的破产管理人有申请更换的权利。当然,对于债权人会议申请更换破产管理人的理由是有严格限制的,即破产管理人不能依法、公正履职或者有其他原因而不能胜任职务。债权人会议虽然有申请更换破产管理人的权利,但最终的决定权仍然由人民法院决定,即由人民法院指定,债权人会议没有直接选任破产管理人的权利。二是监督包括破产管理人报酬在内的破产费用的支付。破产管理人报酬等破产费用与债权人债权的清偿,都来自债务人的财产,破产管理人报酬等破产费用的增加就意味着债权人获得清偿比例的降低。债权人监督包括破产管理人报酬在内的破产费用的支付,有利于防止破产费用不合理增加而损害债权人的清偿利益。三是监督破产管理人的履职情况:第一,债权人会议有权要求破产管理人报告债务人的财产状况,并可随时调查债务人的财产状况;第二,监督破产管理人处置债务人财产的行为;第三,破产管理人应当列席债权人会议,向债权人会议报告职务执行状况,接受债权人会议询问;第四,债权人会议认为破产管理人实施违背了债权人利益的行为的,可以请求人民法院予以撤销。

3. 选任和撤换债权人委员会成员

债权人委员会作为代表债权人利益的组织,对于其具体运作规则,我国《企业破产法》未予明确规定,而由债权人会议根据自治原则自行决定。债权人委员会成员由债权人会议依据自治原则产生,债权人会议当然也可以依据自治原则撤换。当然,债权人委员会成员也可以自行辞职。债权人会议依据自治原则选任或者撤换债权人委员会成员,必须在法律所规定的范围内进行,并受人民法院的监督。

4. 决定债务人是否继续营业

债务人的破产申请被人民法院受理后,如果继续营业,就可能导致其自身财产状况发生变化,或者增加,或者减少。债务人财产的增加或者减少,会对债权人受偿程度产生影响。由于债务人是否继续营业对于债权人的债权清偿有着重大影响,因此,法律赋予了债权人会议对于债务人是否继续营业的决定权。债权人会议决定债务人继续营业的,破产管理人根据债权人会议的决定,可以与第三人签署、履行合同,债务人的生产经营活动正常进行。债权人会议决定债务人停止营业的,债务人不得再继续进行生产经营活动。

5. 通过破产财产的管理、变价和分配方案

破产财产的管理,是指破产管理人依照法定的职责和程序,接管、清理、收集、保管和维护债务人财产,以确保债务人财产不贬值。破产财产管理方案由破产管理人拟定,交由债权人会议通过。债权人会议通过后,破产管理人应当按照方案实施管理行为。破产管理人未按照由债权人会议通过的破产财产管理方案执行而导致破产财产不当减少或者损坏的,需要承担相应的责任。破产财产分配,是指破产债权人按照应受偿顺序和比例获得破产财产。破产财产分配是整改破产程序的终点,与债权人利益最为密切,需要经债权人会议讨论通过。破产财产分配并不是实物分配,而是价值分配,因此,在破产财产分配前,需要对破产

财产进行变价处理。破产财产变价,是指将非金钱财产转换为等质化的金钱财产。破产财产变价方案对于变价结果有密切关系,需要债权人会议讨论通过。

6. 其他职权

对于没有法律明确规定但人民法院认为应当交由债权人会议讨论决定的事项,应由债权人会议讨论决定。人民法院将不应由破产管理人及自己行使的职权交由债权人会议行使,不仅可以减轻破产管理人及自己的工作负担,而且能够充分尊重债权人的自治权,有利于相关决议的顺利执行。

第二节 债权人会议的运行

一、债权人会议的召集

《企业破产法》第 62 条规定,第一次债权人会议由人民法院召集,自债权申报期限届满之日起 15 日内召开。以后的债权人会议,在人民法院认为必要时,或者管理人、债权人委员会、占债权总额 1/4 以上的债权人向债权人会议主席提议时召开。《企业破产法》明确规定第一次债权人会议由人民法院召集,而对以后的债权人会议召集人未作明确规定,对此问题,依据规定可以作两种不同理解,一是债权人会议主席为召集人,破产管理人、债权人委员会、占债权总额 1/4 以上的债权人有权提议权;二是债权人会议主席及人民法院为召集人,可以召集召开债权人会议。笔者认为,宜作第二种理解,即人民法院以及债权人会议主席均有会议召集权。

1. 第一次债权人会议的召集

第一次债权人会议由受理破产申请的人民法院决定、召集,必须在一定的期限内召开。《企业破产法》第 62 条规定,第一次债权人会议由人民法院召集,自债权申报期限届满之日起 15 日内召开。第一次债权人会议虽然由受理破产申请的人民法院召集,但并不由人民法院主持,而是由债权人会议主席主持。《企业破产法》第 60 条第 2 款规定,债权人会议主席主持债权人会议。

2. 非首次债权人会议的召集

首次债权人会议在破产程序中属于必须召开的会议,非首次债权人会议根据案件的实际情况召开,并不是必须召开的会议。根据《企业破产法》第 62 条第 2 款的规定,非首次债权人会议在人民法院认为必要时,或者管理人、债权人委员会、占债权总额1/4以上的债权人向债权人会议主席提议时召开。

二、债权人会议的准备

第一次会议召集由法律明确规定，对于会议召集人而言，需要确定会议的召开时间和地点，并在通知（公告）中载明即可。第一次债权人会议以后召开的债权人会议，相对来说要复杂些。首先，破产管理人需要对提议召集会议的主体资格进行审查，即审查提议召开债权人的主体是否符合《企业破产法》第62条的规定。其次，破产管理人需要确定会议召开的时间，即会期。由于债权人会议决议需要满足出席会议的有表决权的债权人和代表债权额均过半数的要求，因此，为确保债权人会议出席人数符合规定，破产管理人需要债权人就会议召开的时间进行衔接，征询债权人，特别是债权额较大的债权人是否有时间出席。对于破产管理人而言，保证债权人会议能够取得对破产程序顺利推进具有积极意义的会议决议最为关键，才是有利于债权人利益的会议。再次，破产管理人需要确定会议地点，即会址。会议地点应当按照有利于债权人，方便债权人参加会议的原则确定。会议地点即会址的确定需要考虑的因素如下：一是人数的多少。人数少的，可以借用债务人的会议室作为会址，人数多的则可以考虑借用人民法院的审判庭作为会址。二是案件的社会关注度。社会关注度高，可能有媒体参与的，破产管理人需要考虑借用人民法院的审判庭作为会址，并可考虑向人民法院申请法警维持秩序，避免出现可能影响会议进程或者造成不利影响的群体性事件。最后，破产管理人须向人民法院书面报告会议相关情况，特别是需要人民法院协助、支持的有关事项。

破产管理人应当为债权人会议准备相应的文件材料，包括但不限于会议议程、会场纪律告知书、表决规则说明书、签到表、表决票、债权额统计表、笔录确认表等。会议材料准备充分，特别是会场纪律告知书、表决规则说明书之类文件，可以为债权人参会提供详细精确指导，有利于其尽快进入债权人角色，更好地行使职权，从而提高债权人会议的工作效率。对于议题众多的债权人会议，对于表决票，破产管理人可以考虑采用不同颜色的纸，将不同议题进行分别印刷，以便会务人员的分类和统计，避免可能因为表决票混杂而导致票务统计工作的不准确。

1. 会议通知

债权人会议召集人确定了会议召开的时间、地点等事项后，需要通知债权人参加会议。会议通知需要注意的事项如下:首先,通知对象是全体债权人,而不是部分债权人。债权人会议的表决虽然只要求"双过半"即出席会议的有表决权的债权人过半数和代表的债权额过半数即可,但每个债权人都有权出席债权人会议,并就债权人会议所讨论、表决的相关事项发表意见,因此,在程序上就要求通知所有的债权人,以确保债权人会议程序的公正。其次,通知方式。法律对通知方式没有明确规定,但对于破产管理人而言,通知债权人参加会议的工作应当全面、细致,这不仅是确保债权人会议顺利召开,不因债权人未通知到位而可能影响债权人会议决议的效力的需要,同时也是避免债权人对破产管理人工作产生怀疑,由此导致破产管理人可能承担失职责任的需要。破产管理人应当按照高效、低成本的原则,以电话、传真、邮政快递等方式通知债权人。

破产管理人通知债权人,应当制作相应的通知底稿,详细记录对每个债权人所采用的通知方式。以电话通知的,应当记录对方的电话号码、通话的时间;以传真通知的,应当记录对方的号码,使用无纸化电子传真的,应当保留发送记录;以电子邮件通知的,应当保留发送记录;以邮政快递通知的,应当保留邮件详单及寄送回执。

延伸阅读:经典文书

南方证券股份有限公司破产清算组
关于召开第四次债权人会议的公告

南方证券股份有限公司各位债权人:

根据《中华人民共和国企业破产法》第六十二条、第六十三条之规定,经南方证券股份有限公司破产清算组提议,决定于二〇一一年十二月八日上午九时三十分在深圳市中级人民法院第一审判庭(深圳市彩田北路6003号)召开南方证券股份有限公司破产案第四次债权人会议。请南方证券股份有限公司债[0.01%]权人或其委托代理人携带身份证明文件或授权委托书准时参加会议。

特此公告

南方证券股份有限公司破产清算组

二〇一一年十一月二十一日

2. 会议座次

召开会议,座次安排非常重要,尤其是在参与人数较多的情形下更为重要。会议座次安排是否合理,不仅有利于会议秩序的维护,在一定程度上还将影响会议议程能否顺利推进。实务中,破产管理人作为债权人会议的组织者,在会议座次安排上应当特别注意:一是会议座次要舒适,尤其是不能过于拥挤。债务人破产对于债权人来说显然不是好事,债权人可能会带情绪参会,如果会议座次过于拥挤而使人不舒适,无疑会加大其不满情绪,从而可能会对表决结果产生不利影响。二是座次安排要便于统计债权人的到会人数。由于债权人会议决议需要满足“双过半”的要求,因此,召开债权人会议,首先需要统计到会的债权人人数,只有到会人数过半数才能召开会议。破产管理人在安排座次时,不仅要考虑其所代表的债权人人数,而且还需要考虑其所代表的债权数额,即通过到会人员领取座次票的情况即可统计出所有到会债权人所占有的债权份额。三是座次安排要便于寻找债权人。债权人参与债权人会议,需要填写相应的表格或者其他资料,这些表格或者资料的填写如果不规范,就需要重新填写,这就需要在会场中准确找到相应的人员。四是座次安排要便于会场管理。对于影响较大的破产案件,召开债权人会议时,可能会有媒体、职工代表等列席会议,在此种情形下,座次安排可以考虑分区,设立相对独立的债权人区域、媒体区域、职工区域等。

3. 会议议程

债权人会议可能召开多次,也可能仅召开一次。第一次债权人会议必须完成的议程如下:(1)宣布债权人会议主席。债权人会议必须有主持人,《企业破产法》第60条第2款规定,债权人会议主席主持债权人会议。第一次债权人会议的第一项议程必然是宣布债权人会议主席,然后由债权人会议主席主持债权人会议。(2)审核债权。债权人会议由债权人组成,因此,第一次债权人会议必须对由破产管理人编制的债权表进行审核,以确认申报了债权的人是否真正具有债权人资格,是否具有表决权,能否参与债权人会议决议的表决。(3)决定债务人继续或者停止营业。破产管理人在第一次债权人会议对于债务人是否继续营业作出决定的,应当提交第一次债权人会议表决。(4)报告破产管理人报酬方案。《最高人民法院关于审理企业破产案件确定管理人报酬的规定》第6条规定,人民法院应当自确定管理人报酬方案之日起3日内,书面通知管理人。管理人应当在第一次债权人会议上报告管理人报酬方案内容。(5)选任债权人委员会成员。债权人委员会并非必设机构,但如果需要成立债权人委员会的破产案件,债权人委员会成员宜在第一次债权人会议产生。当然,债权人委员会并非必须一定由第一次债权人会议产生,其也可以由第二次或者以后召开的债权人会议选任产生。(6)其他事项。其他事项是指并不一定在第一次债权人会议上讨论的事项,可以根据案件的实际情况确定。第一次以后的债权人会议议程,可以根据破产程序进行的实际情况确定,可以重复第一次债权人会议的议程。例如,债权人会议主席更换的,可以宣布更换债权人会议主席,债权需要重新审核的,也可以进行审核债权的议程。

三、债权人会议的决议

(一)表决规则

破产程序中,召开债权人会议的主要目的在于对有关事项进行讨论、表决,形成决议,以便于破产管理人执行。债权人会议表决,在通常情形下,采用的是传统方式即现场表决方式,但随着信息技术的发展,也可以采用通信方式。现场形式的债权人会议中,有些参会人员可能是受债权人委托而代理债权人参会,其所拥有的代理权限仅为一般授权,无权在会议上现场作出表决。例如,有些银行债权人可能委托一般工作人员参会,其表决意思事先需要经过内部讨论才能决定。因此,在实务中,为提高会议效率,尽可能形成有效的会议决议,对于现场表决形式的债权人会议,破产管理人可以考虑在会议召开前将有关会议所需表决的事项提前告知债权人,以便于债权人在会议前做好相关工作,保证参会时能够得到债权人的明确表意指示投票。通信表决相对于现场表决来说,具有成本低、过程便捷、便于参会人员参会的优点。债权人会议如果采用通信表决方式,应当注意如下几个问题:第一,由第一次债权人会议就以后可以采用通信方式召开债权人会议作出决议,以确保通信表决方式具有程序上的合法性。第二,根据债权人的实际情况,确定通信表决方式的具体情况。笔者认为,如果条件允许,最好采用视频会议方式。第三,邀请有关人员对通信表决方式进行监督,增加通信表决方式的透明度,以尽可能减少有些债权人对会议公正性、合法性的怀疑。

债权人对债权人会议所讨论的事项表决,是定量化的意思表示,即只可以在同意或者不同意(反对)两种意思表示中选取一种。但在实务中,有些债权人对于所欲表决的事项,既不作同意的意思表示,也不作不同意(反对)的意思表示,而是“弃权”。对于此种“弃权”性的意思表示,在计算表决权时应当如何处理,是否应当推定为同意或者不同意(反对)的意思表示?对此,从逻辑上来说,只可能作三种选择,即视为同意、视为不同意(反对)和视为缺席。笔者认为,视为缺席的解释也许最符合债权人内心的真实意思。

(二)债权人会议的决议

债权人会议决议,应由出席会议的有表决权的债权人过半数通过,并且其所代表的债权额占无财产担保债权总额的1/2以上。债权人会议决议分为一般决议和特殊决议,一般决议自债权人会议通过时生效,而特别决议则必须经过人民法院依法批准或者认可后才能生效。债权人会议决议由人民法院批准方可生效的具体情形包括:第一,申请人民法院更换破产管理人、调整破产管理人报酬的决议。由于破产管理人由人民法院指定,其报酬由人民法院确定,因此,债权人会议作出申请更换破产管理人、调整破产管理人报酬的决议,当然需要由人民法院批准。第二,选任和更换债权人委员会成员。《企业破产法》第67条第2款规定,债权人委员会成员应当经人民法院书面决定认可。根据这一规定,债权人会议作出的选任和更换债权人委员会成员的决议,需要人民法院批准。第三,破产财产分配方案。《企业破产法》第115条规定,债权人会议通过破产财产分配方案后,由管理人将该方案提请人民法院裁定认可。依据这一规定,债权人会议通过的破产财产分配方案在没有获得人民法院批准之前,自然不得生效。

1. 决议无法形成时的救济

根据《企业破产法》的规定,债务人财产管理方案、破产财产变价方案和破产财产分配方案必须经由债权人会议通过,但基于种种原因,债权人之间可能存在利益分歧而导致无法形成有效决议,从而需要相应的制度予以救济。《企业破产法》第65条规定,债务人财产管理方案、破产财产变价方案经由债权人会议讨论后无法形成有效决议的,由人民法院裁定。人民法院作出裁定后,可以在债权人会议上予以宣布或者另行通知债权人。债权人对于人民法院作出的关于债务人财产管理方案、破产财产变价方案不服的,根据《企业破产法》第66条的规定,可以自人民法院裁定宣布之日或者收到通知之日起15日内向人民法院申请复议,但在复议期间不停止裁定的执行。破产财产分配方案经债权人会议二次会议讨论表决仍然无法形成有效决议的,由人民法院裁定。人民法院作出裁定后,可以在债权人会议上予以宣布或者另行通知债权人。根据《企业破产法》第66条的规定,债权额占无财产担保债权总额1/2以上的债权人对裁定不服的,可以自人民法院裁定宣布之日或者收到通知之日起15日内向人民法院申请复议,但在复议期间不停止裁定的执行。

《企业破产法》第64条第2款规定,债权人认为债权人会议的决议违反法律规定,损害其利益的,可以自债权人会议作出决议之日起15日内,请求人民法院裁定撤销该决议,责令债权人会议依法重新作出决议。债权人认为债权人会议违反法律规定而损害自己利益的,可以依法主张权利救济。

2. 决议瑕疵时的救济

根据《企业破产法》第56条第2款"债权人未依照本法规定申报债权的,不得依照本法规定的程序行使权利"的规定,主张权利救济的主体必须是依法申报了债权的债权人,没有依法申报债权的债权人无权请求人民法院撤销决议。有学者认为,请求人民法院撤销债权人会议决议的债权人必须有表决权。① 从充分保护债权人利益的角度思考,笔者认为,不以具有表决权为限,没有表决权的债权人认为债权人会议决议违反法律规定损害自己权益的,可以请求人民法院撤销债权人会议决议。此外,主张权利救济的不以参加债权人会议的债权人为限,没有参加债权人会议的债权人如果认为债权人会议决议违反法律规定而损害自己利益的,当然也可以主张救济的权利。

债权人会议决议违反法律规定,即债权人会议决议瑕疵,可以分为以下几类:一是债权人会议决议内容违反法律规定,例如,债权清偿顺序不合法;二是债权人会议程序违反法律规定,例如,债权人会议提议人不符合规定;三是债权人会议决议程序违反法律规定,例如,通过决议的债权人人数未达到规定;四是债权人会议决议具有其他违反法律规定的情况,例如,投票统计错误。

债权人请求人民法院撤销债权人会议决议,必须在法定的期限内提出,超过法定期限的,就不能再提出请求。法律对债权人请求救济期限作出规定的理由在于避免债权人会议的法律效力处于不确定状态,以免影响破产程序的顺利推进。

---

① 参见李国光主编:《新企业破产法疑难释解》,人民法院出版社2006年版,第234页。

第三节　债权人委员会

一、债权人委员会的构成

(一) 债权人委员会的含义

债权人委员会,是指由债权人会议决定设立,选任(更换)一定成员所组成的,代表债权人会议,负责监督破产管理人,并处理债权人会议授权事项,以维护债权人共同利益的一种常设机构。债权人委员会并非破产程序中必须设立的机构,是否设立债权人委员会,由债权人会议决定。《企业破产法》第67条规定,债权人会议可以决定设立债权人委员会。债权人委员会由债权人会议选任的债权人代表和1名债务人的职工代表或者工会代表组成。债权人委员会成员不得超过9人。债权人委员会成员应当经人民法院书面决定认可。破产程序中是否设立债权人委员会,应当根据案件的具体情况确定。一般而言,对于债权人人数较多,债务人财产规模大,破产工作涉及利益复杂,社会影响面广的破产案件,可以考虑设立债权人委员会;对于债权人人数较少,破产工作简单,社会影响不大的破产案件,可以考虑不设立债权人委员会。

理论界对于债权人委员会的性质,有破产财团机关说、债权人会议代表说和破产管理人附属机关说三种不同的观点。债权人会议代表说为理论上的通说。债权人委员会作为债权人会议代表,对于充分发挥债权人会议的功能,有着十分积极的意义。一方面,债权人委员会相对于债权人会议作为常设机构而言,能够更加有效地促进债权人会议功能的发挥;另一方面,债权人委员会能够更加有效地行使债权人会议所享有的对破产管理人的监督权。因为债权人会议功能的发挥,需要通过会议形式作为载体,而会议的召开有严格的程序限制,难以有效地对破产管理人的日常工作进行监督。因此,债权人委员会作为债权人会议的常设机构,通过代表债权人会议行使部分职权,强化对破产管理人的监督,对于维护债权人的共同利益具有不可或缺的作用。

(二) 债权人委员会的组成

债权人委员会由两类成员组成,一是债权人会议选任的债权人代表;二是1名债务人的职工代表或者工会代表。债权人委员会要求有1名职工代表或者工会代表的目的在于贯彻保护职工权益的立法精神。债权人委员会的债权人代表由债权人会议选任,从理论上来说,所有的债权人都有当选为债权人委员会成员的资格,但从实际操作层面来说,债权人会议选任的债权人代表,应当能够胜任相关工作。一方面,其需要具备一定的奉献精神,有责任心,愿意为债权人共同利益工作;另一方面,其需要有能力为债权人共同工作,即有相关的管理、法律、财务工作知识,且与债务人或者破产管理人不存在共同利益关系。

对于债权人会议如何选任债权人代表,法律没有明确规定,由债权人会议按照自治原则,通过合适的选举方式产生。在实务中,既可以采用由债权人会议主席提名债权人代表,或者由债权人会议成员联合提名债权人代表的方式选举产生,也可以采用无记名投票的方式选举债权人代表。债权人委员会成员经债权人会议选举产生后,既可以自行辞去债权人委员会成员职务,也可以由债权人会议予以撤换。债权人会议主席并不必然为债权人委员会成员,但是,经债权人会议选举,当然可以成为债权人委员会成员。

债权人委员会的人数不得超过 9 人。对于是否必须为单数,法律没有明确规定。从法理上分析,债权人委员会作为债权人会议的常设机构,承担的主要是执行性质的职能而非决策性的职能,因此,其组成人员不一定是单数。

二、债权人委员会的职权

《企业破产法》第 68 条第 1 款规定:"债权人委员会行使下列职权:(一)监督债务人财产的管理和处分;(二)监督破产财产分配;(三)提议召开债权人会议;(四)债权人会议委托的其他职权。"

债权人委员会执行职务时,有权要求管理人、债务人的有关人员对其职权范围内的事务作出说明或者提供有关文件。管理人、债务人的有关人员违反《企业破产法》的相关规定拒绝接受监督的,债权人委员会有权就监督事项请求人民法院作出决定;人民法院应当在 5 日内作出决定。

1. 监督破产财产的管理和处分

债权人债权的清偿以债务人的财产为物质基础,破产管理人对破产财产的管理和处分直接关系到债权人的权益。破产管理人管理、处分破产财产时,应当充分考虑债权人的利益,接受债权人的监督。债权人委员会作为债权人会议的代表机构,有权要求破产管理人、债务人报告破产财产状况,调查破产管理人对破产财产的清理、估价、保管等工作是否按照有利于债权人利益的原则进行。

《企业破产法》第69条第1款规定："管理人实施下列行为，应当及时报告债权人委员会：（一）涉及土地、房屋等不动产权益的转让；（二）探矿权、采矿权、知识产权等财产权的转让；（三）全部库存或者营业的转让；（四）借款；（五）设定财产担保；（六）债权和有价证券的转让；（七）履行债务人和对方当事人均未履行完毕的合同；（八）放弃权利；（九）担保物的取回；（十）对债权人利益有重大影响的其他财产处分行为。"债权人委员会对于破产管理人管理、处分破产财产的行为有异议的，可以采取如下措施：一是要求破产管理人及时纠正其不当的管理或者处分行为；二是请求召开债权人会议，向人民法院提议撤换破产管理人；三是对破产管理人管理处分破产财产行为有异议而请求纠正的，破产管理人不予回应，可以请求人民法院对其异议予以裁决。

2. 监督破产财产的分配

破产财产的分配是破产程序的终点，对于破产债权人而言，最具有实质意义。可以说，破产程序的所有工作，最终都指向破产财产的分配。破产财产分配完毕，也就意味着破产债权人与债务人之间债权债务关系的终结。破产财产分配关系到每个债权人的切身利益，需要破产管理人依法、公正、严格地按照由债权人会议通过的破产财产分配方案所确定的财产范围、分配比例、分配顺序和分配方式进行，对此，债权人委员会有权进行监督。

3. 提议召开债权人会议

债权人委员会在债权人会议休会、闭会期间，认为出现有关事项需要由债权人会议作出决议的，有权提议召开债权人会议。由于债权人委员会是常设机构，对破产管理人的日常工作行使监督权，当然也就最容易发现什么事项需要债权人会议作出决策，因此，赋予债权人委员会以召开债权人会议的提议权，有利于更好地维护债权人的权益。

4. 债权人会议委托的其他职权

债权人会议认为有必要时，可以将本应属于自己行使的职权委托给债权人委员会。例如，在债权人会议闭会期间，委托债权人委员会审查破产管理人费用的支出，公益债务的负担、支出等。当然，债权人会议委托债权人委员会行使的职权必须是债权人会议的职权，不属于债权人会议的职权，债权人会议不得委托债权人委员会行使。

三、债权人委员会的运作

债权人委员会执行职务,应当依据多数决规则作出决议,以全体债权人委员会成员过半数通过决议。债权人委员会作为债权人会议的选任机关,其作出的决议不得违背债权人会议决议,两者如有冲突,应以债权人会议决议为准。债权人委员会行使职权,需要破产管理人、债务人的配合以及人民法院的支持。《企业破产法》第 68 条第 2 款、第 3 款规定:"债权人委员会执行职务时,有权要求管理人、债务人的有关人员对其职权范围内的事务作出说明或者提供有关文件。管理人、债务人的有关人员违反本法规定拒绝接受监督的,债权人委员会有权就监督事项请求人民法院作出决定;人民法院应当在五日内作出决定。"债务人的有关人员是指企业的法定代表人,经人民法院决议,可以包括企业的财务管理人员和其他经营管理人员。

债权人委员会行使职权的主要方式是对破产管理人、债务人等提供的有关资料进行审查,必要时,可以对有关现场进行查验。

延伸阅读:经典文书

××有限公司破产清算案债权人会议会场工作方案

第一章　总　　则

第一条　××有限公司(以下简称××公司)破产清算案第×次债权人会议拟定于20××年××月××日上午×时在××中级人民法院召开。为保证会议的顺利召开,保护债权人和债务人的合法权益,特制定本方案。

第二条　本方案由××公司破产管理人负责组织实施。

第三条　实行岗位责任制,各项工作具体落实到工作组和个人。全体工作人员应当在各组长的安排下分工协作,严格按照本方案规定的程序和要求,履行职责。

第二章　主、承办单位及参会人员

第四条　本次会议由××中级人民法院召集,××公司破产管理人具体承办。

第五条　本次会议的主要参会人员：

(一)××中级人民法院法官(××人)；

(二)已进行债权申报的债权人(××人)；

(三)××公司破产管理人成员(××人)；

(四)××公司法定代表人(××人)；

(五)律师事务所、会计师事务所、资产评估机构(××人)。

共计:××人。

第三章　会议准备

第六条　会议通知。召开债权人会议,管理人应当提前15日通知已知的债权人。

第七条　会议登记。债权人系自然人的,提交身份证原件和复印件;债权人是机构(单位)的,提交营业执照副本原件和复印件,以及法定代表人的身份证原件和复印件。签到后由会务组工作人员引导参会人员有序签到并领取会议材料。

第八条　债权人可以委托代理人出席债权人会议,行使表决权。代理人出席债权人会议,应当向人民法院或者债权人会议主席提交债权人的授权委托书。

第四章　会议议程

第九条　会议主持,会议分为人民法院合议庭主持和债权人会议主席主持两个部分:

(一)人民法院合议庭主持

1. 核查申报债权人到会情况;

2. 宣布破产案件受理及审理情况;

3. 宣布指定管理人情况;

4. 债权人会议职权及其他有关事项的说明;

5. 指定债权人会议主席。

(二)债权人会议主席主持

1. 选举债权人委员会委员;

2. 管理人对接管工作作述职报告;

3. 管理人介绍债权人资格核查结果;

4. 管理人宣布债权核查确认表;

5. 管理人报告债务人的生产经营、资产调查清收、审计事项说明等工作进展情况;

6. 提请债权人会议审议表决债务人财产管理方案;

7. 提请债权人会议审议表决债务人财产变价方案;

8. 提请债权人会议审议管理人报酬方案;

9. 其他需要讨论和审议的事项;

10. 债权人会议对议案进行表决;

11. 宣读会议决议;

12. 债权人询问;

13. 宣布休会。

第五章　会议组织机构及职责

第十条　为确保会议正常召开,拟成立"××有限公司破产清算案第一次债权人会议筹备委员会",全面负责本次会议的筹备工作。筹委会设主任一名,由×××同志担任;设副主任两名,由×××、×××同志担任。

第十一条　筹委会下设5个工作组,即秘书组、联络组、会务组、技术组、安保组。各组设组长一名,负责本组的工作安排与人员配置,并就本组的工作向筹委会负责。

第十二条　秘书组组长由×××同志担任,本组成员有×××、×××、×××。

第十三条　秘书组的主要职责:

(一)起草筹备工作《总体方案》;

(二)负责筹委会工作会议及有关会议的组织、协调工作;

(三)根据此次会议的议程,准备以下资料:

1. 程序类:参会须知、会议议程、债权人签到表、列会人员签到表、表决票、表决票统计表等;

2. 报告类:管理人执行职务报告、债务人财产状况报告、债权审查报告及债权表、管理人报酬方案等;

3. 议案类:债务人财产管理方案、债权人委员会候选名单、破产财产变价方案等。

(四)打印和收集会议材(资)料,统一装袋分发;负责会议之后所有材料的组卷归档;

(五)完成筹委会安排的其他工作。

第十四条　联络组组长由×××同志担任,本组成员有×××、×××、×××。

第十五条　联络组的主要职责:

(一)负责会议通知工作;

(二)负责筹委会及各工作组之间的联络工作;

(三)完成筹委会安排的其他工作。

第十六条　会务组组长由×××同志担任,本组成员有×××、×××、×××。

第十七条　会务组的主要职责:

(一)负责提出经费总预算,拟定财务开支标准;

(二)采购会议需要的办公用品;

(三)编制《会议服务指南》,设计制作会议出席证、工作人员证;

(四)按照人民法院工作人员的要求布置会场;

(五)负责参会人员的签到、接待工作;

(六)负责会议的计票、监票工作;

(七)安排工作人员住宿、就餐,落实会议用车;

(八)完成筹委会安排的其他工作。

第十八条　技术组组长由×××同志担任,本组成员有×××、×××、×××。

第十九条　技术组的主要职责:

(一)协调会场物业单位,保证会场音响、照明、麦克风、多媒体等设备的正常工作;

(二)负责会场音响、照明、麦克风、多媒体等设备的现场操作;

(三)负责对会议进行录音、录像;

(四)负责对会议进行记录。

第二十条　安保组组长由×××同志担任,本组成员有×××、×××、×××。

第二十一条　安保组的主要职责:

(一)负责会议期间会场、宾馆等重要场所周围的治安保卫工作;

(二)负责签到处、入场处等人员密集地点的维持秩序和人员疏导;

(三)维持会场内秩序,对有不当行为的人员进行劝说和制止;

(四)疏导沿途的交通,引导车队通行;

(五)负责有序组织疏导人员退场;

(六)处置突发事件;

(七)完成筹委会安排的其他工作。

第六章　会议阶段

第二十二条　××公司第一次债权人会议共分两个阶段进行:

(一)前期准备(××月××日~××月××日)

1.××月××日~××月××日成立筹委会,制定筹备工作总体方案,研究安排工作;

2.××月××日~××月××日各工作小组具体分工,落实责任,抓好落实;

3.××月××日~××月××日各组向筹委会汇报工作进展情况;

4.××月××日~××月××日筹委会组织验收。

(二)召开会议(××月××日)

按照会议议程进行。

第七章 会议要求

第二十三条 本次会议要求严、时间紧、任务重,上级领导对召开本次会议十分重视,各组一定要按照统一部署,明确各自的工作职责和分工,周密部署、精心组织、紧密配合、全力以赴,认真抓好筹备落实工作,确保会议顺利召开。

延伸阅读:经典操作指引

湖南××有限公司破产清算案
第一次债权人会议材料

会议须知

会议议程

案件受理裁定书

指定管理人决定书

破产管理人阶段性工作报告

债务人资产评估报告(略)

债权审查标准

债权申报及核查情况汇总

债权人委员会选举规程

债权人委员会候选人情况介绍(略)

债权人委员会候选人选票(略)

会议须知

为方便各债权人依法有序参加债权人会议,行使债权人职权,特制定会议须知如下:

一、本次债权人会议定于20××年××月××日上午9:30在××人民法院×楼××厅召开。

二、参会人员需提供的身份证明材料

2.1 债权申报人为自然人的,本人参加会议,应持身份证原件参加;委托他人参加的，委托代理人应持有债权申报人身份证原件、复印件，委托代理人身份证原件、复印件，《授权委托书》原件参加；委托代理人为律师的，还需提供所函及律师执业证原件、复印件。

2.2　债权申报人为企业法人的，法定代表人本人参加会议，应持身份证原件参加；委托他人参加的，委托代理人应持有债权申报人营业执照复印件（加盖公章），委托代理人身份证原件、复印件，《授权委托书》原件参加；委托代理人为律师的，还需提供所函及律师执业证原件、复印件。

三、参加会议人员的入场流程

3.1　到××法院审判楼×楼××厅签到台签到。8:30开始签到，请参会人员提前到达，准时参加。

3.2　参会人员上交身份证原件，领取会务资料。

3.3　依照管理人排序编号，分组对号入座。

四、会议纪律

4.1　债权人应当按照指定的位置对号入座，不得随意交换或离开座位，不得占坐他人位置；

4.2　开会期间请关闭手机或将手机置于静音状态，不得随意走动，不得在会场内接听手机；未经许可不得录音、录像；

4.3　会场内严禁吸烟、严禁乱丢垃圾、随地吐痰等；

4.4　非经审判长允许不得随意发言、提问；不得喧哗、哄闹或实施其他妨碍会议召开的行为；对违反会议纪律的人，可予以训诫、责令其退出会场或者予以罚款、拘留；

4.5　对哄闹、冲击会场，侮辱、诽谤、威胁、殴打工作人员，严重扰乱会议秩序的人，依法追究其刑事责任。

五、注意事项

5.1　出席会议的债权申报人或者委托代理人，签到后进入会场，对号入座，每位申报的债权人安排一个席位，且仅允许一人进入会场。

5.2　入场前人民法院将组织严格安检，请出席会议的债权申报人或者委托代理人勿携带任何危险物品（包括液态饮品、长把尖头雨伞等）进入会场，未成年人禁止入场。

5.3　出席会议的债权人中途退出会场或更换座位的，视为自动放弃表决、选举权利。

5.4　不得在会场上私下议论，保持会场安静。如有问题，请书面提出交工作人员。

5.5　如有不明事项，请向现场工作人员咨询。

会议议程

一、宣布破产清算案件的受理、债权人会议的职权等内容。（合议庭主持）

1. 宣布债权人到会情况。

2. 宣读破产案件受理裁定书。

3. 宣读指定管理人决定书。

4. 宣布债权人会议职权。

5. 宣读指定债权人会议主席决定书。

扫一扫，立现情景式办案现场，立体阅读——“破产清算案第一次债权人会议合议庭流程”

二、管理人向会议报告工作。(合议庭主持)

6. 管理人作执行职务的阶段性工作报告。

7. 管理人报告财务审计和资产评估进展情况。

8. 管理人报告债权申报及审查工作进展。

三、债权人委员会成员的选举。(债权人会议主席主持)

9. 宣布债权人委员会成员选举规程。

10. 宣布债权人委员会成员提名候选名单。

11. 宣布唱票人、计票人、监票人各3名的人选名单。

12. 选举投票。

四、债务人法定代表人接受债权人询问。(合议庭主持)

为保证询问阶段的有序进行,询问以递交书面问题的方式进行。

五、宣布休会并告之下次债权人会议召开事项。

案件受理裁定书

浙江省嘉兴市南湖区人民法院

民事裁定书

(2015)嘉南商破(预)字第3号

申请人:浙江H化工有限公司。

法定代表人:张某。

委托代理人:沈某、毛某,浙江A律师事务所律师。

申请人浙江H化工有限公司以申请人不能清偿到期债务,明显丧失清偿能力,且资产不足以清偿所有债务为由,于2015年4月30日向本院申请对浙江H化工有限公司进行破产清算。

本院查明,申请人浙江H化工有限公司成立于2002年12月17日,注册资本769万元,住所地为嘉兴市南湖区工业区×路×号。申请人浙江H化工有限公司在本院已涉及多起债务诉讼,并有多起案件进入执行程序,其资产不足以清偿所有债务。

本院认为,申请人浙江H化工有限公司不能清偿到期债务,且明显缺乏清偿能力。申请人住所地在嘉兴市南湖区,本院具有管辖权。本院依照《中华人民共和国企业破产法》第二条第一款、第三条、第七条第一款、第十条之规定,裁定如下:

受理申请人浙江H化工有限公司的破产清算申请。

本裁定自即日起生效。

审　判　长　叶利霞

审　判　员　王海燕

代理审判员　孙　涛

二〇一五年五月二十一日

书　记　员　斯群蓉

指定管理人决定书

山东省济宁市中级人民法院

指定管理人决定书

(2015)济商破字第1-1号

本院于2015年8月21日依法受理了山东Y纺织集团有限公司破产清算一案,现指定下列人员组成山东Y纺织集团有限公司破产清算组,并以该清算组作为破产管理人,履行法定职责:

组　长:杨某　济宁市经信委企业科科长

副组长:王某　如意集团副总裁

成　员:

李某某　济宁市人社局基金征缴科科长

边某某　济宁市工商局企业科科长

仲某某　济宁市卫计委计划生育基层指导科科长

张某某　济宁市档案局法规业务科科长

刘某某　济宁市信访局来访接待中心接访二部部长

田某某　济宁市公安局中区分局经侦大队教导员

纪某某　山东如意樱花控股公司董事长

二〇一五年八月二十一日

破产管理人阶段性工作报告

尊敬的合议庭、债权人会议主席,各位债权人:

20××年××月××日,湖南××有限公司因不能清偿到期债务,××、××等人申请债务人湖南××有限公司破产还债。20××年××月××日,××市中级人民法院立案受理债务人湖南××有限公司破产清算案;20××年××月××日,受案法院指定×××担任管理人。

扫一扫,立现情景式办案现场,立体阅读——“破产清算案第一次债权人会议破产管理人阶段性工作”

接受指定后,本公司非常重视,并于20××年××月××日向人民法院递交破产清算事务工作团队人员名单。尔后,管理人在人民法院、债权人的监督下,有条不紊的履行各项职务工作,同时管理人在履行职务期间就所遇到的问题及时向人民法院汇报。20××年×月×日,××市中级人民法院×××副院长亲自召集,听取本案汇报并就具体工作提出相关要求。

现管理人特将湖南××有限公司破产清算案前期的各项工作作如下总结与报告。

一、债务人公司的基本情况介绍

湖南××有限公司,成立于19××年××月××日,注册号为××××0000004×××,注册资本×××元人民币,住所地为××区×××街×××号,公司类型为有限责任公司。

公司法定代表人李××,现有两名股东:李××、××。公司设分支机构:湖南××公司数码科技经营部,注册号为××××0000003××××。

公司经营范围:金属材料、建筑材料、装饰材料、针纺织品、五金工具、交电、日用百货、塑料制品、日用杂品(不含烟花鞭炮)、办公用品、办公耗材、办公设备批零兼营;家用电器销售及售后服务。(依法须经批准的项目,经相关部门批准后方可开展经营活动。)预包装食品、散装食品、乳制品(含婴幼儿配方乳粉)批发兼零售。

二、接管债务人的财产、印章和账簿、文书等资料

20××年××月××日,在本案承办法官×××法官、债权人代表×××的见证下,本管理人与××公司法定代表人李××、会计×××,完成了主要财产、文书的交接。

三、调查债务人的财产状况

接管了债务人财产之后,管理人先后完成以下工作:

1.从××市工商局、房产局、国土局、××市房产局等地调取了××公司内档资料、投资情况、房产的内档资料;

2. 从各银行调取××公司对公账户以及法定代表人李××个人账户的历史交易明细；

3. 从债务人、合同相对人处了解××公司正在履行的合同情况；

4. 从债务人的原始档案和××市、××区、××区社保局核查职工名单及职工债权；

5. 从债务人原职工处核查存货状况；

6. 以债权债务人提交的材料为基础核查债权债务情况。

四、决定债务人营业状态、制定财产管理方案、处理内部事务

在上述核查工作完成之后，管理人针对财产、经营现状，以维护债权人利益为出发点，决定债务人的营业状态、内部事务，并制定了财产管理方案：

1. 决定债务人营业状态：管理人决定债务人营业状态为歇业，并将此决定报××市中院备案。

2. 对债务人现有财产制定管理方案：制定债务人现有财产管理方案，管理包括债务人不动产、动产、合同、日常收支、债权、财产权益等财产。

五、债权申报

1. 接受债权申报

20××年××月××日管理人开始接受债权申报。截至20××年××月××日，共有××名债权人递交资料申报债权。

2. 债权核查：截至第一次债权人会议召开之日，管理人核查结果为：

(1) 已确认债权：××个；

(2) 事实较清晰，待补充证据的债权：××个；

(3) 情况复杂，需债权人、债务人共同配合质证还原借款情况的债权：××个。

3. 职工债权

管理人接管公司财产、资料后，对有关职工的资料进行清理，从真实性和连续性两方面进行核查，确定职工债权总额。结果拟于调查工作完成后列出清单予以公示。

六、代表债务人参加法律程序

1. 跟××公司有关的诉讼汇总

根据法院及债务人提供的文件资料，湖南××有限公司涉诉案件共××宗。

2. 管理人已经进行的工作

管理人先后到××法院、××中院、××县法院、××区法院了解情况，递交相关材料。

七、财务审计、资产评估工作

20××年××月××日，在债务人、债权人代表、法院工作人员的见证下进行摇号，选定湖南××有限责任会计师事务所为财务审计机构,湖南××房地产土地估价有限公司为不动产评估机构。现评估工作已基本完成。

八、下一步工作安排

1. 完成债权核查;

2. 执行管理人制定的财产管理方案;

3. 代表债权人参加诉讼;

4. 确定资产处置方案。

以上为截至20××年××月××日破产管理人的工作报告和下阶段工作安排,管理人将在××市中级人民法院的指导下和债权人的监督下,勤勉尽责,忠于职守,完成好破产管理人的每一项工作。

专此汇报

湖南××有限公司管理人

20××年××月××日

债务人资产评估报告

(略)

债权审查标准

为依法保障湖南省××有限公司破产清算债权审查工作的顺利开展,依法维护债权人及债务人合法权益,根据现行法律及相关司法解释等法律文件的规定,特制定本办法。

第一章　基本原则及基本概念

第一条　管理人应严格依照法律规定,公平、公正地对债权人所申报的债权是否成立、债权性质、债权金额进行审查。

第二条　管理人在审查债权时应当坚持形式审查和实质审查相结合的原则。

第三条　本债权审查办法的一般规定适用于所有债权的审查,对各类债权有特别规定的从其规定。

第四条　普通债权(一般债权)

(一)破产申请受理前发生的无财产担保的债权;

(二)破产申请受理前发生的虽有财产担保,但债权人放弃优先受偿的债权;

(三)破产申请受理前发生的虽有财产担保,但债权数额超过担保物价值部分的债权;

(四)管理人解除合同,对方当事人依法或者依照合同约定产生的对债务人可以用货

币计算的债权;

(五)债务人的保证人代替债务人清偿债务后依法可以向债务人追偿的债权;债务人的保证人按照《担保法》第32条的规定预先行使追偿权而申报的债权;

(六)债务人在破产申请受理前因侵权、违约给他人造成财产损失而产生的赔偿责任;

(七)财政、扶贫、科技管理等行政部门通过签订合同,按有偿使用、定期归还原则发放的款项;

(八)人民法院认可的其他债权。

以上第4项债权以实际损失为计算原则。违约金不作为破产债权,定金不再适用定金罚则。

第五条　担保债权(优先债权)

根据《企业破产法》第109条、《担保法》第33条及《物权法》相关规定,债权人以债务人用其特定财产设定抵押担保主张优先权的,依法确认其对特定财产享有优先受偿权。放弃或超出特定财产优先权额度的债权为普通债权。

第六条　不属于破产债权的范围:

(一)债务人股东或董事、监事、高级管理人员个人消费产生(而非由债务人经营生产所产生)的债务,不属于破产债权;

(二)行政、司法机关对破产企业的罚款、罚金以及其他类似惩罚性费用,包括但不限于未执行的滞纳金和没收财产等有关费用;

(三)人民法院受理破产案件后债务人应付而未支付款项的滞纳金,包括债务人未执行生效法律文书应当加倍支付的迟延利息和劳动保险金的滞纳金;

(四)人民法院受理破产申请后的债务利息;

(五)债权人参加破产程序所支出的费用;

(六)破产财产最后分配开始后向管理人申报的债权;

(七)已过诉讼时效且不存在诉讼时效中止、中断、延长情形的债权;

(八)超出法定申请强制执行期限的债权;

(九)相关法律、法规、司法解释规定的不属于破产债权的其他情形。

第七条　形式审查:管理人对债权人的债权申报形式进行审查,包括是否采用书面形式、是否在申报期限内申报、是否提交了证实债权申报主体资格、证实债权是否成立、债权数额和有无财产担保的证明材料。

第八条　实质审查:管理人应当对债权申报材料的实体内容进行审查,包括主体是否适格,证据是否具有真实性、合法性、关联性,债权金额是否按照法律规定严格计算等。

第二章　一般规定

第九条　审查方法

(一)债权人提交的债权申报材料需为原件、原物;

(二)证据材料保存在政府有关部门的,管理人可以向有关政府部门调查核实;

(三)要求债务人提供与申报债权相关的财务资料及档案材料;

(四)聘请会计师就申报债权相关的财务资料进行审计和调查;

(五)要求债务人通过自查方式提交债权审查意见;

(六)有必要时可以向债务人的法定代表人、企业管理人员、财务人员进行必要的询问,并制作询问笔录;

(七)要求债权人提供补充资料及书面说明;

(八)向债权人进行调查和询问,并制作调查和询问笔录;

(九)要求债权人与债务人进行对账;

(十)有权向有关部门和单位发出《征询函》;

(十一)其他有利于查明债权的方法。

第十条　审查内容

(一)主体审查

管理人对债权申报主体进行审查,并重点审查债权申报主体身份证明文件是否齐备、是否符合法律规定的要求。

(二)时间审查

管理人对债权申报时间的审查,主要审查债权是否未超出诉讼时效;债权人是否在债权申报期限内申报。

根据《民法通则》第135条、第136条,《合同法》第129条之规定,债权应在诉讼时效内主张。申报的债权超过诉讼失效,又无时效中断或中止证据的,因法律对其不予保护,故不予确认。

根据《企业破产法》第48条,债权人应当在人民法院确定的债权申报期限内向管理人申报债权。本案债权申报期间为20××年××月××日至20××年××月××日。

(三)证据审查

根据《民事诉讼法》第64条、《企业破产法》第49条、《最高人民法院关于民事诉讼证据的若干规定》第2条之规定,申报的债权须有真实、准确、充分的证据证明。

证据不足且债务人财务资料无记载的债权,不予确认。

管理人通知债权人补交证据的,债权人应于收到通知后10日内向管理人提交相关证据,逾期提交的应自行承担举证不能的法律后果。

(四)实质审查

管理人对债权发生事实的审查,应当对债权发生的时间、经过作全面的实质审查,即对证明债权事实发生和存在的各种证据进行审查。

1. 对证明债权发生的合同、协议等审查,主要对合同、协议等是否成立、是否生效进行实质审查,如有需要应进行必要的调查、核实。

2. 对债权转让文件的审查,主要审查债权转让文件是否能证明债权已合法的转移,债权转让文件包括但不限于相关转让协议、确认函、转让明细清单及通知债务人的证据等。

3. 对人民法院的判决书、调解书和仲裁机构的裁决书进行审查,主要审查判决书、裁决书认定的事实是否清楚,适用法律是否正确;是否发生法律效力;判决书、裁决书是否已经送达给债务人;债务人是否提出上诉或者申诉;债权人是否申请了强制执行等,必要时应向法院和仲裁机构进行核实。

对债权人提交的具有强制执行效力的法律文书,管理人审查后,认为事实清楚、适用法律正确的,依据法律文书中确认的债权金额和财产担保的内容,对债权及其性质直接予以确认;对存在异议的民事判决书、民事调解书等法律文书,通过调查、询问债务人后,对其有异议的,管理人按照相关法律规定处理。

4. 对债权人单方出具的欠款凭证、收款收据、债务确认函、转账凭证、往来函件等证据审查,应审查这些证据是否真实、合法;是否能够单独或与其他证据结合并足以证明债权的存在。

5. 同一笔债权被重复申报的,如债权依法成立,则确认为一笔债权。

(五)金额审查

管理人对申报债权金额的审查包括:

1. 债权人依据合同、协议书、判决书、裁决书等债权文书申报债权的,债权金额要按照债权文书约定或确定的债权计算依据计算;约定的债权计算标准不符合法律法规强制性规定的,应当按照法律法规的规定进行计算。

2. 根据《企业破产法》第 46 条之规定,未到期的债权,在破产申请受理时视为到期。附利息的债权自破产申请受理时停止计息。因此,债权(含利息、罚息、违约金、滞纳金等)的计算截至破产清算案件受理日(20××年××月××日)。

3. 债权人因债务人或者管理人解除合同而产生的损害赔偿请求权的破产债权金额,应当仅限于解除合同行为给债权人造成的直接的、现实的、可计算的损失。如有争议应依据人民法院的生效判决来确认。

4. 申报债权时未申报应付利息和违约金的,推定其放弃利息、违约金申报;申报了利息和违约金,但申报金额低于约定金额的,按照申报金额计算;申报了利息和违约金,但未明确具体金额的,按照约定或法定的计算标准计算。

5. 申报的债权金额为外币时,以破产受理日的市场汇率中间价为准进行折算。

6. 不应计息的债权:诉讼、仲裁裁决确定由债务人承担的诉讼费、仲裁费、保全费、律师代理费等不应计息。

第三章 特别规定

第十一条 对买卖关系类债权的审查

(一)对买卖而形成的债权,重点审查买卖关系的真实性,即买卖关系发生的原因、时间、地点、标的、数量、质量、价款、结算方式等。

(二)债权人申报债权时应当同时提交已履行交付标的物义务的凭证,没有交付凭证或者其他证据佐证,导致债权无法查实的,不予确认。

(三)标的物交付凭证仅列明标的物数量,未载明价格的,根据《合同法》第159条,买受人应当按照约定的数额支付价款。对价款没有约定或者约定不明确的,适用本法第61条、第62条第2项的规定。

第十二条 对借贷类债权的审查

(一)对借贷而形成的债权,重点审查借贷的真实性,即借款发生的原因、时间、地点、款项来源、支付方式、款项流向等。

(二)债权人申报债权时应当同时提交借款借据、银行放款或银行转账记录,没有银行转账凭证或者其他付款证据佐证,导致债权无法查实的,不予确认。

(三)借款本金审查标准

1. 根据《合同法》第200条,借款的利息不得预先在本金中扣除。利息预先在本金中扣除的,应当按照实际借款数额返还借款并计算利息。

2. 主张以现金支付的方式出借款项,管理人结合债权人提交的其他证据,综合考虑借款金额大小、现金支付原因、借款经过、当事人关系等具体情况,合理判断是否存在借贷关系。

(四)借款利息审查标准

1. 根据《合同法》第211条,自然人之间的借款合同对支付利息没有约定或者约定不明确的,视为不支付利息;当事人以实际履行中支付了利息,且有证据证明的,视为计算利息。自然人之间的借款合同约定支付利息的,借款的利率不得违反国家有关限制借款利率的规定。

2. 双方约定需支付利息,但对利率约定不明的,参照借款行为发生时中国人民银行公布的同期同类贷款基准利率计算。

(五)逾期利息及违约金的认定

1. 借款合同对逾期利息或违约金有约定的,按其约定,但超过中国人民银行确定的同期同类贷款基准利率4倍的部分不予认定;同时约定逾期利息和违约金的,折算后总额不得超过4倍利率。

2. 借款合同对逾期利息及违约金没有约定或约定不明的,如果约定了借款期限内利率,按照借款期限内利率计算逾期利息,但超过中国人民银行确定的同期同类贷款基准利率的4倍的部分不予认定;如借款期限内利率没有约定,从逾期还款之日起,按照中国人民银行公布的同期同类贷款基准利率计算逾期利息。

3. 借款合同除约定利息、逾期利息及违约金外,还约定出借人收取管理费、手续费、综合费等费用的,各类利息、违约金及费用总额折算不得超过中国人民银行确定的同期同类贷款基准利率的4倍,超过部分不予认可。

第十三条　对税收债权的审查

税务机关就破产企业欠缴的税款及因此产生的滞纳金向管理人申报债权的,管理人应按照以下方法进行处理:

(一)债务人所欠税款以税务机关所核算具体金额为准,但管理人有权对税款的科目和具体金额与税务机关进行核对,并有权提出异议。

(二)债务人在人民法院裁定受理破产申请前所欠税款及补偿性质的利息应依法确认并列为优先债权,但其中包含的罚款、罚金应予剔除,不列为破产债权。

(三)债务人在人民法院裁定受理破产案件前因欠缴税款产生的滞纳金应依法确认并列为普通债权;对于破产案件受理后因欠缴税款产生的滞纳金应予剔除,不列为破产债权,但管理人也应当对税务机关的申报进行登记。

税务机关申报债权,管理人可以凭税务机关自己做出的生效行政决定、上级机关做出的生效行政复议决定或者人民法院的生效行政裁判文书等依法确认。

第十四条　对职工债权的特别规定

(一)根据《企业破产法》第48条的规定,债务人所欠职工的工资和医疗、伤残补助、抚恤费用,所欠的应当划入职工个人账户的基本养老保险、基本医疗保险费用,以及法律、行政法规规定应当支付给职工的补偿金,不必申报,由管理人调查后列出清单并予以公示。

(二)职工债权工资标准按照债务人财务数据中已计提而未发放的金额计算,未计提但有证据证明有欠薪的按照该职工前一年度平均工资计算。

(三)根据《企业破产法》第113条的规定,债务人所欠的董事、监事和高级管理人员的工资,高于职工平均工资的,按照平均工资计算;低于平均工资的,按照实际工资计算。

(四)除工资和医疗、伤残补助、抚恤费用,所欠的应当划入职工个人账户的基本养老保险、基本医疗保险费用,以及应当支付给职工的补偿金外,如职工主张的汽车补助、招待费欠款等债权的,管理人告知其按普通债权进行申报。

(五)根据《企业破产法》第36条的规定,债务人的董事、监事和高级管理人员利用职权从企业获取的非正常收入和侵占的企业财产,管理人应当追回。对债务人的董事、监事、法定代表人、财务人员等,管理人严格依照《劳动合同法》《企业破产法》等相关法律、法规的规定,审查上述人员的工资、福利标准,对上述人员存在的非正常收入,不予确认。

第十五条 担保债权

对于债权人申报的对债务人的特定财产享有担保权的债权的审查包括但不限于:

(一)债权人申报主体的资格、申报人与债务人之间的债权债务关系、债权担保是否合法、是否进行财产担保登记,必要时应到相关登记部门进行调查核实。

(二)同一担保财产有多项担保权存在的受偿顺序。

(三)在人民法院受理破产申请前1年内,债务人有无对没有财产担保的债务提供财产担保,若有,管理人应依法行使撤销权。

(四)担保财产的价值。

(五)担保权的受偿范围。

(六)担保财产的价值小于担保债权金额的,以担保财产的价值为限,债权金额超过担保财产价值的债权部分作为普通债权。

(七)行使优先受偿权利未能完全受偿的,其未受偿的债权作为普通债权;放弃优先受偿权利的,其债权作为普通债权。

第十六条 诉讼、仲裁未决债权

对债权人申报的正在诉讼、仲裁尚未裁决的债权,管理人无须对该债权进行实质审查,但需对其进行申报登记,待法院或仲裁机构作出裁决后,依据生效裁决结果认定其债权是否成立以及债权金额。

对于上述债权,管理人可在债权人会议召开之前,向人民法院申请给予其临时表决权。

第十七条 连带债权

(一)根据《企业破产法》第50条的规定,连带债权人可以由其中一人代表全体连带债权人申报债权,也可以共同申报债权。

(二)根据《企业破产法》第51条的规定,债务人的保证人或者其他连带债务人已经代替债务人清偿全部或者部分债务的,可以就其对债务人已清偿部分的求偿权向管理人申报债权。

债务人的保证人或者其他连带债务人尚未代替债务人清偿债务的，可以就其对债务人尚未清偿部分的将来求偿权向管理人申报债权。但是，债权人已经向管理人申报全部债权的除外。

（三）债务人是连带债务人时，债权人可以向管理人申报债权。债权人未申报债权的，其他连带债务人可就将来可能承担的债务申报债权。

第四章　附　　则

第十八条　债务人、债权人对发布的债权审查结果有异议的，可以在审查结果发布后15日内以书面形式向管理人提出复议，管理人将对债权人提出的复议进行审查，债务人、债权人对管理人的审查结论仍不服的，可向××人民法院提起诉讼。

第十九条　恶意虚构债权的，管理人将报请人民法院追究其法律责任；涉嫌构成犯罪的，报请法院移送有管辖权的司法机关追究刑事责任。

第二十条　本审查办法在第一次债权人会议公布后，债权人有异议的，应当在会后15日内以书面形式向管理人提出。

湖南××有限公司管理人

20××年××月××日

债权申报及核查情况汇报

尊敬的合议庭、债权人会议主席，各位债权人：

20××年××月××日湖南××有限公司进入破产程序的公告刊登在《人民法院报》，标志着本案债权申报工作的正式启动。管理人积极开展工作：为债权申报设置了分组，派专人驻场值班；整理了标准的债权申报文件，并打印分发；多次联系申报人，对申报材料进行补充完善；对债权人说明债权核查标准，排解债权人的不良情绪，以促进本案清算工作的顺利进行。

一、债权申报情况汇报

截至20××年××月××日，共有××名债权人申报债权，申报本金达×××元，其中有债务人财产抵押担保的债权人××人，申报债权本金数额×××元，普通债权人××人，申报债权数额×××元。（附表）

二、债权人资格及债权额确认情况

基于以上审查标准，管理人在第一次债权人会议之前，对××名债权人资格及债权数额进行审查，审查结果如下：

1. 已确认债权：××个；

2. 事实较清晰,待补充证据的债权:××个;

3. 情况复杂,需债权人、债务人共同配合质证、还原借款情况的债权:××个。

其中,已确认债权部分共××人,申报本金×××元,利息×××元,管理人审查核定金额为×××元。

详情(略)

三、未能在第一次债权人会议之前完成债权清册的原因说明。(略)

以上是管理人暂未完成债权核查工作的情况说明,如要在短期内顺利完成债权核查工作,还需法院协助调取流水、原始凭证,债权人、债务人能在管理人的主持下进行质证,以还原借贷关系的原始情况,早日核定债权总额。

湖南××有限公司管理人

20××年××月××日

债权人委员会选举规程

第一章　总　　则

第一条　本选举规程根据《中华人民共和国企业破产法》制定。

第二条　选举要体现民主、公开、公平、公正的精神,必须遵循以下原则。

(一)普遍选举权原则。凡在法院规定的时间内,向破产管理人申报债权,并经资格核查确认的债权人,均享有选举权和被选举权。

(二)平等选举权原则。各债权人在平等的基础上参加选举,所有债权人有效投票的效力完全相等。

(三)直接提名原则。候选人由债权人会议主席提名、破产管理人审核,并报法院备案。选举人也可自行推选被选举人。

(四)直接选举原则。债权人委员会委员均由全体债权人以1人1票的方式直接选举产生。

(五)差额选举原则。债权人委员会选举候选人的名额应当多于应选人名额。

(六)公开计票原则。公开唱票、计票并公布选举结果。

第二章　债权人委员会

第三条　第一届债权人委员会通过全体债权人选举产生,并经人民法院书面决定认可。

第四条　债权人委员会成员共5人,其中必须有1名职工代表。

第五条 第一届债权人委员会的选举由债权人主席主持。全体已申报债权人参加,选举按照简单多数的原则,采用无记名投票的方法进行。在第一次债权人会议上投票确定,得票数多者当选。

第六条 债权人委员会自成立之日起履行职责,至破产案件终结时终止。

第七条 债权人委员会主要履行下列职责:

(一)监督债务人财产的管理和处分;

(二)监督破产财产分配;

(三)提议召开债权人会议;

(四)债权人会议委托的其他职权。

第三章 候选人提名

第八条 候选人应当是能够认真贯彻落实国家的法律法规和政策,关心债权人共同利益,促进破产清算事务的发展和有效提高清偿率的债权人代表,并且由管理人推选、本案合议庭确认。

第九条 为充分体现债权人委员会的代表性,选举的名额按界别分配,根据债权人的具体构成情况分配名额,尽量涵盖抵押权人、普通债权人、个人债权人、公司债权人、大额债权人、小额债权人、职工债权人等,使债权人委员会具有广泛的代表意义。

第十条 债权人委员会实行直接差额选举。候选人的人数应当为应选名额的1.5到3倍。

第十一条 提名依据直接提名的原则,可采用两种方式,即推选和自荐。采用推选的方式,由破产管理人统一在会前向法院推选候选人名单,经确认的候选人由管理人制成候选人情况介绍附于会务材料;采用自荐方式的,债权人可直接在选举时于选票处填写另选他人的名字。

第四章 投　　票

第十二条 选举实行现场投票,债权人填写完毕,由会务组收取选票。

第十三条 参加投票的债权人(以投票结束后实际投票数为准),超过登记参加本次选举的全体债权人半数以上的,选举有效。

第十四条 收回的选票数等于或少于发出的选票数,本次选举有效。

第十五条 选举人填写选票时,对候选人可以投赞成票,可以另选他人,也可以弃权。

第十六条 投票结束后,会务组当众清点票数,在确认收回票数等于或少于发出票数后,把所有选票混合,方得计票。

第十七条 选票上所投的候选人数多于应选人数的为“无效票”,等于或者少于应选人数的“有效票”,未选的为“弃权票”。选票书写模糊、无法辨认的部分无效,可以辨认的部分应按有效票计票。如果对无法辨认的选票有争议,由合议庭最终裁定。无效票不计入选票总数。

第十八条 考虑到开会时长,共分3组计票,每组计票人员包括唱票员1人、计票员1人和监票员1人,监票人临时从债权人中随机产生。计票结束后,将计票结果报告给债权人会议主席。

第十九条 如非职工候选人第四位、第五位得票一样,从谨慎起见应当场立即重新计票。如果重新计票结果相同,应采用抓阄方式决定当选人。

第二十条 当场公布选举结果。选举结果公布之后,应当众密封选票,并报人民法院。

债权人委员会候选人情况介绍

(略)

债权人委员会候选人选票

(略)

延伸阅读:经典操作指引

湖南××有限公司破产清算案
第二次债权人会议材料

会议须知(略)

会议议程

管理人执行职务的工作报告

关于提请债权人会议审阅管理人报酬方案的说明

关于提请债权人会议审议债权表的报告

关于提请债权人会议审议破产财产变价方案的报告

关于提请债权人会议审议破产财产分配方案的报告

债权人会议表决规则

会议须知

（略）

会议议程

时　间：20××年××月××日

地　点：××市中级人民法院第一审判庭

主持人：债权人会议主席　×××

会议议程：

一、债权人会议主席宣读债权人到会情况

二、债权人会议主席宣读债权人会议召开提议情况

三、管理人做执行职务工作报告

四、债权人会议主席宣读本次债权人会议的议题

1. 提请债权人会议审议《管理人报酬方案》；

2. 提请债权人会议审议《债权表》；

3. 提请债权人会议审议《破产财产变价方案》；

4. 提请债权人会议审议《破产财产分配方案》；

5. 提请债权人会议审议《债权清收方案》。

扫一扫，立现情景式办案现场，立体阅读——
“破产清算案第二次债权人会议主席工作”

五、债权人投票表决

1. 确定投票表决监票人（6名）；

2. 进行表决；

3. 债权人会议主席宣布表决情况。

六、债权人发言与提问

七、宣布休会

管理人执行职务的工作报告

湖南××有限公司各债权人：

20××年××月××日，湖南××有限公司破产清算一案的债权人、破产人法定代表人（李××）、职工债权人代表、破产管理人在××市中级人民法院的主持下，召开了第一次债权人会议。会后，管理人继续就破产人的财产管理、债权核查、代表破

扫一扫，立现情景式办案现场，立体阅读——
“破产清算案第二次债权人会议破产管理人执行职务”

产人诉讼等工作恪尽职守,并就本案所涉的重点、难点、疑点问题多次以口头、书面等形式向人民法院、债权人委员会请示与汇报,经过管理人兢兢业业的工作,勤勉尽责地执行职务,湖南××公司破产清算一案各项工作均已取得实质性进展,已具备召开第二次债权人会议的各项条件。

鉴于此,现本管理人就执行职务的工作报告如下。

一、破产人的基本情况

1. 基本情况(略)

2. 第一次债权人会议召开之前,管理人决定破产人歇业,并将该决定报××市中级人民法院备案。现企业账户无存款,剩余的存货均以抵债的形式被部分债权人实际占有,公司办公、经营场所因涉诉难以继续开展经营活动,因此,管理人决定破产人歇业。如债权人对破产人是否继续经营有其他建议,可向管理人、债权人委员会、债权人会议提出书面意见。

二、执行职务的工作情况

(一)执行职务的准备工作

1. 管理人团队的组成情况

管理人在接受指定后,组成了专门的工作团队,并向人民法院报告。随着工作的逐步开展,且针对××公司破产清算案件的特殊情况,管理人就各项工作的特点和性质,分别设置资产管理组、债权审核组、诉讼业务组、综合事务组以及外聘工作组。

(1)资产管理组:主要负责交接企业资产,包括全面清点核实企业财产,对流动资产、固定资产以及对外投资按照科目分类编制清册;对不同的资产根据资产的不同状况进行不同的处理,如封存、保管以及冻结等;同时负责交接企业应收账款清单,查找可追回的财产线索,对企业已记载的应收账款进行追索。

(2)债权审核组:主要负责交接债权人清单、应付账款清单等,按照"一户不漏、一笔不错"的原则分别审核;通知已知债权人申报债权,接受债权申报,确定债权核查标准,审核、复核债权;编制申报清册、债务清册、债权表等。

(3)诉讼业务组:主要负责代表破产人参加诉讼;代表破产人以诉讼方式对应收账款、对外债权进行追索。

(4)综合事务组:主要负责交接企业证照、权证、印章以及档案资料等,并负责与破产人的相关人员衔接,聘用留守人员,制定和执行财务收支管理制度,管理账户,协助并配合其他部门完成破产清算工作。

(5)外聘工作组:为了清算工作的需要,管理人聘请专业中介机构承担专业性工作。聘用中介机构的方式依据人民法院聘用评估、拍卖机构的方法选择,由法院摇号随机择取。

2. 管理人内部规章制度的建立

为了控制管理人执业风险，保证管理人正常、依法履行管理人职责，及时、高效完成破产清算工作，管理人制定了一系列工作规章和制度，如《工作保密制度》《财务收支管理办法》《管理人处理突发重大事件的应急预案》《管理人发文存档管理办法》《管理人管理工作规程》《管理人办公会议议事规则》《管理人证照、印章日程管理和使用办法》《清算期间企业财产管理规定》《管理人安全保卫责任制管理规定》《管理人对外签订合同管理办法》《管理人发文编号管理规定》《留守人员人事薪酬管理规定》。

3. 聘请工作人员情况

根据破产清算工作的实际需要，管理人聘请××公司的财务、安保人员协助管理人工作：

3.1 聘请×××协助清理职工债权、公司债权债务以及整理公司的财务资料；

3.2 聘请×××负责破产财产的安全保卫工作；

3.3 聘请×××负责××公司清算期间财务、税务申报等相关工作。

（二）接管破产财产的基本情况

1. 接管时间

20××年××月××日，管理人接管破产人××公司，20××年××月××日完成公司的主要财产、文书交接。截至第一次债权人会议，已实际接管公司证照、印章、账簿、办公设备、部分债务凭证等资料、财产。自第一次债权人会议至今还陆续交接部分债权债务有关的凭证、资料。

2. 财产接管（略）

3. 决定合同继续履行或解除合同的情况（略）

4. 职工债权核查情况（略）

以上职工债权核查情况于20××年××月××日分别在××市中级人民法院、××公司原办公地点进行公示。

5. 税款结算

20××年××月，管理人先后向××市××区国税局和××市×区地税局递交《关于湖南××公司被申请进入破产清算程序的告知函》以及《关于减免及缓交税费的申请书》，向税务部门说明××公司正处于破产清算的状况，积极申请税务部门考虑××公司目前现状，酌情对××公司应当缴纳的税费予以减免。税务主管部门基于××公司的账面情况，确定××公司税款结算如下。（略）

(三)债权申报登记

1. 债权申报期间及申报情况

20××年××月××日,××市中级人民法院在人民法院报刊登《公告》,立案受理湖南××公司破产清算案,依法指定×××为湖南××公司管理人,并通知债权人于20××年××月××日前向湖南××公司管理人申报债权。从20××年××月××日起至20××年××月××日,共计××户债权人申报债权,申报债权总额为×××元。

2. 已确认的债权户数和债权总额

根据第一次债权人会议公布的《债权核查标准》,管理人经过长达××个月的认真、细致的核查与复查,确认债权成立共计××户,债权总额×××元。其中,普通债权共计××户,总额为×××元;对破产人的特定财产享有担保权的共计××户,担保债权额为××元(因存在不足额担保,优先受偿额取决于担保物的变价结果)。

3. 不予确认的债权户数和总债权总额

经核查,不予确认的债权共计××户,其申报债权总额为×××元;债权审查期间,共计××户债权人撤回债权申报。

4. 异议债权

申报债权中,异议债权共计××户,明细如下。(略)

(四)破产人账面应收账款与对外投资

1. 破产人的账面应收账款

(1)根据湘××审字(20××)第××号《审计报告》,截至20××年××月××日,破产人账面应收账款×××元,经过审计调整,应收账款审定金额为×××元,调整理由见《审计报告》。

(2)根据湘××审字(20××)第××号《审计报告》,截至20××年××月××日,破产人账面其他应收账款×××元,经过审计调整,应收账款审定金额为×××元,调整理由见《审计报告》。

2. 破产人的对外投资、股权总额、权利限制情况以及处置变现、权益收回的基本情况

截至20××年××月××日,××公司账面长期股权投资余额为×××元,经审计调整为×××元,调整事项为(略)。

(五)破产人的涉诉情况

1. 截至本次债权人会议召开日,破产人共计涉诉××宗,诉讼标的额共计×××元。

2. 破产财产保全措施解除情况

由于破产人涉案数量较多,管理人拟于资产变价处置时提请人民法院一并解除上述财产保全措施。

3. 破产财产的执行程序中止情况

管理人接管破产财产后，曾先后前往××市中级人民法院、××区人民法院、××市××区人民法院等受理执行申请的法院递交《中止执行申请书》。现上述人民法院均已中止或终结强制执行。

（六）破产财产的追收情况

1. 破产人注册资本实缴情况核查

经管理人核查，破产人注册资本已实缴到位。

（1）湖××会计师事务所于20×年××月××日出具的湘广所验字（20××）××号《审计报告》，"贵公司原注册资金为人民币×××元（¥×××.00），根据20××年××月××日修改后章程的规定，申请增加注册资金人民币×××元（¥×××00），由资本公积转增，变更后的注册资金为人民币×××元（¥×××.00）。经我们审验，截至20××年××月××日，贵公司已收到资本公积转增的新增注册资金合计人民币×××元（¥×××.00）"。

（2）湖南××会计师事务所于20××年××月××日出具的湘××会所（20××）验字第××号《审计报告》，"根据协议、章程的规定，贵公司（筹）申请登记的注册资本为人民币×××元，由全体股东于20××年××月××日之前一次缴足。经我们审验，截至20××年××月××日，贵公司（筹）已收到全体股东缴纳的注册资本（实收资本）合计人民币×××元。各股东以净资产出资×××元"。

（3）湖南××会计师事务所于20××年××月××日湘××会所（20××）验字第0××号《审计报告》，"贵公司原注册资本为人民币×××元，实收资本为×××元。根据贵公司20××年××月××日股东会决议和新的公司章程的规定，贵公司申请增加注册资本人民币×××元，由李××、××、××、××于20××年××月××日之前缴足，变更后的注册资本为人民币×××元。经我们审验，截至20××年××月××日，贵公司已收到李××、××、××、××缴纳的新增注册资本（实收资本）合计人民币×××元。股东以货币出资×××元，以实物出资×××元"。

2. 破产人存货盘点（略）。

（七）破产财产评估、审计的基本情况

20××年××月××日，在××中院司法技术中心、民二庭、债权人代表和本管理人的共同监督下，最终以摇珠方式确定湖南××房地产土地估价有限公司为不动产评估机构，湖南××有限责任会计师事务所为财务审计机构。

1. 破产财产评估情况

根据湖南××房地产土地估价有限公司出具的湘××房评字（20××）第××号房地

产司法鉴定估价报告,估价人员根据《房地产估价规范》和本次估价目的,遵循估价原则,按照估价程序,采用了收益法和比较法两种估价方法进行测算,并结合估价经验与对影响房地产价值因素的分析,确定估价对象于价值时点的总价值为人民币×××元整(RMB×××元)。

上述评估报告是管理人根据湘××房评字(20××)第××号房地产司法鉴定估价报告作出的,有效期自该报告完成之日起一年内。供破产人资产重整方案设定、资产处置时参考。

2. 对审计后资产、负债情况的确认

经审计,截至20××年××月××日,湖南××公司资产总额为×××元,负债总额为×××元,所有者权益总额为-×××元。

三、管理人的工作量化统计及接受债权人会议、债权人委员会的监督情况

截至20××年××月××日,本管理人处理湖南××公司破产清算事务累计工作时间为×××小时。其中,与债权人、××公司法定代表人、××公司职工、债权人委员会工作访谈××次,共计××人次,向××市中级人民法院汇报工作××次,出庭处理相关诉讼纠纷共××次,召开债权人协调会议××次,召开管理人内部会议××次。

本管理人依据《企业破产法》第23条之规定,向人民法院报告工作,接受债权人会议和债权人委员会的监督。自管理人接管××公司以来,曾以口头、书面等形式向人民法院、债权人委员会报告工作,并多次召集债权人委员会、破产人原职工以及债权人代表就有关破产清算事宜进行说明与沟通。

综上所述,本管理人特此报告。

湖南××有限公司管理人

20××年××月××日

扫一扫,立现情景式办案现场,立体阅读——
"破产清算案第二次债权人会议表决方案及表决规则"

关于提请债权人会议审阅管理人报酬方案的说明

湖南××有限公司债权人会议:

20××年××月××日,××市中级人民法院于作出(20××)×中法民破字第××

号《民事裁定书》,裁定受理湖南××有限公司破产清算案,并于20××年××月××日作出(20××)×中法民破字第××号《决定书》,指定×××担任破产管理人。

本管理人接受××市中级人民法院指定后,对湖南××有限公司可供清偿的财产价值和管理人工作量进行了评测,并初步确定了管理人报酬方案。

现根据《企业破产法》第61条第1款第2项、《最高人民法院关于审理企业破产案件确定管理人报酬的规定》第6条第2款之规定,向债权人会议报告,供债权人会议查阅。

特此说明。

湖南××有限公司管理人

20××年××月××日

附:《湖南××有限公司破产管理人报酬方案》

湖南××有限公司破产清算案管理人报酬方案

××市中级人民法院、债权人会议:

20××年××月××日,××市中级人民法院作出(20××)×中法民破字第×号《民事裁定书》,裁定受理湖南××有限公司破产清算案,并于20××年××月××日作出(20××)×中法民破字第×号《决定书》,指定×××担任破产管理人。

本管理人在接受××市中级人民法院指定后,以细致认真、勤勉尽责的工作态度切实地履行管理人职责,处理破产事务。《最高人民法院关于审理企业破产案件确定管理人报酬的规定》第1条规定:"管理人履行企业破产法第二十五条规定的职责,有权获得相应的报酬。"因此,本管理人将根据湖南××有限公司工作任务情况及债权清偿情况等,拟定如下管理人报酬方案,向债权人会议说明,供债权人审阅,并提请××市中级人民法院审核裁定。

一、管理人报酬的确定方法

管理人接受指定后,依法接管了破产人的财产。就破产财产现状而言,湖南××有限公司可供清偿的财产为其不动产资产。20××年××月××日,湖南××房地产土地估价有限公司出具湘××房评字(20××)第10××号房地产司法鉴定估价报告,湖南××有限公司全部不动产于价值时点的总价值为人民币×××元整(RMB×××元)。

截至20××年××月××日,本管理人处理湖南××有限公司破产清算事务累计工作时间为××小时。其中,与债权人、××公司法定代表人、××公司职工、债权人委员会工作访谈××次,共计××人次,向××市中级人民法院汇报工作××次,出庭处理相关诉讼纠纷共××次,召开债权人协调会议××次,召开管理人内部会议××次。基于管理人履行资产管理职责及债权审核工作的工作量以及繁杂性,并依据《最高人民法院关于审理企业破产案件确定管理人报酬的规定》第2条第1款,"管理人报酬应以债务人最终可

供普通债权人清偿的财产总额按相应比例分段累计”的规定,经管理人研究决定,按下列比例计取管理人报酬:

1. 不超过100万元(含本数,下同)的,按×%确定;

2. 超过100万元至500万元的部分,按×%确定;

3. 超过500万元至1000万元的部分,按×%确定;

4. 超过1000万元至5000万元的部分,按×%确定;

5. 超过5000万元至1亿元的部分,按×%确定;

6. 超过1亿元至5亿元的部分,按×%确定。

二、管理担保物的报酬

《最高人民法院关于审理企业破产案件确定管理人报酬的规定》第13条规定:“管理人对担保物的维护、变现、交付等管理工作付出合理劳动的,有权向担保权人收取适当报酬。管理人与担保权人就上述报酬数额不能协商一致的,人民法院应当参照本规定第二条规定的方法确定,但报酬比例不得超出该条规定限制范围的10%。”

据此,关于向担保权人收取适当报酬的问题,管理人将与担保权人协商,具体比例和金额,以签署的《协议书》确定。

三、管理人报酬收取时间

根据《最高人民法院关于审理企业破产案件确定管理人报酬的规定》第3条的规定,本管理人在破产程序期间分期、分段收取报酬,具体分期、分段计取的时间如下:

第一次:破产财产初次分配之前收取××%报酬;

第二次:破产财产再次分配之前收取××%报酬;

第三次:破产财产最终分配之前收取××%报酬。

四、管理人报酬收取方式

根据《最高人民法院关于审理企业破产案件确定管理人报酬的规定》第10条的规定,最终确定的管理人报酬及收取情况,应列入破产财产分配方案。

管理人收取报酬时应向人民法院提出书面申请,由人民法院确定支付管理人的报酬。

专此

湖南××有限公司管理人

20××年××月××日

关于提请债权人会议审议债权表的报告

湖南××有限公司债权人会议:

20××年××月××日,××市中级人民法院于作出(20××)×中法民破字第1号

《民事裁定书》,裁定受理湖南××有限公司破产清算案,并于20××年××月××日作出(20××)×中法民破字第1号《决定书》,指定×××担任破产管理人。

本案的债权申报期间经由××市中级人民法院指定,自20××年××月××日起至20××年××月××日止。截至本次会议召开之日,共有××户债权人申报,申报的债权总额为×××元。其中,对破产人的特定财产享有担保权的债权共××户,申报总额为×××元;普通债权共××户,申报总额为×××元。

管理人收到债权申报后,对债权进行登记造册、逐一审查,并编制《债权表》。对编入《债权表》范围内的债权,债权确认成立的共计××户,债权总额为×××元。其中,普通债权共计××户,总额为×××元;对破产人的特定财产享有担保权的共计××户,担保债权总额为×××元(因存在不足额担保,优先受偿额取决于担保物变价结果);债权不成立的共计××户,总额为人民币×××元,该××户均为普通债权。

另经管理人核查,××公司职工债权共计××笔,总额为×××元;经税务主管部门确认,欠缴税费共计××笔,总额为×××元。

根据《企业破产法》的相关规定,本管理人特将《债权表》提交第二次债权人会议审议。

债权人对《债权表》记载有异议的,可以向受理破产申请的人民法院提起诉讼。破产人、债权人对《债权表》记载的债权无异议的,管理人将申请人民法院裁定确认。

特此报告。

湖南××有限公司管理人

20××年××月××日

附:《债权表》(略)

关于提请债权人会议审议破产财产变价方案的报告

湖南××有限公司债权人会议:

因湖南××有限公司资不抵债、不能清偿到期债务,××市中级人民法院于20××年××月××日作出×中民法破字第1-1号《民事裁定书》,宣告湖南××有限公司破产。

现管理人根据《企业破产法》第111条之规定,拟订《湖南××有限公司破产财产变价方案》,提交债权人会议审议表决。

特此报告。

湖南××有限公司管理人

20××年××月××日

附:《湖南××有限公司破产财产变价方案》

湖南××有限公司破产财产变价方案

××市中级人民法院、债权人会议:

根据《企业破产法》第111条之规定,管理人应及时拟订破产财产变价方案提交债权人会议讨论。为制定切实可行的方案,最大限度地保护债权人的利益,管理人本着"依法、节约、高效"的原则开展工作,现制定破产财产变价方案如下:

一、破产财产变价原则

1. 公平合法原则

《企业破产法》第112条第1款规定:"变价出售破产财产应当通过拍卖进行。但是,债权人会议另有决议的除外。"因此,管理人建议,所有破产财产的变价均依法委托有拍卖资格的拍卖机构以公开拍卖的方式进行处置。

2. 破产财产价值最大化原则

破产财产的变价结果,直接关系债权人的清偿比率。鉴于破产人的房地产、车库具有紧密关联性,单独变价不能体现其应有价值,甚至可能会出现流拍的情况,为实现破产财产价值最大化,最大限度地维护债权人、破产人和破产企业职工的合法权益。因此,管理人建议,所有实物资产应进行整体拍卖。

3. 效率和成本相结合原则

财产处理变价,必然会发生各类交易费用。为降低成本,管理人建议在拍卖公告中设定财产变价产生的所有税费均由买受人承担。

二、破产财产状况

管理人自接受人民法院的指定以来,在法院的指导、监督下,接管破产财产,勤勉尽职地履行管理人职责,对破产财产进行了保管、清理、估价。经管理人清点,并经会计师事务所审计,各类破产财产的状况如下。(略)

注:详见湖南××有限责任会计师事务所湘××审字(20××)第××号审计报告。

本次变价方案所涉变价财产的范围,包括破产人的全部破产财产。

破产财产主要为房地产(位于××市××区××路××大厦的商铺和车库,总建筑面积为××平方米)及附属办公用品等(因其属于低值易耗品,拟与房地产合并处理,不再单独评估、处置)。

20××年××月××日,在××中院司法技术中心、民二庭、破产人、债权人代表的共同监督下,管理人选聘了湖南××房地产土地估价有限公司(以下简称评估公司)为不动产评估机构,评估公司在对破产人的财产进行全面清点和估价的基础上,出具了湘××房评字(20××)第10××号房地产司法鉴定估价报告——《资产评估报告书》,并已提交第一次债权人会议审议。

估价人员根据《房地产估价规范》和本次估价目的，遵循估价原则，按照估价程序，采用了收益法和比较法两种估价方法进行测算，并结合估价经验与对影响房地产价值因素的分析，确定估价对象于价值时点的总价值为人民币×××元整(RMB×××元)。

三、破产财产的变价

为最大限度地提高债权人清偿比率，实现破产财产价值最大化和及时变价，管理人就对外债权和实物财产的变价分别拟定了以下变价方案，提请债权人会议决议：

(一)关于对外债权的变价

1. 对确无追回可能或追收成本大于债权本身的，报请债权人会议决议是否予以核销处理。对债权有追回可能的，报请债权人会议决议是否提起诉讼或者仲裁。

2. 对外债权清收方案将作为本次会议一项单独议程另行审议。

(二)关于实物财产的变价

1. 财产变价方式

拟设置财产变价方案为公开整体拍卖。

2. 具体拍卖

将所有破产实物财产(评估价值×××元)作为整体拍卖。

3. 拍卖所得配比

按照实际债权分配比例进行配比。

4. 抵押物变价后的贬损或溢价

在拍卖方案实施完毕后，如抵押物的实际变现价值大于其担保的债权，则大于部分列入普通债权人的财产分配范围；如抵押物的实际变现价值小于其担保的债权，则小于部分的债权列入普通债权。

四、对意向竞买人的前期登记

管理人接管破产人公司以后，对有竞买意向的单位和个人进行了了解，为财产的顺利变现积累基础信息，以期获取更高的成交价，实现破产财产价值最大化，最大限度地维护债权人、破产人和破产企业职工的合法权益。

五、破产财产变价相关税费问题

预估财产变现中所涉税费，按照税法的相关规定，本次变现中破产人所涉的税种及税率分别如下：

国有土地的流转主要涉及契税和印花税，合计税率为4.5%；

房地产交易税主要为营业税及契税、土地增值税及房产交易费等共计8.95%，除此之外，购买方需要承担3%的契税；

以上税务信息仅供参考,具体税费以税务部门的数据为准。为减少变现成本,最大限度地提高破产人的清偿能力,管理人拟定在拍卖公告中设置变现税费全部由买受人承担。

六、拍卖机构的选择

1. 选择3家拍卖机构进行联合拍卖

根据湖南省高级人民法院关于印发《湖南省高级人民法院〈关于全省法院司法拍卖、变卖工作的实施细则〉(试行)的通知》第19条第1款第2项的规定,拍卖保留价在1亿元(含)以上的,选定3家拍卖机构联合拍卖。因此,本次拍卖将选定3家机构进行联合拍卖。管理人将根据拍卖规定在××市中级人民法院或湖南省高级人民法院拍卖机构备选名录中适宜本案拍卖工作的双A资质的拍卖机构中选定3家拍卖机构进行联合拍卖。联合拍卖中主拍卖机构由资质较高的机构担任;资质等级相同的,由人民法院在已选定的3家拍卖机构中随机选定。

2. 对竞买者的要求

竞买人在参加竞买时,应将拍卖底价20%的保证金交至法院,并在拍卖成功之日起3日内按拍卖价将剩余全部款项支付至法院。

3. 拍卖的佣金

各参加遴选的拍卖机构的佣金报价是管理人考虑的一个重要指标,最终确定的拍卖佣金不超过最高人民法院规定的拍卖收费标准,且最高不超过×××元。拍卖佣金报价以主拍卖机构的报价为支付标准,佣金全部由买受人承担。必要时,管理人将会同债权人委员会与拍卖机构议价协商确定佣金。

4. 各拍卖机构间对佣金的分配

佣金按3家拍卖机构对拍卖成交的贡献程度进行分配,具体分配比例如下:

(1)除成交的拍卖机构外,其他拍卖机构的客户举牌竞买的,成交的拍卖机构收取佣金的70%,有客户举牌的拍卖机构收取佣金的30%;多家拍卖机构有客户举牌的,在佣金的30%范围内平均分配。

(2)除成交的拍卖机构外,其他拍卖机构有客户登记、缴纳保证金但均无举牌竞买的,成交的拍卖机构收取佣金的90%,有客户登记、缴纳保证金的拍卖机构收取佣金的10%;多家拍卖机构有客户登记、缴纳保证金,在佣金的10%范围内平均分配。

(3)除成交的拍卖机构外,其他拍卖机构均无客户登记、缴纳保证金的,成交的拍卖机构收取全部佣金。

(4)按以上标准计算后,主拍卖机构未取得佣金的,可以成交的拍卖机构收取的佣金中分取总佣金10%且最高不超过10万元的佣金。

(5)佣金的分配,以不低于拍卖底价的有效拍卖计算。

5.拍卖现场公证。为保证拍卖的公开、公平、公正,管理人将邀请公证机构全程监督过程,并对拍卖结果进行公证。

6.拍卖费用的承担及财产的权证办理

本次拍卖所涉及的各项税费(包括但不限于拍卖佣金、税金、财产过户的税费)由买受人承担。拍卖成交后,相关税、费的交纳及财产权证均由买受人自行办理。

竞买人在竞买前应对拍卖标的作详细了解,并充分估算拍卖所产生的各种费用。如果拍卖后发生非因管理人的原因不能办理过户手续或权证的情况,管理人不承担责任。

七、变价财产的交付

管理人根据本次债权人会议表决通过的变价方案进行变价后,并不表示破产程序的终结,在变价完成后管理人仍将继续进行破产程序的后续工作,直至编制分配方案提交债权人会议决议并执行完毕,才能提请人民法院最终终结破产程序,故变价后暂不能将财产直接交付买受人,相关变价财产的交付将在破产程序终结时再行完成。

八、流拍预备处置方案

以上公开拍卖方案如遭遇二次流拍,本管理人拟提议采取招标出售方式或债权置换方式实现变价分配。具体方案届时另行讨论与表决。

以上是破产财产变价方案,现提交债权人会议审议表决。

专此

湖南××有限公司管理人

20××年××月××日

关于提请债权人会议审议破产财产分配方案的报告

湖南××有限公司债权人会议:

因湖南××有限公司资不抵债、不能清偿到期债务,××市中级人民法院于20××年××月××日作出×中民法破字第1-1号《民事裁定书》,宣告湖南××有限公司破产。

现管理人根据《企业破产法》第115条之规定,拟定《湖南××有限公司破产财产分配方案》,提交债权人会议审议表决。

特此报告。

湖南××有限公司管理人

20××年××月××日

附:《湖南××有限公司破产财产分配方案》

湖南××有限公司破产财产分配方案

××市中级人民法院、债权人会议:

20××年××月××日,××市中级人民法院作出(20××)×中法民破字第1号《民事裁定书》,裁定受理湖南××有限公司破产清算一案。20××年××月××日作出(20××)×中法民破字第1号《决定书》,指定×××担任管理人。20××年××月××日,××市中级人民法院作出(20××)×中法民破字第1-1号《民事裁定书》,宣告湖南××有限公司破产。

管理人根据债权核查结果及债务人可供分配的财产情况,特制定本《破产财产分配方案》。

一、参加破产财产分配的债权情况

参加本次破产财产分配的债权人共计××户,债权总额为人民币×××元。其中,普通债权共××户,总额为人民币×××元;有担保权的债权共××户,担保债权总额为人民币×××元。

管理人编制了《参与分配债权人表》,详细列明参与分配的债权人名称或者姓名、地址、联系方式、债权额与债权性质等情况。

二、可供分配的破产财产总额

经管理人清点,并经会计师事务所审计,可供分配的破产财产总额为×××元,其中货币财产×××元,非货币财产评估变价额×××元。

非货币财产为房地产(位于××市××区××路×大厦的商铺和车库,总建筑面积为××平方米)及附属办公用品等(因其属于低值易耗品,拟与房地产合并处理,不再单独评估、处置)。根据湘××房评字(20××)第10××号《房地产司法鉴定估价报告》,确定估价对象于价值时点的总价值为人民币×××元整(RMB×××元)。

三、破产财产分配顺序、比例和数额

(一)破产费用

1. 破产案件诉讼费用

2. 管理、变价、分配破产财产的费用

3. 管理人执行职务的费用和聘请工作人员的费用

4. 管理人的报酬

注:(1)管理人报酬以人民法院最终确定的金额及收取方式为准。管理担保财产的报酬由管理人与担保债权人另行协商确定。

(2)上述费用包括已发生的费用和未发生但需预留的费用。未发生但需预留的包括分配公告费用、破产程序终结后的档案保管费用等。

(二)共益债务的清偿情况

共益债务

1. 因管理人或者债务人请求对方当事人履行双方均未履行完毕的合同所产生的债务。

2. 继续履行合同所产生的债务包括大厦出租所得应缴税金。

3. 上述费用包括已发生的费用和未发生但需预留的费用。

(三)特定财产清偿方案

1. 对特定财产享有担保权的债权情况

对特定财产享有担保权的共××户,担保债权总额为人民币×××元(因存在不足额担保,优先受偿额取决于担保物变价结果)。

2. 可供清偿的特定财产总额

参考抵押资产评估价值确定特定财产的变价总额为×××元。

3. 特定财产清偿方案

对特定财产享有担保权的债权人在相应担保物实际变价金额内享有优先分配权。特定财产不足分配所有担保债权的,计入普通债权数额。

(四)普通破产债权的分配

剩余的可供分配破产债权的破产财产数额为×××元。

破产财产分配表(略)

四、破产财产分配实施办法

(一)分配方式

以货币方式进行分配,由管理人根据各债权人提供的银行账号,实施转账支付,或者由债权人自行领取。

分配日起30日内,债权人不提供银行账户,又不自行领取分配额的,管理人将其分配额予以提存。

(二)分配步骤

鉴于个别债权人对债权核查结果存有疑义,有待诉讼确认,但绝大多数债权人债权数额已确定,可予先行分配。故管理人拟实施三次分配,既给异议债权人留有诉讼时间,又使无异议债权人尽早取得清偿。

(1)在变价方案实施后30日内进行初次分配,主要解决无异议债权人的分配。

(2)在债权确认诉讼结案后30日内进行二次分配。主要解决涉诉债权人的分配。

(3)进行分配结算,对提存的剩余款项进行分配。

(三)分配提存

破产财产分配额提存的情况

上述分配表中,存在诸种不确定因素,如存在异议债权人、普通债权总额不确定、变价方案最终能否实现、分配财产总额不确定等,因此,对于上述分配表中存在已产生尚未支付的费用或可能产生(或增加)的费用,管理人作出了预估,进行提存,具体包含以下方面:(略)

以上是破产财产分配方案,现提交债权人会议,审议表决。

专此

湖南××有限公司管理人

20××年××月××日

债权人会议表决规则

湖南××有限公司管理人(以下简称管理人)根据《企业破产法》第59条、第61条、第63条、第64条及第65条的规定,制定湖南××公司破产清算债权人会议表决规则如下。

一、适用范围

本表决规则适用的范围包括表决破产财产变价方案、破产财产分配方案等法律规定的表决事项,及人民法院、管理人或债权人委员会认为需要表决的其他事项。

二、表决主体

依法申报债权并经确认享有债权的债权人,享有表决权。有表决权的债权人,应由其授权代表或自然人本人进行表决,每人一票。

对破产人的特定财产享有担保权的债权人,未放弃优先受偿权利的,对于《企业破产法》第61条第1款第7项、第10项规定的事项不享有表决权,即对通过和解协议、通过破产财产分配方案不享有表决权。

三、表决方式

1.记名表决

破产清算中债权人的表决票,不仅代表了债权人的人数,还代表该债权人的债权份额,因此,债权人会议表决采用记名表决,即表决人应当在表决票上署名。

表决票代表的债权份额以人民法院裁定确认的无异议债权额为准。

债权人可以委托代理人出席债权人会议,行使表决权。代理人出席债权人会议,应当向债权人会议提交债权人的授权委托书。

对破产财产变价方案,由全体债权人共同投票表决,不区分组别,亦不剔除有财产担保的优先债权数额。

对破产财产的分配方案，由全体债权人共同投票表决，不区分组别，但需剔除有财产担保的优先债权数额（未放弃特定财产担保的优先受偿债权不享有对破产财产分配方案的表决权）。

2. 现场表决

本案关于《企业破产法》第61条第1款第6项至第10项事项的表决，均采用现场表决的方式进行，即通过召开现场债权人会议进行表决，在全体参会债权人的监督下，现场领取表决票、现场表决、现场统计表决结果（如不能确定表决的债权份额的，则可统计表决人数、记录表决人名，封存表决票，待债权份额确定后统计公布）。

四、表决票的表决意见

表决票设置三种表决意见：同意方案的在"同意"选项后画"√"，不同意方案的在"不同意"选项后画"√"，放弃表决权的在"弃权"选项后画"√"。

如债权人同时在两个或三个选项后画"√"，或收回的表决票为空白者，视为放弃表决权；在选项后画"√"以外的符号或文字者，视为放弃表决权。

未参会者或未提交表决票者，视为放弃表决权。

五、表决票的发放

表决票由管理人工作人员于开会时发放。工作人员根据《债权核查结果》确定的享有债权的人员名单，在进行身份确认后交付于有表决权的债权人，该过程将委托相关人员进行全程摄像记录。

表决票的发放按组进行。表决票发放完毕后，统计人员将对债权人到会情况和表决票发放情况进行统计，并将未发放完毕的表决票交负责人封存保管。

如表决权人不慎损毁表决票，工作人员应及时报告管理人负责人，经负责人审查后方可补发临时表决票。并且只有在统计结果表明原表决票确实没有递交的情况下，才可将该临时表决票的表决情况纳入表决结果。

六、表决票的收集、统计

发放表决票的工作人员负责收集表决票，收集完毕按组统计数量、核对无误后统一交到管理人负责人处。

表决票在会议召开时统计，该过程将委托相关人员进行全程摄像记录。

如收集的有效表决票等于或少于已发放的表决票，则表决统计行为有效；如收集的有效表决票多于已发放的表决票，则应查明原因并重新启动表决统计程序。

表决票的统计为表决票人数的统计、人名的登记，监票人监督计票人记录投票情况之后，封存表决票备查。

债权额的统计以法院裁定确认的无异议债权额为准。

七、表决结果的确定

出席会议的债权人人数过半数同意,且其代表的债权额占债权总额的1/2以上的,即为本次债权人会议表决通过该项具体方案。

对破产财产变价方案的表决,债权总额中包含有财产担保的优先债权数额。

对破产财产分配方案的表决,债权总额中不包含有财产担保的优先债权数额。

根据《企业破产法》第65条之规定,破产财产变价方案经债权人会议第一次表决未通过的,管理人将申请人民法院裁定;破产财产分配方案经债权人会议第二次表决仍未通过的,管理人将申请人民法院裁定。

债权人认为债权人会议的决议违反法律规定,损害其利益的,可以自债权人会议作出决议之日起15日内,请求人民法院裁定撤销该决议,责令债权人会议依法重新作出决议。

债权人会议的决议,对于全体债权人均有约束力。

湖南××有限公司破产管理人

××××年××月××日

第六章　破产清算实务

破产清算是破产程序中的目的性环节，是确保债权人能够得到公平清偿的核心程序，涉及破产宣告、破产财产的变价、分配及破产程序终结等诸多问题。

第一节　破产清算的界定

一、破产清算的概念

（一）破产清算的含义

破产清算，是指具有破产能力的债务人在出现破产原因的情况下，由人民法院根据债权人或者债务人的破产申请，依法宣告债务人破产，并将债务人的全部财产依法变价并按照法定顺序公平分配给全体债权人，而使债务人的民事主体资格归于消灭的法律制度。

《最高人民法院关于正确审理企业破产案件为维护市场经济秩序提供司法保障若干问题的意见》（法发〔2009〕36号）第2条规定：为保障国家产业结构调整政策的落实，对于已经出现破产原因的企业，人民法院要依法受理符合条件的破产清算申请，通过破产清算程序使其从市场中有序退出。对于虽有借破产逃废债务可能，但符合破产清算申请受理条件的非诚信企业，也要将其纳入法定的破产清算程序中，通过撤销和否定其不当处置财产行为，以及追究出资人等相关主体责任的方式，使其借破产逃废债务的目的落空,并剥夺市场主体资格。对债权人申请债务人破产清算的,人民法院审查的重点是债务人是否不能清偿到期债务,而不能以债权人无法提交债务人财产状况说明等为由,拒绝受理债权人的申请。

破产清算可以依据不同的标准进行分类。一是根据申请主体的不同,可以分为利害关系人申请的破产清算和非利害关系人申请的破产清算。利害关系人申请的破产清算是指由债权人或者债务人申请启动的破产清算。非利害关系人申请的破产清算是指由非利害关系人申请启动的破产清算,如国务院金融监督管理机构对商业银行、证券公司、保险公司等金融机构申请的破产清算。二是根据原因的不同,可以分为资不抵债的破产清算和明显缺乏清偿能力的破产清算。资不抵债的破产清算是指债务人因不能清偿到期债务且其资产不足以清偿全部债务而导致的破产清算。缺乏明显清偿能力的破产清算是指债务人因不能清偿到期债务且明显缺乏清偿能力而导致的破产清算。

(二)破产清算的特征

1.破产清算适用主体的特定性

破产清算的主体具有特定性,并不是任何民事主体都可以进行破产清算,而必须是具有法律所规定的破产能力的民事主体,才可适用破产清算。例如,自然人为民事主体,但由于我国现行法律并不赋予其以破产清算能力,所以不得适用破产清算。当然,具有法律所规定的破产能力的民事主体可以申请破产清算,但并不必然会被破产清算,企业被破产清算还必须具备破产清算原因。

2.破产清算目的的公平性

破产清算的目的在于将债务人所有的财产在全体债权人之间公平清偿。公平清偿并不是同一比例清偿,债权人类别不同,清偿比例可能不一样。只有同类型债权,所获得的清偿比例才相同。

3.破产清算财产的确定性

破产清算以债务人的财产为物质基础,凡是应归属于债务人的财产,都应当用于清偿债务。从逻辑上来说,债务人的财产在某个时间点是确定的,在债务人被宣告破产时,其财产当然也是确定。

4.破产清算的强制性

破产清算虽然在某种程度上坚持了债权人意思自治原则,债权人会议决议体现了多数债权人的意志,但起主导作用的还是人民法院。因此,无论是对于债务人还是对于债权人来说,破产清算都带有强制性,体现国家意志对民事主体意志的一种干预。

5. 破产清算的终止性

破产清算后,债务人的所有财产均已用于清偿债务,从而也就不再具有用于对第三人承担责任的财产,不再具有承担法律责任的能力,也就当然不再享有民事主体的资格。

二、破产宣告的概念

(一)破产宣告的含义

破产宣告,是指人民法院依据利害关系人或者非利害关系人或者职权受理破产案件后,基于法定原因和条件,对债务人所作出的宣告其破产,并按照法定程序以其破产财产清偿其所负债务,从而导致债务人民事主体资格消灭的司法裁定行为。《企业破产法》第 107 条第 1 款规定,人民法院依照本法规定宣告债务人破产的,应当自裁定作出之日起 5 日内送达债务人和管理人,自裁定作出之日起 10 日内通知已知债权人,并予以公告。公告包括债务人亏损情况、负债情况、资产情况、破产宣告时间、破产宣告理由和法律依据、对债务人财产、账册、文书、资料和印章的保护等内容。公告应当加盖人民法院公章。

人民法院裁定宣告债务人破产与裁定破产申请受理两者之间存在重大差异:第一,二者适用对象不同。破产申请受理适用于具有破产能力及破产原因的所有债务人,包括不能清偿到期债务且资产不足以清偿全部债务,或者不能清偿到期债务且明显缺乏清偿能力的债务人。裁定受理破产申请后,只有出现法定情形,人民法院才能进行破产宣告,破产清算由形式阶段进入实质阶段。换言之,裁定受理破产申请的债务人不一定被裁定宣告破产。第二,二者发生的时间不同。裁定受理破产申请在前,裁定破产宣告在后。裁定受理破产申请后,是否需要宣告破产,应当根据清算结果而定。第三,二者的法律后果不同。裁定受理破产申请的法律后果是债务人进入破产程序,并不一定会导致债务人民事主体资格的消灭。裁定宣告债务人破产的法律后果是债务人进入破产实质清算阶段,结果必然导致债务人民事主体资格消灭。

(二)破产宣告的特征

1. 破产宣告的主体是人民法院

破产宣告为私法行为,只能由人民法院且必须为受理破产申请的人民法院依法作出。其他任何机关,包括立法机关、行政机关、检察机关等均无权宣告债务人破产。人民法院宣告债务人破产作为司法行为,必须公开进行。人民法院宣告破产时,应当通知债务人、债务人的上级主管部门、主要债权人到庭,当庭宣布债务人破产的裁定。《最高人民法院关于审理企业破产案件若干问题的规定》第32条第2款规定,宣告债务人破产应当公开进行。由债权人提出破产申请的,破产宣告时应当通知债务人到庭。

2. 破产宣告对象的法定性

并不是任何债务人都有资格被人民法院宣告破产,必须具备法定资格,即具有法人资格的企业才具备破产能力和破产原因;不具有法人资格的企业,如合伙企业就因不具备破产能力和破产原因,不能被宣告破产。《最高人民法院关于审理企业破产案件若干问题的规定》第32条第1款规定:"人民法院受理债务人破产案件后,有下列情形之一的,应当裁定宣告债务人破产:(一)债务人不能清偿债务且与债权人不能达成和解协议的;(二)债务人不履行或者不能履行和解协议的;(三)债务人在整顿期间有企业破产法第二十一条规定情形的;(四)债务人在整顿期满后有企业破产法第二十二条第二款规定情形的。"

3. 破产宣告后果的法定性

债务人一旦被人民法院宣告破产,将会产生一系列相应的法律后果。第一,对于破产程序而言,破产宣告标志着破产程序进入实质的破产清算阶段,债务人的全部财产成为破产财产,依法变价用于清偿全部债务。第二,对于债务人而言,债务人身份由普通民事主体变为破产人,法律人格和权利能力受到一定限制。由于破产宣告具有不可逆转性,因此,对于债务人而言,一旦其受到破产宣告,必然会导致主体资格的消灭。第三,对于债权人而言,债权人因债务人破产宣告而变为破产债权人,应依法参与破产程序而通过破产管理人依法按照比例受偿。

三、清算程序的终结

(一)破产程序终结的原因

破产程序终结,是指人民法院受理破产案件后,因为法定原因或者特定事实的出现，而依法由人民法院裁定破产结束破产程序的司法行为。破产程序终结在整个破产程序中处于最后环节。根据《企业破产法》的规定，破产程序可因下列原因而终结：第一，因债务人财产无法清偿破产财产费用而导致的破产终结。《企业破产法》第43条第4款规定，债务人财产不足以清偿破产费用的，管理人应当提请人民法院终结破产程序。人民法院应当自收到请求之日起15日内裁定终结破产程序，并予以公告。第二，因庭外自行达成和解协议而导致破产终结。《企业破产法》第105条规定，人民法院受理破产申请后，债务人与全体债权人就债权债务的处理自行达成协议的，可以请求人民法院裁定认可，并终结破产程序。第三，因破产原因消灭而导致的破产终结。《企业破产法》第108条规定："破产宣告前，有下列情形之一的，人民法院应当裁定终结破产程序，并予以公告：(一)第三人为债务人提供足额担保或者为债务人清偿全部到期债务的；(二)债务人已清偿全部到期债务的。"第四，因无破产财产可供分配而导致破产终结。《企业破产法》第120条第1款规定，破产人无财产可供分配的，管理人应当请求人民法院裁定终结破产程序。第五，《企业破产法》第120条第2款规定，管理人在最后分配完结后，应当及时向人民法院提交破产财产分配报告，并提请人民法院裁定终结破产程序。

(二)破产程序终结的后果

根据《企业破产法》第15条第1款的规定，自人民法院受理破产申请的裁定送达债务人之日起至破产程序终结之日，债务人的企业的法定代表人；经人民法院决定，可以包括企业的财务管理人员和其他经营管理人员应当承担下列义务：(1)妥善保管其占有和管理的财产、印章和账簿、文书等资料；(2)根据人民法院、管理人的要求进行工作，并如实回答询问；(3)列席债权人会议并如实回答债权人的询问；(4)未经人民法院许可，不得离开住所地；(5)不得新任其他企业的董事、监事、高级管理人员。除此之外，宣告破产后的破产程序终结依法产生如下后果。

第一，未决债权提存分配额的存续期间开始计算。《企业破产法》第119条规定，破产财产分配时，对于诉讼或者仲裁未决的债权，管理人应当将其分配额提存。自破产程序终结之日起满2年仍不能受领分配的，人民法院应当将提存的分配额分配给其他债权人。

第二，破产管理人办理债务人注销登记的期间开始计算。《企业破产法》第

121 条规定,管理人应当自破产程序终结之日起 10 日内,持人民法院终结破产程序的裁定,向破产人的原登记机关办理注销登记。

第三,人民法院追加分配破产财产的期间开始计算。《企业破产法》第 123 条规定:自破产程序依照本法第 43 条第 4 款或者第 120 条的规定终结之日起 2 年内,发现破产人有可供分配的破产财产,债权人可以请求人民法院按照破产财产分配方案进行追加分配,但财产数量不足以支付分配费用的,不再进行追加分配,由人民法院将其上交国库。

第四,相关人员任职资格限制开始计算。《企业破产法》第 125 条规定,企业董事、监事或者高级管理人员违反忠实义务、勤勉义务,致使所在企业破产的,依法承担民事责任,且自破产程序终结之日起 3 年内不得担任任何企业的董事、监事、高级管理人员。

(三)破产管理人的职责

破产程序终结后,破产管理人的主要职责虽然已经履行完毕,但根据法律规定,还需要承担如下职责:第一,办理注销登记。《企业破产法》第 121 条规定,管理人应当自破产程序终结之日起 10 日内,持人民法院终结破产程序的裁定,向破产人的原登记机关办理注销登记。第二,继续参加未决诉讼或者仲裁。《企业破产法》第 122 条规定,管理人于办理注销登记完毕的次日终止执行职务。但是,存在诉讼或者仲裁未决情况的除外。第三,协助办理相关财产的产权过户手续,移交相关资料。破产财产分配,可能会有些破产财产需要办理过户登记手续,破产管理人应当依法办理。破产管理人根据《企业破产法》第 25 条规定依法接管的债务人的有关资料,应当依法移交。

第二节 破产财产的变价

一、破产财产变价的概念

破产财产的变价,又称破产财产变现,即将债务人的非货币财产转化为货币财产,是指破产管理人按照债权人会议通过或者人民法院裁定的破产财产变价方案,将非货币财产以拍卖或者其他方式转变为货币财产的行为。

用于清偿债务的财产,在通常情形下以货币财产为原则,一般不以实物财产直接进行清偿。《企业破产法》第 114 条规定:"破产财产的分配应当以货币分配方式进行。但是,债权人会议另有决议的除外。”因此,除债权人会议决议可以非货币财产进行清偿外,应当将债务人的非货币财产变现为货币财产,以便于清偿债务。债务人非货币财产的变现,是将债务人非货币财产转化为货币财产的必要路径,在破产程序中属于清偿债权人债权的基础性工作,对于维护债权人权益,保证破产程序的公平,具有非常重要的意义。

破产财产的变价由破产管理人执行,债务人、债权人会议及其委员会以及人民法院都无权变价破产财产。《企业破产法》第111条规定,管理人应当及时拟订破产财产变价方案,提交债权人会议讨论。管理人应当按照债权人会议通过的或者人民法院依照本法第65条第1款规定裁定的破产财产变价方案,适时变价出售破产财产。我国《企业破产法》明确破产管理人为破产财产的唯一变价主体的主要理由在于:第一,保证破产清算工作的有序,变价主体过多显然会导致破产清算工作混乱;第二,有利于利害关系人权益的保护,债权人和债务人作为破产财产的主要利害关系人,任何一方当事人变价破产财产都有可能产生损害另一方当事人利益的嫌疑。

破产财产变价直接关系到破产财产的价值,与债权人权益密切相关,必须严格遵循一定的原则:第一,依法原则。依法原则是指破产财产变价必须依法进行。依法进行首先是指依照《企业破产法》所规定的程序,其次是指依据相应的法律规定。例如,破产财产变价主要采用拍卖方式进行,则必须符合拍卖法的相应规定。第二,适时原则。适时原则是指破产财产变价应当根据破产程序和市场实际情况,在合适的时机及时进行,以确保破产财产价值最大化。第三,公开原则。公开原则是指破产管理人在变价破产财产时应当采用公开的方式进行。破产财产变价的公开不仅包括向债务人、债权人公开,也包括向第三人公开;不仅变价财产的范围、种类、数量要公开,变价的时间、地点、方式和程序也都要公开。第四,价值原则。价值原则是指破产财产变价应当有效实现其价值的最大化。破产财产变价时实现价值最大化,对于充分保障债权人利益具有十分重要的意义。

二、破产财产变价的方式

《企业破产法》第112条规定,变价出售破产财产应当通过拍卖进行。但是,债权人会议另有决议的除外。破产企业可以全部或者部分变价出售。企业变价出售时,可以将其中的无形资产和其他财产单独变价出售。按照国家规定不能拍卖或者限制转让的财产,应当按照国家规定的方式处理。

破产财产变价,原则上应当采用拍卖的方式进行。《拍卖法》第 3 条规定:"拍卖是指以公开竞价的形式,将特定物品或者财产权利转让给最高应价者的买卖方式。"破产财产原则上应当采用拍卖方式进行的目的在于有利于防止破产财产变价过程中诸如"暗箱操作",甚至徇私舞弊等不当或者不法行为的发生;有利于确保破产财产的价值最大化。拍卖程序的优点在于依法、公开,能够确保破产财产的价值最大化,而其缺点在于拍卖程序复杂、时间长、成本较高,且对于法律禁止采用拍卖方式出售的财产无法适用。因此,《企业破产法》规定允许以拍卖以外的其他方式变价破产财产。《最高人民法院关于审理企业破产案件若干问题的规定》第 85 条规定:"破产财产的变现应当以拍卖方式进行。由清算组负责委托有拍卖资格的拍卖机构进行拍卖。依法不得拍卖或者拍卖所得不足以支付拍卖所需费用的,不进行拍卖。前款不进行拍卖或者拍卖不成的破产财产,可以在破产分配时进行实物分配或者作价变卖。债权人对清算组在实物分配或者作价变卖中对破产财产的估价有异议的,可以请求人民法院进行审查。"破产财产采用拍卖以外的其他变价方式主要有两种情形。

1. 债权人会议决定采取非拍卖方式变价

在通常情形下,破产财产变价支付破产费用和共益债务后有剩余,全部用于清偿债权人的债权,破产财产变价的结果直接关系债权人的利益。破产财产虽然从法律形式上来说仍然属于债务人的财产,但从经济实质上来说,可以看作债权人的财产。从此种意义上来说,遵循私法自治原则,应当赋予债权人以意思自治权,即债权人会议可以决定采用非拍卖方式变价破产财产。破产财产变价拟采用非拍卖方式,由债权人会议决定,并不由破产管理人决定,但是,破产管理人对于是否应当采用拍卖方式具有建议权,即可以在破产财产变价方案中提出建议,供债权人会议讨论决定。债权人会议决定采用非拍卖方式变价的,主要包括招标变价、协议变价、标价变价等方式。

2. 法律禁止采用拍卖方式变价的财产

法律上的物有流通物、限制流通物和禁止流通物之区分,破产财产如果属于限制流通物或者禁止流通物,则不能采用拍卖方式变价,而应当按照法律规定的方式处理。法律限制流通的财产主要包括以下几类。

第一,涉及社会公共安全的危险物品。如剧毒物品、放射性物品、枪支、弹药、爆炸物、管制刀具等。若破产财产中有这些物品,则因为涉及社会公共安全,所以必须按照相关法律规定,由破产管理人依法交由相关部门依法处理。

第二,涉及国家经济秩序的有关物品。例如,黄金、白银及其制品,法律规定必须由中国人民银行或者由中国人民银行依法批准的有关机构经营管理。破产财产中如果有这些物品,破产管理人必须依法交由相关部门处理。

第三,文物。《中华人民共和国文物保护法》(以下简称《文物保护法》)第2条规定:"在中华人民共和国境内,下列文物受国家保护:(一)具有历史、艺术、科学价值的古文化遗址、古墓葬、古建筑、石窟寺和石刻、壁画;(二)与重大历史事件、革命运动或者著名人物有关的以及具有重要纪念意义、教育意义或者史料价值的近代现代重要史迹、实物、代表性建筑;(三)历史上各时代珍贵的艺术品、工艺美术品;(四)历史上各时代重要的文献资料以及具有历史、艺术、科学价值的手稿和图书资料等;(五)反映历史上各时代、各民族社会制度、社会生产、社会生活的代表性实物。文物认定的标准和办法由国务院文物行政部门制定,并报国务院批准。具有科学价值的古脊椎动物化石和古人类化石同文物一样受国家保护。"第51条规定:"公民、法人和其他组织不得买卖下列文物:(一)国有文物,但是国家允许的除外;(二)非国有馆藏珍贵文物;(三)国有不可移动文物中的壁画、雕塑、建筑构件等,但是依法拆除的国有不可移动文物中的壁画、雕塑、建筑构件等不属于本法第二十条第四款规定的应由文物收藏单位收藏的除外;(四)来源不符合本法第五十条规定的文物。"第52条第3款规定:"国家禁止出境的文物,不得转让、出租、质押给外国人。"破产财产中有文物,必须依照《文物保护法》的有关规定处理。

第四,需要办理申报手续的物品。《中华人民共和国海关法》(以下简称《海关法》)第21条规定:"沿海运输船舶、渔船和从事海上作业的特种船舶,未经海关同意,不得载运或者换取、买卖、转让进出境货物、物品。"第37条第1款规定:"海关监管货物,未经海关许可,不得开拆、提取、交付、发运、调换、改装、抵押、质押、留置、转让、更换标记、移作他用或者进行其他处置。"

第五,限制转让的权利。《中华人民共和国矿产资源法》第6条规定:"除按下列规定可以转让外,探矿权、采矿权不得转让:(一)探矿权人有权在划定的勘查作业区内进行规定的勘查作业,有权优先取得勘查作业区内矿产资源的采矿权。探矿权人在完成规定的最低勘查投入后,经依法批准,可以将探矿权转让他人。(二)已取得采矿权的矿山企业,因企业合并、分立,与他人合资、合作经营,或者因企业资产出售以及有其他变更企业资产产权的情形而需要变更采矿权主体的,经依法批准可以将采矿权转让他人采矿。前款规定的具体办法和实施步骤由国务院规定。禁止将探矿权、采矿权倒卖牟利。"《最高人民法院关于审理企业破产案件若干问题的规定》第80条规定:"清算组处理集体所有土地使用权时,应当遵守相关法律规定。未办理土地征用手续的集体所有土地使用权,应当在该集体范围内转让。"

三、破产财产变价的程序

(一)破产财产变价方案的拟订

破产财产变价方案,是指破产管理人向债权人会议提交的关于破产财产变价工作的计划安排。破产财产变价方案由破产管理人负责拟订,具体内容包括以下几类。

1. 破产财产的基本情况

变价破产财产的基本情况包括破产财产的名称、种类、数量、性质、功能、现状、购入价值、使用时间、现有价值、存放地点等。破产财产中不需要变价的,也应当在破产财产基本情况中加以说明,包括不需要予以变价的原因等。

2. 变价破产财产的评估情况

破产财产变价,需要进行评估。破产财产评估,是保证破产财产变价价值最大化的重要举措。变价破产财产的评估情况包括评估机构选择、评估费用等。破产财产中不需要评估的,也应当在破产财产评估情况中加以说明,包括不需要评估的原因等。

3. 破产财产变价时间

对于破产财产的变价时间,法律没有明确规定,而是规定破产管理人应当根据确定的破产财产变价方案和破产程序的进程,按照有利于破产财产价值最大化的原则决定。对于一些不及时变价就会严重损害其价值的"易减损的破产财产"以及保管费用太高以致不及时变现的保管成本可能高于变现价值的财产,破产管理人在征得人民法院同意后,可以及时变价出售。

4. 破产财产变价方式

破产管理人应当根据破产财产的具体情况，确定哪些财产采用拍卖方式，哪些财产采用非拍卖方式进行变价出售，并说明理由。

5. 拍卖机构的选定

破产财产拟采取拍卖方式变价的，破产管理人还应当对可供选择的拍卖机构及其具体情况、选择方式、拍卖费用等进行说明。

6. 其他事项

除上述内容外，破产管理人认为需要向债权人会议说明的其他事项，如破产财产变价方案的拟订情况，破产财产变价方案的合理性、可行性以及具有购买意向的潜在购买人的有关情况。

(二)破产财产变价方案的通过

破产管理人拟订破产财产变价方案后，应当提交债权人会议讨论表决通过。债权人会议讨论表决通过破产财产变价方案，应当注意的事项如下。

第一，表决权人。除了不具有财产担保或者法定优先权的债权人以外的普通债权人，对于特定财产享有担保物权或者法定优先权的债权人，对于破产财产变价方案都具有表决权。因为破产财产变价方案，关系所有破产财产，包括设有担保权的破产财产的变价方式，影响担保物权人和法定优先权人的利益，所以财产担保权人和优先权人当然应当享有表决权。《企业破产法》第59条规定："依法申报债权的债权人为债权人会议的成员，有权参加债权人会议，享有表决权。债权尚未确定的债权人，除人民法院能够为其行使表决权而临时确定债权额的外，不得行使表决权。对债务人的特定财产享有担保权的债权人，未放弃优先受偿权利的，对于本法第六十一条第一款第七项、第十项规定的事项不享有表决权。"第61条第1款规定："债权人会议行使下列职权：(一)核查债权；(二)申请人民法院更换管理人，审查管理人的费用和报酬；(三)监督管理人；(四)选任和更换债权人委员会成员；(五)决定继续或者停止债务人的营业；(六)通过重整计划；(七)通过和解协议；(八)通过债务人财产的管理方案；(九)通过破产财产的变价方案；(十)通过破产财产的分配方案；(十一)人民法院认为应当由债权人会议行使的其他职权。"

第二，表决规则。《企业破产法》第64条第1款和第3款规定：债权人会议的决议，由出席会议的有表决权的债权人过半数通过，并且其所代表的债权额占无财产担保债权总额的二分之一以上。债权人会议的决议,对于全体债权人均有约束力。

第三,异议规则。《企业破产法》第 64 条第 2 款规定:“债权人认为债权人会议的决议违反法律规定,损害其利益的,可以自债权人会议作出决议之日起十五日内,请求人民法院裁定撤销该决议,责令债权人会议依法重新作出决议。”人民法院依法作出撤销债权人会议决议之前,决议对全体债权人仍然具有约束力。

第四,裁定。破产管理人所拟订的破产财产变价方案未获得债权人会议通过,由人民法院裁定。《企业破产法》第 65 条规定,破产财产变价方案,经债权人会议表决未通过的,由人民法院裁定。人民法院裁定后,可以在债权人会议上宣布或者另行通知债权人。债权人对人民法院依法作出的裁定不服的,可以自裁定宣布之日或者收到通知之日起 15 日内向该人民法院申请复议。复议期间不停止裁定的执行。

(三)破产财产的评估

《最高人民法院关于审理企业破产案件若干问题的规定》第 84 条规定,债权人会议对破产财产的市场价格无异议的,经人民法院同意后,可以不进行评估。但是国有资产除外。破产财产变价前,原则上要进行评估,只有某些价值不大,或者贬值较快的非国有资产,可以不进行评估。

财产评估,是一项专业性极强的工作,必须由具备相应资质的专业评估机构、评估师进行。资产评估应以实现破产财产价值最大化为目标,主要考虑破产财产的原值、净值、新旧程度、重置成本、获利能力等因素,选择合适的方法。资产评估的主要方法有以下几类。

1. 收益法

收益法亦称收益现值法,是指通过估算被评估资产未来预期收益,按照一定的折现率折算成现值来确定被评估资产价值的资产评估方法。收益法是根据将利求本的思路,主要用于以收益为目的的使用或者潜在收益的财产(如土地使用权、采矿权、经营权)估价,采用本金化和折现的方法来判断资产价值的评估方法。任何一个理智的投资者在购置或投资资产时,所愿意支付的货币数额不会高于他所购资产在未来给他带来的收益额。因此,按照评估对象的预期收益来确定评估值,结果容易被资产业务各方所接受。

2. 成本法

成本法也称重置成本法，是从待评估资产在评估基准日的复原重置成本或更新重置成本中扣减其各项价值损耗，来确定资产价值的方法。其基本公式为：资产评估值 = 被评估资产重置成本 – 资产实体性贬值 – 资产功能性贬值 – 资产经济性贬值。

3. 市场法

市场法是利用市场上同样或类似资产的近期交易价格，经过直接比较或类比分析以估测资产价值的各种评估技术方法的总称。

4. 清算价格法

清算价格法是指以破产财产的市场价格为基础，充分考虑破产财产在破产宣告后要及时出售等因素，对破产财产的价值进行估值的方法。清算价格法可以进一步区分为市场价格折扣法、意向询价法及竞争底价法等。市场价格折扣法是指在市场价格的基础上予以一定的折扣，从而确定破产财产的价值；意向询价法是指向具有购买意向的潜在买受人询问价格，了解有关信息，并以此为基础确定破产财产的价格；竞争底价法是指确定破产财产的底价再进行拍卖、招标等活动。

《最高人民法院关于审理企业破产案件若干问题的规定》第 83 条规定，处理破产财产前，可以确定有相应评估资质的评估机构对破产财产进行评估，债权人会议、清算组对破产财产的评估结论、评估费用有异议的，参照《最高人民法院关于民事诉讼证据的若干规定》第 27 条的规定处理。《最高人民法院关于民事诉讼证据的若干规定》第 27 条规定："当事人对人民法院委托的鉴定部门作出的鉴定结论有异议申请重新鉴定，提出证据证明存在下列情形之一的，人民法院应予准许：(一)鉴定机构或者鉴定人员不具备相关的鉴定资格的；(二)鉴定程序严重违法的；(三)鉴定结论明显依据不足的；(四)经过质证认定不能作为证据使用的其他情形。对有缺陷的鉴定结论，可以通过补充鉴定、重新质证或者补充质证等方法解决的，不予重新鉴定。"

(四)破产财产的变价出售

破产财产变价方案获得债权人会议通过或者人民法院裁定后，破产管理人应当根据破产财产变价方案，适时出售财产。破产管理人无法采用何种方式变价破产财产，必须符合有关法律、行政法规规定，不得违背法律、行政法规的强制性规定。破产财产变价以拍卖为原则。破产财产拍卖的一般程序如下。

1. 委托拍卖机构

破产管理人应当选择专业经营资质、信誉良好、具有丰富拍卖经验的拍卖机构。破产管理人选定拍卖机构后,应当与拍卖机构签订委托拍卖合同。《中华人民共和国拍卖法》(以下简称《拍卖法》)第 44 条规定:"委托拍卖合同应当载明以下事项:(一)委托人、拍卖人的姓名或者名称、住所;(二)拍卖标的的名称、规格、数量、质量;(三)委托人提出的保留价;(四)拍卖的时间、地点;(五)拍卖标的交付或者转移的时间、方式;(六)佣金及其支付的方式、期限;(七)价款的支付方式、期限;(八)违约责任;(九)双方约定的其他事项。"对于拍卖佣金及支付方式、期限,《拍卖法》第 56 条规定,委托人、买受人可以与拍卖人约定佣金的比例。委托人、买受人与拍卖人对佣金比例未作约定,拍卖成交的,拍卖人可以向委托人、买受人各收取不超过拍卖成交价 5% 的佣金。收取佣金的比例按照同拍卖成交价成反比的原则确定。拍卖未成交的,拍卖人可以向委托人收取约定的费用;未作约定的,可以向委托人收取为拍卖支出的合理费用。第 57 条规定:"拍卖本法第九条规定的物品成交的,拍卖人可以向买受人收取不超过拍卖成交价百分之五的佣金。收取佣金的比例按照同拍卖成交价成反比的原则确定。拍卖未成交的,适用本法第五十六条第三款的规定。"

2. 拍卖底价

对于拍卖的财产,委托人可以提出保留底价。《最高人民法院关于人民法院民事执行拍卖、变卖财产的规定》第 8 条规定,拍卖应当确定保留价。拍卖保留价由人民法院参照评估价确定;未作评估的,参照市价确定,并应当征询有关当事人的意见。人民法院确定的保留价,第一次拍卖时,不得低于评估价或者市价的 80%;如果出现流拍,再行拍卖时,可以酌情降低保留价,但每次降低的数额不得超过前次保留价的 20%。

3. 拍卖公告(展示)

《拍卖法》第 45 条规定,拍卖人应当于拍卖日 7 日前发布拍卖公告。第 46 条规定:"拍卖公告应当载明下列事项:(一)拍卖的时间、地点;(二)拍卖标的;(三)拍卖标的展示时间、地点;(四)参与竞买应当办理的手续;(五)需要公告的其他事项。"第 47 条规定,拍卖公告应当通过报纸或者其他新闻媒介发布。第 48 条规定,拍卖人应当在拍卖前展示拍卖标的,并提供查看拍卖标的的条件及有关资料。拍卖标的的展示时间不得少于2日。拍卖机构在拍卖破产财产前,应当通过新闻媒体发布拍卖公告。破产管理人应将拍卖公告张贴在受理破产案件的人民法院公告栏内。拍卖标的物为不动产的,拍卖公告还应当张贴于不动产所在地。

延伸阅读:经典文书

北京华辰拍卖有限公司司法委托拍卖公告

(2016年9月20日)

北京华辰拍卖有限公司于2016年9月20日14:30时整通过北京产权交易所(以下简称北交所)诉讼资产网络交易平台以网络竞价方式对以下标的进行公开拍卖:

标的一:北京市朝阳区××路×××号××号楼(××大厦)×层×××号房屋(北京市朝阳区人民法院委托,面积为250.82平方米,评估价806.01万元,保证金80万元,第一次拍卖);

标的二:京AK1402重型半牵引车一辆(北京市朝阳区人民法院委托,评估价80.88万元,保证金8万元,第一次拍卖);

标的三:北京市×××镇×××路×号某购物中心建筑物价值的60%(以法院现场实际指定位置为准)(北京市海淀区人民法院委托,建筑面积12,986.09平方米的60%部分,评估价1017.6万元,保证金65万元,第三次拍卖)。

预展时间:自2016年9月12日至2016年9月13日。

预展地点:标的物所在地(统一组织预展)。

拍卖地点:北京市东城区天坛路73号北交所诉讼资产处置服务中心(竞买人可到拍卖现场,亦可异地通过互联网参与竞价)。

竞买登记手续办理:有意竞买者须于2016年9月18日16时前将标的一、标的二拍卖保证金交至法院指定账户(户名:北京产权交易所有限公司;开户行:中国工商银行北京金融街支行营业室;账号:××××21682920009××××);标的三的拍卖保证金交至法院指定账户(户名:北京产权交易所有限公司;开户行:中国工商银行北京金融街支行营业室;账号:××××21682920009××××),建议以电汇方式交纳。保证金以到账时间为准,并持有效身份证明于2016年9月19日16时前到北交所诉讼资产处置服务中心办理竞买登记手续,凭北交所发放的竞买人账号登录指定系统参与竞价。

具有优先购买权的当事人需在本公告规定时间内到北交所办理竞买登记手续,逾期不办理视为放弃其权利。

标的买受人须在拍卖成交后10个工作日内交清全部拍卖成交款。

标的详细信息可在"北京产权交易所网站"(http://www.cbex.com.cn)和"人民法院诉讼资产网"(http://www.rmfysszc.gov.cn)查阅;其他公告网站见"北京法院网"(http://bjgy.chinacourt.org)。

拍卖公司联系人:刘女士　×××××××××

北交所联系人:标的一、标的二:阎经理　×××××××××

标的三:裴经理×××××××××

监拍电话:标的一、标的二:×××××××××

标的三:×××××××××

北京华辰拍卖有限公司

2016年8月30日

4. 拍卖会

拍卖会是整个拍卖程序中最为关键的环节,直接关系破产财产变价的成败。《拍卖法》第49条规定,拍卖师应当于拍卖前宣布拍卖规则和注意事项。第50条规定,拍卖标的无保留价的,拍卖师应当在拍卖前予以说明。拍卖标的有保留价的,竞买人的最高应价未达到保留价时,该应价不发生效力,拍卖师应当停止拍卖标的的拍卖。第53条规定,拍卖人进行拍卖时,应当制作拍卖笔录。拍卖笔录应当由拍卖师、记录人签名;拍卖成交的,还应当由买受人签名。第54条规定,拍卖人应当妥善保管有关业务经营活动的完整账簿、拍卖笔录和其他有关资料。前款规定的账簿、拍卖笔录和其他有关资料的保管期限,自委托拍卖合同终止之日起计算,不得少于5年。

5. 拍卖成交

《拍卖法》第51条规定,竞买人的最高应价经拍卖师落槌或者以其他公开表示买定的方式确认后,拍卖成交。第52条规定,拍卖成交后,买受人和拍卖人应当签署成交确认书。成交确认书的内容包括拍卖财产的名称、数量、现状、交易价款及支付期限、方式、拍卖费用、违约责任等事项。

6. 财产过户

《拍卖法》第55条规定，拍卖标的需要依法办理证照变更、产权过户手续的，委托人、买受人应当持拍卖人出具的成交证明和有关材料，向有关行政管理机关办理手续。

第三节　破产财产的分配

一、破产财产分配的顺序

破产财产的分配，又称破产财产清偿，是指破产管理人将破产财产变价后，依照法定的清偿顺序，按比例清偿债务人所负债务。破产财产的分配，是破产程序的最后环节，是债权人参与破产程序的目的所在，在破产程序中具有十分重要的意义。破产财产分配必须按照一定的顺序进行。破产财产的清偿顺序，是指由《企业破产法》规定，将债务人所负的所有债务按照一定的原则分成不同种类、排成一定秩序，位于前面的债权优先于位于后面的债权得到清偿，同一顺序的债权，如果不能全部清偿，则按相同比例清偿。债务人所负债务的清偿顺序，以债权的性质和需要保护的力度为基准判定。例如，《最高人民法院关于正确审理企业破产案件为维护市场经济秩序提供司法保障若干问题的意见》（法发〔2009〕36号）指出，对于职工欠薪和就业问题突出、债权人矛盾激化、债务人弃企逃债等敏感类破产案件，要及时向当地党委汇报，争取政府的支持。在政府协调下，加强与相关部门的沟通、配合，及时采取有力措施，积极疏导并化解各种矛盾纠纷，避免哄抢企业财产、职工集体上访的情况发生，将不稳定因素消除在萌芽状态。有条件的地方，可通过政府设立的维稳基金或鼓励第三方垫款等方式，优先解决破产企业职工的安置问题，政府或第三方就劳动债权的垫款，可以在破产程序中按照职工债权的受偿顺序优先获得清偿。依法优先保护劳动者权益，是破产法律制度的重要价值取向。人民法院在审理企业破产案件中，要切实维护职工的合法权益，严格依法保护职工利益。召开债权人会议要有债务人的职工和工会代表参加，保障职工对破产程序的参与权。职工对管理人确认的工资等债权有异议的，管理人要认真审查核对，发现错误要及时纠正；因管理人未予纠正，职工据此提起诉讼的，人民法院要严格依法审理，及时作出判决。保障职工合法权益需要社会各方面的共同努力。人民法院要加强与国家社会保障部门、劳动部门、工商行政管理部门、组织人事等部门的沟通和协调,积极提出司法建议,推动适合中国特色的社会保障体制的建立和完善。

《企业破产法》第113条规定,破产财产在优先清偿破产费用和共益债务后,依照下列顺序清偿:(1)破产人所欠职工的工资和医疗、伤残补助、抚恤费用,所欠的应当划入职工个人账户的基本养老保险、基本医疗保险费用,以及法律、行政法规规定应当支付给职工的补偿金;(2)破产人欠缴的除前项规定以外的社会保险费用和破产人所欠税款;(3)普通破产债权。破产财产不足以清偿同一顺序的清偿要求的,按照比例分配。破产企业的董事、监事和高级管理人员的工资按照该企业职工的平均工资计算。

(一)劳动债权

劳动债权为第一清偿顺序债权。劳动债权,是指债务人的职工对债务人基于法律规定和劳动合同约定所享有获得相应报酬、福利、补偿的债权。劳动债权形成于破产申请裁定受理前,破产申请裁定受理后而产生的劳动债权为共益债务,以破产财产随时清偿,不能列入第一清偿顺序的劳动债权。劳动债权具体包括以下几类。

1. 职工工资

职工工资,即职工的劳动报酬。职工包括正式职工与非正式职工,包括短期用工和临时用工。劳动报酬是指债务人应当以货币形式支付给职工的各种报酬,包括工资、奖金、津贴和补贴等形式。债务人董事、监事和高级管理人员的工资,按照企业职工的平均工资计算。按照企业职工的平均工资计算是指董事、监事和高级管理人员的工资在债务人拖欠普通职工工资的平均期间内应按照债务人职工的平均工资计算;但债务人拖欠董事、监事和高级管理人员工资的期间长于债务人拖欠普通职工工资的平均期间的工资除外。[①]

2. 职工的医疗、伤残补助、抚恤费用

《工伤保险条例》第30条规定,职工因工作遭受事故伤害或者患职业病进行治疗,享受工伤医疗待遇。职工治疗工伤应当在签订服务协议的医疗机构就医,情况紧急时可以先到就近的医疗机构急救。治疗工伤所需费用符合工伤保险诊疗项目目录、工伤保险药品目录、工伤保险住院服务标准的,从工伤保险基金支

① 参见贺小电:《破产法原理与适用》,人民法院出版社2012年版,第741页。

付。工伤保险诊疗项目目录、工伤保险药品目录、工伤保险住院服务标准，由国务院社会保险行政部门会同国务院卫生行政部门、食品药品监督管理部门等部门规定。职工住院治疗工伤的伙食补助费，以及经医疗机构出具证明，报经办机构同意，工伤职工到统筹地区以外就医所需的交通、食宿费用从工伤保险基金支付，基金支付的具体标准由统筹地区人民政府规定。工伤职工治疗非工伤引发的疾病，不享受工伤医疗待遇，按照基本医疗保险办法处理工伤职工到签订服务协议的医疗机构进行工伤康复的费用，符合规定的，从工伤保险基金支付。第32条规定，工伤职工因日常生活或者就业需要，经劳动能力鉴定委员会确认，可以安装假肢、矫形器、假眼、假牙和配置轮椅等辅助器具，所需费用按照国家规定的标准从工伤保险基金支付。第33条规定，职工因工作遭受事故伤害或者患职业病需要暂停工作接受工伤医疗的，在停工留薪期内，原工资福利待遇不变，由所在单位按月支付。停工留薪期一般不超过12个月。伤情严重或者情况特殊，经设区的市级劳动能力鉴定委员会确认，可以适当延长，但延长不得超过12个月。工伤职工评定伤残等级后，停发原待遇，按照本章的有关规定享受伤残待遇。工伤职工在停工留薪期满后仍需治疗的，继续享受工伤医疗待遇。生活不能自理的工伤职工在停工留薪期需要护理的，由所在单位负责。第34条规定，工伤职工已经评定伤残等级并经劳动能力鉴定委员会确认需要生活护理的，从工伤保险基金按月支付生活护理费。生活护理费按照生活完全不能自理、生活大部分不能自理或者生活部分不能自理3个不同等级支付，其标准分别为统筹地区上年度职工月平均工资的50%、40%或者30%。

3. 职工个人账户的基本养老保险费用

《社会保险法》第10条规定，职工应当参加基本养老保险，由用人单位和职工共同缴纳基本养老保险费。无雇工的个体工商户、未在用人单位参加基本养老保险的非全日制从业人员以及其他灵活就业人员可以参加基本养老保险，由个人缴纳基本养老保险费。公务员和参照公务员法管理的工作人员养老保险的办法由国务院规定。第11条规定，基本养老保险实行社会统筹与个人账户相结合。基本养老保险基金由用人单位和个人缴费以及政府补贴等组成。第12条规定，用人单位应当按照国家规定的本单位职工工资总额的比例缴纳基本养老保险费，记入基本养老保险统筹基金。职工应当按照国家规定的本人工资的比例缴纳基本养老保险费，记入个人账户。无雇工的个体工商户、未在用人单位参加基本养老保险的非全日制从业人员以及其他灵活就业人员参加基本养老保险的,应当按照国家规定缴纳基本养老保险费,分别记入基本养老保险统筹基金和个人账户。

4. 职工个人账户的基本医疗保险费用

《社会保险法》第23条规定,职工应当参加职工基本医疗保险,由用人单位和职工按照国家规定共同缴纳基本医疗保险费。无雇工的个体工商户、未在用人单位参加职工基本医疗保险的非全日制从业人员以及其他灵活就业人员可以参加职工基本医疗保险,由个人按照国家规定缴纳基本医疗保险费。

5. 职工的补偿金

《劳动合同法》第28条规定,劳动合同被确认无效,劳动者已付出劳动的,用人单位应当向劳动者支付劳动报酬。劳动报酬的数额,参照本单位相同或者相近岗位劳动者的劳动报酬确定。

(二)统筹社保债权和税收债权

统筹社保债权包括以下几类:第一,基本养老保险费用。《国务院关于建立统一的企业职工基本养老保险制度的规定》(1997)第4条规定,按本人缴费工资11%的数额为职工建立基本养老保险个人账户,个人缴费全部记入个人账户,其余部分从企业缴费中划入。随着个人缴费比例的提高,企业划入的部分要逐步降至3%。第二,基本医疗保险费用。《国务院关于建立城镇职工基本医疗保险制度的决定》(1998)规定,基本医疗保险费由用人单位和职工双方共同负担;基本医疗保险基金实行社会统筹和个人账户相结合。第三,工伤保险费用。《工伤保险条例》第2条规定,中华人民共和国境内的企业、事业单位、社会团体、民办非企业单位、基金会、律师事务所、会计师事务所等组织和有雇工的个体工商户(以下简称用人单位)应当依照本条例规定参加工伤保险,为本单位全部职工或者雇工(以下简称职工)缴纳工伤保险费。中华人民共和国境内的企业、事业单位、社会团体、民办非企业单位、基金会、律师事务所、会计师事务所等组织的职工和个体工商户的雇工,均有依照本条例的规定享受工伤保险待遇的权利。第四,失业保险费用。《失业保险条例》第2条规定,城镇企业事业单位、城镇企业事业单位职工依照本条例的规定,缴纳失业保险费。城镇企业事业单位失业人员依照本条例的规定,享受失业保险待遇。第五,生育保险费用。《生育保险试行办法》规定,生育保险根据"以支定收,收支基本平衡"的原则筹集资金,由企业按照其工资总额的一定比例向社会保险经办机构缴纳生育保险费，建立生育保险基金。生育保险费的提取比例由当地人民政府根据计划内生育人数和生育津贴、生育医疗费等项费用确定，并可根据费用支出情况适时调整，但最高不得超过工资总额的1%。企业缴纳的生育保险费作为期间费用处理，列入企业管理费用。职工个人不缴纳生育保险费。税收债权是指债务人所应缴纳的各种税款。《税收征收管理法实施细则》第50条规定，纳税人有解散、撤销、破产情形的，在清算前应当向其主管税务机关报告；未结清税款的，由其主管税务机关参加清算。

（三）普通破产债权

普通破产债权是指除具有担保物权或者法定特别优先权的优先受偿债权、破产费用和共益债务、劳动债权、统筹社保债权和税收债权以外的其他债权。

二、破产财产分配的方案

（一）破产财产分配方案的拟订

破产财产分配方案，是指法律规定的由破产管理人制订的以非特定破产财产清偿破产债权的范围、方式、时间、措施、地点、程序等计划安排。破产财产分配方案是破产清算程序中不可或缺的法律文件，在破产清偿程序中具有十分重要的意义。《企业破产法》第115条第1款规定，管理人应当及时拟订破产财产分配方案，提交债权人会议讨论。破产财产分配方案具体包括以下内容。

1. 参加破产财产分配的债权人名称或者姓名、住所

参加破产财产分配的债权人必须是依法申报债权，并经破产管理人审核确认，人民法院裁定确认的债权人。《企业破产法》第56条规定，在人民法院确定的债权申报期限内，债权人未申报债权的，可以在破产财产最后分配前补充申报；但是，此前已进行的分配，不再对其补充分配。为审查和确认补充申报债权的费用，由补充申报人承担。债权人未依照本法规定申报债权的，不得依照本法规定的程序行使权利。未依法申报债权的债权人不能在破产清算程序中行使权利，接受破产财产的清偿。

2. 参加破产财产分配的债权额

破产管理人应当根据由人民法院裁定确认的债权表，逐笔就债权的金额本金、利息等予以说明。对于特殊的破产债权，例如，附条件或者期限没有成就的

债权,尚处于诉讼、仲裁阶段而未决的债权,也应当加以说明。

3. 可供分配的破产财产数额

破产管理人应当对破产财产的总体状况、范围、现状、评估价值等进行说明。

4. 破产财产分配的顺序、比例及数额

破产管理人应当对每一顺位的债权人可以获得的清偿数额和清偿比例等进行说明。首先是第一顺位的劳动债权,然后是第二顺位的统筹社保债权和税收债权,最后是第三顺位的普通破产债权。

5. 实施破产财产分配的方法

《企业破产法》第 114 条规定,破产财产的分配应当以货币分配方式进行。但是,债权人会议另有决议的除外。破产财产分配以货币分配为原则,以债权人会议决议另有决议决定分配方式为例外。非货币分配方式主要有实物分配和权利分配两种。实物分配主要适用于两种情形:一是不便于变现的产品;二是经过拍卖但流拍的物品。《最高人民法院关于审理企业破产案件若干问题的规定》第 94 条规定,列入破产财产的债权,可以进行债权分配。债权分配以便于债权人实现债权为原则。将人民法院已经确认的债权分配给债权人的,由清算组向债权人出具债权分配书,债权人可以凭债权分配书向债务人要求履行。债务人拒不履行的,债权人可以申请人民法院强制执行。破产管理人对于破产财产分配方法、方式,即是一次分配还是多次分配以每次分配的期限、措施、原因等都应当予以说明。

(二)破产财产分配方案的通过

破产财产分配方案,依据《企业破产法》第 64 条第 1 款规定,由出席会议的有表决权的债权人过半数通过,并且所代表的债权额占无财产担保债权总额的 1/2 以上。《企业破产法》第 64 条第 2 款规定,债权人认为债权人会议的决议违反法律规定,损害其利益的,可以自债权人会议作出决议之日起 15 日内,请求人民法院裁定撤销该决议,责令债权人会议依法重新作出决议。破产财产分配方案,经债权人会议二次表决仍未通过的,由人民法院裁定。

《企业破产法》第 115 条第 3 款规定,债权人会议通过破产财产分配方案后,由管理人将该方案提请人民法院裁定认可。破产财产分配方案虽然经过债权人会议表决通过,但在未获得人民法院裁定认可之前,当然不发生法律效力。破产管理人只能依据经人民法院裁定认可的破产财产分配方案，进行破产财产的分配。人民法院在裁定认可破产财产分配方案前，需要对破产财产分配方案进行必要审查，审查破产财产分配方案是否违反法律、行政法规的强制性规定。

（三）破产财产分配方案的执行

破产财产分配方案经人民法院裁定认可后，由破产管理人负责执行。《企业破产法》第116条规定："破产财产分配方案经人民法院裁定认可后，由管理人执行。管理人按照破产财产分配方案实施多次分配的，应当公告本次分配的财产额和债权额。管理人实施最后分配的，应当在公告中指明，并载明本法第一百一十七条第二款规定的事项。"

1. 破产财产分配公告

破产财产分配应当公告，公告的内容包括本次分配的财产额和债权额以及分配的时间、地点、分配方式、债权人接受分配的要求、破产管理人的联系方式等。如果是最后分配的，还应当公告，依法为附生效条件未成就或者解除条件成就的，应当分配给其他债权人；在最后分配公告日，生效条件成就或者解除条件未成就的，应当交付给债权人。破产管理人除应依法公告外，还应当依法以其他方式书面通知破产债权人。现金分配的，破产管理人可以按照破产债权人提供的开户银行及账号，将款项打至破产债权人所指定的账户上。

2. 破产财产分配的提存

破产管理人基于法律规定或者其他原因无法将破产财产分配给债权人时，可以依法提存。破产财产的提存，与一般的债权提存不同。一般的债权提存，即视为债务人履行了清偿义务，导致债权债务关系消灭，但破产财产的提存仅仅是交由提存机关保管，并不导致债务人即破产企业与债权人之间的债权债务关系消灭。破产财产的提存分为三种情况：一是附条件债权人分配额的提存。《企业破产法》第117条规定，对于附生效条件或者解除条件的债权，管理人应当将其分配额提存。管理人依照前款规定提存的分配额，在最后分配公告日，生效条件未成就或者解除条件成就的，应当分配给其他债权人；在最后分配公告日，生效条件成就或者解除条件未成就的，应当交付给债权人。二是未受领分配债权人分配额的提存。《企业破产法》第118条规定，债权人未受领的破产财产分配额，管理人应当提存。债权人自最后分配公告之日起满2个月仍不领取的，视为放弃受领分配的权利，管理人或者人民法院应当将提存的分配额分配给其他债权人。三是未决债权人分配额的提存。《企业破产法》第 119 条规定,破产财产分配时,对于诉讼或者仲裁未决的债权,管理人应当将其分配额提存。自破产程序终结之日起满 2 年仍不能受领分配的,人民法院应当将提存的分配额分配给其他债权人。

三、破产财产的追加分配

破产财产追加分配,是指破产程序终结,破产企业法人资格消灭后,在法定期限内发现破产企业还有可供分配的财产,经债权人请求,由人民法院按照破产财产分配方案进行分配。《企业破产法》第 123 条规定:“自破产程序依照本法第四十三条第四款或者第一百二十条的规定终结之日起二年内,有下列情形之一的,债权人可以请求人民法院按照破产财产分配方案进行追加分配:(一)发现有依照本法第三十一条、第三十二条、第三十三条、第三十六条规定应当追回的财产的;(二)发现破产人有应当供分配的其他财产的。有前款规定情形,但财产数量不足以支付分配费用的,不再进行追加分配,由人民法院将其上交国库。”破产管理人的职责自破产程序终结后即告终止,因此,破产财产的追加分配由人民法院负责,而不是由破产管理人负责。

1. 破产财产追加分配的对象

破产财产的追加分配以破产财产存在为前提,没有破产财产,当然也就不存在追加分配的问题。根据法律规定,破产财产追加分配的情形有以下几种:第一,《企业破产法》第 31 条规定:“人民法院受理破产申请前一年内,涉及债务人财产的下列行为,管理人有权请求人民法院予以撤销:(一)无偿转让财产的;(二)以明显不合理的价格进行交易的;(三)对没有财产担保的债务提供财产担保的;(四)对未到期的债务提前清偿的;(五)放弃债权的。”第二,《企业破产法》第 32 条规定:“人民法院受理破产申请前六个月内,债务人有本法第二条第一款规定的情形,仍对个别债权人进行清偿的,管理人有权请求人民法院予以撤销。但是,个别清偿使债务人财产受益的除外。”第三,《企业破产法》第 33 条规定,涉及债务人财产的下列行为无效:(1)为逃避债务而隐匿、转移财产的;(2)虚构债务或者承认不真实的债务的。第四,《企业破产法》第 36 条规定,债务人的董事、监事和高级管理人员利用职权从企业获取的非正常收入和侵占的企业财产,管理人应当追回。第五,《企业破产法》第 118 条规定,债权人未受领的破产财产分配额,管理人应当提存。债权人自最后分配公告之日起满 2 个月仍不领取的,视为放弃受领分配的权利,管理人或者人民法院应当将提存的分配额分配给其他债权人。第六,《企业破产法》第 119 条规定,破产财产分配时,对于诉讼或者仲裁未决的债权,管理人应当将其分配额提存。自破产程序终结之日起满 2 年仍不能受领分配的,人民法院应当将提存的分配额分配给其他债权人。

2. 破产财产追加分配的期限

根据《企业破产法》第 123 条的规定,破产财产追加分配的期限为 2 年,自破产程序终结之日起。破产程序终结 2 年后,发现有破产财产的,不能再追加分配。但对于不能追加分配的破产财产如何处理,法律尚无明确规定。

第七章　破产重整实务

破产重整不同于破产清算,体现了破产法的拯救功能,代表着现代破产法的发展趋势。破产重整涉及破产重整程序的启动、破产重整计划的制定与执行等重要问题。

第一节　破产重整的界定

一、破产重整的概念

(一)重整的含义

重整,顾名思义,是指对陷入财务困境的企业进行整顿,以便其能够摆脱财务困境,不进入破产清算程序的一种破产预防制度。破产重整,在不同国家有不同称谓。美国称为"重整",英国称为"管理",法国称为"司法重整",日本称为"更生"。

重整,需要由利害关系人提出申请,并在人民法院的主持、利害关系人的参与下,对陷入困境而具有重整能力的企业在清理债权债务的基础上,进行生产经营方面的整顿,重获生产经营能力并因此而摆脱财务困境。现行《企业破产法》引入了国际通行的重整制度,将破产重整与破产清算、破产和解并列。2012 年最高人民法院《关于审理上市公司破产重整案件工作座谈会纪要》(法〔2012〕261 号),就上市公司的破产重整问题提出了若干意见。

（二）重整的特征

对于破产重整，可以从如下几个方面理解，这些可以视为破产重整相对于破产清算、破产和解而言的法律特征。

1. 重整对象

国外有将重整对象限定为某种特定企业的立法例。例如，日本将重整对象限定为股份有限公司。国外有将重整对象予以限定的根本理由在于，重整存在历时性较长，程序相对复杂，耗费成本较高的问题，只有股份有限公司、金融机构及规模较大、对国计民生有重大影响的企业，才有重整的价值和必要。我国现行《企业破产法》并未对重整对象进行特别限定，因此，从理论上来说，任何可以适用破产清算程序的企业都可以适用重整，都有可能成为重整的对象；但是，从避免浪费社会资源，以防止利用重整程序逃废债务，损害债权人利益的角度考虑，确有必要对重整对象予以限定，需要对企业是否具有再生能力进行考量，依据市场价值来确定是否适用重整。

2. 重整原因

重整原因，相对于清算原因而言更宽泛。一般而言，是指企业陷入困境，清偿到期债务存在困难，但存在可以使企业摆脱困境的有利因素。这种导致企业可能摆脱困境的有利因素，是申请重整的重要原因。

3. 申请权人

破产重整的申请权人可以是债务人（企业本身），也可以是债权人，还可以是债务人（企业）的出资人。对于商业银行、证券公司、保险公司等金融机构来说，国务院金融监督机构可以作为申请人，申请对这些金融机构企业重整。

债务人申请重整的情形有两种：一是债务人不能清偿到期债务，且资产不足以清偿全部债务或者明显缺乏清偿能力，或者明显丧失清偿能力；二是债权人申请对债务人进行破产清算的，人民法院受理破产案件后，债务人在破产宣告前可以申请破产重整。

债务人的出资人申请对债务人重整必须满足的条件如下：一是债权人申请对债务启动了破产清算程序；二是必须在人民法院受理破产案件后，在破产宣告前提出；三是出资人占债务人注册资本的比例不得低于10%。

4. 优先适用

国外有所谓破产重整程序优先的立法例。重整程序优先适用,是指当企业同时存在破产清算、破产和解和破产重整的原因时,重整程序优先于破产清算和破产和解程序,即当不同程序申请时,重整程序优先受理。重整程序启动后,其他程序,包括执行程序、破产清算程序和破产和解程序均中止或者终结。我国现行《企业破产法》对此没有明确规定,有待司法解释予以明确或者在《企业破产法》修订时予以规定。

5. 资产、债务框定

重整与清算的重大区别在于,重整将陷入债务困境的企业的"重生"放在首位,体现的是社会整体利益优先于债权人的利益的制度价值;而清算是将债权人的利益保护摆在首位,体现的是债权人利益保护优先原则。重整的目的在于使陷入困境的企业摆脱困境,获得"重生",其手段则在于框定企业的资产、债务。企业资产、债务的框定,是指企业进入破产重整程序时,将已有的企业资产和债务进行限定,以便于将企业在重整期间因生产经营活动而发生的资产、债务予以区分。

6. 措施的多元性

重整的目的在于确保企业获得"重生",因此,经利害关系人同意,凡是有利于企业"重生"的措施都可以采用。

(三)重整的方式

从理论分析的角度而言,重整有存续型重整、出售式重整、清算式重整等三种模式。存续型重整,是保持企业的法人资格不变,通过债务减免、延期清偿以及债转股等方式解决债务负担,必要时,可以辅之以企业法人治理结构、经营管理的改善,注册资本的核减或增加,乃至营业的转变或资产的置换等措施,以实现企业重建再生的目的。存续型重整虽然可能导致企业出资人发生重大变化,却保留企业的"外壳"。主要适用于"壳"具有重要价值的企业。出售式重整,又称事业让与型重整,是将债务人企业具有市场价值的营业事业出售让与他人,将所得对价以及企业其他财产用于清偿债务。出售式重整将债务人企业资产中具有市场价值的营业事业予以保留,但放弃了企业的"壳资源"。清算式重整,与破产清算无实质区别,是借用重整规则解决清算问题,即在重整程序中直接制定以清偿债务为目的，对债务人财产进行清算、出售、分配的清算计划。①

（四）重整管理人的职责

重整管理人充任重整人，其职责按照《企业破产法》第 25 条及相关规定确定，重整管理人未充任重整人，即由债务人自行重整时，重整管理人主要行使监督职责。

二、重整程序的启动

（一）重整申请的提出

《企业破产法》第 70 条规定，“债务人或者债权人可以依照本法规定，直接向人民法院申请对债务人进行重整。债权人申请对债务人进行破产清算的，在人民法院受理破产申请后、宣告债务人破产前，债务人或者出资额占债务人注册资本十分之一以上的出资人，可以向人民法院申请重整”。根据这一规定，债权人或者债务人欲提起重整申请，应当在进入破产程序时提出，即债务人因具备破产原因而陷入困境时，既可以考虑提起破产清算申请，也可以考虑提起破产重整申请。债务人的出资人并不享有直接向人民法院提起申请的权利，而是在由债权人启动破产清算程序后，在宣告破产前，可以提起破产重整申请。

重整涉及多重利益主体，不同的利益主体对于推动重整的目的不同。债权人推动重整的目的在于提高债权的清偿比例（清偿率），而对企业的将来盈利能力并不太关注；政府推动重整的目的在于提升企业的社会价值，关注的重点是大型企业，是企业是否能够存续，而不是企业是否实际盈利；投资人推动重整的目的则在于追求投资收益。

（二）重整申请的审查

重整申请提出后，人民法院应当依法进行审查，只有经过人民法院的审查后，符合法律规定的条件，人民法院才能依法予以受理。《企业破产法》第 71 条规定，“人民法院经审查认为重整申请符合本法规定的，应当裁定债务人重整，并予以公告”。人民法院对于破产重整审查的期限，法律没有明确规定，从法律解释的角度而言，应当适用《企业破产法》第 10 条的规定，即自收到重整申请之日

---

① 参见徐阳光、叶希希：《论建筑业企业破产重整的特性与模式选择——兼评“分离式处置”模式》，载《法律适用》2016 年第 3 期。

起15日内决定是否受理。

(三)重整程序的转换

重整程序的转换,是指破产重整程序与清算程序、和解程序之间的转换。当然,破产重整程序和破产和解程序之间不能进行转换。破产程序转换主要是指由破产重整程序转换为破产清算程序或者由破产清算程序转换为破产重整程序。破产清算程序转换为重整程序,是指在破产清算程序进行过程中,相关利害关系人可以申请将清算程序转换为重整程序或者和解程序。当然,如果破产清算程序系由破产重整程序或者破产和解程序转换而来,则不能再申请转换回至重整程序或者和解程序。

三、重整程序的终止

重整程序启动后,因一定事由的出现而终止。根据《企业破产法》的相关规定,导致重整程序终止的情形如下。

1.《企业破产法》第78条规定,"在重整期间,有下列情形之一的,经管理人或者利害关系人请求,人民法院应当裁定终止重整程序,并宣告债务人破产:(一)债务人的经营状况和财产状况继续恶化,缺乏挽救的可能性;(二)债务人有欺诈、恶意减少债务人财产或者其他显著不利于债权人的行为;(三)由于债务人的行为致使管理人无法执行职务"。

2.《企业破产法》第79条第3款规定,"债务人或者管理人未按期提出重整计划草案的,人民法院应当裁定终止重整程序,并宣告债务人破产"。

3.《企业破产法》第88条规定,"重整计划草案未获得通过且未依照本法第八十七条的规定获得批准,或者已通过的重整计划未获得批准的,人民法院应当裁定终止重整程序,并宣告债务人破产"。

4.《企业破产法》第93条第1款规定,"债务人不能执行或者不执行重整计划的,人民法院经管理人或者利害关系人请求,应当裁定终止重整计划的执行,并宣告债务人破产"。

四、重整期间的效力

破产重整由人民法院受理后,自人民法院裁定债务人重整之日起,至重整程序终止,为重整期间。重整期间为法律规定的期间,发生相应的法律效力。

1. 重整期间，债务人可以向人民法院申请，在破产管理人的监督下自行管理财产和营业事务。《企业破产法》第 73 条规定，“在重整期间，经债务人申请，人民法院批准，债务人可以在管理人的监督下自行管理财产和营业事务。有前款规定情形的，依照本法规定已接管债务人财产和营业事务的管理人应当向债务人移交财产和营业事务，本法规定的管理人的职权由债务人行使”。

2. 重整期间，由破产管理人负责管理债务人财产和营业事务的，可以聘任债务人的经营管理人员留任。债务人的经营管理人员的身份由此转换为破产管理人的聘用人员。破产管理人聘用债务人的经营管理人员承担相应事务，对弥补破产管理人团队中可能缺乏经营管理人才的局限，具有重要意义。

3. 重整期间，债务人的出资人无权请求分配投资收益。此外，重整期间，债务人的董事、监事以及高级管理人员均不得向第三人转让自己所持有的债务人的股权。《企业破产法》第 77 条规定，“在重整期间，债务人的出资人不得请求投资收益分配。在重整期间，债务人的董事、监事、高级管理人员不得向第三人转让其持有的债务人的股权。但是，经人民法院同意的除外”。重整期间，对债务人的出资人和董事、监事以及高级管理人员的权利作必要限制，是重整程序的基本要求。

4. 重整期间，破产取回权、担保权受到一定的限制。《企业破产法》第 75 条规定，“在重整期间，对债务人的特定财产享有的担保权暂停行使。但是，担保物有损坏或者价值明显减少的可能，足以危害担保权人权利的，担保权人可以向人民法院请求恢复行使担保权。在重整期间，债务人或者管理人为继续营业而借款的，可以为该借款设定担保”。第 76 条规定，“债务人合法占有的他人财产，该财产的权利人在重整期间要求取回的，应当符合事先约定的条件”。

五、重整程序的终结

破产重整程序的终结，是指重整计划得以顺利执行，重整计划执行人按照重整计划完成了重整工作，重整目标得以达到，债务人（破产企业）重新获得了生产经营能力。重整程序的终结不同于重整程序的终止。两者的区别在于重整程序的终结，意味着重整程序的目标得以达到，而重整程序的终止则意味着重整计划未得以执行，重整程序的目标未能达到。重整程序终结，其结果是债务人的经营状况和财产状况得以改善，重整终结将产生如下法律效力。

1. 对债务人的效力。《企业破产法》第 94 条规定,“按照重整计划减免的债务,自重整计划执行完毕时起,债务人不再承担清偿责任”。根据这一规定,按照重整计划减免的债务,债务人在重整终结后可以不再清偿。但是,债务人通过重整,获得了生产经营能力,如果因此可以公平清偿所有的债务,则债务人可以对按照重整计划减免的债务予以清偿,对于债权人而言,并不属于不当得利,而是构成债权受领,不需要返还。此外,重整程序终结,债务人的经营管理层所享有的职权自然恢复,即债务人的内部治理结构回复到正常状态。

2. 对债权人和债务人出资人的效力。重整程序终结,债权人对债务人所享有的债权依据重整计划确定。债权人不得再要求债务人清偿依据重整计划所减免或者变更的债权。当然,债务人自愿清偿且不损害其他利益的情形除外。同样,对于债务人的出资人而言,重整程序终结后,各个出资人的出资比例依据重整计划确定,重整计划中对于出资人的出资比例予以调整的,因重整程序终结而依法发生相应的法律效力,需要进行变更登记手续的,应当依法办理。

3. 对保证人和连带债务的效力。重整计划仅对债务人(破产企业)和全体债权人具有法律约束力,但并不能对债务人(破产企业)的保证人和连带债务人产生法律约束力。因此,重整程序终结,对于债权人而言,其对债务人(破产企业)的保证人或者连带债务人所享有的权利并不受影响。《企业破产法》第 92 条第 3 款规定,“债权人对债务人的保证人和其他连带债务人所享有的权利,不受重整计划的影响”。按照《担保法》的规定,保证人所承担的保证责任不得大于主债务人的责任,由此而导致《担保法》与《企业破产法》之间产生冲突。对于此冲突,有学者明确指出,应当以《企业破产法》的规定为准。① 对此,笔者表示赞同。

① 参见余俊福主编:《中国破产管理人实务》,法律出版社 2015 年版,第 230 页。

延伸阅读：典型案例

府院联动护航企业“起死回生”
——青岛中院审理山东最大船舶企业破产案工作纪实

2018年5月14日，青岛造船厂有限公司及其全资子公司青岛扬帆船舶制造有限公司破产案终于宣告重整成功，进入重整计划执行阶段，这也是山东省目前最大的船舶企业破产重整案。在一年半的审理时间里，尽管波折不断，山东省青岛市中级人民法院（以下简称青岛中院）仍坚持探索避免破产清算的方法，积极引导推进重整工作，最终形成了令各方满意的重整方案。

一、老船厂的“沉船”危机

在青岛提起“造船厂”，可以说是无人不知。国营青岛造船厂成立于1949年10月1日，曾建造过山东省第一艘最大的散货船，承担了多项重要生产任务，更凝结了老青岛人的“航海情结”。

2010年国营青岛造船厂改制成为青岛造船厂有限公司（以下简称青船公司），北京建龙重工集团有限公司（以下简称建龙集团）与青岛华通国有资本运营（集团）有限责任公司（以下简称华通集团）参与了改制，成为青船公司的新股东。

但由于近几年国际航运市场持续低迷，国内造船企业正面临去产能的关键期，青船公司自身扩张规模过大、经营不善，以及银行风控断贷等原因，2016年上半年，青船公司资金链终于断裂。资金链的断裂带来了欠贷、欠款、拖欠工资等一系列的问题，引起了众多债权人和员工的不满。2016年12月6日，青船公司向青岛中院申请破产重整。2016年12月14日，青岛中院裁定受理青船公司及其全资子公司青岛扬帆船舶制造有限公司破产重整，并指定青岛清算事务所为破产管理人。

该起案件案情复杂，涉及众多债权人，债务数额巨大，还存在信访压力，各种矛盾层出不穷。公司能否重整成功？矛盾能否顺利化解？对于刚刚接手案件的法官们来说，这一切都是未知数。

为保住这个拥有多年船舶建造历史、具备良好生产设施和建造经验的企业，青岛中院院长李方民主动牵头，成立了由分管院领导、部门负责人组成的重整工作领导小组，组建专业化破产审判团队，对青船公司展开了全面深入的调研，并组织审判法官前往广东、浙江学习先进的审判理念和审理模式，为重整成功奠定坚实基础。

二、自行管理与监督并行

"在破产重整案件的审理过程中,法院主要起到法律监督和法律指导的作用。因此,法官要认真调研,进而判断出最有利于顺利实现重整的方案。"承办此案的民二庭法官冯梅介绍,"对于重整期间债务人经营事务的管理,我国是以管理人管理为原则,债务人管理为例外。进入重整程序后,青船公司就向我院申请了自主管理财产和营业事务"。

依照《企业破产法》第73条的相关规定,且考虑到青船公司对企业财产和营业事务的熟悉程度,尤其是对船舶制造行业特殊经营模式的多年经验,青岛中院在综合衡量债务人自行管理与管理人管理的风险、成本及利益等后,做出了同意债务人自行管理的决定。

由于青船公司股东矛盾大、案情复杂、涉及利害关系多,且需查明的债务人财产、需解决的涉诉案件、需处理的程序性工作繁杂,根据青岛清算事务所的申请,青岛中院在慎重研究后,同意采用联合管理人制度,增加山东华信产权流动破产清算事务有限公司青岛分公司(以下简称华信公司)为管理人,共同为避免债务人管理中的不规范行为进行监督。

青岛中院还要求管理人制定了详细的《监督管理办法》,由管理人在法院与债权人委员会监督下,依法开展资产清理、审计评估、债权申报审查、衍生诉讼处理、协调解除查封等工作,并对债务人的资金往来、人事变动、资产处分、日常经营等情况进行监督,对损害债权人利益的行为及时作出处理并向法院报告。

三、重整草案两易其稿

重整投资人招募是青船公司重整的关键工作之一。尽管管理人在多个媒体平台上发布公告,积极开展重整投资人招募工作,但受国际海运市场低迷和船市不景气的整体环境影响,直至重整期满,管理人仍未收到报名。

考虑到情况特殊,青岛中院一方面批准青船公司延期提交重整计划草案的申请,另一方面听取了管理人提出的"两股东参与兜底重整投资"建议。通过释法与交流,债权人委员会对这一建议表示支持,两股东也作出"以不低于破产清算价格接盘"的投资承诺,并提出了各自的投资方案。

两股东的方案各有利弊,债权人委员会经过遴选未能作出抉择。为了充分尊重债权人的知情权、异议权、决定权,尽可能消除各方顾虑,青岛中院及时指导债委会组织召开了青船公司第二次债权人会议。此次会议通过全国企业破产重整案件信息网进行了现场直播,两股东就各自的重整投资方案分别进行阐述,700余家债权人通过网络投票表决。最终,建龙集团的投资方案获得了多数债权人的认可。

然而,建龙集团的投资方案遭到了职工债权组的强烈反对,以致最终未能通过。青岛中院只得再次约谈多方利害关系人,商讨重整计划草案,最终确定了新方案——由建龙集团与华通集团的关联单位青岛市企业发展投资有限公司(以下简称企发投)认缴全部出资，以不低于原草案的清偿方案为前提，向青船公司提供偿债资金，保障青船公司重整的顺利实现。

四、多种方案兼顾利益

一年半的时间里，为确保重整工作顺利开展，青岛中院集各方合力，进行了几十轮次艰难的谈判和协调，召开了三次债权人会议，才促成各方达成了投资协议。

最终拟定的重整方案明确了普通债权每笔35万元以下部分15天内清偿，35万元以上部分1年内清偿70%或6年内清偿100%的选择性清偿方案。较高的现金清偿比例和非单一的清偿方式使不同类型的债权人都能实现利益最大化，创造了造船类企业现金清偿比例的最高纪录。方案获得5个表决组的高度认可，顺利实现了新投资人对青船公司的控制与管理。

2018年5月14日，青岛中院裁定批准了青船公司、青岛扬帆船舶制造有限公司的重整计划，并终止重整程序，这也意味着该案宣布重整成功。目前，该案已进入重整计划执行阶段。在青岛中院的监督下，35万元以下债权的债权人已于5月30日前收到了清偿款项。

尽管涉及多达903家债权人、45亿元债权，该案仍刷新了船舶制造行业普通债权清偿纪录。该案既确保青船公司保留了造船资质，又保障了近千名债权人和400余名职工的合法权益，得到了债务人、债权人、重整投资人、出资人和公司职工各个方面的认可，实现了政治效果、法律效果和社会效果的有机统一。

2018年6月4日，青船公司债权人纪国龙等三人代表两公司所有普通债权人向青岛中院赠送了锦旗，对法院坚持依法依规、公正透明、平等保护促成重整表示了由衷感谢。

五、联动助力涅槃重生

本案是青岛中院坚持法治化与市场化的破产审判原则与思路，追求法律效果与社会效果有机统一，从根本上实现企业新旧动能转换、提质增效、转型升级的典型案例。

党委政府关心支持，是破产重整成功的主要推手。重整案件的审理涉及多种经济法律关系，除司法程序涉及的问题外，青岛中院还面临着政策处理、涉税财务处理、保全解除、股权变更等众多非法律性事务问题。因此，此次重整成功，离不开政府在行政管理和服务职能上的帮助。青岛中院与青岛市政府建立“府院联动”机制，即由政府主导风险管控与事务协调，由法院主导司法程序，形成一体化处理模式；启动重整工作协调会议，坚持党委牵头、法院主导、政府联动、属地管理的原则，化解社会矛盾，处置突发事件，协调各方利益诉求，保障生产稳定与社会稳定。

坚持法治化、市场化工作思路，是破产重整成功的制度保障。青船公司船舶建造资质齐全、建造经验技术丰富、人才队伍基本稳定完整，青岛中院因此认定其属于“生病的企业”。借助重整程序的拯救作用,以及原企业股东对企业情况的熟悉程度,青岛中院梳理企业治理结构、产品与人员结构,按照市场化方式整合要素资源,为企业优化后的涅槃重生创造条件。同时,青岛中院为青船公司两股东提出的两套投资方案设计了平等博弈的程序规则,打消了债权人“偏袒本土投资意向”的疑虑,赢得了债权人的信任与尊重,为青岛市重整案件的法治化、市场化提供了可复制的范例。

革新工作思路、实现多方利益共赢是破产重整成功的关键。为确保企业生产不受重整程序影响,维护多方合法权益,青岛中院在慎重权衡后,决定启用债务人自主管理模式,由青船公司自行管理财产和营业事务,发挥其在船舶建造、经营管理等方面的优势。同时,青岛中院强化管理人的监管责任,出台一系列监管制度,签订监管责任状,并借助政府部门、托管单位力量,将管理人与青船公司的沟通协调、定期监察、走访客户、安全检查、职工稳定等工作建立成常态化工作机制。种种举措,最终促成了债务人自主经营、管理人监督、政府部门帮扶、法院主导的稳定管理模式,既确保重整期间青船公司保留有效生产力,经营生产安全平稳,又促使青船公司职工就业和客户关系保持稳健,还充分保护了债权人的利益,实现了“保船舶生产,保核心经营,保职工稳定”的社会效果。

司法重整已被全球公认为挽救困境企业最全面、积极、有效的法律制度。青船公司的救治实务,以行政部门、司法部门、市场主体的角色定位为前提,本着“救活”的原则目标,汇聚所有的力量和资源创造条件,帮扶青船公司完成自身定位发展需要的“瘦身、切割”,结构调整,产业转型升级,以达到资源配置有效,涅槃重生,为人民法院服务保障新旧动能转换、服务经济发展大局积累了可复制、可推广的经验。

(人民法院报记者　时满鑫、吕佼;通讯员　张坚、朱本腾)

摘自:《人民法院报》2018 年 7 月 10 日第 8 版

第二节　破产重整计划

一、重整计划的概念

重整计划,是由债务人、债权人和利害关系人达成的,旨在以维持债务人继续营业,谋求债务人重生而在重整期间执行的事项安排。重整计划从内容实质上来说,是在重整所涉各方对各自利益进行让步,并与其他利益方达成妥协后的一种利益安排,是对债权债务关系的一种和解。重整计划在重整程序中具有非常重要的地位,可以说是重整程序的核心所在。重整计划草案得以通过并经得人民法院批准,经过执行后,重整程序即告终结。

对于重整计划应当包含的内容,《企业破产法》第81条规定,"重整计划草案应当包括下列内容:(一)债务人的经营方案;(二)债权分类;(三)债权调整方案;(四)债权受偿方案;(五)重整计划的执行期限;(六)重整计划执行的监督期限;(七)有利于债务人重整的其他方案"。

1. 债务人经营方案

债务人经营方案,是指债务人在重整期间为摆脱所面临的困境而确定的经营思路、经营策略等。债务人经营方案的内容包括但不限于引进新的投资人、企业内部治理结构变更、经营规模、经营范围的调整,职工裁减方案等。债务人经营方案在重整计划中具有非常重要的意义,是重整计划能否得到利害关系人肯定的重要因素。债务人经营方案,首先并不是一个法律问题,而是经营管理问题,因为经营方案涉及商业判断。

债务人经营方案中引进新的投资人,对重整计划的制定和执行具有非常重要的意义。从一定意义上来说,招募到理性的重整投资人,是重整能否顺利进行的关键因素。

延伸阅读:经典文书

北海DX房地产开发有限公司管理人关于招募意向重整投资人的公告

北海市中级人民法院于2017年6月17日裁定受理北海DX房地产开发有限公司(以下简称DX公司)破产申请,于2017年9月12日裁定DX公司转为重整,现北海DX房地产开发有限公司管理人(以下简称管理人)已全面接管该公司。

DX公司第一次债权人会议之后,管理人全面开展债权审查、财产状态调查等工作,并在审计、评估、造价等中介机构的协助下,已基本查明DX公司各方面情况。鉴于DX公司名下"太平洋商业广场"的建筑物虽尚未竣工但已基本封顶且大部分房产尚未销售,为争取盘活资产、最大程度实现DX公司债权人的利益,管理人本着公开、公平、公正、优选的原则,现面向全社会公开招募意向重整投资人。现将有关事项公告如下。

一、DX公司及"太平洋商业广场"项目概况

(一)工商信息

DX公司是2010年2月10日在北海市工商行政管理局注册设立的有限责任公司(自

然人独资),经营范围是房地产开发、经营(凭有效资质证书经营),注册资本为人民币5100万元,现法定代表人是罗某某,唯一股东是自然人东某某。2013年9月9日,东某某以其对DX公司1200万元出资额设立股权质押担保。

(二)资质证书情况

DX公司名下唯一土地使用权位于广西壮族自治区北海市××路与××大道交汇西北角,类型为出让地、综合用地,面积为22,287.70m^2,该地块已全部用于DX公司名下“太平洋商业广场”的开发建设。

该地块上的建设用地规划许可证已经取得,地上“太平洋商业广场”项目的一期、二期的建设工程规划许可证也已取得,但只有一期工程取得了建设工程施工许可证,二期工程尚未取得建设工程施工许可证。目前取得商品房预售许可证的许可预售范围是一期工程的1幢及地下室一区(72套住宅、7间商铺、448个车位)。因DX公司自行对商场商铺的内部分割出售未报经规划部门审批,故商品房预售许可证是将每层商铺作为“一间”许可预售。

(三)建筑面积情况

规划批准总建筑面积为146,678.46m^2,测绘机构在项目建设前所做预测绘结果显示总建筑面积为147,444.06m^2,管理人聘请的造价咨询机构测算的总建筑面积为152,292.16m^2。

预测绘机构提供的数据显示,“太平洋商业广场”1幢商场部分建筑面积共35,700.84m^2,1幢的住宅面积共9521.28m^2,2幢住宅楼建筑面积共22,653.65m^2,3幢公寓楼建筑面积共42,981.01m^2。地下室为负一层、负二层,建筑面积共36,587.54m^2,非人防区共有606个停车位。

(四)房屋销售情况

由于DX公司提供的房产销售情况可能存在疏漏,且可能有未知的购房者未向管理人申报债权,故管理人按照较宽泛的“已售”概念而测算(即使未申报债权或没有购房合同,只要销控表有记载或管理人发现有存档购房合同,均视为“已售”),则“太平洋商业广场”的房产销售情况为:

商场部分后续可售面积测算为30,706.04m^2,占商场规划出售总面积的89.57%;1幢住宅部分后续可售面积测算为1335.30m^2,占该部分规划出售面积的14.02%;2幢住宅后续可售面积测算为15,226.67m^2,占该部分规划出售总面积的69.11%;3幢公寓楼后续可售面积测算为41,753.85m^2,占该部分规划出售总面积的97.15%,地下室车位均未出售。

管理人初步测算,如按原价继续履行购房合同可收取尾款约34,074,352.68元,如解除全部购房合同(含“以房抵债”的购房合同、形式上不属于商品房买卖合同的其他购房相关协议、未申报债权但DX公司有存档文件的合同)将产生返还购房款债权约65,044,541.11元(未申报的债权暂不计入违约金等)。

(五)审计报告摘要

经审计,DX公司总负债为580,672,207.88元,总资产为590,199,015.52元,其中存货资产(土地、房屋开发成本和间接费用)为282,074,953.04元,资产中应收股东东某某及其关联方的应收款为289,650,154.48元(其中应收东某某个人的应收款为211,729,425.22元)。如果上述对东某某及关联方的应收款无法收回,则DX公司的净资产为-280,123,346.84元,资产负债率为193.20%。

(六)造价报告摘要

造价咨询机构对已完工工程和后续建设工程分别出具了《结算报告》和《预算报告》,其中目前已完工工程的结算总价为216,973,402.86元,其中一期工程造价126,305,687.68元,二期工程造价90,667,715.18元。按照原图纸设计的装修标准,后续续建的总投资预算为125,341,322.92元。

(七)评估报告摘要

截至发稿时评估机构尚未出具正式报告,根据评估机构提供的数据,DX公司破产清算状态下总资产评估值为26,480.37万元,总负债评估值为66,448.26万元,净资产为-40,920.57万元;"太平洋商业广场"(含在建工程和土地使用权)在破产清算状态下,以拍卖方式按现状处置的价值为25,342.96万元,在此前提下,普通债权的清偿率经测算为3%。

(八)债权审查情况

经审查后目前初步确认的债权总金额为600,398,940.83元。因诉讼或执行原因尚未确定的债权金额为124,244,088.00元。

经审查已申报的债权,初步判断属于个人意向购房类债权117户(不包括以房抵债),该部分购房债权初步审定的债权额共计22,815,987.11元(商铺共计80套,债权金额15,266,178.73元,住宅共计50套,债权金额7,549,808.38元);属于DX公司以房抵债而形成的购房类债权21户,该部分债权初步审定的债权额共计28,640,615.00元(商铺17套,债权金额2,247,292.00元,住宅56套,债权金额26,393,323.00元。)

按债权性质划分,现初步查明享有可对抗建设工程价款优先受偿权的购房债权共4户,该4户所涉购房相关债权金额为1,527,030.00元,享有建设工程价款优先受偿权的工程款为158,335,054.18元,享有抵押权的债权金额达197,475,997.52元,税款债权为4,660,051.61元,职工债权暂计496,262.12元(审计值,含社保债权),普通债权金额约为239,792,463.09元。此外,目前已发生的办公费用、中介机构费用等破产费用合计约

937,755.74元,管理人报酬以DX公司最终清偿的财产价值总额(不包括优先受偿的担保物价值)按北海市中级人民法院确定的比例计收。

另外,目前仍有众多购房者未申报债权,现初步统计未申报的与购房相关的债权人有115户,115户皆申报债权后,预计新增的债权额至少为13,947,939.00元。

(九)优先权、抵押情况

1.消费购房优先权

初步确认,签署《商品房买卖合同》购买住宅、付款超过50%且在北海市范围内名下无房产的4名购房者享有消费购房优先权。

2.建设工程价款优先受偿权

管理人已确认数名工程承包人对"太平洋商业广场"的工程部分变价款(不包含土地使用权价值)应按各自优先权金额的比例共同享有建设工程价款优先受偿权。

3.建设项目用地使用权抵押

管理人已确认三家银行共同对"太平洋商业广场"建设项目用地(剔除30套住宅相应分摊土地)以及地下室负一、负二层共448个车位的在建工程享有第一顺位抵押权,对1幢第一层在建工程和分摊土地使用权面积享有第二顺位抵押权。

4.其他在建工程抵押

管理人已确认"太平洋商业广场"1幢的第一层至第六层每层均已设立抵押权,每层对应的分摊土地使用权面积依法也视为设立了抵押权(第二顺位)。

二、意向重整投资人报名须知

(一)主体条件

有资金实力、有明确意向重整DX公司的法人、合伙企业、自然人或其他组织。

(二)报名期限和方式

1.2018年5月11日18:00前意向重整投资人可向管理人报名。

2.报名可通过电子邮件发送加盖行政公章或自然人签名的重整投资意向书扫描件后寄送原件,或现场提交原件。法人、合伙企业或其他组织还应提交《营业执照》或《组织机构代码证》扫描件,自然人还应提交身份证扫描件。委托代理人的,应提供授权委托书原件及受托人身份证复印件或扫描件。

(三)提交重整投资方案

已报名参与重整的意向重整投资人,应于2018年5月25日18:00前通过电子邮件方式向管理人报送重整投资方案,该方案应包含以下内容:(1)重整投资款的来源;(2)重整投资款的投入总额、批次、分期情况;(3)"太平洋商业广场"的后续开发计划;(4)已存在的购房合同处理方式(履行/解除);(5)各种不同性质债权的偿付方式、偿付比例和清偿周期。

(四)重整保证金的缴纳和退还或没收规则

1.已报名参与重整的意向重整投资人,应于报名之日起15日内缴纳重整保证金人民币1500万元至以下账户:

户名:北海DX房地产开发有限公司管理人

开户行:中国建设银行股份有限公司××××××支行

账号:××××××××××××××××××××××

逾期未缴纳重整保证金的,管理人有权不予采纳其重整投资方案。

2.重整保证金未经所属重整投资人书面许可且未出现管理人有权没收重整保证金的情形的,管理人承诺不动用重整保证金。

3.如若出现以下任一情形,该意向重整投资人所缴纳的重整保证金,管理人将全额无息退还该意向重整投资人:

(1)意向重整投资人未被管理人选定为重整投资人,所报重整投资方案未被管理人采纳;

(2)基于所报重整投资方案拟制的重整计划草案提交DX公司债权人会议表决未获通过,且该重整投资人明确不再继续参与重整;

(3)基于所报重整投资方案拟制的重整计划草案未获得北海市中级人民法院批准;

(4)DX公司的股权未能过户至重整投资人指定主体名下。

4.若出现以下任一情形,该意向重整投资人所缴纳的重整保证金,管理人有权予以没收并作为DX公司破产财产:

(1)该意向重整投资人逾期未提交重整投资方案或撤回重整投资方案后二日内未提交新的重整投资方案;

(2)该意向重整投资人所提交新的重整投资方案对债权人的清偿条件劣于其此前方案的;

(3)该意向重整投资人被管理人选定为重整投资人后,拒不签署重整协议或放弃参与重整、不配合依法推进重整程序的;

(4)重整计划草案获得北海市中级人民法院批准后,该重整投资人不履行其在重整计划当中的承诺,导致法院裁定终止重整计划的执行并宣告DX公司破产的。

5.重整计划草案最终获得北海市中级人民法院裁定批准的,该重整投资人所缴纳的重整保证金转为执行重整计划所应投入的重整款项的一部分。

三、其他事项

(一)关于本公告的性质和所载DX公司及项目信息

1.本公告不构成要约,管理人有权对本公告的内容进行调整变更。

2.本公告有关DX公司及“太平洋商业广场”的情况简介仅供意向重整投资人参考,

且债权数据以北海市中级人民法院裁定确认为准,意向重整投资人应自行尽职调查、自主判断、自担风险。

(二)关于尽职调查

已报名参与重整的意向重整投资人,在与管理人签署保密协议后可以对 DX 公司及“太平洋商业广场”项目开展财务、法律、商务尽职调查工作,管理人及 DX 公司提供配合。

(三)管理人联系信息

电话:×××-×××××-×××××

邮箱:×××××××××××@163.com

办公及通讯地址:广西北海市海城区××路××号×座××××室

北海 DX 房地产开发有限公司管理人

二〇一八年四月十一日

2. 债权分类

债权分类是指重整计划根据债权性质的不同而予以分类。《企业破产法》第 82 条规定,“下列各类债权的债权人参加讨论重整计划草案的债权人会议,依照下列债权分类,分组对重整计划草案进行表决:(一)对债务人的特定财产享有担保权的债权;(二)债务人所欠职工的工资和医疗、伤残补助、抚恤费用,所欠的应当划入职工个人账户的基本养老保险、基本医疗保险费用,以及法律、行政法规规定应当支付给职工的补偿金;(三)债务人所欠税款;(四)普通债权。人民法院在必要时可以决定在普通债权组中设小额债权组对重整计划草案进行表决”。债权分类的作用在于分组表决。

3. 债权调整方案

债权调整方案,是指对债权进行调整,包括减少债权本金金额、减免利息以及延期清偿等。债权调整方案需要注意如下事项:一是统筹社保债权不得调整。《企业破产法》第 83 条规定,“重整计划不得规定减免债务人欠缴的本法第八十二条第一款第二项规定以外的社会保险费用;该项费用的债权人不参加重整计划草案的表决”。二是劳动债权和税收债权的调整。劳动债权和税收债权在重整中,原则上不得调整,应当全额清偿。但是,债务人的资产不足以清偿在先债权,或者对劳动债权和税收债权的清偿比例不低于债务人破产清算时债权人可能达到的清偿比例时,可以对劳动债权和税收债权进行调整。三是不得损害对特定财产享有担保权或者法定优先权的破产别除权人的权益。四是普通债权的调整。普通债权调整是债权调整方案中的主要内容,调整的原则是债权获得清偿的比例不得低于破产清算时的清偿比例。普通债权中的小额债权,在不损害其他普通债权人合法权益的情形下,可以适当提高清偿比例。

4. 债权受偿方案

债权受偿方案,是指债权人的债权得以清偿的具体内容,包括但不限于清偿方法、方式、清偿金额、清偿期限等。

5. 重整计划的执行期限

重整计划的执行期限,法律没有作出明确规定,在实务中应当由债权人会议根据债务人的实际情况以会议决议的方式通过并报人民法院批准。重整计划的执行期限事关利害关系人尤其是债权人的利益。重整计划执行期限越长,对债权人的利益影响就越大,因此不宜过长。

6. 重整计划执行的监督期限

《企业破产法》第 90 条规定,"自人民法院裁定批准重整计划之日起,在重整计划规定的监督期内,由管理人监督重整计划的执行。在监督期内,债务人应当向管理人报告重整计划执行情况和债务人财务状况"。管理人对于债务人执行重整计划的监督期限,依据债务人清偿债务的进程情况确定,可以短于执行期限,但不得长于重整计划的执行期限。

7. 有利于债务人调整的其他方案

这是立法技术的"兜底条款",凡是有利于债务人重整的举措,都可以列入重整计划中。

二、重整计划的制定

《企业破产法》第 73 条规定,"在重整期间,经债务人申请,人民法院批准,债务人可以在管理人的监督下自行管理财产和营业事务。有前款规定情形的,依照本法规定已接管债务人财产和营业事务的管理人应当向债务人移交财产和营业事务,本法规定的管理人的职权由债务人行使"。第 80 条规定,"债务人自行管理财产和营业事务的,由债务人制作重整计划草案。管理人负责管理财产和营业事务的,由管理人制作重整计划草案"。由此可见,重整计划的制定主体为债务人或者管理人。

对于重整计划的制定期限,《企业破产法》第 79 条规定,"债务人或者管理人应当自人民法院裁定债务人重整之日起六个月内,同时向人民法院和债权人会议提交重整计划草案。前款规定的期限届满,经债务人或者管理人请求,有正当理由的,人民法院可以裁定延期三个月”。重整计划的制定人必须在法律规定的期限内提出重整计划草案,否则将导致破产重整程序的终止,重整程序因此转换为破产清算程序。

三、重整计划的表决

重整计划草案由债务人或者管理人提出后,依法交由债权人会议表决。重整计划草案涉及出资人权益调整的,则应当依法由出资人组进行表决。债权人会议对重整计划草案表决,采用分组的方式进行。《企业破产法》第 82 条第 1 款规定,“下列各类债权的债权人参加讨论重整计划草案的债权人会议,依照下列债权分类,分组对重整计划草案进行表决:(一)对债务人的特定财产享有担保权的债权;(二)债务人所欠职工的工资和医疗、伤残补助、抚恤费用,所欠的应当划入职工个人账户的基本养老保险、基本医疗保险费用,以及法律、行政法规规定应当支付给职工的补偿金;(三)债务人所欠税款;(四)普通债权。人民法院在必要时可以决定在普通债权组中设小额债权组对重整计划草案进行表决”。根据这一规定,重整计划草案的分组表决通常应当区分为优先受偿债权组、劳动债权组、税收债权组、普通债权组;例外情形下还包括小额债权组和出资人组。

对于重整计划草案的表决期限,《企业破产法》第 84 条第 2 款规定,“人民法院应当自收到重整计划草案之日起三十日内召开债权人会议,对重整计划草案进行表决”。

重整计划草案的表决通过,以出席会议的同一表决组的债权人过半数同意,且其所代表的债权额占该组债权总额的 2/3 以上作为认定标准。各表决组均通过表决时,重整计划才能确定为获得通过。

重整计划草案的表决第一次未通过的,可以再行表决一次。《企业破产法》第 87 条规定:“部分表决组未通过重整计划草案的,债务人或者管理人可以同未通过重整计划草案的表决组协商。该表决组可以在协商后再表决一次。双方协商的结果不得损害其他表决组的利益。”

四、重整计划的批准

重整计划的批准,区分为正式批准和强制裁定批准。重整计划的正式批准,是指重整计划经表决通过后,并不立即生效,而是必须经过人民法院批准后才能生效。人民法院对于已经获得表决通过的重整计划,应当依法予以审查,以确保重整计划的合法性、可行性和有效性。《企业破产法》第86条第2款规定,"自重整计划通过之日起十日内,债务人或者管理人应当向人民法院提出批准重整计划的申请。人民法院经审查认为符合本法规定的,应当自收到申请之日起三十日内裁定批准,终止重整程序,并予以公告"。人民法院对重整计划的审查,分为程序性审查和实体性审查。程序性审查,是指审查重整计划的表决程序是否合法;实体性审查则是指审查重整计划的具体内容是否合法,是否存在损害利害关系人利益。重整计划的强制裁定批准,是指在重整计划草案未获得表决通过的情形下,经人民法院审查,认为重整计划并未损害而是有利于债权人及利害关系人的利益的,强制裁定批准重整计划。《企业破产法》第87条第2款规定:"未通过重整计划草案的表决组拒绝再次表决或者再次表决仍未通过重整计划草案,但重整计划草案符合下列条件的,债务人或者管理人可以申请人民法院批准重整计划草案:(一)按照重整计划草案,本法第八十二条第一款第一项所列债权就该特定财产将获得全额清偿,其因延期清偿所受的损失将得到公平补偿,并且其担保权未受到实质性损害,或者该表决组已经通过重整计划草案;(二)按照重整计划草案,本法第八十二条第一款第二项、第三项所列债权将获得全额清偿,或者相应表决组已经通过重整计划草案;(三)按照重整计划草案,普通债权所获得的清偿比例,不低于其在重整计划草案被提请批准时依照破产清算程序所能获得的清偿比例,或者该表决组已经通过重整计划草案;(四)重整计划草案对出资人权益的调整公平、公正,或者出资人组已经通过重整计划草案;(五)重整计划草案公平对待同一表决组的成员,并且所规定的债权清偿顺序不违反本法第一百一十三条的规定;(六)债务人的经营方案具有可行性。人民法院经审查认为重整计划草案符合前款规定的,应当自收到申请之日起三十日内裁定批准,终止重整程序,并予以公告。"

重整计划一旦获得人民法院批准,破产重整程序即进入重整计划执行阶段。

五、重整计划的执行

重整计划的执行,即重整计划的具体实施。重整计划的执行是实现重整目的的关键性环节。重整计划执行顺利,重整目的达到,重整程序能够得以顺利终结。

重整计划由债务人负责执行。债务人为重整计划的唯一的排他性执行人。重整计划由债务人负责执行,为防止债务人在执行重整计划的过程中不当损害其他利害关系人的利益,需要对债务人进行监督。重整计划的监督人为破产管理人。《企业破产法》第90条规定:"自人民法院裁定批准重整计划之日起,在重整计划规定的监督期内,由管理人监督重整计划的执行。在监督期内,债务人应当向管理人报告重整计划执行情况和债务人财务状况。"

破产管理人对债务执行重整计划的监督,为一种全面的监督,主要监督债务人不得实施有损其他利害关系人的行为。破产管理人发现债务人实施有损其他利害关系人利益的行为,应当及时向人民法院报告。《企业破产法》第93条规定:"债务人不能执行或者不执行重整计划的,人民法院经管理人或者利害关系人请求,应当裁定终止重整计划的执行,并宣告债务人破产。"

监督期限届满时,破产管理人应当向人民法院提交监督报告。自监督报告提交之日起,破产管理人的监督职责终止。破产管理人向人民法院提交的监督报告,重整计划的利害关系人有权查阅。破产管理人认为必要的,可以向人民法院申请延长重整计划执行的监督期限。

延伸阅读:经典操作指引

深圳市ST(集团)股份有限公司重整计划[①]

目　录

① 摘自申德松律师15136176067的博客,http://blog.sina.com.cn/s/blog_8fc-08293-01016hfs.html,最后访问日期:2018年9月20日。

定 义

"法院"	指	深圳市中级人民法院。
"《企业破产法》"	指	自 2007 年 6 月 1 日起施行的《中华人民共和国企业破产法》。
"管理人"	指	由法院指定的深圳市 ST(集团)股份有限公司管理人。
"ST 集团"	指	深圳市 ST(集团)股份有限公司。
"科技公司"	指	深圳市 TF 科技有限公司。
"饲料公司"	指	深圳市 HB(集团)饲料有限公司。
"实业公司"	指	深圳市 BA 实业有限公司。
"西部公司"	指	深圳市 SX 西部房地产有限公司。
"投资公司"	指	深圳市 ST 投资发展有限公司。
"经济发展公司"	指	深圳市龙岗区 HB 经济发展有限公司。
"物业公司"	指	深圳市 HB 西部物业管理有限公司。
"HDX 公司"	指	深圳市 HDX 贸易有限公司。
"ZW 公司"	指	深圳市 ZW 农业投资有限公司。
"主要子公司"	指	科技公司、饲料公司、实业公司和西部公司中的一个、几个或全部。
"出资人"或"股东"	指	截至 2009 年 12 月 10 日收市后,在中国证券登记结算有限责任公司登记的 ST 集团股东。

“股份”或“股票”	指	ST集团股票,证券代码000034,股票简称*ST。
“流通股”	指	截至重整计划提交时的ST集团无限售流通股股票。
“限售流通股”	指	截至重整计划提交时的ST集团限售流通股股票。
“限售流通股股东”	指	中国XGM有限公司、深圳市BA区投资管理有限公司、重庆RJ基础设施投资有限公司、HR深国投信托有限公司中的一个、几个或全部。
“XGM公司”	指	中国XGM有限公司。
“宝投公司”	指	深圳市BA区投资管理有限公司。
“重庆RJ”	指	重庆RJ基础设施投资有限公司。
“HR深国投”	指	HR深国投信托有限公司。
“债权人”	指	ST集团的债权人。
“有财产担保债权”	指	依据《企业破产法》第82条第1项,就ST集团的特定财产享有担保权的债权。
“职工债权”	指	依据《企业破产法》第82条第2项,ST集团所欠职工的工资和医疗、伤残补助、抚恤费用,所欠的应当划入职工个人账户的基本养老保险、基本医疗保险费用,以及法律、行政法规规定应当支付给职工的补偿金。
“税款债权”	指	依据《企业破产法》第82条第3项,ST集团所欠税款。
“普通债权”	指	依据《企业破产法》第82条第4项,ST集团的普通债权。
“确定之债权”	指	经法院裁定确认的ST集团管理人编制的债权表所记载的债权。
“预计债权”	指	已向管理人申报,但尚未经法院裁定确认,或尚未申报但可能存在的对ST集团的普通债权。
“评估机构”	指	由法院摇珠选定的,为ST集团重整案提供资产评估和偿债能力分析服务的深圳市天健国众联资产评估土地房地产估价有限公司。
“评估报告”	指	深国众联评字(2010)第3-007号《关于深圳市ST(集团)股份有限公司破产重整涉及企业整体资产清算价值的资产评估报告》。

“偿债能力分析报告”	指	深国众联咨字(2010)第3-016号《深圳市ST(集团)股份有限公司破产重整项目偿债能力分析报告书》。
“重整计划”	指	经法院裁定批准的管理人依据破产法规定制定的ST集团重整计划。
“重整计划之通过”	指	根据《企业破产法》第86条第1款,债权人会议各表决组及出资人会议均通过重整计划时,重整计划即为通过。
“重整计划之批准”	指	根据《企业破产法》第86条第2款或《企业破产法》第87条第2款之规定,重整计划经法院裁定批准。
“重整计划执行期限”	指	法院裁定批准之日起至重整计划执行完毕止。
“重整计划执行监督期限”	指	根据《企业破产法》第90条规定,重整计划中载明的管理人监督重整计划执行的期限。
“元”	指	人民币元,本重整计划中货币单位除特别注明外,均为人民币元。

前　言

ST集团成立于1981年,于1994年成为深圳市早期上市的公司之一。早年ST集团为扩大生产经营曾向多家金融机构借款,债务负担日益沉重。因ST集团不能清偿到期债务,多家金融机构等债权人纷纷诉诸法院,查封和处置了ST集团的有效经营资产,ST集团的生产经营从此陷入低谷,始终处于勉强维持状态,几近退市边缘。在此特定条件下,ST集团的巨额债务无法得到有效清偿,2万多家投资人也无法通过ST集团的经营业绩获得投资回报。正是在这样的背景下,ST集团的大股东及公司管理层本着对全体债权人负责、对全体出资人负责的精神,审时度势,果断决策,决心通过破产重整寻求突破,以彻底挽救ST集团,确保重整后的ST集团获得新生。

ST集团破产重整工作是在深圳市人民政府、宝安区人民政府、人民法院及各相关部门的领导、支持和悉心关怀下,在ST集团董事会、管理层、管理人与债权人、主要投资人充分沟通、交流的基础上展开的。

为做好ST集团重整工作,宝安区人民政府专文向深圳市人民政府请求支持。深圳市人民政府也在2009年3月3日、8月14日和10月15日召开了三次协调会议,专门成立了破产重整工作领导小组,并要求“确保成功、确保稳定”。

政府的强力支持,为ST集团重整案件的平稳推进奠定了坚实基础。

法院对ST集团的破产重整高度重视,本案从案件受理阶段的形式审查、实质审查,到债权审核、资产评估、方案设计、债权人会议召开等各个环节,法院均严格把关、严格监督,并在重大事项上给予直接指导,确保重整程序依法开展,切实保障各方主体利益。

ST集团的破产重整采取集团公司和下属4家主要子公司一并重整并保留经营性资产、继续生产经营的方案,该方案是全国第一个真正具有重生重整意义的案例,也是破产法所倡导的真正意义上的重整。该重整思路得到了最高人民法院和广东省高级人民法院的高度认同和重视,也得到了中国证监会及其他监管部门的支持。

为保证重整成功而避免ST集团破产清算,管理人及ST集团董事会、管理层,一方面,继续做好生产经营及员工、客户的稳定工作;另一方面,全力以赴做好与重整程序相关的各项工作,包括资产清理和评估,债权核对和审核,信息整理和披露,偿债能力分析和预测,重整计划的论证和制定,债权人会议的组织和召开等。与此同时,管理人与公司管理层多轮次与主要出资人进行协调,与债权人进行真诚的沟通、交流。在充分听取、吸收主要出资人和债权人意见和建议的基础上,在充分尊重评估机构的专业评估结论和偿债能力分析意见的前提下,在充分进行法律上的风险评估和论证、可行性预判和分析的条件下,管理人制订出ST集团重整计划,现提交债权人会议审议表决。根据本重整计划,ST集团本次重整如获实施:

一、ST集团法律主体不变。经重整的ST集团仍是一家在深圳证券交易所A股上市的股份有限公司。

二、限售流通股股东将无偿让渡15%的限售流通股股票、流通股股东将无偿让渡10%的流通股股票,合计让渡ST集团股票44,264,819股。该等股票将用于支付ST集团重整费用和共益债务,清偿普通债权,并在相应条件成就时保全主要子公司经营性资产。

三、每100元普通债权将获得出资人让渡的ST集团股票约2.35股,以ST集团股票2009年12月11日停牌前20个交易日的加权平均价8.64元/股计,普通债权清偿比例约为20.33%。按照上述方案清偿后未获清偿的普通债权,ST集团不再承担清偿责任。

四、如预计债权最终未获确认,为该预计债权预留或提存的分配股份或款项,在支付重整费用和共益债务后仍有剩余的,将用于向确定之债权人按债权比例补充分配;因其他债权事由提存的分配股票或款项,在提存期届满仍未提取的,在支付重整费用和共益债务后仍有剩余的,将用于向确定之债权人按债权比例补充分配。补充分配将提高普通债权的清偿比例。

五、ST集团将继续原有经营业务,并将重新部署和整合生产经营格局,以提高经营效率和盈利能力。

六、ST集团拟实施资产重组,由重组方向ST集团注入资产,提高ST集团持续经营和盈利能力。

特别说明：依据企业破产法的相关规定，本重整计划如不能获得债权人会议、出资人组会议表决通过以及法院裁定批准，ST 集团将破产清算。

正　文

一、ST 集团基本情况

（一）设立及经营情况

1. 设立和沿革

ST 集团的前身为深圳市 HB 畜禽联合公司，1981 年 11 月 20 日经深圳市人民政府以市特府〔1981〕20 号文批准成立。1983 年 1 月 31 日，经中国牧工商联合总公司以（83）农牧（办）字第 02 号文批准更名为深圳 HB 牧工商联合公司。

1993 年 9 月 20 日经深圳市人民政府以深府办复〔1993〕855 号文批准，中国牧工商总公司、深圳市宝安区投资管理公司、深圳经济特区食品贸易（集团）公司三家作为发起人，通过改组以募集方式设立深圳市 HB（集团）股份有限公司，并于 1994 年 5 月 9 日在深圳证券交易所挂牌上市交易，证券代码：000034。2001 年 2 月 27 日，公司变更为现用名即深圳市 ST（集团）股份有限公司。

2. 股东及股权结构情况

ST 集团总股本为 35,797 万股，其中流通股 18,853 万股，限售流通股 16,944 万股。截至 2009 年 12 月 10 日收市，公司全体登记在册的股东人数共计 22,813 人。

目前 ST 集团限售流通股股东 4 家，具体持股情况如下：

表 1　限售流通股分布情况

股东名称	限售流通股数（股）	持股比例（%）
XGM 公司	83,763,394	23.40
宝投公司	34,112,597	9.53
重庆 RJ	30,500,000	8.52
HR 深国投	21,060,789	5.88
合计	169,436,780	47.33

3. 经营情况

ST 集团经营范围包括：

（1）通信服务运营、数据与语音服务、通信设备的研制、开发、生产与销售、软件开发；

（2）经营国内商业、物资代销业；

(3)进出口贸易;

(4)食用动物养殖及相应的肉类加工、饲料生产和销售;

(5)果树种植;

(6)房地产投资与开发。

ST集团本部并不开展具体生产、销售业务,而是主要通过控制和管理关联企业开展经营业务。ST集团通过科技公司、饲料公司、实业公司、西部公司等主要子公司在通信电子、饲料生产、养殖、房地产开发等领域开展经营,并通过投资公司及其控股的物业公司、HDX公司等开展物业管理、通讯产品销售等业务。

近年来,因历史上形成的巨额债务无法清偿且大量诉讼纠纷处于执行阶段,ST集团大量经营性资产被法院拍卖或处置;下属房地产公司停业多年,其他产业也举步维艰,偿债资金不足与盈利能力偏弱的问题已严重威胁到公司的生存与发展。

(二)申请重整情况

因不能清偿到期债务,饲料公司向法院申请对ST集团重整。法院经审查后,于2009年11月10日作出(2009)深中法民七重整字第1-1号民事裁定,裁定受理申请人饲料公司提出的对被申请人ST集团进行重整的申请。

2009年11月20日,法院作出(2009)深中法民七重整字第1-2号民事裁定,裁定自是日起对ST集团进行重整。同日法院作出(2009)深中法民七重整字第1-1号指定管理人决定书,指定北京市金杜律师事务所深圳分所担任管理人,管理人向法院报告工作,接受债权人会议的监督。

(三)资产负债情况

1. 资产现状

ST集团资产主要由固定资产、长期股权投资、应收账款构成,其中固定资产价值较小,且均属于日常经营中使用的车辆、办公设备等;长期股权投资中持有的下属公司股权因涉及诉讼案件,部分被债权人申请人民法院查封,且4家主要子公司因无力清偿到期债务,已被法院裁定重整。ST集团没有土地使用权、房屋等不动产或其他财产性权利。

2. 资产评估情况

应当承认,ST集团现有资产状况非常差,但相应资产的实际可变现价值,10在管理人制定重整计划时必须查清,以向全体债权人有一个完整的交代。为此,2009年12月15日,管理人与法院摇珠选定的评估机构签订委托合同,委托评估机构对ST集团资产进行评估,并进行偿债能力分析。根据评估报告,ST集团资产情况如下:

以2010年1月15日为评估基准日,ST集团账面资产总值25,299.11万元;评估资产总值3145.97万元,其中流动资产3001.89万元,长期股权投资98.98万元,固定资产

45.10万元。该评估报告已将ST集团现有全部资产纳入评估范围,所涉资产已是ST集团的全部家底。

评估报告显示,ST集团资产评估值与账面值存在较大差异。这种差异的主要原因为长期股权投资评估减值严重。比如,ST集团投资科技公司10,840万元、饲料公司5517万元、实业公司995.5万元、西部公司5607万元,这4家公司因资不抵债,股权投资的评估价值均为零。仅此一项,ST集团资产评估值就比账面值低了2亿余元。

3.债权审查确认情况

重整期间,管理人根据《企业破产法》的规定,开展了债权申报受理和登记、债权审查等工作,并编制债权表提交债权人会议核查。在第一次债权人会议上,管理人通报了债权审查情况及核查程序。第一次债权人会议后,未有债权人在异议期内对债权表记载的债权提出异议。根据债权人会议核查结果及债权人异议情况,管理人将债权表提交法院,法院以(2009)深中法民七重整字1-3号民事裁定确认了债权表。

截至目前,ST集团重整案共确认普通债权1,265,300,068.49元,另有预计债权106,841,047.93元(其中包括已申报但未最终确认的债权8,504,548.88元,尚未申报但因正在再审程序中而可能存在的债权98,336,499.05元)。

(四)偿债能力分析

1.偿债能力分析结果为核算破产清算状态下ST集团普通债权清偿水平,管理人委托评估机构对ST集团的偿债能力进行分析。根据偿债能力分析报告,ST集团如实施破产清算,假定资产均能够按评估价值变现,其资产在优先支付破产费用(包括案件受理费、公司与管理人执行职务的费用、管理人报酬、评估费用、可能发生的变现税费等)、全额清偿其他中介机构费用等共益债务、优先清偿解除劳动合同经济补偿金等职工债权后,剩余资产向普通债权人进行分配,普通债权的清偿比例为0.46%。

表2　偿债能力分析　　单位:万元

评估资产值	3145.97
减:破产费用	1098.20
减:破产费用	1098.20
减:共益债务	1280.06
减:职工债权	135.04
可偿付普通债权的破产财产	632.67
需偿付普通债权	137,202.74
普通债权清偿率	0.46%

2. 实际破产清算的清偿比例不容乐观

根据偿债能力分析报告,ST集团破产清算状态下的普通债权清偿比例为0.46%。但管理人认为,这一比例仍存在很大的不确定性,ST集团破产清算状态下的普通债权清偿比例较上述比例并不乐观。

ST集团如实施破产清算,能够达到上述普通债权清偿比例的前提,一方面为资产均能够按照评估价值变现,另一方面为破产费用和职工债权能够控制在评估公司预测的范围内。但根据ST集团实际资产情况,以及破产财产处置实践经验,ST集团的主要资产,即下属公司股权的处置变现将存在很大的不确定因素,下属公司多数资不抵债、股权的流通性差等因素都将影响资产处置工作的实际效果,破产清算进程可能变得较漫长。漫长的破产清算程序可能会带来超过预期的费用,蚕食有限的破产财产。基于以上因素,ST集团在破产清算状态下普通债权实际清偿比例可能比偿债能力分析报告预计的还低。

二、ST集团主要子公司重整情况

(一)主要子公司概况

ST集团共有7家下属子公司,系科技公司、饲料公司、实业公司、西部公司、投资公司、经济发展公司和ZW公司。其中科技公司、饲料公司、实业公司和西部公司是ST集团主营业务所属的核心关联企业,贡献了ST集团主要的收入和利润,是ST集团的主要子公司,对ST集团的经营和发展具有至关重要的作用。

1. 科技公司

科技公司成立于2000年4月7日,注册资本16,000万元,ST集团持股67.75%。科技公司主要从事通讯电子产品生产和销售,现以飞利浦电话和"泰丰888"电话等产品的研发、生产与销售为主,具有较强的行业影响力。科技公司此前年度均有亏损,2009年经营状况略有好转。影响科技公司盈利能力的主要原因在于对外担保产生的预计负债较高,由此导致巨额营业外支出;应收账款无法收回,设备陈旧,每年均需计提大量的坏账和资产减值准备。

2. 饲料公司

饲料公司成立于1984年7月6日,注册资本6130万元,ST集团持股90%。

饲料公司主要从事饲料和农产品生产、销售,拥有广东省知名饲料品牌。通过20多年的经营,饲料公司具有较为广泛的客户资源和影响力,一直为深圳市饲料行业协会会长单位,是ST集团农业产业的基础和支柱。从前几年的经营情况来看,饲料公司的主营业务仍能维持正常经营水平,但因企业贷款负担重、财务费用高,严重影响盈利能力并产生了较大亏损。

3. 实业公司

实业公司成立于1990年7月26日,注册资本3620万元,ST集团持股27.5%,ZW公司持股62.5%。实业公司主要从事种、养殖业和农产品出口、销售。实业公司是肉鸡配额出口生产基地,是国家指定的供港肉鸡生产企业,深圳市菜篮子工程基地,宝安区政府指定肉鸡、鸡蛋专供企业。作为ST集团农业产业的重要组成部分,实业公司的供港肉鸡生产销售资质,以及相应出口配额是ST集团不可多得的宝贵资源。

4. 西部公司

西部公司成立于1990年2月18日,注册资本6230万元,ST集团持股90%。

西部公司主要从事房地产开发经营,具有房地产二级开发资质,是宝安区最早从事房地产业务的企业之一,目前在深圳尚有两幅土地及部分房产。由于国土部门已停止办理西部公司房地产开发业务,导致西部公司近几年处于停业状态。

(二)主要子公司重整情况

2010年1月15日,法院分别裁定科技公司、饲料公司、实业公司和西部公司重整,并指定管理人开展重整工作。

上述主要子公司是ST集团经营业务的主体,是ST集团绝大部分营业收入和利润的来源,ST集团持有的主要子公司股权也是ST集团最重要的资产。能否通过重整程序挽救主要子公司,使主要子公司经营性资产能够保留在ST集团体系内,决定了ST集团能否在重整后具有持续经营能力,直接影响ST集团重整的效果。管理人按照ST集团和主要子公司共同通过重整程序清理债务,重获持续盈利能力的目标开展工作。

(三)主要子公司重整的原则和方式

根据ST集团重整的目标,需要主要子公司仍保留在ST集团内继续经营。

要实现这一目标,必须具备两个前提:一是主要子公司法律主体资格保留;二是主要子公司的经营性资产能够完整保留下来,使其生产经营继续。在主要子公司进入重整程序情况下,要实现ST集团的重整目标,必须解决主要子公司的债务清理问题,而且只能按主要子公司各自的资产清理其自身的债务。在此特定条件下,主要子公司的重整原则就是在不实际处置经营性资产的情况下,能够按照实际资产的评估价值清偿自己的债务,这就必须与ST集团的重整有机结合,形成一个合法合规、高效率高效益的整体重整机制。整体重整机制的核心,即充分依法利用ST集团重整程序可以无偿获得出资人让渡的股票这一宝贵资源,作为保全主要子公司经营性资产的替代物,并作为主要子公司的资产支付重整费用及清偿给各自的债权人。

三、出资人组和出资人权益调整方案

(一)出资人组

《企业破产法》第85条第2款规定,重整计划涉及出资人权益调整事项的,应当设出资人组,对该事项进行表决。

ST集团重整计划将涉及出资人权益调整,故设出资人组对权益调整方案进行表决。ST集团重整案出资人组由截至2009年12月10日收市后ST集团全体登记在册的股东组成。

(二)出资人权益调整的目的

1. 支付重整费用和共益债务,清偿ST集团债权;

2. 用于将主要子公司经营性资产保全在各子公司内。

(三)出资人权益调整方案内容

1. 全体限售流通股股东,即XGM公司、宝投公司、重庆RJ、HR深国投各无偿让渡所持有的限售流通股的15%,合计让渡限售流通股25,415,516股;

2. 全体流通股股东各无偿让渡所持有的流通股的10%,合计让渡流通股18,849,303股。

以上合计让渡ST集团股票44,264,819股,占ST集团总股本的12.37%。

(四)不同目的项下出资人权益调整的比例和生效要件

1. 为实现支付重整费用和共益债务、清偿ST集团债权目的,全体限售流通股股东无偿让渡所持有的限售流通股股票的11.87%,全体流通股股东无偿让渡所持有的流通股股票的7.91%,全体股东让渡限售流通股20,108,056股、流通股14,913,049股,合计让渡ST集团股票35,021,105股。

本目的项下出资人权益调整自ST集团重整计划获法院裁定批准之日生效。

2. 为保全主要子公司经营性资产目的参考主要子公司各自的资产评估情况,向其分别提供出资人让渡的部分股票,用于保全主要子公司的经营性资产,使其仍在各子公司内。

表3 为保全主要子公司经营性资产出资人权益调整方案

调整目的	股票类别	让渡比例(%)	股票数量/股	生效条件
保全科技公司经营性资产	限售流通股	0.68	1,152,877	科技公司重整计划及本重整计划获批准
	流通股	0.45	855,026	

续表

调整目的	股票类别	让渡比例(%)	股票数量/股	生效条件
保全饲料公司经营性资产	限售流通股	0.83	1,405,033	饲料公司重整计划及本重整计划获批准
	流通股	0.55	1,042,036	
保全实业公司经营性资产	限售流通股	0.08	134,931	实业公司重整计划及本重整计划获批准
	流通股	0.05	100,071	
保全西部公司经营性资产	限售流通股	1.54	2,614,620	西部公司重整计划及本重整计划获批准
	流通股	1.03	1,939,121	
合计	限售流通股	3.13	5,307,460	主要子公司及ST集团重整计划均获批准
	流通股	2.09	3,936,254	

注意:在某一个、某几个或全部主要子公司重整计划未获批准时,出资人不再为保全相应主要子公司经营性资产目的让渡对应的股票。

表4　出资人权益调整汇总

调整目的	股票类别	让渡比例(%)	股票数量/股
支付重整费用和共益债务清偿ST集团债权	限售流通股	11.87	20,108,056
	流通股	7.91	14,913,049
保全主要子公司经营性资产	限售流通股	3.13	5,307,460
	流通股	2.09	3,936,254
总计	限售流通股	15	25,415,516
	流通股	10	18,849,303

四、债权分类和债权调整方案

(一)债权分类

ST集团重整程序中无税款债权、有财产担保债权申报,本重整计划不设有财产担保债权组和税款债权组。ST集团无职工债权;如ST集团在重整程序终止后将继续经营,仍保留与职工的劳动关系,不实际发生整体解除劳动合同而产生的经济补偿等职工债权,故本重整计划不设职工债权组。

ST集团重整案确定之债权金额合计1,265,300,068.49元,共涉及债权人26家,均为普通债权;预计债权106,841,047.93元,涉及债权人6家,预计债权尚未获确认的原因包括债权涉及的诉讼尚未终结、无法确定债权金额、债权尚未经债权人会议核查等。

根据《企业破产法》的规定,确定之债权的债权人及预计债权中法院能够为其行使表决权而临时确定债权额的债权人,构成普通债权组。债权人会议由普通债权组对重整计划进行表决。

(二)债权调整方案

根据偿债能力分析报告,ST 集团在破产清算状态下的普通债权清偿比例为 0.46%。为最大限度地保护全体债权人的合法权益,根据本案实际,重整计划将普通债权的清偿比例提高约 19.87 个百分点,使得普通债权清偿比例达到约20.3298%。对于上述债权中未获清偿的部分,根据《企业破产法》的规定,ST 集团不再承担清偿责任。

五、债权受偿方案

(一)偿债资金来源

债权受偿资金来源于出资人为支付重整费用和共益债务、清偿债权目的让渡的股票。

(二)确定之债权受偿方案确定之债权合计 1,265,300,068.49 元,以出资人让渡的股票按比例进行分配。

每 100 元普通债权约可分得 2.35 股股票,其中流通股和限售流通股按比例分配。

(三)预计债权受偿方案

预计债权合计 106,841,047.93 元,按照每 100 元受偿股票约 2.35 股股票的比例预留相应股票,其中流通股和限售流通股按比例预留。在预计债权获得最终确认后,将预留股票的处置变现资金分配给相应债权人。

(四)未申报债权的受偿方案

未在债权申报期限内申报但受法律保护的债权,除已作为预计债权予以考虑的以外,在重整计划执行完毕后,按照同类债权的清偿比例以 ST 集团后续经营所得进行清偿,不再预留股票。

(五)股票价格和普通债权清偿比例

确定出资人让渡股票的价格,按照 2009 年 12 月 11 日停牌前 20 个交易日的加权平均价 8.64 元/股计。根据股票折价方案,ST 集团重整案普通债权清偿比例约为 20.3298%。

注意:上述股票价格和普通债权清偿比例,仅供债权人参考及供管理人统计数据使用。债权人在分得相应股票后,通过实际处置获得资金,计算得出该债权人的实际股票变现价格和债权清偿比例由该债权人享有。

(六)预留和提存股票处置方案

1. 预留股票的处置

按照预计债权受偿方案,将为预计债权按比例预留股票。在重整计划获法院裁定批准,且相应股票符合在二级市场交易的条件后30个交易日内处置变现,并根据股票平均变现价格计算每笔预计债权预留股票的变现价值。在相应预计债权获得最终确认后,将对应处置变现资金分配给债权人。

2. 提存股票的处置

债权人依照相关法律、法规、规章等的规定不能持有A股股票,或者不接受股票分配,或者未能按要求提供深圳证券账户信息的,将依法提存应当分给该债权人的股票,并按照上述预留股票处置变现及价格计算办法变现提存股票,将处置变现资金支付给相应债权人。管理人不接受债权人的单独或专项委托对股票进行变现。

(七)补充分配方案

1. 预计债权最终未获确认的,为其预留或提存的股票处置变现资金,在按照破产法的规定支付重整费用和共益债务后,仍有剩余的,剩余部分向普通债权人按比例补充分配;

2. 债权人不受领股票变现资金的提存期间为自重整计划执行完毕之日起2年。提存期满仍不受领的,视为被提存人放弃权利。在按照《企业破产法》的规定支付重整费用和共益债务后,仍有剩余的,剩余部分向普通债权人按比例补充分配。

六、经营方案

ST集团由于历史负债沉重,多年来其生产经营一直处于勉强维持的状态,有效资产被纷纷执行,为数不多的经营所得,也要用于支付巨额的财务费用。由于经营效益不好,较多年景出现亏损,每股净资产成为负数已历数年。此次重整,一方面要彻底解决债务过重问题,为ST集团专心生产营造宽松的环境;另一方面也要重新规划和布局ST集团的主导产业和传统产业,增强ST集团的核心竞争力和持续的经营能力、盈利能力,为所有出资人创造更多的投资回报。为实现此目标,管理人在深入调查研究的基础上,在公司管理层的全力支持下,制定如下经营方案。

(一)ST集团获得4家主要子公司全部股权。ST集团出资人让渡的部分股票用于保全主要子公司经营性资产,该资产的所有权仍归各子公司。并通过主要子公司重整程序调整其出资人权益的方式,使ST集团获得4家主要子公司全部股权,使4家主要子公司在重整程序完成之后成为ST集团的全资控股子公司。这样不仅便于ST集团直接管理,有效贯彻ST集团的生产经营规划,而且更有利于形成整个集团一盘棋的经营管理格局。

(二)保留主要子公司现有主营业务。根据重整计划出资人权益调整方案,出资人让渡一定比例的ST集团股票,用于保全子公司经营性资产,将该等股票分配给主要子公司的债权人清偿债务。

在重整程序完成后,主要子公司摆脱沉重的债务负担,经营所得可以用于技术改造、设备更新、产品换代、扩大再生产等,从而能够获得更大的持续盈利能力,并继续保留在ST集团内贡献收入和利润,给ST集团带来投资回报,从而提升ST集团股票价值,提高分得ST集团股票的债权人和ST集团股东持有的股票价值,保障债权人和出资人的利益。

除上述4家主要子公司在重整计划执行完毕后成为ST集团全资子公司外,其他子公司及子公司控股企业均保持原有股权结构不变,原有经营业务不变。

(三)剥离不良资产。ZW公司成立后未正常开展业务,为优化资产结构,ST集团拟在重整计划获得法院裁定批准后,通过公开拍卖的方式,以不低于评估价值的价格处置持有的ZW公司40%的股权,剥离该项不良资产。

(四)实施资产重组。为增强ST集团的持续经营能力,ST集团拟实施资产重组,通过非公开发行股份购买资产等合法方式,由XGM公司作为重组方,向ST集团注入具有相当规模和盈利能力的优质资产,使ST集团恢复持续经营能力和持续盈利能力,成为业绩优良的上市公司。

七、重整计划执行完毕的标准及执行期限

本重整计划由ST集团负责执行。

(一)重整计划执行完毕的标准。本重整计划的核心内容之一是将分给债权人的股票过户给债权人。基于此,本重整计划执行完毕的标准,以普通债权人分得的股票过户完毕,预留或提存的股票划入管理人账户内之日为准。

(二)执行期限。ST集团重整计划的执行期限为6个月,自法院裁定批准重整计划之日起计算。在此期间内,ST集团应当严格依照本重整计划制定的债权受偿方案向债权人清偿债务。

(三)执行期限的延长。如非ST集团自身原因,致使ST集团重整计划无法在上述执行期限内执行完毕,ST集团应于执行期限届满前15日,向法院提交延长重整计划执行期限的申请,并根据法院批准的执行期限继续执行。

八、重整计划执行的监督期限

管理人负责监督ST集团重整计划的执行。

(一)监督期限。ST集团重整计划执行的监督期限为6个月,自法院裁定批准重整计划之日起计算。

(二)监督期内管理人的职责。ST集团重整计划执行监督期内,由管理人监督ST集团对重整计划的执行。ST集团应接受管理人的监督,对于重整计划的执行情况、公司财务

状况,以及重大经营决策、财产处置等事项,及时向管理人报告。

(三)监督期限的延长。如ST集团向法院提交延长重整计划执行期限的申请,则管理人向法院提交延长重整计划执行监督期限的申请,并根据法院批准的执行监督期限继续履行监督职责。

九、重整计划提示和风险揭示

(一)关于重整计划生效的条件。ST集团重整计划在依据破产法第84条至第88条之相关规定,由债权人会议、出资人组会议表决通过,和/或经法院裁定批准后生效,对债务人和全体债权人具有约束力。

(二)关于重整费用和共益债务。根据《企业破产法》的规定,ST集团因重整程序涉及的全部重整费用和共益债务以出资人让渡的股票合计2,734,789股全额支付。

其中,重整案件受理费300,000元在股票处置后即向法院全额支付;管理人报酬按照《最高人民法院关于审理企业破产案件确定管理人报酬的规定》,以及管理人在第一次债权人会议上报告的《深圳市ST(集团)股份有限公司重整案管理人报酬收取初步方案》确定的标准进行计算,由法院确定以股票628,938股全额支付。聘请中介机构的费用根据协议确定。其他重整费用和共益债务如股票过户费、信息披露费、管理人执行职务的费用等按实际发生计算。上述重整费用和共益债务在重整计划获法院裁定批准且出资人让渡的股票划转至管理人账户之日起15日内,由管理人根据相应权利人的请求将折算的股票或者变现资金直接划付给权利人或其指定的第三方。

(三)关于提供账户。请各债权人在重整计划获法院批准后15日内,按照指定格式提供接受分配股票的深圳证券账户信息。逾期不提供,以及无法通知到的债权人将按照重整计划中关于不接受股票分配的办法办理,由此产生的法律后果和市场风险由相关债权人自行承担。

因债权人自己和/或其关联方的原因,导致分配股票不能到账,或账户被查封、冻结、扣划,产生的法律后果和市场风险由相关债权人自行承担。债权人可以指令将分配股票过户至债权人指定的,由该债权人所有/控制的账户或其他主体所有/控制的账户内。

债权人指令将股票过户至其他主体的账户的,需提供经公证的书面指令。重整计划执行将根据债权人的指令办理相关过户手续,因该指令导致分配股票不能到账,以及该指令导致的法律纠纷和市场风险由相关债权人自行承担。

结　语

自法院裁定ST集团重整以来,管理人、ST集团即着手重整计划的设计、论证和制作,充分考虑各方主体的利益,在尊重ST集团资产负债这一基本事实的基础上,在法律、法规、司法解释允许的范围内,与各相关利益主体进行了充分的沟通和协调,制定出本重整计划。根据本重整计划,ST集团法律主体不变,债权人可以获得约20.33%的清偿,充分保障了债权人的合法权益;出资人让渡10%或15%的股票,通过清偿ST集团的债务,使得ST集团能够通过重整程序清理债务,重获新生,保障了ST集团股票能够不退市,保障了出资人持有股份的价值。同时,出资人让渡部分股票用于保全主要子公司经营性资产,也能够使得主要子公司通过重整程序清理债务,保留在ST集团内继续经营,为ST集团的持续经营和持续盈利创造条件,提升出资人持有的以及债权人分得的ST集团股票的价值,有利于各方主体的共同利益。

重整计划只有获得债权人会议和出资人组会议的表决通过,并获法院裁定批准方能生效,ST集团才能避免破产清算给债权人和出资人带来更大损失。在重整计划通过、批准的基础上,通过后续资产重组,恢复和提高ST集团的生产经营和盈利能力,才能使债权人分得的股票、出资人持有的股票成为真正意义上的优质资产,所有利益主体才能分享ST集团重整成功带来的重整效益。为实现这一目标,管理人和ST集团真诚希望各位债权人和出资人鼎力支持ST集团的重整,通过重整计划。

深圳市ST(集团)股份有限公司管理人

二〇一〇年四月二十二日

延伸阅读:经典操作指引

关于上海HY股份有限公司重整计划执行情况的监督报告[①]

上海市第二中级人民法院:

贵院根据债权人上海T企业发展有限公司的申请,于2008年9月27日依法受理债务人上海HY股份有限公司(以下简称HY股份)破产重整一案,并依法指定上海HY股份有限公司清算组为管理人(以下简称管理人)。

重整程序开始后,管理人按照《中华人民共和国企业破产法》的规定,结合HY股份的

---

① 载凤凰网:http://finance.ifeng.com/forex/jyts/20090505/622590.shtml,最后访问日期:2018年9月20日。

实际情况制订了《上海HY股份有限公司重整计划草案》(以下简称《重整计划草案》)。

《重整计划草案》经HY股份债权人会议表决通过,2008年12月13日,贵院裁定批准了《上海HY股份有限公司重整计划》,HY股份进入重整计划执行阶段。

根据HY股份的重整计划,HY股份重整计划执行期限为4个月,从2008年12月13日起至2009年4月12日止。为确保HY股份重整成功,同时考虑到HY股份后续资产重组工作的需要,根据《上海HY股份有限公司重整计划》中有关申请延长重整计划执行期限的规定,HY股份于2009年3月27日向贵院申请延长重整计划执行期限至2009年4月30日。贵院于2009年4月1日裁定批准延长HY股份重整计划执行期限至2009年4月30日。

根据《中华人民共和国企业破产法》第89条的规定,重整计划由HY股份负责执行。至本监督报告出具之日,HY股份的重整计划已经执行完毕,现管理人就监督HY股份执行重整计划的情况,向贵院报告如下。

一、对HY股份资产处置的监督工作

根据《上海HY股份有限公司重整计划》,HY股份的全部资产需依法变现。进入重整计划执行阶段后,HY股份委托上海东方国际商品拍卖有限公司和上海拍卖行有限责任公司联合承担HY股份相关资产的拍卖工作。该两家拍卖公司于2008年12月15日至2008年12月29日共计举办了6场拍卖会,陆续对HY股份的全部资产进行公开拍卖,拍卖的具体资产分别为:

1. HY股份持有的浙江HY工贸有限公司95%股权;

2. HY股份持有的上海HY伊湾经济发展有限公司98.04%股权;

3. HY股份持有的上海HY格林威实业有限责任公司82.78%股权;

4. HY股份持有的上海HY投资发展(集团)有限公司40.62%股权;

5. HY股份持有的HY集团地毯有限公司25%股权;

6. HY股份持有的北京HY亚太管材技术有限公司26.3%股权;

7. HY股份持有的上海HY纽森贸易有限公司10%股权;

8. HY股份持有的南通源生纤维有限公司35%股权;

9. HY股份持有的上海HY光纤通讯有限公司70%股权;

10. HY股份无锡织染分公司整体经营性资产;

11. HY股份所有的天津市河东区×号的厂房和土地(土地面积为41,903.20m^2;建筑面积为33,674.31m^2);

12. HY股份所有的上海市陆家嘴[2.20% 资金 研报]东路×××号招商局大厦××楼的房产(建筑面积:1777.04m^2);

13. HY 股份持有的南通华通化纤有限公司 60% 股权；

14. HY 股份持有的扬州 HY 彩虹针织有限公司 91.18% 股权；

15. HY 股份持有的常州 HY 蕾迪斯有限公司 50.49% 股权；

16. HY 股份持有的安徽华皖碳纤维(集团)有限公司 90% 股权；

17. HY 股份常州化纤分公司持有的“茶花”商标(注册号:339181)；

18. HY 股份账面应收账款(评估价值合计人民币 5,936,065.00 元)；

19. HY 股份常州化纤分公司和 HY 股份常州合成分公司账面剩余资产(含废旧设备、物资及车辆、围墙、厂区道路、雨棚等厂区构筑物及自动门)；

20. HY 股份所有的江苏省常熟市尚湖风景区的土地使用权(土地面积: 195,990.80m^2)；

21. HY 股份办公用品和车辆等资产。

在资产拍卖工作中，管理人全面监督拍卖行的选定、拍卖合同的签订、拍卖标的价格的确定、成交确认书的签订、拍卖款项支付等环节，并且在每次拍卖时均派工作人员至现场参加拍卖，以确保 HY 股份资产拍卖程序的公平、公正、公开。

HY 股份负责资产处置的团队则多方招商，联系买家，为 HY 股份资产的顺利变现付出了大量的努力工作，确保了 HY 股份的全部资产在 2008 年 12 月 31 日前处置完成。

二、对 HY 股份员工安置的监督工作

员工安置工作是 HY 股份重整计划执行程序中极为重要的工作。HY 股份负责员工安置的工作团队由在 HY 股份员工中具有相当威望的董事长牵头，由具有丰富员工安置经验的人事部工作人员参加，通过集体开会、个别谈心等方式，不断向员工宣讲法律、解读政策，在做通员工思想工作的基础上，逐步并迅速地开展员工安置工作。截至 2008 年 12 月 31 日，HY 股份本部的 30 名员工和无锡分公司的 299 名员工全部签订了解除劳动合同的协议。

就员工安置工作，管理人也派出工作人员参与并全程监督。在 HY 股份工作团队的积极努力下，员工安置工作平稳、有序，员工合法、合规的权益得到充分保障。

三、对 HY 股份股本缩减和让渡的监督工作

(一)股本缩减和让渡工作所面临的障碍

HY 股份股本的缩减和让渡工作，是整个重整计划中的核心工作，也是最为困难的工作。由于大股东中国 HY 集团有限公司(以下简称 HY 集团)所持 HY 股份的股票存在质押和司法冻结，在质押和冻结解除之前无法对该部分股票进行缩减及让渡；并且 HY 股份重整计划中涉及 B 股的缩减和让渡，更增加了股本缩减和让渡工作的难度。此项工作开展之初，主要面临如下的障碍。

1. A 股缩股和让渡的现实障碍

(1)HY 集团所持 HY 股份 A 股存在司法冻结和质押,在司法冻结和质押存在的情况下,中国证券登记结算有限责任公司(以下简称中登公司)不能办理缩股和让渡。

(2)HY 股份某流通股股东持有的 HYA 股存在司法冻结,在司法冻结存在的情况下,不能办理缩股和让渡。

2. B 股缩股和让渡的现实障碍

(1)HY 股份管理人是否可以开立 B 股证券账户,存在难度。

(2)中登公司系统不支持 HY 股份股东所持有的 B 股是否存在司法冻结的查询。

(3)中登公司 B 股的操作系统无法支持缩股和让渡的操作。

(4)中登公司 B 股的操作系统只支持账户冻结,不支持个股冻结,因此不排除 HY 股份的 B 股股东账户在缩股和让渡前被其他司法机关冻结的可能。

(5)B 股的转让涉及的费用较多,每一笔的费用为 30 元美元,HY 股份共有 3 万余名 B 股股东,让渡股票的费用总计将近 100 万元美元。

以上障碍中,最为实质的障碍是:在 HY 集团持有的 HY 股份 A 股存在冻结和质押的情况下,无法进行缩股和让渡的操作;以及中登公司的操作系统无法进行 B 股缩股和让渡的操作,需要重新开发操作系统。

(二)工作推进情况

针对 HY 股份股本缩减和让渡工作中存在的上述障碍,在贵院的大力支持下,管理人和 HY 股份积极寻找对策,努力推进工作。

1. 关于 HY 股份 B 股缩减和让渡存在的障碍,管理人首先和中登公司上海分公司的相关部门召开了专题会议,并向中登公司上海分公司做了专题报告,请求中登公司上海分公司尽快解决相应障碍,并不时督促中登公司上海分公司相关工作的推进。最终,中登公司经过向中国证监会有关部门请示,同意管理人开立 B 股账户,并且同意 B 股的过户费用按照 A 股过户费用收取,同时也完成了 B 股缩减和扣划系统程序的开发。

2. 关于 HY 集团持有的 HY 股份 A 股存在冻结和质押的问题,在贵院的大力支持下,管理人和 HY 股份的工作团队兵分三路,分别至北京、海口和上海,与申请冻结 HY 集团所持 HY 股份股票的中国银行[1.14% 资金 研报]、建设银行[0.44% 资金 研报]、上海联和投资有限公司以及相关的人民法院进行了多轮的沟通和协调,最终于 2009 年 3 月 31 日启动了对 HY 集团持有的 HY 股份 A 股的拍卖工作,解除该等股票的权利限制,从而解决了因质押和司法冻结而无法完成缩减和让渡的问题。

3. 通过至中登公司查询,对于持有 HY 股份的流通股股东股票被冻结的情况共有三例,冻结的司法机关分别是福州市中级人民法院、上海市闸北区人民法院和济南市天桥区人民检察院。为全面执行重整计划,HY股份通过各种途径与上述3家司法机关取得联系,就HY股份重整计划执行的必要性和紧迫性向3家司法机关做了充分的沟通和说明,以取得司法机关的理解和支持。通过HY股份大量深入细致的工作,管理人也在与司法机关的沟通与协调中给予了必要的协助,最终该3家被司法冻结的账户全部解冻,完成了相应的股票缩减和过户工作。

(三)工作完成情况

在HY股份和管理人的积极努力工作下,根据贵院出具的民事裁定和协助执行通知,截至2009年4月18日,根据HY股份重整计划的规定,HY股份股票的缩减和扣划工作全部完成。

四、对重组方遴选和确定的监督工作

在重整计划执行阶段,HY股份的工作重点之一就是遴选重组方。由于HY股份通过重整程序完成了债务重组,为后续的资产重组扫清了障碍,故重组方的遴选工作也较之重整计划被批准前有了更多的主动。但由于整体经济形势的进一步恶化,使大多数企业的资产质量和盈利能力均出现了一定程度的下降,这对潜在的有意重组HY股份的企业产生了很大的影响,因此,HY股份重组方的选定工作又面临了新的挑战。

遴选重组方的过程中,在管理人的监督和协助下,HY股份接洽了来自北京、吉林、浙江、福建、广东等多个地区的多家意向重组方。经过多方面的评选、调查,并通过与证监会的预沟通,HY股份最终确定了福州东福实业发展有限公司(以下简称东福实业)以及其一致行动人作为HY股份的重组方。2009年4月2日,经HY股份董事会审议通过,HY股份与DF实业及其一致行动人签署了《资产重组框架协议》。目前,HY股份资产重组工作正在有序进行当中。根据重整计划应当由重组方受让的HY股份A股股票5888.1万股和B股股票4769.1万股,已经过户至DF实业以及其指定的一致行动人的账户内。

五、向债权人清偿情况

根据重整计划的规定,HY股份在管理人的监督下,将股东让渡的部分A股股票,按照每100元债权分配3.3股的比例,向HY股份的债权人进行清偿。截至2009年4月24日,HY股份共计向128名债权人清偿了66,467,759股HY股份A股股票,除未及时提供证券账户和同意将股票暂时存放于HY股份管理人账户内的债权人以外,其他所有债权人均已经获得受偿股票。

在股票进行分配的同时,HY股份也按照重整计划将相应的现金向债权人进行清偿。截至2009年4月24日,HY股份将资产变现资金偿还劳动债权人、税款债权人、担保债权人的清偿比例为100%,偿还普通债权人的清偿比例为1.09%,比重整计划中预计的现金清偿比例高出0.5个百分点。至此,HY股份对债权人的现金清偿完毕。

六、年度审计工作

根据相关上市规则,只有在HY股份2008年度审计报告确认HY股份2008年度因债务重组产生盈利的情况下,HY股份才能保持上市公司资格,满足HY股份最终实现恢复上市的前提条件,才能够使HY股份的重组最终圆满完成。因此,HY股份2008年年度审计工作尤为重要。经HY股份股东大会审议通过,HY股份聘请天职会计师事务所有限公司为2008年度审计机构,管理人和HY股份也安排了相应的工作团队配合会计师的工作。在重整计划全面执行完毕的情况下,天职会计师事务所有限公司出具了确认HY股份2008年年度盈利的审计报告,并认可重组方重组HY股份后,HY股份将具备持续经营能力和盈利能力,具备恢复上市的条件。

综上,在HY股份执行重整计划期间,管理人严格履行监督义务,在HY股份全体工作人员的共同努力下,HY股份重整计划在执行期限内全部执行完毕。管理人对HY股份重整计划执行的监督工作也全部结束,特此向贵院提交HY股份重整计划执行情况的监督报告。

上海HY股份有限公司管理人

二〇〇九年四月二十四日

参考文献

1. 贺小电:《破产法原理与适用》,人民法院出版社2012年版。

2. 余俊福主编:《中国破产管理人实务》,法律出版社2015年版。

3. 姚彬、孟伟:《破产程序中管理人制度实证研究》,中国法制出版社2013年版。

4. 叶军:《破产管理人制度理论和实务研究》,中国商务出版社2005年版。

5. 范健、王建文:《破产法》,法律出版社2009年版。

6. 王东敏:《新破产法疑难解读与实务操作》,法律出版社2007年版。

7. 邹海林:《破产程序和破产实体制度比较研究》,法律出版社1995年版。

8. 汤维建:《新企业破产法解读与适用》,中国法制出版社2006年版。

9. 韩长印主编:《破产法学》,中国政法大学出版社2007年版。

10. 王欣新:《破产法》(第2版),中国人民大学出版社2007年版。

11. 许德风:《破产法论:解释与功能比较的视角》,北京大学出版社2015年版。

12. 李永军:《破产法:理论与规范研究》,中国政法大学出版社 2013 年版。

13. 程品方主编:《人民法院企业破产审判实务疑难问题解析》,法律出版社 2016 年版。

14. 徐根才:《破产法实践指南》,法律出版社 2016 年版。

15. 邹海林:《破产法:程序理念与制度结构解析》,中国社会科学出版社 2016 年版。

16. 石纪虎、孙创前:《有限责任公司法原论》,知识产权出版社 2014 年版。

17. 张钦昱:《破产优先权之限制理论研究》,法律出版社 2016 年版。

18. 李飞主编:《当代外国破产法》,郑冲等译,中国法制出版社 2006 年版。

19. 陈夏红、闻芳谊主编:《破产执业者及行业自治》,法律出版社 2018 年版。

后　记

当我们团队就本书再一次审核并最终定稿时，作为团队负责人的我，感触良多并心存感激与感恩。

早在2006年，我在学习刚通过不久但尚未正式施行的《企业破产法》时，对第24条第1款，即"管理人可以由有关部门、机构的人员组成的清算组或者依法设立的律师事务所、会计师事务所、破产清算事务所等社会中介机构担任"的规定产生了极大兴趣。这是《企业破产法》赋予执业律师的一项重要使命，以律师身份担任破产管理人将成为执业律师的重要新兴业务领域。这也引发了我对此项业务的执业憧憬。企业因为种种原因而导致资不抵债或明显缺乏清偿能力，被激烈竞争的市场所淘汰是市场经济体制下的正常状态。正如企业的诞生有个过程一样，企业退出市场同样有个过程，需要依法进行破产清算。从法学的角度而言，企业破产清算主要是财产清理和债务清偿工作。无论是财产清理还是债务清偿，都是律师最擅长的领域。由律师担任破产管理人，主导企业破产清算工作依法有序推进，是作为法律人的执业律师的应尽之责。律师成为破产管理人的主力军，不仅应成为社会的一种期待，更应成为执业律师的一种不懈追求。由律师担任破产管理人，也许是最能有效实现《企业破产法》"公平清理债权债务，保护债权人和债务人的合法权益，维护社会主义市场经济秩序"之立法目的的途径。基于此，在律所团队业务工作会议上，我就提出了“着力加强破产法知识储备，敢于争当破产管理人，努力开创破产管理新业务”的倡议，并在团队中组建了破产清算律师专业团队。

然而，“理想很丰满，现实很骨感”。地处中部的湖南省在破产清算律师专业团队成立初期，所面临的局面是无米为炊，经营惨淡。因为在《企业破产法》颁布之初，很多人民法院在立案时“屏蔽”破产案件的受理。破产清算律师专业团队成立 3 年之后，2009 年 10 月终于承接了第一宗破产业务，在破产清算管理业务上实现了零的突破。这宗业务虽然在总体上来说，是由政府主管部门主导，我们还处于辅助地位，但至少在信心上、在经验上、在深化对破产法知识的理解上，我们收益颇多。

党的十八大以来，中央提出“去产能，调结构，供给侧改革、产业转型升级”，在经济领域掀起了新一轮改革，是实现产业转型并持续发展的重要举措。市场经济体制改革发生了翻天覆地的变化，企业破产清算业务逐渐增多。2014 年受人民法院的指定，我们团队担任民营企业湖南阿里贸易有限公司的破产管理人，全程主导该企业的破产清算工作。

湖南阿里贸易有限公司由于投资与经营决策的失误而深陷债务危机，有 500 多位债权人，且存在大量的民间借贷和高额借贷。为了确保湖南阿里贸易有限公司破产清算工作的顺利进行，我们团队所有成员都争分夺秒地工作，每天工作高达 16 小时以上。高强度的工作不仅锻炼了团队成员的工作意识，也提升了团队成员的执业技能，更提高了团队成员的知识专业素养。团队的每一位律师都十分珍惜这次难得的机会，表现极为出色，尤其是李清清、易映辉、陈子夷三位律师，在此次破产清算工作中积累了宝贵的工作经验，也因此有幸被证券公司、司法机关录用。

苏子云：“博观而约取、厚积而薄发。”我们一直朝着构建“公司与商事”专业领域精英团队之目标而努力。我们在从事“投融资、并购重组、新三板”等业务时，积累了好的工作方法、工作技巧，并将其创新移植于破产清算事务工作中，取得了良好成效。我认为，律师担任破产管理人需要注意如下几点。

第一，管理人进场后所做法律尽职调查并出具《尽职调查工作报告》，是快速、高效收集债务人公司各项信息，以及对后续破产清算工作归纳重点、难点、疑点问题的重要环节。

第二,基于《尽职调查工作报告》,需制订《破产清算工作计划安排》,科学地安排各项破产清算事务的工作计划、时间、节点、责任人员等内容。

第三,应勤勉尽责,忠实执行职务。这是管理人的法定义务,但如何切实履行忠实义务,我们创设了《工作底稿制度》。管理人每一天的工作、每一项的工作都做到留有工作痕迹,做到有据可查,使主体债权人、人民法院对管理人的工作放心并信任。这也是管理人避免执业风险的主要防控措施,尽责则免责。

第四,会议制度(内部会议、协调会议、预备会议、访谈会议)。会议是凝聚思想、统一行动的最佳方法,为了使债权人会议顺利进行,债权人及时了解管理人的工作进度、工作成果,我们不时召开各项工作会议,做到信息及时沟通、问题及时解决。

从管理人的视角而言,我有如下几点工作感悟。

第一,破产管理工作的开展,需要从宏观和微观两个角度进行。宏观的角度是,作为管理人的负责人或某一分项的负责人,应对整个工作及其流程了然于胸,对排兵布阵做到有的放矢、有张有弛;微观的角度是,对一个一个的具体事务、一项一项的债权核查、一块一块的资产清点,都要做到入细入微,不能有丝毫粗心与马虎。

第二,破产管理人的工作思维不同于诉讼业务的工作思维。律师从事诉讼业务是一种聚焦的思维,紧紧围绕“诉讼请求”这一焦点出发;而破产清算事务需要从整体到分项,再从分项至整体,逐步推进完成。

第三,破产管理人应具备专家和杂家的专业素养,尤其在涉及重整时显得更重要。作为管理人,应当具备财务知识、行业分析知识,懂得如何引进财务投资者、设计公司股权构架、公司治理结构。所以,作为管理人应当是整体的、全面的、全过程的。

本书即将出版之际,作为团队负责人,首先感谢团队的每一位成员,他们不仅要努力做好破产管理业务的本职工作,还要牺牲难得的一点点休息时间撰写书稿。本书从章节体系的安排到内容观点的提炼,无不浸润着大家的心血和聪明才智。

感谢时任株洲市中级人民法院副院长吴秋林先生、民二庭黄胤彪庭长、唐俊平副庭长对本书撰写的鼓励,正因为有了他们支持与帮助,我们团队才有攻坚克难、依法依规处理湖南阿里贸易有限公司破产清算事务工作的原动力,才有将相关文书及视频资料呈现给广大读者及其业界同人的机会。

本书的写作,还得到了湖南工业大学法学院院长陈雄教授以及我的挚友石纪虎教授的帮助,他们对本书的内容及观点均给予了诸多启发,并厘清了本人及团队成员在企业破产法理论上的一些知识盲点。

最后,感谢法律出版社陈妮编辑,因工作的繁杂,一直未能完成书稿的写作,她的鞭策才使我们最终完成本书创作。

孙创前

2017 年 5 月 16 日

图书在版编目(CIP)数据

破产管理人实务操作指引 / 孙创前主编. --2 版
. -- 北京 : 法律出版社, 2018
ISBN 978-7-5197-2809-0

Ⅰ. ①破… Ⅱ. ①孙… Ⅲ. ①破产法-研究-中国
Ⅳ. ①D922.291.924

中国版本图书馆 CIP 数据核字(2018)第 244125 号

破产管理人实务操作指引(第二版)
POCHAN GUANLIREN SHIWU CAOZUO ZHIYIN (DI ER BAN)

孙创前 主编

策划编辑 陈 妮
责任编辑 陈 妮
装帧设计 李 瞻

出版 法律出版社
总发行 中国法律图书有限公司
经销 新华书店
印刷 固安华明印业有限公司
责任校对 杨锦华
责任印制 吕亚莉

编辑统筹 财经法治出版分社
开本 720 毫米×960 毫米 1/16
印张 25.5
字数 400 千
版本 2018 年 11 月第 1 版
印次 2018 年 11 月第 1 次印刷

法律出版社/北京市丰台区莲花池西里 7 号(100073)
网址/www.lawpress.com.cn
投稿邮箱/info@lawpress.com.cn
举报维权邮箱/jbwq@lawpress.com.cn
销售热线/010-83938336
咨询电话/010-63939796

中国法律图书有限公司/北京市丰台区莲花池西里 7 号(100073)
全国各地中法图分、子公司销售电话:
统一销售客服/400-660-6393
第一法律书店/010-83938334/8335
西安分公司/029-85330678
重庆分公司/023-67453036
上海分公司/021-62071639/1636
深圳分公司/0755-83072995

书号:ISBN 978-7-5197-2809-0
定价:98.00 元
(如有缺页或倒装,中国法律图书有限公司负责退换)